U0128665

文字論叢

陳新雄題

第二輯

中國文字學會主編

文史哲出版社印行

國家圖書館出版品預行編目資料

文字論叢.第二輯 / 中國文字學會主編. -- 初
版. -- 臺北市：文史哲，民 93
　　面：　公分
含參考書目
ISBN 957-549-555-1 (平裝)

1.中國語言 – 文字 – 文論，講詞等

802.207　　　　　　　　　　　　93005921

文 字 論 叢 第二輯

主 編 者：中　國　文　字　學　會
出 版 者：文　史　哲　出　版　社
　　　　　http://www.lapen.com.tw
登記證字號：行政院新聞局版臺業字五三三七號
發 行 人：彭　　　　　正　　　　　雄
發 行 所：文　史　哲　出　版　社
印 刷 者：文　史　哲　出　版　社
臺北市羅斯福路一段七十二巷四號
郵政劃撥帳號：一六一八○一七五
電話 886-2-23511028 · 傳真 886-2-23965656

實價新臺幣 六○○元

九十三年 (2004) 四月初版

序

陳新雄

　　民國四十年代，考試院副院長羅家倫先生竭力鼓吹文字簡化，嘗發表〈簡體字之提倡甚爲必要〉一文於港臺各大報，且均以四分之一版面，連續刊載。令有識之士，群起反對，以爲簡體字之推行，將破壞中國文字之完整與美觀。其中反對最力者，立法委員則有廖維藩、李文齋、黃建中、喬一凡、任培道、胡秋原等人；大學教授中則有先師潘重規、林尹、高明、程發軔、李漁叔及董作賓先生等多人。爲維護中國文字之完美，乃發起組織中國文字學會，並推廖委員維藩爲理事長，出版書籍《中國文字論集》，發行會內刊物《學粹》，極力鼓吹中國文字之不可簡化。由於廖理事長及全體會員極力維護下，羅家倫氏推行簡體字之計畫始胎死腹中，未克施行。是則文字學會初創，已建立維護中國文字完美之大功，前輩學者之深識遠慮，不畏強權貴勢之氣度，均令吾等後輩景仰無旣者也。

　　《中國文字論集》經過半世紀之久，讀過此書者，即講授文字學之教授，亦已寥寥可數。故民國八十八年，余接長中國文字學會理事長，提名孔仲溫爲祕書長，仲溫年少英發，勇於用事，即以文字學會之姐妹學會，聲韻、訓詁兩學會皆發行學會通訊與論叢，深獲會員好評。文字學會創辦最早，歷史最久，而兩者皆缺，深感不

懸於心。乃與余商量，欲發行《文字論叢》，且思有所更張，以新人耳目，欲重印《中國文字論集》，充當《文字論叢》首輯，至於二、三輯以後各輯，則擬就歷年文字學會學術研討論文中，分類編輯，使性質相同者合爲一集。余深韙其言，頻爲頷首，乃最感心契者也。焉知天未福善，編輯未竣，即英年棄世，言之痛心。仲溫既沒，余提請林君慶勳賡續其事，慶勳游學余門，爲時最久，長年相處，心意早通。 且又爲仲溫授業恩師，既繼承中山大學中文系系務，又續接文字學會祕書長，愛徒之業，亦不忍令其中輟也。故《文字論叢》首輯，於慶勳接事不久，即順利出版，分送本會會員手中，仲溫之擘劃，慶勳之賢勞，均不可沒也。

猶有進者，余接長理事長後，前一任期，身在臺灣，自然親理會務；後一任期，余已從師大退休，欲同時辭去理事長職，會友諸君以爲舊例皆連續兩任，欲余勉爲其難，續任艱鉅。自政黨輪替後，新政府以學術研究爲不急之務，於學會例行補助，一概刪除，無米之炊，倍感艱困。 余又應邀赴清華講學及赴美小休，故連續兩年，除擘劃學會研討會開會日期，推薦舉辦學校外。其餘會務之推行，經費之籌措，學術之研討，刊物之印行，皆由慶勳獨任其事，其勤勞爲何如哉！因聞余言，理事長任內，於學術毫無貢獻，首輯《文字論叢》乃前輩學者之成就，二輯未能擘劃刊行，心以爲恥。慶勳聞之，乃以身作則，號召生徒，搜集歷屆學術研討會研討論文，凡與《說文解字》及文字構造相關者，得論文二十二篇，都爲一集。既了仲溫生前之願，亦令我於會友大眾，略釋歉懷，慶勳調和之功，豈可不書哉！是爲序

中華民國九十三年元月九日**陳新雄**
謹序於臺北市和平東路鍥不舍齋

《文字論叢》第二輯
目　次

淺談文字結構與六書

王初慶

引言

　　在文字教學上，「六書」乃必讀之重要課題。據文字學教學研究第一期之問卷調查之結果，國內「文字學」之任課教師，有百分之七十九以上認爲「六書理論」係不可或缺及應該講授，有百分之九十二認爲「六書字例」係不可或缺及應該講授。中國文學系內其他課程之任課教師亦有近百分之七十四認爲「六書理論」不可或缺及應該講授，百分之八十二以上認爲「六書字例」不可或缺及應該講授。然而由於論者對六書之認知不一，於其定義及界說多有蹊徑，因之於六書之例字亦互有糾葛；初學者面臨各家異說，往往有無所適從之感[1]。是以當問卷察覺由百分之九十一的學生認爲文字學課程很重要或重要，然而也有百分之五十四的學生在學過文字學以後，不太有概念或完全沒有系統概念[2]。筆者於歷年之文字學會各項會議中曾多次提出，然而學會每年所舉辦之學術研討會，往往有愈趨向專精之走向；何如將六書之相關問題列爲相關主題，由彼

---

[1] 引言中多項統計數字見人文社會科學教育改進計劃　國內大學及師院「文字學」教學之研究　成果報告　頁29—30　民國八十四年（請見附表）

[2] 見註 1 所引成果報告　頁 6（請見附表）

此之切磋中，觀其會通，析其異同，或可凝聚共識，掃除學生漫羨無所歸心之勞。於本篇短文中，筆者將先就己見，提出整理六書之淺見，以就正於方家。

一　六書非造字之依據，而係後世分析既有文字所得結構之原則。

　　欲解析六書問題，首先必從六書之源起論起。今日可知最早論及「六書」之說之資料，衆所周知，無非《周禮‧地官‧保氏》及其注所引之鄭衆說、〈漢志‧小說類‧後敍〉及〈說文敍〉三家。由於〈漢志〉謂六書爲「造字之本」，於是前輩學者，多有從造字之前後以論六書次第者，觀乎《說文解字詁林‧前編中》之所引詳矣。然《胡樸安‧中國文字學史》云：

　　　六書爲文字學重要之條例，其名稱雖見於西漢末年人之記載，而其發生當較早，蓋六書爲整理文字歸納所得之名稱[3]。

《蔣伯潛‧文字學纂要》論析《說文》以前之字書及《說文》所引前人解說之字，亦謂：

　　　是六書之說，實起於西漢末古文經出世之後，不但非周公時所已有，且亦非西漢中世以前所有了[4]。

徵諸〈漢志〉、《後漢書‧鄭興傳》及〈賈逵傳〉，最早有關六書之三家說皆源自劉歆，至於劉歆是否前有所承，則無可得知。劉歆主尊古文經，欲窮究經義，必先明其文字，而《論衡‧正說篇》曰：

3　見《中國文字學史》第一編‧P.21—22。
4　見《中國文字學纂要》本論二　六書‧P.52。

至孝景帝時，魯共王壞孔子教授堂以爲殿，得百篇尚書於牆
　　壁中，武帝使使者取視，莫能讀者，遂祕於中，外不得見。

可見古文經剛發現時，文字不易解讀，無怪乎「世人大共非訾，以
爲好奇者也，鄉壁虛造不可知之書，變亂常行，以燿於世」，欲明
古文經之文字，必究其結構分析判斷，故「六書」之學，當係探討
古文經字形之副產品，乃整理歸納既有之文字所得，而非造字之依
據。晚近之文字學者，就世界各國古文字作分析研究時，亦都可以
歸納出類似漢字六書之體系[5]。

二　六書之界說雖創於許慎，
　　然後世六書之學往往另闢蹊徑。

〈許敘〉於六書所作之詮釋，故欲明其界說，必先由之入手，
然就〈漢志〉與《周禮注》中所謂六書名稱與之相對照，已未必合
轍。戴師靜山云：

> 指事一名，班叫做象事，鄭叫做處事，許叫做指事。照許慎
> 所下的界說和例子看，鄭許兩家的，意思是相同的，而和班
> 就所見有異了。譬如「上」「下」「本」「末」等字，照許
> 鄭叫做處、指，意思恰合；所以許慎〈說文敘〉和說解中，
> 只舉了「上」「下」兩字，算是指事，而把「八」「厶」
> 「屮」「□」等字，都說是象形，卻與「畫成其物，隨體詰
> 詘」的界說不合。但照班固的名稱看，「八」「厶」等字，
> 恰是象事。會意一名，鄭許相同，班叫做象意。照「武」

5　參見董同龢〈文字的演進與六書〉（《董同龢先生語言學論文選集》）及戴
　　師靜山〈吉氏六書〉（《梅園論學集》）等。

「信」等字看起來，自然鄭許的名稱很合，而照「◆日射」
「◆伐」「冤」「戾」等合形見意的字看起來，卻是班固爲
妥。這大約鄭許處事、指事之名，只是就了「上」「下」
「本」「末」用符號指表的一類字定的，班固的象事只就
「厶」「丩」「口」「冂」等虛象形表的一類字定的。而鄭
許的會意，班固的象意只就◆日◆等合形見意的字定的。他們
所見的只是一部分，並沒有把所有的文字都細細核分過，這
是古人的注疏，後人的法密，也不必替他們諱的 6。

後世論者，雖皆以許敘爲宗，然而實際所陳述者，卻爲各家各憑己
見所推衍發揮而成之一家之言，亦無足怪。唯欲理出六書之輪廓，
必就各家之異同是非加以剖析整理，其輪廓已未必恪守漢代之界說
可知也。

三　整理各家異說可用之原則。

六書之學，自宋以降，迭有異說，有主張分三耦者，有主張分
體用者，有主張分君臣估使者，有主張分三書者；綱目既別，其論
及個別之界說及例證自亦各有異同。而整理各家異說可循左列原則
爲之。

1. 依多家資料立論之主要論點加以分類，以資料有因立論基礎之不
同而有歧異者，則另依其立論基礎予以區隔，以清涇渭：
如主張「四體二用」說者，既以「轉注」、「假借」爲用字之
法，則必將斯二者列於六書之末，而無與文字之孳乳。而主張六

6　見《中國文字構造論・自序》・頁 2—3。

書乃文字孳乳衍生之原則者，則往往將「形聲」列於文字之末，而以「假借」爲文字孳乳分化之原因之一。主張「三書說」者，如唐蘭係就體用之觀念立說，故「轉注」、「假借」不與三書之中，實際仍有五書之分；陳夢家則係就文字之孳乳之衍生立說，故以「象形」、「假借」、「形聲」三者統論之。故以上數家雖皆云「轉注」、「假借」，然其內容已大異其趣，宜加以適當區隔。

2. 以資料互相對照後，客觀列出各家學說之異同：就其同探討有無整合之可能性，就其異論其歧見肇生之緣由。如同主體用之說者，其於六書之次第、界說，雖或有小異，然可通其條貫。同主六書爲文字孳乳之原則者，則或有於「假借」於借音之外，是否借義？因有「假借」與「引申」應否分別立說之異；「轉注」則以解析〈許敍〉界說之不一，致有異說。

3. 如由異同之探討可客觀論定是非者，則明論其是非判斷之所據：如漢儒雖主六書爲「造字之本」，後儒遂謂六書之學出於蒼頡、周公，皆附會之詞，徵諸最早六書三家說之承傳可明也。

4. 如雖有異同，然無法客觀論定其是非者，則並陳之，以示其歧異：
   如《說文》中有「借象形以指事」者，若「屮」「釆」之類，林景伊《文字學概說》舉爲「指事正例」，李國英《說文類釋》則指爲「獨體象形」，二者各有所據。又「會意兼聲」究竟應繫於會意抑或形聲，亦各有仁智之見。與其論定是非，不如並陳其歧異，提供學者不同之思考模式。

5. 如雖有異說，卻難就學理加以分析，亦無法判斷其是非者，則以存疑方式備論之。

四 處理文字問題有因分析方向不同，題目有別，而所論內容實可與六書理論參校互証者。

　　據文字學教學之研究第二期之問卷調查，各校文字學課程教學時數，平均有百分之四十二強用於字例舉隅，另有百分之二十二強用於六書原理，合計達全部教學時數之百分之六十五，份量不可謂不重；其次爲漢字演變，佔百分之十七強，其次爲漢字起源，佔百分之九強，其次爲漢字特性與性質，佔百分之八強[7]。

　　然論及漢字演變之規律，或曰「孳乳、變異」，或云「演變、分化」，二者乃用名之小異；由「右文說」衍出後世之「聲義同源說」，各家取捨，互有輕重。然古、籀、篆、隸之變，不亦「變異」「演化」之跡乎？「亦聲字」或「會意兼聲字」，不亦本乎「聲義同源」之理？由是亦可衍出「會意兼聲字」與「形聲字」之異同，甚或主六書爲文字孳乳原則各家「轉注」說之佐証。

　　又論漢字之起源，則輒有引用章、黃體系半字之說者，然「半字」之涵蓋，不亦「象形變例」及「指事變例」歟？

　　又論及字例舉隅，比較《說文》正字與重文，往往有小篆另加形符者：如由古文「𠙻」至篆文「雲」（十一卷下雲部），段注云：「雨不當爲雲所從，此云爲借義所書，加雨以爲別耳。」亦有小篆另加聲符者：如由古文「朩」至篆文「𣚺」，「從木獻聲」（六卷上木部）正可探知文字之演變有後加形符者，亦有後加聲符者。

　　本文所舉，僅其一隅，探討六書問題，如能將相關問題密切結

7 見人文社會科學教育改進計劃 國內大學及師院「文字學」教學之研究（第二期） 成果報告・頁 14。

合，則其條理益顯。

五　語言文字因時空之變遷有直接影響文字之形構者，甚至有約定俗成，不能依六書之規範羈之。

　　文字之本始旣在記錄語言；旣有文字之後，又期以不同之字形表示不同之義項，於是當語言之義項因時空之故有所差異時，文字往往不得不隨之變化。而其變化之旨，在於別異而不在論六書之原則，故此類文字有時不能依六書論列。如「气」下段注云：

　　「气」「氣」古今字，自以「氣」爲雲气字，乃又作「餼」爲廩氣字矣。

又曰：

　　借爲气假於人之气，又省作「乞」。（一篇上气部）

謹按：以餼氣字爲雲气字，可謂假借，而「氣」借爲雲气，不得不加形作「餼」，又或加形易聲作「㸑」（七篇上米部），尚可以六書論之，然省作「乞」，則別異之所致，不得以六書拘之。

又如：

㝬：獻也。从高省，曰象孰物形；《孝經》曰：祭則鬼㝬之。……**亯**：篆文㝬。（五下高部）。

徐灝《說文解字注箋》云：

　　享，獻也。《爾雅·釋詁》文；舍人云：「獻食物曰享。」享即㝬字。小篆作亯，因變爲「享」，又變爲「亨」又加火爲「烹」實一字也。…㝬餁字之本義，熟而薦之，故獻食曰「㝬」，有所獻則有所受，誠意相孚，故「享」又爲「受

亨」，又爲通，皆一義相因。8

「獻享」之「享」，乃由小篆隸變，字形之下半又與「子」同化所致，而省作「亨」，加火爲「烹」以別「亨通」、「烹飪」之義，皆與「子」「了」之形義無關，不得以六書之理論之。他如「鳳鶵」之類化爲「鳳凰」，如「𠦝」之訛變爲「𤯝」、「𤯔」，或爲文字之類化，或爲字形之增繁，亦在六書之外。

六　隸書之後，古文由此而絕，文字遂爲符號，亦往往不得以六書羈之。

六書之體系既爲漢儒硏讀古文經字形之副產品，而隸書以後，古文由此而絕，文字遂爲符號。故《說文》以小篆爲解析文字之基礎，「欲人由近古以考古」，而其形構，亦可與六書之說互相符順。唯隸楷以降，文字之形構，既因隸變使篆體之結構受到影響，已使部份文字，無法由改變後之結構，分析其原始形體，如「更」字本從攴丙聲，「在」本從土才聲，「泰」本從収水，大聲，「舜」之上半本象舜草連華對生之形等。然一經隸變，其「𣇃」、「𡉉」、「𣶒」、「𦳇」之形不復可識，自亦難以解析其原始之結構矣。

其次，文字既記錄語言，只要社會文化繼續在發展，語言文字亦會隨之衍生發展，故今日通行之文字，亦有不少係漢代以後所產生者，固然多數仍可以六書之理剖析之：如「花」從艸化聲；「凹」「凸」爲指事（或象形），「尖」爲會意等，而「傘」字見於《玉篇・垂部》，釋曰：「音散，蓋也。」若以象形或會意釋

8　引據《說文解字詁林》「亯」下

之，或皆有可議之處，但仍可以「雜體」視之，然「恥」易爲「耻」，「𦙃」寫作「幹」，易形爲聲，則已非六書之能規範。

又「同形異字」的現象，亦往往造成以六書解析文字之困擾。如「划」字：《龍龕手鑑・刀部》云：

　　划，古臥反，鎌—。又音果，刈也。9

《玉篇・刀部》云：

　　划，公臥、公禍二切，鎌也。又刈也。10

可證其字本乃爲「鐮刀」，及由「鐮刀」衍生之割刈之義，其形從刀戈聲，讀作「ㄍㄨㄛˋ」。然在《廣韻》中，「划」字之音義已有改變：

　　1.於下平聲九麻云：「划，撥進船也」。音「戶花切」。

　　2.於上聲三十四果云：「划，划刈。」音「古火切」。

　　3.於去聲三十九過云：「鍋，鎌也，亦作划。」音「古臥切」。11

於《廣韻》中，「划」作「划刈」時音「ㄍㄨㄛˇ」，作「鐮刀」時音「ㄍㄨㄛˋ」，係上承《龍龕》及《玉篇》之形音義；然作「撥進船」之義項時，其字義與字音已大爲相左，恐亦非六書之所能解析。

再者，文字於流傳之中，其結構亦有因俗寫之錯訛，而無法再以六書解析者。如「丟」字，《正字通・一部》云：

　　丟，的攸切。《方言》：「一去不還也。」俗作「丟」12

9　見卷一頁 34

10　見平聲刀部第一六六頁 283

11　三引《廣韻》分別見於頁 66，頁 305，頁 420

12　見子上一部頁十三

故「丟」字本從一去會意，字俗寫從ノ，則形義晦矣。

結 語

本文之撰寫並不在否定六書學對文字學教學之重要性，然而在六書理論因人而異，六書例字各家亦頗有異同，於六書之理論似有加以整理之必要；然如何整理方能將多項資料具體而客觀在兼容並蓄之餘，又能不失其原來之體系，使初學者能知其異同，做更深入之探討。當然，此項工作必待眾人之力，共同研商，在各自不失己見，又能互相體認之原則下，方能有成。

又至《說文》以降，文字之發展又近二千年，如專以六書論文字，則或有無法全面涵蓋之虞，故在論六書之餘，能不為之所拘，亦為治文字者當關切之課題。

附表一：文字學教師對「六書理論」之授課意見

選項＼資歷	0-10 年	1-20 年	21-31 年	31 年以上	合計
不可或缺	13 20.23 %	4 9.30 %	6 13.95 %	1 2.33 %	24 55.81 %
應該講授	7 16.28 %	2 4.65 %	1 2.33 %	0	10 23.26 %
應該講授但非重點所在	4 9.30 %	3 6.98 %	0	0	7 23.26 %
可有可無	2 4.23 %	0	0	0	2 4.65 %
根本不需要	0	0	0	0	0
合　計	0	9 20.93 %	7 16.28 %	1 2.33 %	43 100 %

附表二：不同學制之學生對文字概念認識之程度

選項＼對象	大學	師院	研究所	其他	合計
相當完整	5 0.53 %	3 20.23%	0	0	85 0.85 %
尚　可	280 29.72 %	121 12.85 %	21 2.23 %	1 0.11 %	423 44.90 %
不太有概念	254 26.69 %	188 19.96 %	7 0.74 %	2 0.21 %	451 47.88 %
完全沒有系統概念	29 3.08 %	31 3.29 %	0	0	60 6.37 %
合　計	568 60.30 %	343 36.41 %	28 2.97 %	3 0.32 %	942 100 %

《說文》借形為事解

陳新雄

章太炎先生《國學略說・小學略說》云:「宋人清人，講釋鐘鼎，病根相同，病態不同。宋人之病，在望氣而知，如觀油畫，但求形似，不問筆畫。清人知其不然，乃皮傅六書，曲爲分剖。此則倒果爲因，可謂巨謬。夫古人先識字形，繼求字義，後乃據六書分析之。非先以六書分析，再識字形也。未識字形，先以六書分析之，則一字爲甲爲乙，何所施而不可。不但形聲會意之字，可以隨意妄斷，即象形之字，亦不妨指鹿爲馬。蓋象形之字，並不纖悉工似，不過粗具輪廓，或舉其一端而已。如人字略象人形之側，其他固不及也。若本不認識，強指爲象別形，何不可哉。倒果爲因，則甲以爲乙，乙以爲丙，聚訟紛紛，所得皆妄。如只摹其筆意，賞其姿態，而闕其所不知。一如歐人觀華劇然，但賞音調，不問字句，此中亦自有樂地，何必爲扣槃捫燭之舉哉！」

太炎先生此言，殆謂不知一字之本義，則無以斷此字之爲象形抑指事，故若以六書分析文字之構造，首先當知此字何義，苟不知一字之意義，則任指象形指事，無施不可。指事之異於象形者，段玉裁謂:「指事之別於象形者，形謂一物，事賅眾物。專博斯分，故一舉日月，一舉上下，上下所賅之物多，日月只一物，學者知此，可以得指事象形之分矣。」或謂象形爲具體之物，指事爲抽象

之事；又或謂形由物生，事由字出；此皆得其大端，而尙未辨之毫
釐者也。先師林景伊(尹)先生《文字學概說》綜合前賢諸說，釐定
六項標準，以區別指事、象形，可供參考，茲錄於次。林先生曰：

> 象形有實物可像，指事多無實物可像；象形專像一物，指事
> 博類眾物；象形依形而製字，指事因事而生形；象形象物之
> 靜狀，指事表物之動態；象形本義多爲名詞，指事本義多非
> 名詞；少數爲名詞的增體指事，所增必爲指事之符號，與增
> 體象形所增爲實象者不同。

段氏以爲象形與指事之區別，乃象形字義有專屬，指事則汎指
眾事。易言之，象形乃像具體之物，故多爲名詞；指事則係抽象之
事，故多爲動詞、狀詞。指事之所以易與象形相混者，乃事象抽象
之形，《說文》往往謂之象形，以致混淆也。

《說文》之中確有指事之字而許君解以爲象形者，此則象其抽
象之形也。如凵，張口也，而曰象形；齊，禾麥吐穗上平也，而亦
曰象形。若此類者皆象其抽象之事也，非眞象物之形也，然此類尙
非難辨者也。蓋張口者動作也，吐穗上平者形容之詞也，則其非名
詞顯然也。龍君宇純《中國文字學》於《說文》指事字之釋曰象形
者，辨其所以之故甚明，今引其說以助辨識。龍君云：「象形字象
具體實物之形，指事字則以事無形，故聖人創意以指之，兩者不
同，故於六書爲二，但《說文》時時於指事字釋曰象形，如凵下
云：『張口也，象形』，丩下云：『相糾繚也，象形』，八下云：
『別也，象分別之形』，亼下云：『三合也，象三合之形』，囗下
云：『回也，象回匝之形』，高下云：『崇也，象臺觀高之形』。
則因形可實可虛，無論象實形或象虛形，都可以象形一名俪之。故
象形之名，可指以形象具體之物者，可指以形象抽象之意或事者。

分別言之，則前者爲象形，後者爲指事，故二者之同，在於形兼虛實，其異亦由虛實以分。」

清王筠《說文釋例》有借象形以指事一例，其說甚精。茲引數條，以見其義。王氏云：「大下云：天大地大人亦大。放大象人形，古文大也。此謂天地之大，無由象之以作字，故象人之形以作大字，非謂大字即是人也。故部中奎夾二字指人，以下則皆大小之大矣。它部從大義者凡二十六字，惟亦矢夭交冗夫六字取人義，餘亦大小之大，或用爲器之蓋矣。兩臂侈張，在人無此體，惟取其大而已。勹下云：裹也，象人曲形，有所包裹。蓋以人字曲之而爲勹，字形則空中以象包裹，首列句、匍、匐，皆曲身字，無包裹意。故知是借人形以指之也。亞下云：醜也，象人侷背之形，醜是事而不可指，借侷背之形以指之，非惟駝背，抑且鷄匈，可云醜矣。《爾雅》：『亞、次也。』賈侍中所本，許君列于後者，於字形不能得此義也。」

王筠所云，實具深理。蓋若大字，其意爲大，其形則象人形。所以然者，蓋「大」意虛無，無形可象，無實可指，故不得不借人形以爲大之事。人形何以可爲大之事也，以天大地大人亦大也。故借人之形以爲大之事也。又若勹字，象人曲形，何以知其爲裹也。蓋象人彎腰曲背而有所包裹之形也。亞之義爲醜，醜者抽象之形容詞，造字無所憑藉，故象人雞胸駝背之形，以具體人形之醜狀，作爲抽象形容之醜義，而醜義乃顯現矣。

今援王筠之例，另舉《說文》數例以實之：

《說文》：「釆，辨別也。象獸指爪分別也。」段玉裁注曰：「倉頡見鳥獸蹄迒之跡，知文理之可相別異也，遂造書契，釆字取獸指爪分別之形。」

　　辨別者謂分辨清楚也，《尚書》：「釆章百姓。」其爲動詞，顯然可知。分辨清楚，乃抽象之義，無跡可尋，無從描摹。故乃以獸爪踩地，形跡清楚，觀其形而知其爲何獸，故以此清楚之形象，作爲辨別清楚之意義，此所謂借形爲事也。就王氏所舉數例觀之，大之義爲狀詞，勹之義爲動詞，亞之義亦狀詞也。大非象人，勹非象曲身之人，亞更非侷背之人，三字皆非具體之人，亦皆非名詞，是皆借人之形以爲大、裏、醜之事，是爲借形爲事也。以此觀之，則釆爲辨別，而非獸之指爪，則亦借形爲事也。

　　王筠《說文釋例》又謂：「高字借形以指事而兼會意，高者事也，而天之高、山之高，高者多矣。何術以指之？則借臺觀高之形以指之。從冂者，非音冪之冖，乃坰界之冂。高者必大，象其界也，口與倉舍同意，則象築也。」按《說文》云：「高、崇也。象臺觀高之形。從冂口，與倉舍同意」崇者、嵬高也。嵬高者，抽象之事也，非具體之物形也，則其爲事顯然可知。然王氏以爲指事兼會意則未確，蓋高字全體、除冂象坰界尙成字外，其餘諸體，惟象其形，並非兼衆體以上之會意可比，故高字全字只是指事，實未兼意也。借臺觀之形以指出崇高之意，此正所謂借形爲事也。

　　王筠《說文釋例》又云：「不至二字。借象形以爲指事也。云一猶天，一猶地，不似它字直訓爲天地，則有鳥高飛，不必傅於天，而已不可得也。飛鳥依人，不必漸于陸，而已爲至也。故此二字，並非以會定指事。然象形則象形矣，何以謂之指事？蓋今人不知古義，宜也。古人不知古義，無是理也。而從此兩字者，無涉於鳥義之字，則本字不謂鳥明矣。不字即由不然不可之語而作之，則字之由來者事也，而此事殊難的指，故借鳥飛不下之形以象之，乃能造爲此字。至字放此推之。抑此兩字，義正相反，何不用倒之爲

帀；倒人爲匕之例？曰：其情不同也。鳥之奮飛，羽尾必開張。故不字三垂平分也。鳥之將落，其意欲斂，其勢猶張，故至字或開或交以見意，情事不同。」

按王氏此言，證之《說文》說解，亦與前舉數例，有所不同，不得謂不至二字爲借形爲事也。按《說文》：「不、鳥飛上翔不下來也。從一、一猶天也，象形。」「至、鳥飛從高下至地也。從一、一猶地也，象形。不上去而至下來也。」從《說文》說解中，顯然可知，不義非指鳥也，乃指鳥飛上翔。鳥飛上翔，亦如凵之張口，齊之禾麥穗之上平，非具體之形，純屬抽象或動作之事也。段氏以爲不象鳥飛去而見其翅尾形，鳥上翔既爲事，則非若大之象人形；勹之象曲背之人，亞之象雞胸侷背之人，采之象獸之指爪，皆有具體之形者不同也。有形乃可象，然後方可借此可象之形以爲事也。今者，鳥飛上翔不下來，乃指鳥之動作，則亦屬抽象之事也。至象下集之鳥首鄉下，鳥之下集，亦鳥之動作也。正如不字之比，亦抽象之事，非有具體之形可象者。則亦何從以借形爲事乎！段氏舉《詩》「鄂不韡韡」，引《鄭箋》不當作柎，柎鄂足也，其說甚是。今證之甲文，則不亦花萼之義，非不然義也；不字之訓既已不然，則其說爲借形爲事之說，固難憑也。不字訓釋，既所難憑，則至字亦顯然所釋無據也。字義既已難憑，則章太炎先生之說，自當愼重考慮，所謂「未識字形，先以六書分析之，則一字爲甲爲乙，何所施而不可！」正謂此也。今吾人研究《說文》，前賢諸說，其善者當從，其不善者當批判之。善與不善，則在吾人之愼思明辨矣。凡事皆然，而治文字爲尤甚焉。

形聲字聲符表義釋例

許錟輝

一、前　言

　　《說文・敘》云：「形聲者，以事爲名，取譬相成，江、河是也。」段注：「以事爲名，謂半義也，取譬相成，謂半聲也。」段氏之意，謂形聲字由形符與聲符組合而成，形符表義，故云半義；聲符表音，故云半聲。本人前曾撰〈形聲字形符表義釋例〉[1]，謂形符表義之功能凡有三類，一曰表類別義，二曰表助成義，三曰表全義。復思許氏所言「取譬相成」者，謂形聲字聲符之功能在表述形聲字之音，故段氏注云「取譬相成，謂半聲也。」此形聲字之常例也。然而，形聲字之聲符除表音之外，猶有其他功能。宋人王聖美倡「右文說」，沈括述其說云：「王聖美治字學，演其義以爲右文。古之字書皆从左文。凡字，其類在左，其義在右。如木類，其左皆从木。所謂右文者，如戔、小也。水之小者曰淺，金之小者曰錢，歹之小者曰殘，貝之小者曰賤。如此之類，皆以戔爲義也。」[2]，即謂形聲字之聲符亦有表義之例，惟王氏所言右文表義之說過於

---

[1]　參見許錟輝〈形聲字形符表義釋例〉．《第十屆中國文字學全國學術研討會論文集》11 頁。1999,4

[2]　見沈約《夢溪筆談．卷十四》。

簡略，今擬就形聲字聲符表義之例作一探討，俾對形聲字之結構及其功能有進一步之瞭解。

二、形聲字聲符表義述例

(一)聲符表虛義

形聲字之聲符表音而不表義，此乃形聲字之常例，《說文‧敘》所舉「江、河」之類是也。然此等形聲字之聲符雖不表義，實具有辨義作用，何則？如江、河二字同从水，而江河之義有別者，不在其所从形符，而在其所从聲符不同有以別之也。是知形聲字之聲符，不論兼義與否，其於表形聲字之義，同有助成作用，並非虛無。然則聲符表音而兼義者，可謂之表實義；聲符表音而不兼義者，可謂之表虛義。綜考《說文》形聲字，其聲符表虛義者凡有三類：

　1. 形符聲符並出，形符表類別義[3]，聲符表音而具辨義作用。

　此類形聲字在造字之初形符與聲符同時並出，形符表類別義，聲符則表虛義，僅表音，具有辨義作用而與形符表義者有別。如：

　⑴特、特牛也。从牛寺聲。（《說文‧牛部》51頁）

　按：形符「牛」表類別義，示其為牛類；聲符「寺」表音，具有辨義作用。「特」字由形符「牛」與聲符「寺」結合，乃有特牛之義。是聲符「寺」，看似不兼義，而並非虛無，乃表其虛義耳。

　⑵荳、豆屬。从豆荂聲。（《說文‧豆部》209頁）

3　所謂類別義者，謂此形聲字之義顯示某一類別，詳見許錟輝〈形聲字形符表義釋例〉11頁,12---14頁。

　　按：段注：「此《本艸經》之大豆黃卷也。」莢 从豆，示其爲豆類，此表豆之假借義；聲符「券」表音，具有辨義作用。「莢」字由形符「豆」與聲符「券」結合，乃有大豆黃卷之義。是聲符「券」，看似不兼義，而並非虛無，乃表其虛義耳。

　　2.形符聲符並出，形符表助成義[4]，聲符表音而具辨義作用。

　　此類形聲字在造字之初亦是形符與聲符同時並出，形符表助成義，聲符表虛義。如：

　　⑴夤、敬惕也。从夕寅聲。（《說文・夕部》318頁）

　　按：形符「夕」非示其爲夕類，《說文》引《易》曰：「夕惕若厲。」段注：「此引者，說从夕意也。」聲符「寅」表音，具有辨義作用。「夤」字由形符「夕」與聲符「寅」結合，乃有敬惕之義。是聲符「寅」，看似不兼義，而並非虛無，乃表其虛義耳。

　　⑵㹦、姓也。从西圭聲。（《說文・西部》591頁）

　　按：㹦 从西，非示其類別，亦非示其爲鳥棲之義，此表西之假借義；聲符「圭」表音，具有辨義作用。「㹦」字由形符「西」與聲符「圭」結合，乃有姓氏之義。是聲符「圭」，看似不兼義，而並非虛無，乃表其虛義耳。

　　3.形符先有，聲符後加；形符表全義[5]，聲符表音而具辨義作用。

　　此類形聲字在造字之初形符先有，聲符後加，形符表全義，聲符表虛義。此等形聲字，與形符爲轉注，係先造形符，其後形符音

4　所謂助成義者，謂此形聲字之形符所表之義非顯示其類別，僅表此形聲字義之一端，需與聲符結合，相輔相成，乃能見此形聲字之全義。詳見許錟輝〈形聲字形符表義釋例〉11頁,15---16頁。

5　所謂全義者，指此字全部之義。含本義、引申義、比擬義、假借義等。

變，乃又附加聲符以造一後起形聲字[6]，與一般形聲字形符與聲符同時並出者有別。而此等形聲字之形符，乃此形聲字之初文，故其所表之全義，實即此形聲字之本義。如：

(1)哿、可也。从可加聲。（《說文·可部》206 頁）

按：哿訓可而字从可，已表其全義。可爲初文，其後音變，乃增益「加」聲而爲「哿」字。聲符「加」表音，具有辨形、辨義作用。「哿」字由形符「可」與聲符「加」結合，乃有可義。是聲符「加」，看似不兼義，而並非虛無，乃表其虛義耳。

(2)龗、龍也。从龍霝聲。（《說文·龍部》588 頁）

按：龗訓龍而字从龍，已表其全義。龍爲初文，其後音變，乃增益「霝」聲而爲「龗」字。聲符「霝」表音，具有辨形、辨義作用。「龗」字由形符「龍」與聲符「霝」結合，乃有龍義。是聲符「霝」，看似不兼義，而並非虛無，乃表其虛義耳。

(二) 聲符表實義

1.《說文》聲符表義之類型

形聲字之聲符有表音而又兼表義者，此乃形聲字之朔例。《說文》聲符表義之例至爲繁複，究其原因，在會意與形聲之分，主義與主聲之別，每生混淆有以致之也。綜考《說文》，有大徐本釋爲从某某聲，以爲形聲字，而小徐本釋爲从某从某、从某某，以爲會意字者，如：

羿、羽之羿風，亦古諸侯也。一曰射師。从羽幵聲。[7]

6　此即魯實先先生所謂聲轉而注之轉注，見魯先生著《轉注釋義》1 頁，1976,5，洙泗出版社。

7　見《說文解字》四卷上四頁，1998,8，中國書店。

羿、羽之羿風，亦古諸侯也。一曰射師。從羽开。[8]

有大徐本釋爲从某某聲，以爲形聲字，而小徐本釋爲从某某、某亦聲者，如：

晃、明也。从日光聲。[9]

晃、明也。從日光，光亦聲。[10]

有大徐本釋爲从某从某、从某某，以爲會意字，而小徐本釋爲从某某聲，以爲形聲字者，如：

臾、舂糗也。从米臼。[11]

臾、舂糗也。從米臼聲。[12]

有大徐本釋爲从某从某、从某某，以爲會意字，而小徐本釋爲从某从某、某亦聲者，如：

貶、損也。从貝从乏。[13]

貶、損也。從貝從乏聲。[14]

按：小徐注云：「當言從乏、乏亦聲，脫誤也。」

有大徐本釋爲从某从某、某亦聲，而小徐本釋爲从某某聲，以爲形聲字者，如：

禬、會福祭也。从示从會、會亦聲。[15]

禬、會福祭也。從示會聲。[16]

8　見徐鍇《說文解字繫傳》68 頁，1998，12，北京：中華書局。

9　同注 7，七卷上一頁。

10　同注 8，133 頁。

11　同注 7，七卷上十頁。

12　同注 8，145 頁。

13　同注 7，六卷下五頁。

14　同注 8，127 頁。

15　同注 7，一卷上二頁。

16　同注 8，4 頁。

是宋人於形聲、會意之別，已滋多混淆矣。

復考《說文》有釋爲从某某聲之形聲字，而段氏注稱形聲兼會意者，如：

⑴諸、辯也。从言者聲。（《說文・言部》90 頁）

段注：「此以聲苞意。」

⑵惔、憂也。从心炎聲。（《說文・心部》518 頁）

段注：「此以形聲賅會意。」

有釋爲从某某聲之形聲字，而段氏注稱當从某某、某亦聲者，如：

⑴禛、以眞受福也。从示眞聲。（《說文・示部》2 頁）

段注：「此亦當云从示从眞、眞亦聲，不言者，省也。聲與義同原，故諧聲之偏旁多與字義相近，此會意、形聲兩兼之字致多也。」

⑵勼、聚也。从勹九聲。（《說文・勹部》437 頁）

段注：「此當作从勹九、九亦聲，轉寫奪之。」

有《說文》釋爲从某某聲之形聲字，而段氏注稱會意兼形聲者，如：

晃、明也。从日光聲。（《說文・日部》306 頁）

段注：「晃者動之明也，凡光必動，會意兼形聲字也。」

有《說文》釋爲从某从某、从某某會意，而段氏注稱會意包形聲、會意兼形聲、會意亦形聲、某亦聲者，如：

⑴茁、艸初生地皃。从艸出。（《說文・艸部》38 頁）

段注：「言會意以包形聲也。」

⑵祫、大合祭先祖親疏遠近也。从示合。（《說文・示部》6 頁）

段注：「會意。不云合亦聲者，省文，重會意也。」

(3)㝯、生子免身也。从子免。（《說文‧子部》749 頁）

段注：「㝯則會意兼形聲。」

(4)緝、合也。从糸集。（《說文‧糸部》654 頁）

段注：「會意亦形聲也。」

(5)畋、平田也。从攴田。（《說文‧攴部》127 頁）

段注：「田亦聲。」

有《說文》釋爲从某某、某亦聲，而段氏注稱當从某某聲者，如：

恇、怯也。从心匡、匡亦聲。（《說文‧心部》519 頁）

段注：「按：匡亦二字衍。」

有《說文》釋爲从某某、某亦聲，而段氏注稱會意兼形聲者，如：

碫、碫石也。从石段、段亦聲。（《說文‧石部》454 頁）

段注：「會意兼形聲也。」

是段氏於會意、形聲之別，與夫形聲、亦聲之別，會意、亦聲之別，皆不免有所混淆。

考《說文‧敘》云：「形聲者、以事爲名，取譬相成，江河是也。會意者、比類合誼，以見指撝，武信是也。」形聲、會意分列爲二，段氏於形聲下注云：「其別於會意者，會意合體主義，形聲合體主聲。」其辨形聲、會意之異，在於形聲主聲，會意主義，其說甚明甚是。惟段氏又於禛字下注云：「聲與義同原，故龤聲之偏旁多與字義相近，此會意、形聲兩兼之字致多也。說文或偁其會意，略其形聲；或偁其形聲，略其會意，雖則渻文，實欲互見。」（《說文‧示部》2 頁）則又形聲、會意無別，混淆不清矣。

　　綜上所考，形聲主聲，會意主義，二者判然有別。然則《說文》釋爲从某某、某亦聲者，旣已主聲，自當列爲形聲，其聲符兼義，與其他聲符不兼義之形聲字無別。若夫《說文》釋爲从某某聲者，不論其聲符兼義與否，固當列爲形聲，不宜以聲符兼義者釋爲从某某、某亦聲，上述段氏改「禎」字爲「从示从眞、眞亦聲」之例，說有未允。他如《說文》釋爲从某某、从某从某，而段氏注云「會意包形聲」、「某亦聲」者，亦當列爲形聲，以與會意區分，俾有聲與無聲諸字判然有別也。準是言之，《說文》釋爲从某某、从某从某，許愼未言亦聲，段氏未注亦聲，而依音理實具有聲韻關係者，皆當作从某某聲，以爲形聲字。如：

　　⑴右、助也。从口又。（《說文・口部》59頁）

　　按：右、又並音于救切，古同音。右當从口又聲。

　　⑵嬰、繞也。从女賏。（《說文・女部》627頁）

　　按：嬰、於盈切，影母，十一部；賏、烏莖切，影母，十一部[17]。二字古同音。嬰當从女賏聲。

　　綜上所述，《說文》聲符兼義之類型，可歸納爲如下五類：

　　⑴从某某聲，段氏注稱形聲包會意。

　　此又分爲八小類：

　　1) 舉形聲包會意

　　此例包含段注云：「此舉形聲包會意」、「此以形聲包會意」、「以形聲包會意」、「此形聲包會意」、「形聲包會意」、「此以聲苞意」、「說形聲包會意」、「形聲中包會意」、「舉聲包意」、「包會意」等。如：

---

17 聲據黃侃古聲十九紐，韻據段玉裁古十七部諧聲表。

（子）禬、會福祭也。从示會聲。（《說文・示部》7頁）

段注：「此等皆舉形聲包會意。」

（丑）畿、天子千里地。以逮近言之則言畿。从田幾省聲。（《說文・田部》702頁）

段注：「形聲中包會意。」

此例共一三二字，不贅舉。

2)形聲兼會意

此例包含段注云：「形聲兼會意」、「形聲可兼會意」等。如：

（子）瑠、王器也。从玉晶聲。（《說文・玉部》15頁）

段注：「凡從晶字，皆形聲兼會意。」

（丑）帢、士無市有帢，制如榼缺四角，賤不得與裳同。（《說文・市部》366頁）

段注：「形聲可兼會意。」

此例共三字。

3)舉形聲見會意

此例包含段注云：「此舉形聲見會意」、「此於形聲見會意」、「此於聲見義」等。如：

（子）蘱、黃華。从艸蘱聲。（《說文・艸部》38頁）

段注：「此舉形聲見會意。」

（丑）瀾、不流濁也。从水圍聲。（《說文・水部》555頁）

段注：「此於聲見義。」

此例共三字。

4)舉形聲該會意

此例包含段注云：「舉形聲該會意」、「此以形聲賅會意」

等。如：

　　（子）厥、發石也。从厂欮聲。（《說文·厂部》451頁）

　　段注：「舉形聲該會意也。」

　　（丑）惔、惪也。从心炎聲。（《說文·心部》518頁）

　　段注：「此以形聲賅會意。」

　　此例僅此二字。

5)舉形聲關會意

　　此例共三字。如：

　　（子）悁、忿性也。从心亟聲。（《說文·心部》512頁）

　　段注：「舉形聲關會意也。」

　　（丑）霋、霖雨也。南陽謂霖霋。从雨佳聲。（《說文·雨部》578頁）

　　段注：「按：舉形聲關會意。」

6)形聲中有會意

　　此例包含段注云：「形聲中有會意」、「形聲中會意」、「鰡聲中有會意」、「亦有會意」等。如：

　　（子）憲、實也。从心寍聲。（《說文·心部》509頁）

　　段注：「鰡聲中有會意。」

　　（丑）媿、慙也。从女鬼聲。（《說文·女部》632頁）

　　段注：「亦形聲中有會意。」

　　此例共三一字，舉此以見一斑。

7)形聲之字多含會意

　　此例僅二字。

　　（子）池、陂也。从水也聲。（《說文·水部》558頁）

　　段注：「夫形聲之字多含會意。沱訓江別，故从它，沱之言有

它也。停水曰池，故从也。也本訓女陰也，《詩》謂水所出爲泉，所聚爲池，故曰：池之竭矣，不云自瀕，泉之竭矣，不云自中，豈與沱同字乎？」

（丑）沱、江別流也。出崏山東，別爲沱。从水它聲。（《說文·水部》522 頁）

8)形聲亦會意

此例包含段注云：「形聲亦會意」、「某亦會意」、「从某會意」、「取某會意」等。如：

（子）遝、迨也。从辵眔聲。（《說文·辵部》71 頁）

段注：「目部云：『眔、目相及也。』是遝亦會意。」

（丑）綏、車中靶也。从糸妥聲。（《說文·糸部》668 頁）

段注：「綏以妥會意，即以妥形聲。」

此例共七字。

(2)从某某聲，段氏未言形聲兼義，核其聲符實兼表義。

此例多有，略舉二字以見一斑。如：

1)琥、發兵瑞玉。爲虎文。从玉虎聲。（《說文·玉部》12 頁）

按：玉爲虎文，字从虎聲，聲符兼義。

2)詷、共也。从言同聲。（《說文·言部》95 頁）

按：《說文》：「共、同也。」（共部·105 頁）詷从同聲，聲符兼義。

(3)从某从某、从某某，段氏注稱會意兼聲。

此又分爲四小類：

1)會意包形聲

此例包含段注云：「會意包形聲」、「此以會意包形聲」、

「言會意以包形聲」、「舉會意包形聲」等。如：

　　（子）茁、艸初生地兒。从艸出。（《說文·艸部》38 頁）

　　段注：「言會意以包形聲也。」

　　（丑）蔭、艸陰地。从艸陰。（《說文·艸部》39 頁）

　　段注：「此以會意包形聲。」

　　（寅）笙、十三簧。象鳳之身也。笙、正月之音，物生，故謂之笙。大者謂之巢，小者謂之和。从竹生。（《說文·竹部》199 頁）

　　段注：「舉會意包形聲也。」

　　此例共二十九字。

2)會意兼形聲

　　此例僅一字。

　　㝽、生子免身也。从子免。（《說文·子部》749 頁）

　　段注：「㝽則會意兼形聲。」

3)會意亦形聲

　　此例僅二字。如：

　　緝、合也。从糸集。（《說文·糸部》654 頁）

　　段注：「會意亦形聲也。」

4)某亦聲

　　此例共六十三字。如：

　　衒、行且賣也。从行言。（《說文·行部》78 頁）

　　段注：「言亦聲也。」

(4)从某某、某亦聲。

　　此例許慎釋云「某亦聲」，共二百又五字。如：

　　1)吏、治人者也。从一从史、史亦聲。（《說文·一部》1 頁）

段注：「凡言亦聲者，會意兼形聲也。」

2)齨、老人齒如臼也。从齒臼、臼亦聲。（《說文・齒部》81頁）

按：老人齒如臼爲齨，字从臼聲，聲符兼義。

⑸从某从某，从某某，許愼、段玉裁未云亦聲，依音理應有聲韻關係。

此例多有，略舉二字以見一斑。如：

1)佰、相什佰也。从人百。（《說文・人部》378頁）

按：佰、百並音博陌切，幫母，五部，二字古同音。佰當从人百聲。

2)堯、高也。从垚在兀上，高遠也。（《說文・垚部》700頁）

按：堯、垚並音吾聊切，疑母，二部。二字古同音。堯當从兀垚聲。

2.形聲字聲符表實義述例

《說文》形聲字 18 聲符表實義者，凡有三類：

⑴形符聲符並出，形符表類別義，聲符表助成義。

此類形聲字，形符與聲符皆表義。形符表類別義，而聲符所表義乃助成義，與形符所表義相合而助成之，乃得形聲字之全義。此又分爲三小類：

1）聲符表本義以助成其義。

（子）瑟、玉英華相帶，如瑟弦也。从玉瑟聲。（《說文・玉部》15頁）

---

18 此稱形聲字，含《說文》釋云从某某聲；从某某、某亦聲，从某从某、某亦聲；从某某、从某从某，段注稱會意包形聲、某亦聲；从某某、从某从某，段氏未言某亦聲，依其音理應有聲韻關係等類型。

　　按：瓀从玉，示其爲玉類。聲符「瑟」表本義以助成之，乃有玉英華相帶如瑟弦之義。

　　（丑）牭、四歲牛。从牛四、四亦聲。（《說文・牛部》51頁）

　　按：牭从牛，示其爲牛類。聲符「四」表本義以助成之，乃有四歲牛之義。

　　2)聲符表引申義以助成其義。

　　（子）枖、木少盛皃。從木夭聲。（《說文・木部》252頁）

　　按：段注：「以會意包形聲也。」枖从木，示其爲木類。夭、本義爲屈，物初長者尚屈而未申，故引申有少壯之義[19]。聲符「夭」表引申義以助成之，乃有木少盛皃之義。

　　（丑）箬、楚謂竹皮曰箬。从竹若聲。（《說文・竹部》191頁）

　　按：段注：「若、擇菜也，擇菜者絕其本末，此形聲包會意也。」箬从竹，示其爲竹類。依《說文》，若、本義爲擇菜，擇菜者絕其本末，故引申有表皮之義。聲符「若」表引申義以助成之，乃有竹皮之義。

　　3）聲符表假借義以助成其義。

　　姆、女師也。从女每聲。（《說文・女部》622頁）

　　按：姆从女，示其爲女類。每之本義爲艸盛上出，从屮母聲（《說文・屮部》22頁）。段注：「《字林》及《禮記音義》作姆也。」每从母聲，二字古同音。姆所从「每」，乃母之假借，示傳母之義。聲符「母」表假借義以助成之，乃有女師之義。

_____

19 參見夭字下段注。見《說文・夭部》498頁。

⑵形符聲符並出，形符聲符俱表助成義。

此類形聲字，形符與聲符皆表義。形符、聲符所表義相結合而助成形聲字之全義。此又分爲三小類：

1）聲符表本義以助成其義。

（子）刵、斷耳也。从刀耳。（《說文・刀部》184頁）

按：段注：「會意包形聲。」刵从刀，示其所用工具。从耳，示其所斷對象。聲符「耳」表本義，與形符「刀」相結合而助成斷耳之義。

（丑）慈、惢也。从心弦、弦亦聲。（《說文・心部》513頁）

按：慈从心，示其爲心性。从弦者，段注云：「性緩者佩弦以自急。」聲符「弦」表本義，與形符「心」相結合而助成性惢之義。

2）聲符表引申義以助成其義。

（子）弒、臣殺君也。从殺省式聲。（《說文・殺部》121頁）

按：弒从殺，示其殺戮之義。式本義爲法，引申有情理、節度之義。臣殺君，不合情理，弒所从聲符「式」表引申義，與形符「殺」相結合而助成臣殺君之義。

（丑）刌、切也。从刀寸聲。（《說文・刀部》181頁）

按：刌从刀，示其所用工具。从寸者，段注云：「凡斷物必合法度，故從寸。…云寸聲，包會意。」寸之本義寸口，引申之爲十分之義，從而有法度之義。聲符「寸」表引申義，與形符「刀」相結合而助成切刌之義。

3）聲符表假借義以助成其義。

闐、闐闐、鬥連結繽紛相牽也。从鬥賓省聲。（《說文・鬥部》115頁）

按：鬩从鬥，示其相鬥之義。从賓者，示繽紛之義，賓乃繽之假借。繽从賓聲，二字古同音，故相通作。聲符「賓」表假借義，與形符「鬥」相結合而助成鬥連結繽紛相率之義。[20]

(3)聲符先有，形符後加，形符表助成義，聲符表全義。

此類形聲字在造字之初，聲符先有，形符後加，聲符表全義，形符表助成義。此等形聲字，或由轉注而來，先有初文，其後初文義變，或由本義轉變爲引申義，或由本義轉變爲假借義，乃以初文爲聲符而附加形符以造一後起形聲字[21]；或基於避免形混而新造，先有初文，後因初文與他字形近，乃以初文爲聲符而附加形符以另造一形聲字；或爲初文形變，表義欠明，乃增益形符以補述其義而另造一後起形聲字；與一般形聲字形符與聲符同時並出者有別。而此等形聲字之聲符，乃此形聲字之初文，故其所表之全義，亦即此形聲字之本義。此又分爲五小類：

1)形符表類別以助成其義

勿、州里所建旗。象其柄，有三游。雜帛，幅半異。所以趣民，故遽偁勿勿。凡勿之屬皆从勿。㫚、勿或从㫃。（《說文·勿部》458頁）

按：㫚、从㫃勿聲。勿本義爲州里所建旗，其後假借爲毋，而有禁止之義。借義行而本義廢，乃又附加形符「㫃」作「㫚」以存其本義。聲符「勿」爲初文，表其全義，亦即其本義；形符「㫃」後加，示其爲旗類，與聲符「勿」相結合而助成州里所建旗之義。

2）形符表質料以助成其義

---

20 參見許錟輝《形聲字形符表義釋例》16頁。
21 此即魯實先先生所謂義轉而注之轉注，見魯先生著《轉注釋義》1頁，1976,5,洙泗出版社.

（子）聿、所以書也。楚謂之聿，吳謂之不律，燕謂之弗。从聿一。（《说文・聿部》118 頁）

筆、秦謂之筆。从聿竹。（《說文・聿部》118 頁）

按：聿、音余律切，影母，十五部；筆、音鄙密切，幫母，十五部。二字古韻同部。筆當从竹聿聲，聿、筆轉注，二字古本同音，其後「聿」借爲語辭，音變爲余律切。借義行而本義廢，乃又附加形符「竹」作「筆」以存其本義。聲符「聿」爲初文，表其全義，亦即其本義；形符「竹」後加，示其質料，與聲符「聿」相結合而助成所以書之義。

（丑）册、符命也。諸侯進受於王者也。象其札一長一短，中有二編之形。凡册之屬皆从册。笧、古文册从竹。（《說文・册部》86 頁）

按：笧、从竹册聲。册本義爲符命，象其札一長一短，中有二編之形。其後形變，失其形肖，乃增益形符「竹」作「笧」，以補述其義。聲符「册」爲初文，表其全義，亦即其本義；形符「竹」後加，示其質料，與聲符「册」相結合而助成符命之義。

3)形符表部位以助成其義

（子）臣、顊也。象形。凡臣之屬皆从臣。頤、篆文臣。（《說文・臣部》599 頁）

按：頤、从頁臣聲。臣、臣形近易混，乃附加形符「頁」作「頤」以爲區別。聲符「臣」爲其初文，表其全義，亦即其本義；形符「頁」後加，示其部位，與聲符「臣」相結合而助成顊義。

（丑）亢、人頸也。从大省，象頸脈形。凡亢之屬皆从亢。頏、亢或从頁。（《說文・亢部》501 頁）

按：頏、从頁亢聲。亢本義爲人頸，从大省，象頸脈形。其後

形變，失其形肖，乃增益形符「頁」作「頯」，以補述其義。聲符「允」爲初文，表其全義，亦即其本義；形符「頁」後加，示其部位，與聲符「允」相結合而助成人頰之義。

4）形符表屬性以助成其義

冂、邑外謂之郊，郊外謂之野，野外謂之林，林外謂之冂。象遠介也。凡冂之屬皆从冂。同、古文冂从口，象國邑。（《說文·冂部》230 頁）

按：同、从口冂聲。冂、一形近易混，乃附加形符「口」作「同」以爲區別。聲符「冂」爲其初文，表其全義，亦即其本義；形符「口」後加，示其屬性，與聲符「冂」相結合而助成遠郊之義。

5）形符表構件以助成其義

或、邦也。从口，戈以守其一。一、地也。域、或或从土。（《說文·戈部》637 頁）

國、邦也。从口从或。（《說文·口部》280 頁）

按：域、从土或聲。或、域古今字，二字古本同音。其後或借爲疑辭，乃附加形符「土」作「域」以存其本義。其後「域」又引申爲區域之義，音亦變爲雨逼切，乃又附加形符「口」作「國」以存其本義。或、域、國古當爲一字，古本同音。或借爲疑辭，音變爲胡國切，而孳乳域；域引申爲區域，音變爲雨逼切，而孳乳國；今惟國存其本義、本音耳。邦國必有土地，範圍，故或从口，示其構件，謂邦國必有範圍，「一」亦示構件，謂邦國必有土地也。域附加形符「土」，所以示其構件；與聲符「或」相結合而助成邦國之義。國附加形符「口」，亦示其構件，與聲符「或」相結合而助成邦國之義。國之从口，猶域之从土。《說文》列域爲或之重文，

以為一字，固當，分國、或為二字，未允。段氏於國字下注云：
「古或國同用」，亦分國或為二字，非是。段氏又於或字下注云：
「蓋或國在周時為古今字，古文祇有或字，既乃復製國字。」以國
或為古今字，甚是。

三、形聲字聲符表義例析論

　　形聲字形符表義之例，如上所釋凡有三類，曰表類別義例，表
助成義例，表全義例。然細論之，聲符表義之例，與聲符表義之型
態，以及聲符與形符之相互關係，皆息息相關，爰再就此二事析論
如下：

(一)聲符表義之型態

1.以個別構體而言

(1)表本義

　　形聲字聲符為文或字，其所表義乃此一文或字之本義，如上所
述：刵、從耳聲，示其所斷耳，表耳之本義；慈、從弦聲，示其佩
弦以自急，表弦之本義；瑟、從瑟聲，示其如瑟弦，表瑟之本義；
牭、從四聲，示其為四歲，表四之本義；旐、從勿聲，旐勿轉注，
勿為初文，示其州里所建旗，表勿之本義；筆、從聿聲，筆聿轉
注，聿為初文，示其為所以書之物，表聿之本義；臣頤古今字，臣
為初文，示其為顄，表臣之本義；冂同古今字，冂為初文，示其為
遠郊，表冂之本義；國、從或聲，國或轉注，或為初文，示其為邦
國，表或之本義；冊笧古今字，冊為初文，示其為符命，表冊之本
義；兀頏古今字，兀為初文，示其為人頸，表兀之本義。

(2)表引申義

　　形聲字聲符爲文或字，其所表義乃此一文或字之引申義，如上所述：杕从夭聲，示其少壯皃，表夭之引申義；箬从若聲，示其爲表皮，表若之引申義；弒从式聲，示其不合情理，表式之引申義；刌从寸聲，示其有法度，表寸之引申義。

(3)表假借義

　　形聲字聲符爲文或字，其所表義乃此一文或字之假借義，如上所述：姆从每聲，示其爲傅母，乃母之借字，表每之假借義；闖从賓省聲，示其繽紛皃，乃繽之借字，表賓之假借義。

　2.以整體結構而言

　　形聲字之整體結構，兼含形符與聲符二者。不論聲符表義與否，形符皆須與之相結合，乃得表此形聲字之全義。就形聲字之整體結構而言，聲符表義型態有如下二類

(1)聲符表虛義

　　此又可分爲三小類：

1）形符表全義，聲符表音而具辨形辨義作用

　　此類形聲字，先有形符以爲初文，其後初文或古今音變，或方言異讀，乃又附加聲符以調適其語音，而另造一後起形聲字。此等形聲字之形符旣已先爲初文，則已表其全義，加聲符主在識音，兼具辨形及辨義作用，故此聲符雖不兼義，而並非虛無，應視爲表虛義也。如上所述，智、从可加聲，可爲初文，可智轉注，聲符「加」表虛義；寵从需聲，龍爲初文，龍寵轉注，聲符「需」表虛義。

2）形符表類別義，聲符表音而具辨義及助成作用

　　此類形聲字，形符、聲符並出，形符表類別義，聲符表音，具

辨義作用，與形符相結合以助成之，乃得此形聲字之全義，故此聲符雖不兼義，而並非虛無，應視爲表虛義也。如上所述，特、从牛寺聲，形符「牛」表其類別，聲符「寺」主在識音，表虛義；梪从豆荞聲，形符「豆」表其類別，聲符「荞」主在識音，表虛義。

3）形符表助成義，聲符表音而具辨義及助成作用

此類形聲字，形符、聲符並出，形符表助成義，聲符表音，具辨義作用，與形符相結合以助成之，乃得此形聲字之全義，故此聲符雖不兼義，而並非虛無，應視爲表虛義也。如上所述，夤从夕寅聲，形符「夕」表助成義，聲符「寅」主在識音，表虛義；垔从西圭聲，形符「西」表助成義，聲符「圭」主在識音，表虛義。

⑵聲符表實義

此又可分爲三小類：

1）聲符、形符表輕重義，形符表類別義，聲符表助成義

此類形聲字，形符、聲符並出，形符表類別義，此義之所重，聲符表助成義，此義之所輕。考形聲字，形符與表義之聲符相結合之例，亦猶會意字之比類合誼，皆所以相輔相成者也。會意字組成分子之結合，可分二類，其一無分主從，平列結合；其二分別主從，輕重結合[22]。此等形聲字，猶後類之會意字，形符爲主，聲符爲從，聲符與形符相結合以助成之，乃得此形聲字之全義。

如上所述，瑟、从玉瑟聲，玉表其類別，聲符「瑟」助成其義；牭、从牛四聲，牛表其類別，聲符「四」助成其義；杈、从木夭聲，木表其類別，聲符「夭」助成其義；箬、从竹若聲，竹表其類別，聲符「若」助成其義；姄、从女每聲，女表其類別，聲符

---

[22] 同注 1．1頁。

「每」助成其義。

　　2）聲符、形符表平列義，聲符、形符俱表助成義

　　此類形聲字，形符、聲符並出，形符、聲符具表助成義，猶上述前類之會意字，聲符與形符平列結合，聲符與形符無分主從輕重，聲符與形符相結合以助成之，乃得此形聲字之全義。

　　如上所述：刵、从刀耳聲，刀、耳結合以助成斷耳之義；慈、从心弦聲，心、弦結合以助成性幺之義；弒、从殺省式聲，殺、式結合以助成臣殺君之義；刌、从刀寸聲，刀、寸結合以助成刌切之義；闠、从門賓省聲，門、賓結合以助成門連結繽紛相率之義。

　　3）聲符表全義，形符表助成義

　　此類形聲字在造字之初，聲符先有，形符後加，聲符表全義，形符表助成義。此等形聲字，或由轉注而來，或基於避免形混而新造，或爲形變皆以初文爲聲符而附加形符以另造一後起形聲字。與一般形聲字形符與聲符同時並出者有別。如上所述：肳、从肦勿聲，勿肳轉注，勿爲初文，表其全義，肦乃後加以助成之；筆、从竹聿聲，聿筆轉注，聿爲初文，表其全義，竹乃後加以助成之；國、从囗或聲，或國轉注，或爲初文，表其全義，囗乃後加以助成之；頤、从臣聲，臣頤古今字，臣爲初文，表其全義，頁乃後加以助成之；同、从口冂聲，冂同古今字，冂爲初文，表其全義，口乃後加以助成之；笧、从竹册聲，册笧古今字，册爲初文，表其全義，竹乃後加以助成之；頏、从頁亢聲，亢頏古今字，亢爲初文，表其全義，頁乃後加以助成之。

　　㈡聲符與形符之關係

　　形聲字之整體結構，兼合聲符與形符二者。不論聲符表義與否，形符皆須與之相會合，乃得表此形聲字之全義，故形符與聲符

實具密切不可分之關係。然細論之，聲符與形符之關係，又可分為互動與主導二大類；

　　1.互動關係，聲符、形符表助成義

　　形符、聲符並出，形符、聲符表平列義，兩相結合以助成此一形聲字之全義，如上述刡、慭、弒、刉、鬭等字皆其例。

　　2.形符主導，帶動聲符

　　(1)形符先有，表全義，居主導地位；聲符後加，表虛義，具識音及辨形、辨義作用，居輔助地位。如上所述智、灑等字是其例。

　　(2)形符、聲符並出，形符、聲符皆表義。形符表類別義，義之所重，居主導地位；聲符表助成義，義之所輕，居輔助地位。如上所述瑟、牭、枤、箸、姆等字皆其例。

　　(3)形符、聲符並出，形符表類別義，居主導地位；聲符表虛義，具識音及辨義作用，居輔助地位。如上所述特、奀、貪、翌等字皆其例。

　　3.聲符主導，帶動形符

　　聲符先有，表全義，居主導地位；形符後加，表助成義，居輔助地位。如上所述旃、筆、頤、同、國、箈、頏等字皆其例。

四、結　語

　　綜上所考論，形聲字聲符表義之例，可得如下之結論：

　　㈠形聲字聲符表義者，有表類別義、助成義、全義等三大類。表類別義、助成義中，又有表本義、引伸義、假借義之別。而表全義者，則必表其本義。

　　㈡形聲字聲符不表義者，仍有辨義作用，識音功能，並非虛

設，與形符相結合，乃能表此形聲字之全義，此等聲符應視為表虛義。

㈢《說文·敘》云：「形聲者，以事為名，取譬相成。」謂形聲字由形符與聲符相結合而成。然其結合方式，或為並出，或分先後。其分先後者，或由轉注而來，或避混淆而生，或為形變而造。以致形符、聲符在此一形聲字中所處地位，所起作用有所不同。或為形符、聲符處平列地位，起互動作用；或為形符居主導地位，起帶動作用；或為聲符居主導地位，起帶動作用。凡此諸端，許慎皆所未言。

㈣聲符帶動形符者少，形符帶動聲符或形符與聲符互動者多，故就表義功能而言，形符於形聲字中，實居首要主導地位。聲符之表虛義者雖佔多數，仍居次要助成地位。至於聲符之表實義者，多表助成義，亦居次要助成地位也。

參考書目

清·王筠　　《說文釋例》　　台北商務 1968

清·段玉裁　《說文解字注》　　書銘公司 1997

丁福保　　　《說文解字詁林》　鼎文 1994

魯實先　　　《假借溯源》　　　文史哲 1973

2003 年 3 月 31 日於學而思齋定稿

形聲字聲符表音功能研究

竺家寧

壹·現代形聲字表音功能的限制

　　今天世界上所使用的文字系統有兩大類型：拼音字系和形聲字系。漢字是形聲文字的代表。論漢字的結構，雖有六書之說，實際上今天的漢字絕大部分是形聲字。在漢字史上，形聲字是逐漸發展起來的，據李孝定的統計，甲骨文裏的形聲字占 27.27%，朱駿聲《六書爻例》據說文占 81.24%，鄭樵《六書略》占 90.00%[1]，由殷商至東漢，再到南宋，大約都相隔一千年，形聲字的比例增加的十分快速。到今天，除了少數古代殘存的非形聲字外，幾乎都是形聲。每個人都知道，形聲是一種合體字，一半表示意義，稱爲義符，一半表示聲音，稱爲聲符。因此既是目治，也是耳治的傳訊符號。

　　如果漢字聲符一直有效的標示其發音，那麼，漢字應該是一套最完美的文字了，可是今天所使用的形聲字卻存在著幾個問題，使得其表音功能大大地削弱了。其緣故大略有下列幾點：

　　第一，結構上，聲符的位置不定，有左形右聲，如河、時、

---

[1] 李孝定《漢字的起源與演變論叢》第 21 頁，聯經出版公司，1986。

伴、極。有右形左聲，如鴿、邦、刊、削。有上形下聲，如莊、
崇、霜、笨。有下形上聲，如駕、然、掌、吞。有外形內聲，如
闕、裏、術、圓。有內形外聲，如聞、悶、輿、衡。

　　第二，因為隸變的結果，使聲符不易辨認，例如《文字蒙求.卷
四》列出「楷已變隸」的字：台矣從以聲，康唐從庚聲，尙從向
聲，必從弋聲，徒從土聲，膌從朕聲，年從千聲，千從人聲，寺從
之聲，更從丙聲，良從亡聲，隆從降聲，花從于聲，那從冉聲，鄉
從皀聲，布從父聲，失從乙聲，急從及聲，替從白聲，賊從則聲，
這類字幾乎很難看出是形聲字。

　　第三，同一音往往有許多不同的聲符，同一聲符又往往有好幾
個不同的發音。前者如議、億、譯、液、翼、溢、軼、詣、屹、
蝪、挹等字發音全同，而聲符各異。後者如揣、喘、遄、惴、湍、
端、瑞等字發音皆異，而聲符全同。如果同音字只用一兩種聲符標
示，或同聲符的字發音也相同，那麼，形聲字的效能必大大地增
加。

　　第四，因為語音的變遷，使聲符失去了表音功能。例如巷從共
聲，斯從其聲，楷從皆聲，涼從京聲，貪從今聲，裕從谷聲，拾從
合聲，樞從區聲，卸從午聲，龐從龍聲，侈從多聲，迪從由聲，特
從寺聲，埋從里聲[2]。

　　第五，造字之初，聲符和本字之間就不一定是嚴格的同音關
係，有的只是音近，而每一個造字者的音感也不一定相同，其間還
免不了有方言的因素。

　　第六，省聲的存在。例如茲從絲省聲，余從舍省聲，犖從勞省

2　參竺家寧《古音之旅》第 162 － 170 頁，國文天地雜誌社，1993，四版。

聲，哭從獄省聲，進從閵省聲，龍從童省聲，童從重省聲，融從蟲省聲，席度從庶省聲，事從之省，段從耑省聲，皮從為省聲，羔從照省聲，受從舟省聲，豈從微省聲，覃從鹹省聲，梓從宰省聲，產從彥省聲，夜從亦省聲，夢從㬎省聲，家從豭省聲，宮從躬省聲，耄從蒿省聲，充從育省聲，貌從豹省聲，彙從胃省聲，狄從赤省聲，熊從炎省聲，紂從肘省聲[3]。這些都讓人難以猜測。

　　第七，聲符是罕僻字。例如鴰，飆的左旁。即使知道是聲符也念不出來。

　　第八，看起來像形聲字，其實不是。例如肥不從巴聲（與把不同），科不從禾聲（與和不同），肘討不從寸聲（與紂不同），計不從十聲（與汁不同）。

貳‧形聲字表音功能的定量研究

　　現代漢字究竟有多少字還能夠見字知音，有邊讀邊呢？這不但是文字學者所關心的問題，也是基礎語文教學者所關心的問題。周有光以《新華字典》1971 年所收的簡化字作為統計對象，不計聲調，只計聲、韻，表明有效表音率是 39%。丁西林〈現代漢字及其改革途徑〉曾對 334 個手部字進行統計，結果字音和聲符讀音完全相同的有 87 個，占 26%[4]。高家鶯等人根據倪海曙《現代漢字形聲字字彙》[5]所收的全部簡化字（本文所謂的簡化字即大陸使用的「正字」，和臺灣使用的有些相同有些不同）5990 個作統計，結果字音

3　見《文字蒙求》第 185 － 191 頁，文光圖書公司，1966。
4　見高家鶯、范可育、費錦昌《現代漢字學》73 頁，高等教育出版社，1993。
5　《現代漢字形聲字字彙》，文字改革出版社，1985。

和聲符讀音完全相同的有 1578 個，占 26.3%[6]。和丁氏的結論相同。史有爲〈漢字的重新發現〉一文依據大陸國務院公布「簡化字總表」之第一表，統計形聲字的表音度，結論是：簡體字 352 個 0.403，繁體字 369 個 0.679；又據第二表統計：簡體字 132 個 0.101，繁體字 139 個 0.367，一、二兩表合併計算，其表音度是：簡體字 484 個 0.324，繁體字 508 個 0.598，於是他的結論是：常用漢字的總表音效率大致在 0.3 － 0.6 之間[7]。至於聲符表音力的標準如何界定，史氏沒有詳說，也未見實例，看來是採較寬的標準。若嚴格限定聲、韻、調必需完全相同，則上述丁氏和高氏的 26%應是可信的數字。

　　大陸簡化字的表音度旣然如此，繁體字的情況又如何呢？史氏的統計已透露了繁體的表音力是高於簡體的。本文再針對繁體的表音功能作一探索。

參・聲符表音度的抽樣統計

　　由於篇幅的限制，無法對全部形聲字作研究。本文僅就幾個部首的字進行抽樣統計。首先，我們要對「形聲字」重新加以界定。我們從實際應用面來看，而不從抽象理論面著眼。一般人在認識上把「形聲字」區分爲幾個層次，第一種是文字學定義上的「形聲字」，第二種是現代人看起來可以辨認爲形聲的字，第三種是現代人不但知其爲形聲，且能夠由聲符正確念出字音來的。只有第三種

6　見同註四，74 頁。
7　見史有爲〈漢字的重新發現〉，收入《漢學問題學術討論會論文集》中國社科院語用所編。177 － 178 頁，1988 年，北京。

是今天還有效的形聲字。第一種只能由歷史上，考據上證明它的形聲身分而已，就今天而言，它只是抽象的，理論的「形聲」，事實上它已經連形聲的外貌都不存在了。我們要了解的主要是第三種狀況，看看這類字今天到底還保留多少。

下面是「人、犬、木」三類形旁的統計。分析的材料是教育部公布的「常用國字標準字體表」[8]。

一、人部的統計

人部共有 175 個字，其表音功能如下：

1. 完全具有表音功能的字 68 個：

　什，仃，仔，仕，仗，仞，僑，伉，伙，伕，伍，伴，俘，佐，佑，億，伸，佔，但，佣，佯，依，佬，佰，併，侏，俑，像，侶，俘，俐，俚，倌，俯，倦，倥，俸，倬，倆，值，們，俱，倡，俾，倫，偽，停，偌，健，僮，僻，偕，偵，傢，傑，傖，傭，催，儂，儘，儐，優，儷，低，係，偓，僥，儸

2. 聲符在現代漢語中通常不單獨成字，卻常用作聲符，其讀音又很一致，易於類推，這類字共 11 個：

　佇（苧，紵），俠（峽，狹，挾，硤），俊（峻，竣，駿，浚，睃），僅（謹，覲，瑾，饉，槿），傷（殤，觴），僕（樸，蹼，濮，璞），僵（疆，韁，薑，殭，韁），儉（撿，檢，鹼），儡（壘，蘲），僚（寮，遼，療，撩，燎，潦，嘹，繚，鐐，獠），佩（珮）

3. 聲符可單獨成字，且念法不同，但用作聲符時，卻另有一致

8　71 年九月二日教育部公布，正中書局印行，72 年十月臺第三次修訂三版。

的讀法，易於類推，這類字共 4 個：

倪（霓，輗，聲符「兒」音「而」，用作聲符時卻一致音
「泥」，易於類推）

偉（緯，葦，煒，瑋，聲符雖單獨成字，用作聲符時卻一致
音「委」，易於類推，甚至聲符「韋」本念作「微」，也被
類推爲音「委」）

側（測，廁，惻，聲符「則」字雖可單獨成字，用作聲符時
卻一致念爲「冊」，易於類推）

儒（孺，蠕，襦，聲符「需」雖可單獨成字，作爲聲符時卻
一致音「如」，易於類推）

4. 聲符有破音，所用之聲爲其中一讀，共 4 字：

仲，份，伯，儈

5. 本字有破音，其中一音與聲符同，共 2 字：

任，倒

6. 廣義的諧合，即聲韻皆同，只聲調有異，共 20 字：

仿，住，汩，估，伺，伶，供，做，傲，儀，價，儼，倨，
傾，偎，僖，佝，傅，傀，候

7. 聲符喪失表音功能的形聲字，這類字若有邊讀邊，就會誤讀
（例如「偏

可能與「篇，翩」同讀，也可能與「遍」或「騙」同讀，具
有不確定性），此類字共 66 個：

倚，俺，他，代，件，位，倭，似，你，佳，使，例，侃，
侈，佻，份，侵，便，促，俟，俗，悔，俄，倩，借，俍，
倔，個，倘，俳，倭，假，做，偶，傍，偷，偏，傻，備，
傳，偺，僧，儹，仆，仇，仍，仙，伊，仰，儔，儲，仳，

何，佃，佗，侍，倍，債，佛，伽，作，俏，償，傯，修，

俆（上二字從攸聲，原不屬人部，今已不具形聲之外形）

以上統計結果是：聲符完全具有表音力的字占 39%，如果連同易於類推音讀的字（上述第 2，3 類），以及破音（上述第 4，5 類），或不計聲調的情況（上述第 6 類），則比率達 62%，完全無法推斷音讀的字占 38%。

二、犬部的統計

犬部共有 42 個字，其表音功能如下：

1. 完全具有表音功能的字 14 個：

狠，猖，猓，猙，猴，猩，獅，猿，獐，獗，獰，玀，獷，獎

2. 聲符在現代漢語中通常不單獨成字，卻常用作聲符，其讀音又很一致，易於類推，這類字共 4 個：

犯（范，氾，範，范），狠（很），狷（絹，悁）

獲（穫，蠖，鑊）

3. 聲符可單獨成字，且念法不同，但用作聲符時，卻另有一致的讀法，易於類推，這類字共 5 個：

狹（峽，俠，挾，硤，聲符「夾」可單獨成字，用作聲符時卻一致音「暇」，易於類推）

猾（滑，聲符「骨」，可單獨成字，用作聲符時卻一致音「華」，易於類推）

狗（岣，枸，苟，笱，聲符「句」可單獨成字，用作聲符時多讀爲「狗」，易於類推）

狐（弧，聲符「瓜」可單獨成字，用作聲符時卻一致音「胡」，易於類推）

狼（郎，琅，聲符「良」可單獨成字，用作聲符時卻一致音「郎」，易於類推）

4.廣義的諧合，即聲韻皆同，只聲調有異，共 5 字：

狩，狡，猛，狸，猥

5.聲符喪失表音功能的形聲字，這類字若有邊讀邊，就會誤讀，此類字共 14 個：

狄，狂，狀，狎，狙，猜，猶，猷，獄，獨，獵，獸，獺，獻

以上統計結果是：聲符完全具有表音力的字占 33%，如果採寬的標準，即包括上述第 2，3，4 類，則比率達 67%，完全無法推斷音讀的字占 33%。

三、木部的統計

木部共有 169 個字，其表音功能如下：

1.完全具有表音功能的字 50 個：

材，杖，枋，枝，柿，柄，柑，核，框，桔，桐，株，桅，梧，棺，棕，樓，棋，植，椎，棚，榔，楠，椰，楨，楓，楹，榆，榕，榴，樟，槽，樓，樽，樺，橄，橡，橋，櫛，檳，檬，櫃，檸，櫥，欄，櫓，櫻，欄，欖，梆

2.聲符在現代漢語中通常不單獨成字，卻常用作聲符，其讀音又很一致，易於類推，這類字共 13 個：

樣（漾），樸（僕，蹼，濮，璞），檀（壇），檢（儉，撿，鹼），杉（衫），枚（玫），楊（陽，揚，瘍），楫（輯），構（購，媾，搆，遘），榷（確，搉），楊（踢，塌，揚，遏），樹（謝），楞（愣）

3.聲符可單獨成字，且念法不同，但用作聲符時，卻另有一致

的法，易於類推，這類字共 7 個：

杭（航，吭，远，聲符「亢」可單獨成字，用作聲符時卻一致音「航」，易於類推）

桃（逃，洮，咷，聲符「兆」可單獨成字，用作聲符時卻一致音「逃」，易於類推）

梢（稍，捎，蛸，聲符「肖」可單獨成字，用作聲符時卻一致音「燒」，易於類推）

棉（綿，媔，聲符「帛」可單獨成字，用作聲符時卻一致音「眠」，易於類推）

概（溉，聲符「既」可單獨成字，用作聲符時卻一致音「蓋」，易於類推）

櫝（讀，牘，瀆，犢，聲符「賣」可單獨成字，用作聲符時卻一致音「讀」，易於類推）

樵（瞧，憔，譙，聲符「焦」可單獨成字，用作聲符時卻多念為「橋」，易於類推）

4. 聲符有破音，所用之聲為其中一讀，共 2 字：

極，機

5. 本字有破音，其中一音與聲符同，共 3 字：

柏，檜，檻（這三字聲符有破音，也可歸入上一類）

6. 廣義的諧合，即聲韻皆同，只聲調有異，共 24 字：

村，枉，柱，架，柯，柚，枸（有居，狗二讀），案，樅，槨，根，梵，梱，梗，梅，梨，棟，槁，模，槳，檔，樞，格，梃

7. 聲符喪失表音功能的形聲字，這類字若有邊讀邊，就會誤讀，這類字共 70 個：

　　　　朽，朴，札，李，杜，杞，柺，桔，枕，枇，杷，杯，板，
　　　　松，柞，械，樺，析，杵，枯，柵，柳，校，桓，桂，栩，
　　　　梳，栽，柴，栓，梯，梓，桿，桶，梭，梔，條，梟，棠，
　　　　椅，棵，棧，棹，棒，染，梁，棣，棍，椒，楷，楔，榜，
　　　　榨，槓，榛，槐，槍，橘，樹，槌，橙，椿，樞，標，橫，
　　　　橢，橇，橄，權，櫂

　　以上統計結果是：聲符完全具有表音力的字占 30%，如果採寬的標準，即包括上述第 2 至 6 類，則比率達 59%。完全無法推斷音讀的字占 41%。

　　我們把三類部首的統計數字平均起來，得到這樣的結果：

　　聲符完全具有表音力的字占 34%

　　（39%＋33%＋30%）／3 ＝ 34%

　　如果採寬的標準，則聲符的表音度是 63%

　　（62%＋67%＋59%）／3 ＝ 63%

　　由聲符完全無法推斷音讀的字占 37%

　　（38%＋33%＋41%）／3 ＝ 37%

四·結論

　　本文有下列幾點看法：

　　第一，我們依教育部標準字體的統計，和大陸學者依據簡化字的統計稍有出入。簡化字的聲符表音度是 26%，我們是 34%，若用寬的標準，簡化字是 39%，我們是 63%。說明文字改革的結果，相當程度的降低了形聲字的功能。例如「襖」從衣從夭，「壩」從土從貝，「燦」從火從山，「層」從尸從云，「澱」從水從定，

「噸」從口從屯，「鄧」聲符從又，「敵」聲符從舌，「櫃」聲符從巨，「懷」聲符從不，「際」聲符從示，「盧」聲符從戶。者由原來具有表音功能變成毫無聲符作用。

　　第二，仍有三分之一以上的形聲字喪失了表音功能，我們站在維護中國文字的立場，是應該設法恢復形聲字的表音特性，讓這些形聲字再現生機呢？還是抱殘守缺，守住這些形聲字的舊軀殼呢？這是需要再作思考的問題。語音演化是不能避免的，字形的自然變遷也是不能避免的，再經過若干世代，會不會作爲漢字主幹的形聲字其表音能力繼續衰竭，以至於被迫走上消亡的道路呢？文字不是不能規範調整的，如果我們規範調整的目的是要使這套文字更合乎其基本的造字精神和原則，使它能夠歷久彌新，且成爲社會的有效工具，那麼，不也是可以研究的問題嗎？

　　第三，我們的文字學對現代漢字的研究還是顯得不足。這是今後值得重視和發展的領域。例如本文的統計只是抽樣，也許準確度還有問題，如果能進一步在這個課題上作全面的統計，把五六千個常用漢字分析一下它的表音度，會更有價值。此外，光作靜態的統計還不夠，還應進行動態的觀察。看看使用頻度的因素。關於這方面，北京航空學院和中國文字改革委員會曾運用電腦，統計三千個高頻度漢字，發現愈是常用的字，形聲字所占比重愈小，最常用的字往往不是形聲字。最常用的 50 字中，形聲只有 9 字，擴大到 100 字，裏面只有 27 字是形聲，占 25%稍多些。增至 200 字則占比重又多些。所以，在最常用的字中，形聲字的比重不見得很多，它的作用不能估計逅大 [9]。像這些問題，都值得再加探索。

9　參考高景成〈略談形聲字的難點和其他〉，收入《漢字問題學術討論會論文集》，中國社會科學院語言文字應用研究所編，1988。

形聲字形符表義釋例

許錟輝

一·前言

　　《說文·敘》云:「形聲者,以事爲名,取譬相成,江、河是
也。」段注:「以事爲名,謂半義也,取譬相成,謂半聲也。」段
氏之意,謂形聲字由形符與聲符組合而成,形符表義,故云半義;
聲符表音,故云半聲。譬之江、河二字,其所从水,形符也,所以
表江、河二字之義;其所从工、可,聲符也,所以表江、河二字之
音。形聲字之形符表義,自來學者迄無異議,至於形聲字形符所表
何義,則少有言及者。本人前曾撰〈形聲字形符之形成及其演
化〉,謂形符表義之功能有表本義、表引伸義、表假借義、表類別
義、表全義等五類[1]。如今思之,以此五類平列敘述,甚爲不妥,
且所言形符表義之類亦有所遺漏。今擬就《說文》中形聲字形符表
義之例作一析論,以補正前文所論之闕誤。

---

[1]　見《中央研究院第二屆國際漢學會議論文集》819頁,1989年6月。

二‧形聲字形符表義述例

形聲字形符表義之例，約而言之凡有三類，一曰表類別義，二曰表助成義，三曰表全義。

所謂類別義者，謂此形聲字之義顯示某一類別，或爲物類，或爲事類，而所從形符即表其物類、事類之義。如鬲爲鼎屬[2]，䰛爲三足鍑[3]，從鬲，示其亦屬鬲類，此表物類也。又如彳義爲小步[4]，復義爲往來[5]，從彳，示復亦彳類，此表事類也。

所謂助成義者，謂此形聲字之義未顯示其類別，所從形符僅表其義之一端，需與聲符相輔相成，乃能見此形聲字之全義。

《說文‧敍》云：

> 倉頡之初作書，蓋依類象形，故謂之文；其後形聲相益，即謂之字。

是形聲、會意皆字也，皆由文字組合而成，特會意者形符與形符相合，而形聲則形符與聲符相合，此其相異耳。惟形聲字之聲符，或亦兼表義，段玉裁注《說文》，每云：「此形聲兼會意」，即其例，如：《說文》：「瑠、玉器也。從玉晶聲。」[6] 段注：「凡從晶字，皆形聲兼會意。」又《說文》云「從某某、某亦聲」者亦此例，如：段注本《說文》云：「禬、會福祭也。從示會聲。」[7]，大

2　見《說文‧鬲部》，112 頁，書銘出版社。
3　見《說文‧鬲部》，112 頁，書銘出版社。
4　見《說文‧彳部》，76 頁，書銘出版社。
5　見《說文‧彳部》，76 頁，書銘出版社。
6　見《說文‧玉部》，15 頁，書銘出版社。
7　見《說文‧示部》，7 頁，書銘出版社。

徐本作「从示會，會亦聲」，此亦聲符兼義之例。

　　又《說文》云「从某某」、「从某从某」會意者，其所从形符每亦兼聲，而段注每云「某亦聲」、「此會意包形聲」，如《說文》：「祟、神禍也。从示出。」[8] 段注：「出亦聲。」是祟當从示出聲，此亦聲符兼義之例。凡此聲符兼義者，亦猶會意字形符表義之例。考會意字形符表義者可分二類，其一表類別義，如《說文》：「某、酸果也。從木甘。」[9] 某从木，示其為木類。其二表助成義，如《說文》：「便、安也。人有不便更之，故从人更。」[10] 便義為安，安非屬人之類，需會合人、更二字，乃見便義為安，是人、更二字助成安義也。前類之會意字，所从形符表義有輕重主從，義之所重即示其類別；後類會意字，所从形符表義無分輕重主從，故其形符不示類別之義，而與其他形符相互助成此會意字之全義耳。形聲字聲符兼義者，須與形符相合乃能表此形聲字之全義，而形聲字形符表類別義者，即義之所重，是猶前類之會意字，聲符雖兼義，亦僅助成其義耳。若夫形符之表助成義者，是猶後類之會意字，其所表義與聲符所表義無分輕重主從，而與聲符相合以助成此形聲字之全義。

　　復考形聲字之聲符多不兼義，然此等聲符仍有辨義作用，何則？如江、河二字同从水，而江河之義有別者，不在其所从形符，而在其所从聲符不同有以別之也。是知形聲字之聲符，不論兼義或不兼義，而於形聲字之義，同有助成作用。然則論形聲字形符表義之例，自當合聲符共觀其變，未可置聲符不論也。

8　見《說文·示部》，8頁，書銘出版社。
9　見《說文·木部》，250頁，書銘出版社。
10　見《說文·人部》，379頁，書銘出版社。

所謂全義者，即此形聲字之義。《說文・敍》云：「轉注者，建類一首，同意相受，考老是也。」考義爲老，而所从形符老，即已表考字之全義，聲符丂，僅識音辨形，不復有辨義之作用。此等形聲字，與形符爲轉注，係先造形符，其後形符音變，乃又附加聲符以造另一形聲字[11]，與其他形聲字有別。

夫文字之義，有本義、引伸義、比擬義、假借義，則其所表類別義、助成義、全義者，就形符個別而言，其所表義猶然或表本義、或表引伸義、或表比擬義、或表假借義，茲分別考述如下。

(一)表類別義

1.聲符不兼義

聲符雖不兼義，但仍有辨義作用。

(1)形符表本義以示其類別

(子) 璊、三采玉也。从玉無聲。（《說文・玉部》11頁）

按：璊玉，示其爲玉類，此表玉之本義，與聲符「無」會合，乃有三采玉之義。

(丑) 萁、豆莖也。从艸其聲。（《說文・艸部》23頁）

按：萁从艸，示其爲艸類，此表艸之本義，與聲符「其」會合，乃有豆莖之義。

(寅) 特、特牛也。从牛寺聲。（《說文・牛部》51頁）

按：特从牛，示其爲牛類，此表牛之本義，與聲符寺會合，乃有特牛之義。

(2)形符表引伸義示其類別

(子) 祡、燒柴燎祭天也。从示此聲。（《說文・示部》4頁）

按：祡从示，示其爲祭祀之類，此表示之引伸義，與聲符

「此」會合，乃有燒柴燎祭天之義。

(丑) 瑀、石之次玉者。从玉禹聲。（《說文・玉部》16 頁）

　　按：瑀从玉，示其爲石類，此表玉之引伸義，與聲符
　　　　「禹」會合，乃有石之次玉之義。

(寅) 牿、牛馬牢也。从牛告聲。（《說文・牛部》52 頁）

　　按：牿从牛，示其爲牛馬之類，此表牛之引伸義，與聲符
　　　　「告」會合，乃有牛馬牢之義。

(3)形符表比擬義以示其類別

　　所謂比擬義，即比喻義，是由某字形體比擬而產生的意義。蔡
信發教授言之甚明[12]。此與由字義比況而產生之引伸義有別。

(子) 層、重屋也。从尸曾聲。（《說文・尸部》405 頁）

　　按：層从尸，示其爲屋室之類，此表尸之比擬義。《說
　　　　文》云：「尸、陳也。象臥之形。」[13] 尸本義爲陳
　　　　列，象人臥之形，立曰人，臥曰尸，尸乃人之變體象
　　　　形。引伸爲祭祀尸主之義。《說文》云：「屋、凥
　　　　也。从尸，尸、所主也。一曰：尸、象屋形。」[14] 段
　　　　注：「此从尸之又一說也，上象覆，旁象壁。」所主
　　　　者、尸之引伸義，象屋形者、尸之比擬義。層之从尸
　　　　與屋之从尸同，皆比擬義也。形符「尸」與聲符
　　　　「曾」會合，乃有重屋之義。

---

[11] 此即魯實先先生所謂聲轉而注之轉注，見魯先生著《轉注釋義》1 頁，1976,5．
洙泗出版社。

[12] 參見蔡信發〈比擬義析論〉．《第二屆中國訓詁學學術研討會論文集》277
……287 頁．1985,12。

[13] 見《說文・尸部》，403 頁，書銘出版社。

[14] 見《說文・尸部》，404 頁，書銘出版社。

(丑) 屔、伏皃。一曰：屋宇也。从尸辰聲。（《說文・尸部》
　　 404頁）

　　按：屔之本義爲屋宇，伏皃乃其引伸義。屔从尸，示其爲
　　　　屋類，此亦表尸之比擬義。與辰聲會合乃有屋宇之
　　　　義。

(寅) 屏、屏蔽也。从尸幵聲。（《說文・尸部》405頁）

　　按：屏从尸，示其爲屋類，此亦表尸之比擬義。與幵聲會
　　　　合乃有屏蔽之義。

(4)形符表假借義以示其類別

(子) 豉、配鹽幽惟也。尗惟支聲。豉、俗豉从豆。（《說文・
　　 尗部》340頁）

　　按：豉从豆，示其爲豆類，此表豆之假借義。豆本義爲食
　　　　肉器，豆麥之義乃其假借義。豆、徒候切，定母、四
　　　　部[15]，尗、式竹切，審母、古歸透紐，三部。古聲同
　　　　屬舌音，古韻同在段氏〈古十七部合韻類分表〉第二
　　　　類。二字古聲韻俱近，故相通作。與支聲會合乃有配
　　　　鹽幽尗之義。

(丑) 䘽、豆屬。从豆捲喬聲。（《說文・豆部》209頁）

　　按：段注：「此《本艸經》之大豆黃卷也。」䘽从豆，示
　　　　其爲豆類，此表豆之假借義，與喬聲會合乃有大豆黃
　　　　卷之義。

(寅) 䘏、豆飴也。从豆夗聲。（《說文・豆部》209頁）

　　按：段注：「豆飴者，芽豆煎爲飴也。」䘏从豆，示其爲

---

[15] 聲據黃侃古聲十九紐，韻據段玉裁古十七部諧聲表。

豆類，此表豆之假借義。與旡聲會合乃有豆飴之義。

2. 聲符兼義

聲符兼義，所表之義非類別義，乃助成義，亦即個別義。此例僅有表本義、表引伸義二類。

(1)形符表本義以示其類別

(子) 牭、四歲牛。从牛四、四亦聲。（《說文·牛部》51 頁）

按：牭从牛，示其爲牛類，此表牛之本義。聲符「四」助成之，乃有四歲牛之義。

(丑) 齯、老人齒。从齒兒聲。（《說文·齒部》80 頁）

按：段注：「此形聲包會意。」齯从齒，示其爲齒類，此表齒之本義。段注：「《釋名》曰：九十或曰凍齒，大齒落盡，更生細者，如小兒齒也。」是聲符「兒」助成之，乃有老人齒之義。

(寅) 靷、所以引軸者也。从革引聲。（《說文·革部》110 頁）

按：靷从革，示其爲革類，此表革之本義。聲符「引」助成之，乃有所以引軸之義。

(2)形符表引伸義以示其類別

(子) 祰、告祭也。从示告聲。（《說文·示部》4 頁）

按：祰从示，示其爲祭祀之類，此表示之引伸義。需聲符「告」助成之，乃有告祭之義。

(丑) 逮、唐逮，及也。从辵隶声。（《說文·辵部》73 頁）

按：逮憑辵，示其爲行動之類，此表辵之引伸義。段注：「辵部曰：逮、及也。此形聲包會意。」需聲符「隶」助成之，乃有逮及之義。

(寅) 樔、澤中守艸樓。从木巢聲。（《說文·木部》270 頁）

　　　按：橾从木，示其為艸木之類。段注：「形聲包會意也。
　　　　　從巢者，謂高如巢。」需聲符「巢」助成之，乃有澤
　　　　　中守艸樓之義。

(二)表助成義

1.聲符不兼義

(1)形符表本義助成其義

　　(子) 靈、巫也。以玉事神，从玉霝聲。（《說文・玉部》19
　　　　頁）

　　　按：段注：「巫能以玉事神，故其字从玉。」靈从玉，非
　　　　　示其為玉類，而示其以玉事神之義，此表玉之本義。
　　　　　與霝聲會合，乃有靈巫之義。

　　(丑) 㱙、定息也。从血甹省聲。（《說文・血部》216頁）

　　　按：段注：「心部曰：息、喘也。喘定曰㱙。」喘則血行
　　　　　急，喘定則血行緩，故㱙字从血，非示其為血類。此
　　　　　表血之本義，與聲符「甹」相會合，乃有定息之義。

　　(寅) 夤、敬惕也。从夕寅聲。（《說文・夕部》318頁）

　　　按：夤从夕，非示其為夕類，《說文》引《易》曰：「夕
　　　　　惕若厲。」段注：「此引者，說从夕意也。」此表夕
　　　　　之本義，與聲符「寅」會合，乃有敬惕之義。

(2)形符表引伸義助成其義

　　(子) 藪、大澤也。从艸數聲。（《說文・艸部》41頁）

　　　按：形符表引伸義助成其義段注：「藪實兼水鍾水希而
　　　　　言，《爾雅》十藪，戠釋地，不戠釋水，正謂地多水
　　　　　少，艸木所聚。」是藪从艸，非示其為艸類，而示其

艸木所聚之義，此表艸之引伸義，與聲符「數」會
合，乃有大澤之義。

(丑) 叛、从意也。从八豕聲。（《說文・八部》49頁）

　　按：段注：「有所从則有所背，故从八。」是叛从八，示
　　　　其有所從背之義，此表八之引伸義，與聲符「豕」會
　　　　合，乃有聽從之義。

(寅) 韓、井橋也。从韋，取其帀也，倝聲。（《說文・韋部》
　　238頁）

　　按：韓从韋，非示其為韋類，取其圍帀之義，此表韋之引
　　　　伸義耳，與聲符「倝」會合，乃有井橋之義。

(3)形符表比擬義助成其義

(子) 尔、詞之必然也。从丨八，八象气之分散；入聲。（《說
　　文・八部》49頁）

　　按：尔从八，象气之分散，此由字形「八」比擬而得其
　　　　義，與聲符「入」、形符「丨」相會合，乃有詞之必
　　　　然之義。

(丑) 曾、詞之舒也。从八从曰、囧聲。（《說文・八部》49
　　頁）

　　按：曾从八，段注：「从八者，亦象气之分散。」此亦由
　　　　字形「八」比擬而得其義，與聲符「囧」、形符
　　　　「曰」相會合，乃有詞舒之義。

(寅) 尚、曾也。庶幾也。从八向聲。（《說文・八部》49頁）

　　按：尚从八，段注：「亦象氣之分散。」此亦表八之比擬
　　　　義。段氏又曰：「尚之詞亦舒，故釋尚為曾。」與聲
　　　　符「向」會合，乃有曾尚詞舒之義。

⑷形符表假借義助成其義

　(子) 冀、北方州也。从北異聲。（《說文・北部》390頁）

　　　按：冀从北，取其北方之義，《說文》：「北、乖也。」
　　　　　16 借爲北方之義，此本無其字，依聲託事者也。段
　　　　　注：「引伸之爲北方。」未允。與聲符「異」會合，
　　　　　乃有北方州之義。

　(丑) 𡞳、姓也。从西圭聲。（《說文・西部》591頁）

　　　按：𡞳从西，非示其爲鳥棲之義，此表西之假借義，《說
　　　　　文》：「姓、人所生也。古之神聖人，母感天而生故
　　　　　偁天子。因生以爲姓。从女生、生亦聲。」17 凡姓多
　　　　　从女，其他繼別爲氏，或以字、或以官、或以邑，此
　　　　　从西者，蓋本無其字，依聲託事者也。與聲符「圭」
　　　　　會合，乃有姓氏之義。

　(寅) 𧻷、且往也。从且廬聲。（《說文・且部》723頁）

　　　按：𧻷从且，非示其爲薦且之義。段注：「且往言姑且往
　　　　　也。」又云：「此不用且之本義，如登、鐙不用豆之
　　　　　本義。」登、鐙所从豆，乃未之假借，𧻷所从且，取
　　　　　姑且之義，乃且之假借義，此本無其字，依聲託事者
　　　　　也。與聲符「廬」會合，乃有且往之義。

2.聲符兼義

　　聲符所表義乃助成義，與形符所表義合成此形聲字之全義。此例
　僅有表引伸義、表比擬義、表假借義三類。

　⑴形符表引伸義助成其義

---

16 見《說文・北部》，390頁，書銘出版社。
17 見《說文・女部》，618頁，書銘出版社。

（子）誼、人所宜也。从言宜、宜亦聲。（《說文・言部》94
　　頁）

　　按：段注：「云誼者人所宜，則許謂誼爲仁義字。」誼从
　　　　言，示其爲人之言行，非專指人所言，此表言之引伸
　　　　義。聲符「宜」助成之，乃有人所宜之義。

（丑）賣、出物貨也。从出从買。（《說文・出部》275頁）

　　按：段注：「《韻會》作買聲，則以形聲包會意也。」
　　　　《說文》：「出、進也。象艸木益茲上艸達也。」[18]
　　　　段注：「本謂艸木，引伸爲凡生長之偁，又凡言外
　　　　出，爲內入之反。」賣从出，示其出入之義，此表出
　　　　之引伸義。聲符買助成之，乃有出物貨之義。

（寅）糴、市穀也。从入糴。（《說文・入部》226頁）

　　按：段注：「市穀从入糴、糴亦聲。」糴从入，示其買入
　　　　之義，此表入之引伸義。聲符糴助成之，乃有市穀之
　　　　義。

(2)形符表比擬義助成其義

（子）甂、門戶青疏窻也。从疋、疋亦聲；囪象甂形。（《說文
　　・疋部》85頁）

　　按：《說文》：「囪、在牆曰牖，在屋曰囪。」[19]囪本義
　　　　爲煙突，窻牖乃其引伸義。甂从囪，段注：「囪疋爲
　　　　會意矣，而云象形者，正謂門戶刻文如窻牖也。」段
　　　　氏又云：「從疋者，綺文相連，如足跡相踵也。」是
　　　　甂从疋聲已表刻文之義，甂从囪，示其門戶之義，此

---

[18] 見《說文・出部》，275頁，書銘出版社。
[19] 見《說文・囪部》，495頁，書銘出版社。

　　　　由字形「囪」比擬而得其義，段說未允。聲符「疋」
　　　　助成之，乃有門戶青疏窻之義。

(3)形符表假借義助成其義

　　(子)否、不見也。从日否省聲。（《說文・日部》311 頁）

　　　按：段注：「其訓不見也，則於从日無涉。」否从日，非
　　　　　示其日月之義，而取其假借義，蓋本無其字，依聲託
　　　　　事者也。聲符「否」助成之，乃有不見之義。

（三）表全義

　　此類形聲字，形符先有，表此形聲字之全義，所表全義亦即此
字之本義；聲符後加，不兼義，而具辨義作用。

　　(子) 趨、走也。从走芻聲。（《說文・走部》64 頁）

　　　按：《說文》：「走、趨也。」[20] 走趨二字互訓。趨訓走
　　　　　而字从走，已表其全義。考走、子苟切，精母、四
　　　　　部；趨、七逾切，清母、四部。二字古疊韻聲近，走
　　　　　趨二字轉注，走爲初文，其後聲變，乃增益芻聲而爲
　　　　　趨字，此與老字增益丂聲爲考，而考老二字轉注之例
　　　　　同。聲符芻，僅識音辨形，不具辨義助成作用。

　　(丑) 哿、可也。从可加聲。（《說文・可部》206 頁）

　　　按：哿訓可而字从可，已表其全義。考可、肯我切，溪
　　　　　母、十七部；哿、古我切，見母、十七部。二字古韻
　　　　　聲近，可哿二字轉注，可爲初文，其後聲變，乃增益
　　　　　「加」聲而爲哿字。聲符加，僅識音辨形，不具辨義

---

20 見《說文・走部》，64 頁，書銘出版社。

助成作用。

(寅) 朅、去也。从去曷聲。（《說文・去部》215頁）

　　　按：朅訓去而字从去，已表其全義。考去、丘據切，溪
母、五部；朅、丘竭切，溪母、十五部。二字古雙
聲，去朅二字轉注，去爲初文，其後韻變，乃增益曷
聲而爲朅字。聲符曷，僅識音辨形，不具辨義助成作
用。

三・形聲字形符表義例析論

　　形聲字形符表義之例，如上所釋凡有三類，曰表類別義例，表
助成義例，表全義例。然細論之，形符表義之例，與形符表義之型
態，以及形符與聲符之相互關係，皆息息相關，爰再就此二事析論
如下：

(一)形符表義之型態

1.以個別構體而言

　形聲字之形符，或爲文字，或爲非文字之圖畫、符號。故以形聲
字形符個別表義言之，其表義型有如下三類：

(1)以文字表義

　(子) 表本義

　　　形符爲文或字，其所表義乃此文或字之本義，如前所述：
璊从玉，示其爲玉類，此表玉之本義；萁从艸，示其爲艸
類，此表艸之本義；特从牛，示其爲牛類，此表牛之本
義；牣从牛，示其爲牛類，此表牛之本義；齞从齒，示其

爲齒類，此表齒之本義；靈从玉，示其以玉事神之義，此
表玉之本義；宁从血，示血行緩而喘定之義，此表血之本
義；走趨二字轉注，走爲初文，表其本義；可哥二字轉
注，可爲初文，表其本義。

(丑) 表引伸義

形符爲文或字，其所表義乃此文或字之本義，如前所述：
祡从示，示其爲祭祀之類，此表示之引伸義；瑀从玉，示
其爲石類，此表玉之引伸義；祷从示，示其爲祭祀之類，
此表示之引伸義；逮从辵，示其为行动之类，此表辵之引
伸义；薮从艸，示其艸木所聚之義，此表艸之引伸義；羕
从八，示其有所從背之義，此表八之引伸義。

(寅) 表比擬義

形符爲文或字，其所表義乃此文或字之本義，如前所述：
層从尸，示其爲屋室之類，此表尸之比擬義；屒从尸，示
其爲屋類，此亦表尸之比擬義；尒从八，象气之分散，此
表八之比擬義；曾从八，亦象气之分散，此亦表八之比擬
義；甿从囟，示其門戶之義，此表囟之比擬義。

(卯) 表假借義

形符爲文或字，其所表義乃此文或字之本義，如前所述：
豉从豆，示其爲豆類，此表豆之假借義；登从豆，示其爲
豆類，此表豆之假借義；冀从北，取其北方之義，此表北
之假借義；魁从且，取姑且之義，此表且之假借義；否从
日，取其假借義，蓋本無其字，依聲託事者也。

(2)以圖畫表義

形符爲不成文字之圖形，而與成文字之形符同具表義之功能，

因其非屬文字，故無所謂本義、引伸義、比擬義、假借義之別。如《說文》：「舜、舜艸也。…蔓地生而連華，象形，从舛，舛亦聲。」[21] 舜从舛聲，形符「医」，象葉蔓華連生長之圖形，不成文字。「医」雖非文字，而具表義作用。

(3)以符號表義

形符為不成文字之符號，而與成文字之形符同具表義之功能，因其非屬文字，故亦無本義、引伸義、比擬義、假借義之別。如《說文》：「畺、界也。从畕，三其介畫也。」[22] 依許慎之說，畺字从畕，「三」示其介畫，為不成文之符號，六書屬會意附加符號。惟畺、畕同音居良切，則畺所从「畕」，當為聲符，而非形符，畺字應是从「畕」聲，而以「三」為形符，六書當屬形聲形符不成文。「三」示介畫之義，乃不成文字之符號。「三」雖非文字，而具表義作用。

2.以整體結構而言

形聲字之整體結構，兼含形符與聲符二者。不論聲符表義與否，形符皆須與之相會合，乃得表此形聲字之全義。就形聲字之整體結構而言，形符表義型態有如下三類：

(1)形符表實義

形聲字有形符先有，表其全義，聲符後加，僅具識音作用者，此類形聲字，形符表實義，而聲符表虛義。如前所述，哿字从可加聲，惟細析其形構，則先有「可」字，其後音變，乃又增益「加」聲，而為「哿」字。「哿」訓可而字从可，已表其全義，聲符「加」，僅識音辨形，不具辨義作用，亦即形符

---

[21] 見《說文·舜部》，236頁，書銘出版社。
[22] 見《說文·畕部》，704頁，書銘出版社。

「可」表實義，聲符「加」表虛義。

(2)表類別義

形聲字形符有表類別義者，已如上述。惟形聲字之聲符多不兼義，而此等聲符仍有辨義作用，然則形聲字之聲符，不論兼義或不兼義，而於形聲字之義，同有助成作用，自當合形符聲符共觀其變。就整體結構言之，形符表類別義有如下二類：

(子) 形符表類別義，聲符具辨義作用

瑈字從玉，示其爲玉類，聲符「無」不表義，然必須形符「玉」與聲符「無」相會合，乃得其三采玉之全義。是則聲符「無」雖無三采之義，而與其他從玉之字相較，仍具辨義作用，非虛設也。

(丑) 形符表類別義，聲符表助成義

牭字從牛，示其爲牛類，聲符「四」表義，示其年歲。必須形符「牛」與符「四」相會合，乃得其四歲牛之全義。是則聲符「四」於「牭」字而言，表其助成之義，換言之，形符表其主義而聲符表其賓義。

(3)表助成義

形聲字之形符與表義之聲符相結合之例，亦猶會意字之比類合誼，皆所以相輔相成者也。其結合之型態有如下二類：

(子) 表平列義

形符與聲符所表之義無分主從輕重，二者平列結合以得形聲字之全義。如前所述，賣字從出買聲。形符「出」，示其出入之義；聲符「買」，示其市買之義。於「賣」字而言，二者平列，無輕重主從之別。必須「出」、「買」二者相互助成之，乃有出物貨之全義。

(丑) 表輕重義

形符與聲符所表之義有主從輕重之別，形符所表義爲主，聲符所表義爲從，二者結合以得形聲字之全義。如前所述，牭字从牛四聲。形符「牛」，示其爲牛類；聲符「四」，示其年歲。於「牭」字而言，形符「牛」所表之義爲重，聲符「四」所表之義爲輕。二者相互助成之，乃有四歲牛之全義。

(二)形符與聲符之互動關係

形聲字之整體結構，兼含形符與聲符二者。不論聲符表義與否，形符皆須與之相會合，乃得表此形聲字之全義，故形符與聲符實具互動關係。

1.形符表類別義，聲符不表義，僅具辨義作用

如前所述，瑈、紫、層、枝等字是其例。

⑴形符表全義，聲符不表義，僅具識音功能

如前所述，趣、智、朅等字是其例。

⑵形符聲符皆表義，形符聲符表平列義

如前所述，誼、賣等字是其例。

⑶形符聲符皆表義，形符表主義，聲符表從義

如前所述，牭、紫、層、枝等字是其例。

2.形符爲輔，聲符爲主，聲符帶動形符

形聲字有聲符先有，表其全義，形符後加，表其助成義者，此類形聲字，聲符表主義，而形符表從義。如《說文》：「鬲、鼎屬也。…象腹交文三足。…䰜、鬲或从瓦。」[23] 甂字从瓦鬲聲。，惟細析其形構，則先有「鬲」字，象其器腹有交文三足之形。其

後乃又增益「瓦」形，而爲「甂」字。「甂」从鬲，已表其全義，形符「瓦」，僅表其質料，助成聲符「鬲」之義而已，亦即聲符「鬲」表主義，形符「瓦」表從義。

四・結語

綜上所考論，可得如下結語：

㈠形聲字形符表義者，有表類別義、助成義、全義等三大類。表類別義、助成義中，又有表本義、引伸義、比擬義、假借義之別。而表全義者，則必表其本義。

㈡形聲字之聲符，又有表義、不表義之別，其表義者，所表之義，必爲助成義，而非類別義；聲符表義者，亦有表本義、引伸義、比擬義、假借義之別，因非本文主題，故不加考論，惟聲符表主義者，關夫形符聲符之互動關係，故特加析論。其聲符不表義者，仍有辨義作用，識音功能，並非虛設，須形符與之相會合，乃能表此形聲字之全義。

㈢形聲字之形符，多居主導地位，形聲字字義之確定，聲符表義之導向，多由形符主導，形符於形聲字而言，實居首要地位。

㈣經過如上之考論，對於《說文・敍》所云：「形聲者，以事爲名，取譬相成。」應有更明晰之了解。

1999 年 3 月 15 日初稿

---

23 見《說文・鬲部》，112 頁，書銘出版社。

形聲結構之比較研究

竺家寧

壹‧前言

　　人類所用的文字雖各有不同，大致上可區別為拼音字系和形聲字系兩大類

　　兩者都淵源於象形。後來分途發展，一條走向拼音，一條走向形聲。漢字就是形聲字系的代表。數千年來，漢字的發展不曾停滯，當西方走向拼音的同時，漢字選擇了形聲的道路。

　　漢字的構成雖說有「六書」，但是今天的漢字有百分之九十以上屬形聲，因此，形聲的研究是漢字研究的首要工作。然而，我們孤立的研究漢字，往往所得有限，只會在原有的幾個課題上打轉。今天，世界其他文字的研究日漸昌明，國內少數民族文字的研究也有了很大的進展，因此，我們今天的漢字研究，應當嘗試放在宏觀的視野中，和其他形聲字系作比較，由比較由看出漢字的特點。文字是人類智慧的產物，他們之間一定有共性，也有殊性，這些只有透過比較才能呈現。

貳‧西方古文字的形聲結構

　　漢字不是唯一使用形聲結構的文字。古代西方的埃及人、蘇美

人都曾使用過形聲字。它們的文字發展過程中，經歷過「表詞文字」的階段[1]，一個符號代表語言中的一個詞。這點與漢字相同。埃及語和蘇美語中大半是單音節詞，有助於表詞文字的形成，因為如果詞對應音節，詞就特別容易從語言中分析出來[2]。表詞文字比表音文字（拼音文字），有兩項優點：其一，表詞文字的容量大，因而比起表音文字，可以用較少的符號表達完整的內容。有人比較漢字和俄文的同樣印刷物，篇幅漢字少了四分之一[3]。大陸學者袁曉園教授也強調，她在聯合國工作期間，從多種文字比較中，發現漢字的一個突出特點：聯合國中、英、法、俄、西班牙五種文體中，中文本最薄[4]。其二，表詞文字不附麗於語言，不受語言的束縛，因此有相當大的跨語言特性。有如阿拉伯數字一樣，你用什麼語言念都可以，寫出來大家都相通。漢字能適用於不同的方言，適用於韓、日諸國，正是這個道理。

表詞文字為什麼在西方沒有得到進一步的發展，只在漢字獲得成功呢？主要在於表詞文字很難表達詞的各種語法形式。表詞文字表達整個有實義的詞，至於這個詞的單數、複數、主格、受格、陰性、陽性等語法範疇，只有用音素符號才容易表達。因此，黏著語、屈折語都不適合表詞文字，只有孤立語獲得了鞏固和發展。

形聲結構是建築在表詞文字的基礎上的。這在古埃及文和蘇美

---

1 表詞文字和音節文字、音素文字相對。音節文字一個符號表示一個音節，不一定是一個詞；音素文字一個符號只表示一個音素。前者如日文，後者如英文

2 見《文字的產生和發展》第 99 頁，北大出版社。

3 見《東方各語言印刷的出版物中作者印符統計細則》，全蘇印刷科學研究所，莫斯科 1945 年。

4 見《漢字文化》1990 年第一期，61 頁。

文中都出現過。古埃及斯科爾皮昂王銘文為公元前四千年代末期的石刻浮雕，其中有表示國王的圖像，旁有兩個聖書字符號[5]，一個是七瓣花結，象徵國王，另一個是蝎子，表示國王名字的表音字符。這正是形聲結構的雛形[6]。聖書字的表音符號有時會在邊加上一個義符（形符）來使這個字的意義更為確定，這和漢字先假借後再加形符的方式不謀而合。例如聖書字中常見到表示（m－n－h）這個發音的符號，這個音可以表示「男性青年」、「紙莎草」、「蜂蠟」等含義。使用時到底指那個含義呢？為了確定，在指稱「男性青年」時，就在後面加上一個「人」的義符，在指稱「紙莎草」時，就在後面加上一個「植物」的義符，在指稱「蜂蠟」時，就在後面加上一個「散體物」的義符。這種結構，數量十分龐大。按音書寫的專有名詞多半要加上義符。有時一個音符會有好幾個義符相伴[7]。漢字方面，專有名詞如人名通常不加表人的義符，地名則往往有義符標示。如「鄯」（鄯善，西胡國也）。「契」加右耳（周封黃帝之後於契也）、「鄷」（右扶風縣）、「鄭」（京兆縣，周厲王子友所封）都在右邊加「邑」為義符，標示為地名。又如「沫」（沫水出蜀西南徼外，東南入江）、「沮」（沮水出漢中房陵東入江）、「漆」（漆水出右扶風杜陵岐山東入渭）、「沁」（沁水出上黨穀遠羊頭山東南入河）等都在右邊加「水」為義符，標示為河流之專名。又如「嶷」（九嶷山也，舜所

---

5 聖書字是比較古老的一種埃及字體，較接近圖畫，多用於碑碣上。後來發展出簡略化、草書化僧書字，為僧侶用來抄錄文學作品的字體。多書寫於一種當地特有的「草紙」上，時代約在西元 2500 年至 3500 年左右。後來又有民書字，作為日常生活之用，一直到第四世紀仍有人使用。

6 見《文字的產生與發展》第 109 頁。

7 見上書 266 頁。

葬）、「崞」（封崞山也，在吳楚之間）、「嶧」（葛嶧山也，在東海下邳）、「崵」（首崵山也，在遼西）都在左邊或上方加「山」爲義符，標示爲山的專名。漢字也有一個聲符多個形符的，例如「碧」字，從「玉、石」，白聲；「寶」字，從「寶蓋、玉、貝」，缶聲；「簠」字，從「竹、皿」，甫聲；「康」（左加禾）字，從「禾、米」，庚聲；「衡」字，從「角、大」，行聲。這些例子，顯示了漢字和古埃及文字在構思上的類似性。

有時侯，埃及表詞文字往往用聲符來補充。例如同義詞（s－m）、（s－b）、（j－w）都是「走」的意思，符號都是一個兩腳步行狀，爲了區別語言中的這三個同義詞，就在形符之上端加上表示這三個音讀的聲符。構成了形符加上聲符的形聲字。表示一個詞的後綴（如陰性－t詞尾）時，也用「語音補充」之法。這些是漢字所沒有的。

埃及形聲字聲符的位置，除了上述同義詞放在上端外，如果「語音補充」只注出這個詞的首音和尾音，通常聲符就放在這個詞的前端或後端。如果「語音補充」要注出這個詞的所有輔音，則聲符通常位於這個詞周圍。例如「甲蟲」一詞，字正中爲甲蟲之形，其發音爲（h-p-r-r），於是在形符的上方注出（h、p）二音的符號，下方注出兩個（r）的符號。又如「籃子」一詞，音（n-b-l），於是，形符置中央，上端注出（n）音的符號，下方注出（b－l）的符號。這些類型的形聲字都是漢字所沒有的[8]。

埃及文字既如此，蘇美文字又如何呢？在西元前三千年代初期至中期，蘇美文字逐漸走向音節文字（和表詞文字、音素文字相

---

[8] 見上書 267 頁。

對）。這種情況相當於漢字中假借。在先秦兩漢的古籍中，漢字通常被當作聲音符號來使用，這就是所謂的「古書多通假」。蘇美文字中，有許多來自外族的專有名詞，如城市名、地名、國君名字等，必需用音節符號拼寫，這就像我國東漢六朝佛教輸入，產生大量的音譯詞一樣，漢字被當作音標來用了。

蘇美文字在出現音節符號的同時，意詞字就開始用作定義符號（即形符），使詞義更加明確。這就是蘇美人的形聲字了。蘇美文字後來被亞述、巴比倫繼承下來，發展成楔形文字。其中也沿用了形聲法則。例如在亞述銘文中，表示「神」的義符經常加在音符「阿舒爾」之前，以表示「阿舒爾」的性質[9]。這就像漢字在「烏乎」旁加個「口」字變成「嗚呼」一樣，或在表示「神祇」的字旁帶個「示」字邊，用意相同。

至於美洲的阿茲特克文字和馬雅文字則未見類似形聲的結構。這是因爲還處在早期的象形階段，未及有充分的發展時間，整個文化就被西方的入侵者毀滅了。

參‧我國少數民族文字的形聲結構

國內少數民族的文字研究，近年來有長足的發展。其中有一些是使用形聲的。目前研究的最有成績的是西夏字。西夏立國於 1038 至 1227 年（約當宋代）屬黨項族。地區在今寧夏、甘肅一帶。西夏字爲李元昊時所創，共六千多字。基本上是模仿漢字而造的，以會意、形聲爲主。關於西夏的形聲字，史金波〈西夏文概述〉云：

9　見上書 190 頁。

西夏文兩字合成一字時，其中一字起標音作用，它與合成字
同音；一字起表意作用，它與合成字字義有關。這種字類似
漢字中的形聲字。但漢字形聲字中，示形部分也即形符，往
往源於象形字；而西夏文中，這類字只是取與字義有關的字
作義符，取那一部分也不固定，所取義符與物形基本上無
關。

西夏形聲字的義符，通常表示形聲字的類屬；有和形聲字近
義，但和形聲字分屬不同詞類；有的和形聲字近義，但屬不同範
圍；有的表明形聲字的用途[10]。史金波在〈略論西夏文字的構造〉
一文中[11]，把義符分成五類：⑴表形聲字的類屬，⑵與合成字近義，
⑶表示不同詞類，⑷表示所指範圍不同，⑸表示形聲字的用途。

義符有時不止一個，造成「一字標音，二字表義」或「一字標
音，三字表義」的情況，這種情形在漢字中偶而也可見到（見上文
之舉例）。

聲符方面，部位較不固定，或在左，或在右，或在上下，或在
內外。這幾種形式，也存在於漢字中。

有的形聲字，不但義符與字義有關，聲符也與字義有關，這很
像漢字中「聲符兼義」的現象。這種情形史金波在〈略論西夏文字
的構造〉一文中說：

它們可能是一個字由於意義的引申，產生了新的字義，新義
和原義既有直接關係，也有相異之處，它們大多是詞類或詞
義使用範圍的改變，西夏人為之另造一字以示區別。

---

10 見《中國民族古文字研究》，中國社科出版社，1984 年。
11 見《民族語文論集》第 206 頁，中國社科出版社 1981 年。

　　由此可知，聲符之所以兼義，是和所注的形聲字爲同源詞的關係。都是一個詞孳乳分化的產物。自然「音、義」兩方面都有關聯了。這與漢字中的「右文說」其實是一回事，像「戔，小也」，「錢、賤、淺」也都有「小」的意義。它們都來自同一語源（詞根）。不過，史氏也指出此類字數在西夏字中只佔了百分之一左右，數目並不多 12。

　　有些聲符不直接表音，而是把它意譯成漢語後，由該漢字的音起表音作用，這種間接的音意合成字爲數不多，主要爲借自漢語姓名、地名造字。由此反映了當時漢語對西夏語的影響。

　　組成形聲字的兩個部分，往往僅取其形體之一部分，類似漢字的「省形」與「省聲」。此外，聲符在構成形聲時，用它的哪一部分，也不固定。而漢字的聲符基本上是固定的，如從「戔」得聲的有「踐」、戔右加刀、戔上加山、戔外加門等二十幾個字，儘「戔」在各字中所處位置不同，但在各字中的形體都一樣。西夏字則不然，同一聲符，在各形聲字中有時並不相同，有時用其形體之右半，有時用其左半，有時又用其全形。

　　西夏文的資料，近年發現保定明中葉的石幢、故宮藏明初西夏文經卷。可知西夏文到明中葉仍在使用。1908 年俄人柯茲洛夫在內蒙黑水城掘得大批西夏文獻，最重要的，是發現了「夏漢雙解字典」，即 1190 年編《番漢合時掌中珠》，使西夏文的解讀獲得極大助益。西夏文獻在少數民族文獻中，居突出地位。現多散於列寧格勒、倫敦、日本天理圖書館、瑞典斯德哥爾摩、北京圖書館、甘肅寧夏博物館。資料包括佛經（數量最大）、世俗文獻（如《論

---

12 見上書第 207 頁。

孟》、《左傳》、《孫子兵法》等漢籍，及《掌中珠》、《文海》、《音同》等字典，西夏文學作品，法律文獻等）、碑文、石刻等 13。我們可以從這些資料中充分了解西夏文字的具體狀況。

　　我們再看看納西東巴文字的形聲狀況。納西族有二十六萬人，居住於雲南麗江一帶。所使用的文字有兩種：一是較古老的象形文字，當地人稱爲「東巴文」，早年稱爲「麼些文」，爲納西僧侶書寫經典之文字。一是音節文字，稱爲「哥巴」。

　　東巴字約產生於南宋中期（十一世紀中葉），字數約 1300 左右。目前由於方言字形還分幾種不同的變體：納西西部方言的，稱「白地派」，納西東部方言的，稱「白寒派」。此外還有「白寒經」、「瑪麗瑪沙文」、「阮可經」、「魯魯經」等 14。

　　東巴形聲字也是由義符和聲符組成。原本東巴文有一些同音假借的字，有時爲了區別同音詞，也常在表音字上附加表意符號。如「樓」與「跳」同音，借「跳」表示「樓」，就在「跳」字上面加一「屋」字之形，表示用作樓的意思，以區別於其他同音詞 15。

　　王元鹿〈意音方式和形聲造字法的比較〉一文 16，認爲漢古文字中的形聲字，主要通過三種途徑造成：(1)合文、(2)標聲、(3)標類，而這三種途徑，在納西東巴文字中都找得出來。其中，合文是形聲字的前驅。標聲如「崗」（音（ｔｏ））的初形爲一象形字，由於與「坡」形體酷似，爲了區別這兩個形近字，就給「崗」加上

---

13 見白濱〈西夏文〉，收入《中國民族古文字》，1982，北京。
14 見和志武〈納西族古文字概況〉，收入《中國民族古文字研究》，第 305 頁。
15 見楊甲榮〈東巴文〉，收入《中國民族古文字》，第 41 頁。
16 見王元鹿《漢古文字與納西東巴文字比較研究》，第 105 頁，華東師大出版社，1988 年。

了聲符「板」（音也是（ｔｏ），字形像個「口」字）。標類如「你」字，上半畫一株黃豆，與「你」字同音，爲假借；下半畫一個人，爲意符。「你」字有時也可只寫上半的黃豆，可見下半的人字是標類用的，可有可無。不加人字，就是假借，加了人字，就是形聲。這種和漢字極爲類似的造字方式，王元鹿認爲是「人類各民族造字心理上的共同性」[17]。

不過，王氏也舉出了漢字和東巴字在形聲造字法上的若干差異性：[18]

*1.*兩種文字中，形聲字的音節數不盡相同。

*2.*納西形聲字的數目及使用頻率大大低於甲骨文。

*3.*東巴字很少有在漢古文字中常見的以形聲字爲聲符進一步孳乳以構造新形聲字的現象。

關於第一點，漢字總是一字一音。而東巴形聲字有很多是雙音節；或可讀單音節，又可讀雙音節。漢字方面，有一些學者認爲古代也曾經歷過一字多音節的階段。如裘錫圭〈漢字形成問題與初步探索〉一文[19]云：

> 在甲骨文裏，有些象形字往往隨語言環境而改變字形，有時字形改變以後，一個字可以讀成兩個字。

裘氏舉了甲骨文「埋牲於坎」的字，字形作注音符號的「凵」，中有一牛字。但是，當所埋的牲畜是犬、豕的話，字就變爲「犬」在「凵」中。裘氏認爲此字可能讀成兩字之音，前一字爲「凵牛」，後一字爲「凵犬」。又如像畜牛羊於欄的「牢」字，指

---

17 見上書第 109 頁。
18 見上書第 109 頁。
19 見《中國語文》1978 年第三期，168~169 頁。

大牢時寫作「牢」，指小牢時則下半「牛」改作「羊」，此字可能分別讀作「大牢」，「小牢」，正如今天的「浬（海里）」、「哩（英里）」一樣。裘氏所舉雖非形聲字，但是和東巴文字的情況比較起來，卻有相當的啓發性。

關於第二點，據和志武統計，東巴文字的形聲共一百個左右[20]。而甲骨文形聲約千字左右。王元鹿又舉西周「日己方鼎」銘文爲例，求得其中形聲字的頻率是百分之二十二。而東巴經書《輓歌》前九節，共 94 字，形聲字不過四個，佔百分之四點二。

關於第三點，東漢文字已出現以形聲字爲聲符進一步孳乳造新形聲字之法，而納西字則少有此現象。漢字的例子如「父」是「甫」的聲符，「甫」又作「浦、圃」的符，「浦」又作「蒲」的聲符，「蒲」再作「薄」的聲符。這些字在東漢的《說文》中都有了。

接著我們再看看「方塊壯字」。這是我國壯族使用的文字。在唐代仿漢字造成，至今已有一千多年歷史。這種文字原本流行於民間，用來創作民歌、記錄民間故事、書寫巫經、契約、碑刻等[21]。目前能使用這種方塊壯字的人愈來愈少[22]。由於方言的差異，異體字很多，沒有經過統一規範（這可比擬秦始皇「書同文」以前的漢字狀況）。它多半和漢字混合使用。其總字數尚未做精確統計。

方塊壯字的構造，通常由兩個漢字組成，大部分依形聲造字法

---

20 見和志武〈試論納西象形文字的特點〉，收入《東巴文化論集》146 頁，雲南人民出版社 1985。

21 見張元生〈方塊壯字〉，收入《中國民族古文字圖錄》，中國社科出版社，第 282 頁。

22 見張元生〈壯族人民的文化遺產－方塊壯字〉，收入《中國民族古文字研究》，第 456 頁。

創造。其類形有下面幾種 23：

　　1.用一個漢字的讀音來表達壯語相同或相近的讀音，用另一個漢字的偏旁所表示的意義來表達壯語詞的意義。如：（由於排字因難，故拆開來寫方塊壯字）

　　從女，巴聲。左邊是女，右邊是巴。讀 baz，「女人」之義。

　　從刀，叉聲，讀 cax，「刀」。

　　從衣，布聲，讀 buh，「衣服」。

　　從虫，寧聲，讀 nengz，「虫、細菌」。

　　從瓦，奔聲，讀 mboenj，「瓦罐」。

　　從米，加聲，讀 gyaj，「秧苗」。

　　從山，巴聲，讀 bya，「石山」。

　　2.一個漢字表形符，這個漢字的詞意與壯語相同或相近；另一個漢字表聲符。如：

　　從賣，開聲，讀 hai，「賣」。

　　從魚，巴聲，讀 bya，「魚」。

　　從苦，咸聲，讀 haemz，「苦」。

　　從夜，陷聲，讀 haemh，「晚」。

　　從草，羊聲，讀 yangj，「稻草」。

　　從直，索聲，讀 soh，「直」。

　　3.一個漢字表形符，這個漢字的詞意與壯語相同或相近或有關；另一個表聲符的漢字並不按照漢字的讀音，而是按照壯語的讀音。如：

　　從開，灰聲，讀 hoi，「開」，壯語「石灰」讀 hoi。

---

23 見張元生〈方塊壯字〉，收入《中國民族古文字》，第 69 頁。

從足，五聲，讀 haj，「腿」，壯語「五」讀 haj。

從手，黑聲，讀 ndaem，「種」，壯語「黑」讀 ndaem。

從開，展聲，讀 mbe，「展開」，壯語「展」讀 mbe。

從金，買聲，讀 cawx，「買」，壯語「買」讀 cawx。

後兩條的聲符也兼義，這與漢字情況類似。方塊壯字還有「省聲」的現象。如：

左手右午（「許」省聲），讀 hawj，「給」。

左月右炎（「淡」省聲），讀 damj，「膽」。

左手右丑（「扭」省聲），讀 niuj，「扭」。

左足右派（左無水）（「派」省聲），讀 byaij，「走」。

由於壯語和漢語語音上的差別，方塊壯字中用來表示聲符的漢字，往往與原漢字讀音不同。例如漢字「他、利、念」的聲母分別為 t-，l-，n-。但方塊壯字用這三字作聲符時，一般讀 r- 聲母。如：

從月，他聲，壯語讀 ra，「眼睛」。

從土，利聲，壯語讀 raeh，「田地」。

從水，念聲，壯語讀 raemx，「水」。

有許多記錄地名的方塊壯字，也是依形聲法則造的。如：

從車，六聲，讀 loek，「水車」。如「那～」。

從口，急聲，讀 goep，「青蛙」。如「那～」。

從土，雷聲，讀 ndoi，「土嶺」。如「那～」。

從土，覃聲，讀 daemz，「池塘」。如「～板」。

從犬，母聲，讀 mou，「豬」如「潭～」。

從犬，丑聲，讀 nou，「老鼠」。如「潭～。

從光，禾聲，讀 yiuh，「鷹」。如「岩～」。

地名中的「那」，是壯語 naz，水田之義。凡是開墾種植的地

方，都加個「那」字爲其地名。其他侗台語居住地也有類似地名，如海南島澄邁縣有「那南」、「那板」，瓊山縣有「那梅」、「那芳」等。泰國也有 Nali，Nathon 等地名，因泰國也屬侗台語群。

　　接著再看看契丹字。耶律阿保機建立契丹王朝後，參照漢字先後創製了「契丹大字」和「契丹小字」（約當西元 920 年）。小字是改進大字而成，筆畫數減省。有的學者認爲小字是拼音文字，以三百多個原字（表音符號）拼綴成詞。每詞依音節數由一至七個原字組成。契丹字曾通用於北方三百年之久（通行於遼、金兩代，金人並用契丹、女眞、漢字），直到金章宗時（1191 年）「詔罷契丹字」以後才廢棄 [24]。日人山路廣明認爲契丹字的原字出漢字，再參考回鶻字的拼音法，綴合而成。契丹字的研究目前仍處於初步的階段 [25]，解讀工作仍在進行中。早期往往把契丹字誤認爲女眞字。如「郎君行記」碑銘 [26]，刻於金朝，明清以來一直以爲是女眞字，近幾年才糾正了誤解。契丹字如能徹底解讀出來，弄清大字和小字的造字方法，對文字學的比較研究，當有很大的助益。目前的研究重點較偏重音值的擬構 [27]，字形方面還是空白。1975 年「中國社科院民族所」成立了「契丹文字研究小組」，積極推動研究工作。然目前尚無法了解其中形聲的句體狀況。

---

[24] 見劉鳳翥、于寶林〈契丹字研究概況〉，收入《中國民族古文字研究》。

[25] 賈敬顏〈契丹文〉認爲目前契丹字研究尚處於蒙昧狀態和摸索階段，眞正能確認無誤的，不過一百多個字，在已發現的幾千個（劉鳳翥認爲共三千多字）契丹字中，不及十分之一。（劉鳳翥認爲「郎君行記」中可解之單詞有 300 多個）。

[26] 此碑爲契丹小字，著錄於《潛研堂金石跋尾》，錢大昕考證「郎君」即金史中的「撒離喝」。

[27] 例如日人村山七郎〈契丹文字的解讀方法〉，對照蒙古語字音，再到突厥字母去找同音的字形，然後用以擬定契丹字的音值。

　　女眞字方面，是在契丹字直接影響和漢字間接影響下創造的。故《金史》云「依仿契丹字製女眞字」，又云「依仿漢字楷字…製女眞字」。分爲大、小兩體，大字爲完顏希尹所製，金太祖時（1119 年）頒行；小字創於金熙宗（1138 年）時。現傳世者，只有一體，到底是大字或小字尙無定論。女眞字製成後，與漢字、契丹字並行於金朝境內。其字形呈方塊形，筆畫不超過十畫，多爲單音節字，三、四音節的字較少 28。

　　女眞字的研究已有一百多年歷史，故成績比契丹字好，但還有不少問題待解決。明永樂所編的《華夷譯語》中有「女眞館譯語」，一般稱「女眞譯語」，是一部對照字典性質的書，爲認讀女眞字的鑰匙。除了音値擬定方面獲得了一些成績外，字體方面以日人山路廣明的研究較著。他在《言語集錄》上發表〈女眞文字的構造〉、〈契丹女眞製字方法論的比較〉等文。1958 年又出版了專著《女眞製字研究》，對 698 個字作逐一的考證，歸納出十種造字法則29。目前這份資料未見，故暫無法討論其中是否運用形聲的問題。

　　大陸學者金光平認爲女眞大字出於契丹大字，女眞小字出於契丹小字。則小字也是拼音文字。由於女眞語即今滿洲語之來源，故學者由今滿語上溯，以探求女眞字，結論顯示有百分之七十語彙完全相同。又由於女眞字仿自契丹字，今契丹字尙無法解讀，若因女眞字推求契丹字，實爲解讀契丹字的重要徑。

　　下面再看看彝文。彝族有 540 多萬，分布於滇、川、黔、桂四省。在類屬上爲音節文字。陳士林〈彝文研究的基礎和前景〉認爲創始於唐代而集大成於明代。並認爲彝文旣不是表達可以分解出來

---

28 見于寶林〈女眞字〉，收入《中國民族古文字圖錄》，第 275 頁。
29 見金啓棕〈女眞文字研究概況〉，收入《中國民族古文字研究》。

的詞或詞素的表意符號，也不是表達一個個音素的符號，而是表達一個個音節的符號。在形體結構和造字法則上，有些可用「象形」、「指事」來解釋，至於「會意」、「形聲」完全是沒有的。因為彝文為極大多數是獨體的「文」，極少合體的「字」。另外也使用假借法。可是丁椿壽等人的《現代彝語》看法稍有不同，認為彝文中也有少數的形聲字，並認為從我們所見到的極有限形聲字看，還沒有像漢字形聲那樣音義分工的狀況，只有「會意兼形聲」和既表音又表意的形聲字。例如：

　　覓字，由表「頭」的符號和表「找」的符號組成，後者表音兼表義。前者有看的意思，在此起輔助字義的作用。

　　銹字，由表「鐵」的符號和表「銹」的符號組成，後者表音兼表義。前者起輔助字的作用，說明是「鐵」生的銹。

　　拆字，由表「拉」的符號和表「去」的符號組成，後者只表音，不表義。需與前者結合起來，共同說明字義。

　　財字，由表「錢」的符號和表「糧」的符號組成，前者表音，又與後者結合起來，共同說明字義。

　　丁氏既具體舉出形聲之例，所以我們認為彝文應屬形聲萌芽的文字。

　　武自立、陳英〈彝文〉提到清咸豐年間陳正清、陳正璽的手抄本《諾蘇》（漢稱《彝文字彙》），把同一字的不同變體或書寫法集中在一起，按一定順序排列，從中可窺見彝文字形演變的脈絡。

　　目前的研究，顯示彝語和楚語關係密切，例如和《楚辭》比較，它們都用「兮」作語助詞。又《老子》「唯之與阿，相去幾何？」在涼山古彝文文獻中有兩個單音詞，音與「唯」、「阿」相似，義為「是、肯定」、「非、否定」[30]。

　　下面再看看「方塊白文」。這是雲南白族早期使用的文字。雲南在唐、宋時曾建南詔（752~902）、大理（937~1253），南詔末期從民間增損漢字筆畫，形成了白文。直到現在，仍通行於部分地區[31]。

　　徐琳、趙衍蓀〈方塊白文〉研究白文由四種方式構成：

　　1.利用漢字的音表達白語的意思，把漢字當注音用。

　　2.利用漢字的意思，讀白語的音。

　　3.自造新字，主要是形聲字。例如：

　　　　從才片聲，音（pe），「背誦」。

　　　　從刀歷聲，音（ni），「進入」。

　　　　從人能聲，音（pe），「你的」。

　　　　從口旁聲，音（pha），「訴苦」。

　　在歷史資料中，記錄了一些白文的形聲字，如樊綽的《蠻書》：

　　　　從貝簽（上無竹頭）聲，音（tce），「湖泊、洲、沼澤」。

　　　　從貝八聲，音（pia），「貝幣、錢」。

　　　　從口八聲，音（phia），「到」。

　　白文的形聲字像漢字一樣，構造上多半聲符在右。

　　此外，又有「水書」，是貴州水族的文字。其初創年代不明，字體與甲骨文相類，行文體例也類似甲骨文。字體結構可分為象形、會意、諧聲（即假借）三類[32]。並無形聲字。

---

30 見陳士林〈彝文研究的基礎和前景〉，收入《中國民族古文字研究》，第281頁。

31 見趙衍蓀〈白文〉，收入《中國民族古文字》，第44頁。

32 見石尚昭、吳支賢〈水書〉，收入《中國民族古文字圖錄》，第233頁。

肆・結論

　　形聲結構是漢字的主流，因而引發我們的好奇，到底在拼音文字之外，由象形文字直接發展來文字中，有多少民族運用過形聲的法則造字？它的發展狀況如何？它的數量比例如何？因此，我們搜集了世界幾種主要的、以及國內各民族的非拼音字系，加以觀察。由比較中，我們可以回過頭來省思我們的漢字，更突顯漢字的一些特性。這樣，對漢字的了解得以換個角度觀察，從新的視野來切入，我們相信對漢字的研究是有幫助的。

　　下面我們把論述所得，歸納爲圖表式，以便觀察。

	1	2	3	4
埃　　及		√		
蘇　　美		√		
馬　　雅	√			
阿茲特克	√			
西　　夏			√	
東巴字		√		
方塊壯字			√	
契丹字				√
女眞字				√
彝　　文		√		
方塊白文			√	
水　　書	√			

　　1＝只發展出象形字，未出現形聲結構。

　　2＝有初期的形聲字，或數量很少。

　　3＝形聲發達，成爲主要造字形式。

　　4＝情況不明。

　　從上表中可以分析出幾點結論：

　　1.形聲結構最發達的西夏、壯字、白文，都是受漢文化影響最大的民族。因爲文化上密切的接觸，易於擷取漢字發展的成果，作横向移植，而不必靠本身的緩慢發展。世界文字不外表音、表意兩途，而形聲結構是表意文字的最高形式，是表意文字完全成熟的表徵。這可以由漢字的漫長發展過程看出來。李孝定《漢字的起源與演變論叢》曾列出漢字形聲的發過程：殷商只佔百分之二十七，東漢達百分之八十一，南宋高達百分之九十。這就是一個成熟的過程，表示它不是一種停滯、保守的文字。形聲字的多寡可以作爲表意文字成熟度的指標。

　　2.東巴字遠離漢文化的中心，故影響相對降低。大部份是由本身自行發展，文字又晚至南宋才創造出來，由象形開始一步一步的走，因此只能有少數的形聲字產生。漢字之產生則較之提早了三、四千年，當然成熟度不能相提並論了。彝文的情況亦同。

　　3.埃及、蘇美文字主要是由於語法形態的問題，不易用形聲方式表達，所以只發展到初期階段，其後繼的朝代就改用拼音方式了。其形聲數量雖不少，但形式結構不像漢字的高度規律化，仍處於較原始的初級形式。

　　4.至於馬雅、阿茲特克這些美洲文化，完全處於孤立的狀態，缺乏不同文化的互相激盪。同時，阿茲特克文化盛於十四世紀，亡於西班牙入侵的十六世紀；馬雅文化雖可推至公元 350 年，興盛卻

於八、九世紀，到了十六世紀也亡於西班牙。其發展時間甚為短促，自然來不及有成熟的文字出現。

5.水族處邊遠的山區，文化的發展自然就封閉保守，沒能大量的吸收漢字發展的經驗，因此只停留在原始文字的階段。

6.至於契丹、女真文字目前的研究還不夠，無法確知其文字的具體狀況。不過從它們和漢文化的密切程度看，應該有了相當數量的形聲字。不過，從它們的「小字」情況看來，也有可能放棄形聲路線，走了拼音路線。正如同屬阿爾泰語系的日、韓、滿、蒙、維諸文字一樣。阿爾泰語屬黏著語，有豐富的後綴，用形聲字不易表出。而相對的，形聲字極發達的西夏、壯字、白文以及形聲初萌芽的東巴字和彝文，都是漢藏語族，語言上屬單音節孤立語，適合使用方塊形聲字。由此可知，文字的發展和語言的類型是息息相關的。

以上所提到的各種文字，筆者並無深入的研究，只因興趣的牽引，作過一些資料的收集和整理，算不上是一篇研究的文章，目的只想拋磚引玉，藉以拓廣漢字研究的視野，文中缺漏謬誤處，必定難免，尚祈行家先進不吝指正。

形聲字構造歷程析論

劉雅芬

壹、前　言

　　身為漢字的主流文字，形聲字的重要性是不言可喻的，歷來學者投注在形聲字研究的心力與時間相當可觀，其成果也極為豐碩。有關形聲字的爭議，不論是有關形聲名義的界說，亦或形聲字聲符是否兼義的問題，其實都必須回到根本的問題＿＿形聲字的構造歷程來談。由於各家所推測建構的造字歷程有所不同，因而形聲字各部件所擔負的責任也隨著改變；更因為部件所扮演的角色各異，形聲的釋名與定義也有了區別。是以，在討論有關形聲字的重大課題時，我們必須窮本溯源的回到形聲字的造字歷程，以之為出發點，重新梳理各家說法，由形聲字的造字歷程看形聲字的結構；以形聲字各部件所擔負的責任論形聲的釋名。然而有關形聲字構造歷程，這樣根本性的問題，大多數的學者，多在論述六書中的形聲時附帶提及，少有獨立論述或專題探討的。

　　有關形聲字的構造歷程，由於觀察角度不同，前輩學者各自根據其理論，進行說解，也由於所持理論涵蓋範圍有所偏限，因此各有得失。

　　大體而言，我們可以將目前學者對於形聲字構造歷程的論述，

歸納整理爲以下幾類：

　　一、形聲字構造共時形成說

　　二、形聲字構造歷程一元說

　　　㈠聲符先造說

　　　㈡形符先造說

　　三、形聲字構造歷程多元說

　　　㈠共時形成說

　　　㈡形符先造說

　　　㈢聲符先造說

　　觀察有關形聲字研究學術發展，在眾多說法中，聲符先造說可以說是各種說法中的主流，不論就學說的發展時間、或是學理論證實例的充足，在質與量上，聲符先造說的理論發展最爲悠久，影響也最爲深遠。至於形符先造說，以意象由同而異的發展爲觀察重點，著力於形聲字意義上的分化。而多元說則是現代學者融會各種資料及前人之說，對形聲字的構造歷程做全方位的擬測。本文即依一元說到多元說的次第，先討論一元說的聲符先造說、形符先造說，再論多元說，期盼能爲形聲字的構造歷程鉤勒清楚而完整的脈絡。

貳、形聲字聲符先造說

一、聲符先造說的肇始—右文說的奠基

㈠右文說的發展

形聲字當中，聲符所扮演的角色，究竟是單純識音的音標符

號，或是除了表音功能外，同時並肩負著意義傳達的任務？有關形
聲字聲符兼義功能的討論，在宋代時，蔚為風氣。文字學家注意到
了形聲字中，聲符兼義的現象，並加以歸納整理。大多數的形聲字
結構方式是聲符在整體文字的右邊，形符在文字的左半邊，稱之為
「左形右聲」。因為這屬於右半邊的得聲偏旁兼具識音與表義的功
能，使得宋代的文字學家將焦點集中在形聲字的聲符之上，更由於
這表音又表義的形聲字得聲偏旁，大抵位於形聲字的右邊，因此後
世便稱這種特別強調形聲字右半邊聲符偏旁的學說為「右文說」。

　　「右文說」可以說是歷來文字學者對形聲字音義關係研究討論
的發源，學者投注心力，為形聲字的音義關係研究立下基石，影響
後世深遠[1]。

　　文獻可考，首先發現形聲字聲中識義的是晉代的楊泉。他在
《物理論》中提出了有關聲中寓義的看法。他說：

　　在金曰堅，在草木曰緊，在人曰賢[2]。

　　楊泉發現「堅、緊、賢」三個字的聲符都是「臤」，在意義上
都有「實實在在」的意義。因而認為音讀與義象之間，必然有著相
當密切的關係。嘗試在同從一個聲符的形聲字中歸納形聲字的聲義
關係。惜其書業已亡佚，不能窺得全貌。但他這種聲中寓義的理論
並非絕響。

　　宋代王聖美更進一步的提出了「右文說」。宋沈括《夢溪筆談

---

[1] 其實「右文說」的學者並未明確指出所論述的是形聲字的「右文」，但由於
　　其所舉及研究的字例，大抵是左形右聲的形聲字，由此開啟了後世學者對形
　　聲字聲符兼義的研究。所以學者均以「右文說」為形聲字音義關係研究的起
　　點。
[2] 楊泉《物理論》今已亡佚，引文見《藝文類聚・人部》，叢書集成本，台北
　　新文豐，1985.01。

‧卷十四》中云：

> 王聖美治字學，演其義以爲右文。古之字書，皆從左文，凡
> 字，其類在左，其義在右。如木類，其左皆從木，所謂右文
> 者，如戔、小也。水之小者曰淺，金之小者曰錢，歹而小者
> 曰殘，貝之小者曰賤，如此之類，皆以戔爲義也。[3]

　　王聖美首先明確表達他對一個『合文爲字』的完整文字結構所做的區分與定義。他主張文字的結構中，各自有其負責的任務。一個字的主要意義，在其右邊的部分，至於左旁的結構只是爲了區分類別而加上的。王聖美比楊泉更進一步的歸納出文字結構的情形，並闡明中國文字以「右文」表達意義的現象。如果說楊泉的發現是「右文說」的濫觴，那麼王聖美便可以說是「右文說」的確立者了。而王氏有關「右文說」的論述文字雖然簡短，但卻是十分重要的開展，可以說是探討有關形聲字聲義關係的重大突破。在宋代，除了王聖美，王觀國與張世南二人也有著類似的體會。[4]

> 盧者字母也，加金爲鑪，加火則爲爐，加瓦則爲甗，加目則
> 爲矑，加黑則爲黸。凡省文者，省其所加之偏旁，但用母則
> 眾義該矣。亦如田者，字母也，或爲畋獵之畋，或爲佃田之
> 佃，若用省文，惟以田字該之，他皆類此[5]。

　　王觀國的字母說即是以右文爲文字孳乳的根本，以爲文字的主要意義在字母之上，而後再依所需，加上類別符號。所謂的『但用字母則眾義該矣』，說明了右旁的字母意義可以涵蓋由字母所孳生

3　叢書集成本，台北新文豐，1985.01
4　王觀國在《學林‧卷十》提出了字母說，張世南於《游宦紀聞‧卷九》則舉了從「戔」、「青」得聲的形聲字，如淺、殘、棧、賤；晴、清、精字等。
5　王觀國《字林‧卷十》，叢書集本，台北新文豐，1985.01

的字所要表達的義象。也就是說由字母加注形符偏旁所孳生的新字，其主要意義仍由字母傳達。這不僅與王聖美的「右文說」有相同的概念，而且更進一步的呈現了文字構造的次第概念。張世南提出了一批從「戔」、從「青」得聲的字，來強調文字右旁為意義所在，而文字左旁是為了區分類別的理論。不僅再一次為「右文說」做更進一步的驗證，同時也對後人有關形聲字聲符的重視與研究，產生了極大的啟示和影響。

　　大抵宋代極為盛行的「右文說」，均由文字形體入手，停留在字根的歸納與研究上。這樣的思考理路，到了元代雖仍持續發展著，但卻產生看似些微，影響卻極為深遠的轉變。[6]

　　(二)右文說商榷

　　不論是王聖美的「右文說」、王觀國的「字母」說，或是戴侗的「類推」觀念，均是由宋以來，學者持續對形聲字「聲符兼義」現象觀察所得的理論。在形聲字的研究上，「右文說」可以說是相當重要的里程碑。然而，一個學說的成熟並非一日可成，也不是一蹴可及。「右文說」雖然在有關形聲字音義關係的討論上，有著開創性的貢獻；但不可諱言的，由於當時語言學的概念並未全面成熟，「右文說」不免存在許多侷限。

　　首先，在整個理論的名義上，便已見欠缺週詳之處。「右文說」是後世學者對一文字學理論的概念性泛稱，主要指主張形聲字以結構中的右半偏旁表達整個文字意象的理論。在名稱上，雖然反應了「右文說」的重點，但卻也同時呈現了整個理論可議之處。的

6　如戴侗《六書故・六書通釋》，雖不盡以發揮「右文說」為標的，然卻有極多說法實貫穿「右文」之精神。他所提出的『類推而用之』的方法，即用聲符原來意義為綱，推求其衍生詞之意義，於「右文說」之理論又向前推一層

確，在形聲字的結構中，左形右聲的情形佔大多數，但仍有不少形
聲字並不是左形右聲的結構方式。也就是說「右文」並無法涵蓋全
部形聲字聲符的範圍，因此以「右文」全稱來代表所有形聲字的聲
符，以部分代全體，將使得整個論述產生不夠周延的缺憾。

　　此外，「右文說」最爲後人所詬病的便是受限於文字形體。
「右文說」由具體的形聲字字形上，發現了形聲字聲符兼義的現
象，並加以歸納整理，企圖將形聲字『凡從某聲，多有某義』的情
形做系統化的呈現。然而，由於「右文說」以文字爲觀察的切入
點，接觸的是已完成造字歷程的完整形聲字，遂以爲在字形上同從
一個得聲偏旁的形聲字，因爲有相同的某字根，便同從某義。直接
將字形與字義畫上等號，逕自以字根進行字形與字義的系聯。這樣
一來，使得「右文說」僅停留於現象整理的層面，未能直接觸及形
聲字聲符兼義的眞正原因。然而，形聲字聲符兼義的根本原因在於
語言，不在形體，形聲字聲符兼義的現象應由語言去理解，並循語
音去探索其根源，而不應受到字形的束縛。沈兼士先生於〈右文說
在訓詁學上之沿革及其推闡〉[7]一文中，便說：

　　　諸家所說，或偏重理論，或僅述現象，或執偏以該全，或舍
　　　本而逐末，若夫具歷史眼光，用科學方法，以爲綜合歸納之
　　　研究者，殊不多覯。

　　由於「右文說」論述的只是經由具體的文字形體整理歸納而成
的現象，有關現象背後的根本原因，並未深入研究，使得「右文
說」衍生許多相關的問題。尤其是當面對「形聲字聲符假借」牽涉
到語根的問題時，只停留在字根層面上的「右文說」便出現無法圓

7　沈兼士先生《沈兼士學術論文集》北京・中華書局 1986

融解釋的窘況。

　　章太炎先生肯定形聲字聲符兼義爲「右文說」之可取者，但反對右文說受文字形體之拘牽，因爲聲符之中，常有『取義于彼見形于此者』。太炎先生直指右文說的最大缺失，並跳脫了「字根」層面的限制，超越至「語根」層面，由聲音系統來觀照形聲字聲符假借的情形。

　　有關右文說的沿革與得失，沈兼士先生綜合了前人的論述，有著相當中肯的意見。他以爲

> 夫右文之字，變衍多途，有同聲之字者而所衍之義頗岐別者。如『非』聲字者多有分背義，而『菲』『翡』『痱』等字又有赤義。『吾』聲字多有明義，而『齬』『語』（論難）『敔』『圄』『圄』等字又有逆止義。其故蓋由於單音之語，一音素孕含之義不一而足，諸家於此輒謂『凡從某聲，皆有某義』，不加分析，率爾牽合，執其一而忽其餘矣。
>
> 上古所舉聲母『非』訓『違』，其形爲『從飛下翅，取相背』，故其右文爲分背義，此聲母與形聲字意義相應者。至『非』之右文又得赤義，則僅借『非』以表音，非本字也。又『吾』之右文爲『逆止』義，或借爲『午』字，至又有明義，則其本字不可得而碻知矣。諸家於此又多胡嚨言之，莫爲別白。
>
> 又有義本同源，衍爲別派。如『皮』之右文有：㈠分析義如『詖』『簸』『破』諸字；㈡加被義如『彼』『鞁』『皮』『帔』『被』諸字；㈢傾斜義如『頗』『魆』『跛』『波』『披』『陂』『坡』諸字。求其引申之跡，魆則『加被』

『分析』應先由皮得義。再由分析而得傾斜義矣。又如
『支』之右文先由『支』得岐別義如『芰』『跂』『攲』
『𨿅』『枝』『岐』諸字再由岐別義引申而得傾斜義如
『攲』『頍』『支』諸字。諸家於此率多未能求其原委。

　　主張「右文說」的學者，雖未明確的提出「右文說」是針對形
聲字所做的歸納分析。並非自覺的發現形聲字「聲符兼義」情形，
只是停留在具體文字現象面的整理，自然在深度與層次上均不夠理
想。然而「右文說」雖然存有許多不夠周全值得討論的缺失，但
「右文說」在宋人手中，著實爲有關形聲字音義關係的研究，奠下
了週延的基石。其開創性的貢獻，引導了後世學者對形聲字研究的
方向。所有關於形聲字音義關係的討論，幾乎都是踏在「右文說」
的基石上發展而成的。我們不能全盤否定「右文說」的貢獻，相反
的，該是去蕪存菁，擷取精華，吸取「右文說」的卓越之處，進一
步探討形聲字的問題。

　　由上我們可以知道，「右文說」是宋人對語言與文字之間的意
義關連性，有意識的觀察整理及研究的開始。由於受當時語言分析
的能力所限，因此尚停留在以具體存在的字形爲觀察的著眼點。以
扮演語言載體的文字所呈現的形體，進行與文字意義連繫的探討。
是以在文字的聲義關係研究上，仍停留在字根研究的層面上。至於
「右文說」的全面提升，突破文字形體有形的限制，直接注意到由
文字形體所呈現的語音與文字意義的密切關係，則必須等到清代段
玉裁聲義同源理論的提出了。

二、聲符先造說的開展──聲義同源説的建立

　　在探討文字的結構同時，除了對最後凝固而成的文字進行觀察

外，也許應該回歸至文字創製時的情形。今日我們閱讀文字，是順著文字中形→音→義的順序，先看見文字的形體，而後由字形知其音，得其義。但是我們知道，古人創造文字的歷程是與此恰恰相反的。古人先有著意中之念，而後發於口舌之間而爲聲，並藉聲以表義，再進一步製造圖形符號，加以記錄。是以，古人造字的意識是順著義→音→形的理路進行的。

　　段玉裁《廣雅疏證》序即云：

　　　小學有形音義三者，互相求舉一可得其二……聖人之制字，
　　　有義而後有音，有音而後有形。學者之考字，因形以得其
　　　音，因音以得其義……

　　段氏精簡而明確地說出了中國文字的特色，並對文字創造及使用的雙向過程做了精闢的說明。中國文字有著三大要素：形、音、義缺一不可。不可否認的，文字是表達情思，記錄語言的圖形符號。因爲文字是表達情思的，所以必須有「義」可說；因爲文字是記錄語言的，所以必須有「音」可讀；因爲文字是圖形符號，所以必須有「形」可寫。三者缺一，都不成文字。所以「義」「音」「形」是構成文字的三個要素[8]。就文字的繪製而言；先有自然之音，涵蘊著某種情意。人們捕捉了這自然之音，由而形成語言，就用它來傳達某種情意。進而用點畫圖形，紀錄下這語言聲音，文字於是產生。文字的形象，只是用來範圍文字的涵義，而文字的聲音，才是用來表情達意的，音義相涵不離，所以形聲文字的繪製，聲音符號才是表意的主要部分。

　　學者開始注意文字中所呈現的聲義關係，雖然可以遠溯至晉代

8　參見林景伊先生《文字學概說》頁 19，台北正中書局，1992。

的楊泉。但是第一個正式宣告於世且蔚成風氣的當推清代的段玉裁
了。

　　段玉裁於《說文解字注》於「禛」字下注云：

　　　聲與義同源，故諧聲之偏旁多與字義相近，此會意形聲兩兼
　　　之字致多也。說文或偁其會意，略其形聲；或偁其形聲，略
　　　其會意，雖則渻文，實欲互見，不知此，則聲與義隔。[9]

　　聲義所以同源者，因造字之次第，有義而後有音，有音而後有
形，音必先乎形，音必承乎義也。段玉裁清楚地說出了文字中形、
音、義的順序關係，確切的了解造字者的造字意識，並且明白地直
指重心──聲義同源。掌握了聲音與意義之間，義由聲達，聲因義
發，互為表裡，密不可分的緊密關係。在段氏的基礎上，聲義同源
的理論，頗為世人所重視，學者紛紛提出有關聲義同源的論述。如
王筠《說文釋例》云：

　　　其始也，呼為天地，即造天地字以寄其聲；呼為人物，即造
　　　人物字以寄其聲：是聲者、造字之本也。及其後也，有是
　　　聲，即以聲配形而為字，形聲一門之所以廣也。[10]

　　「聲義同源」理論的發展，可以讓學者窮本溯源地重新思考古
人的造字思維。使得文字發展的過程及結構的研究，有了長足的進
步。尤其是對與聲音關係相當密切的形聲字研究而言，「聲義同
源」理論的建立，更是邁向嶄新境界。

9　段氏在《說文解字·注》多次提及聲義同源的觀念。如「坤」字下注云：
　　「故文字之始作也，有義而後有音，有音而後有形，音必先乎形。」於
　　「詞」字下注云：「…有義而後有聲，有聲而後有形，造字之本也。形在而
　　聲在焉，形聲在而義在焉，六藝之學也。」，台北洪葉出版社，1998。
10　其他如：陳澧《說文聲序表》自序；黃承吉《字詁義符合按·後序》、《夢
　　陔堂文集卷二·字義起於右旁之說》都有類似的看法。

　　也有些學者認爲聲義同源的學說，過度強化了文字與聲音的關係。他們不但主張聲義之間的關連並不非一定存在的必然性，更以爲聲義同源的說法是以偏概全，有失偏頗的。當然，在語言初發展的時候，聲音與意義的關連是沒有必然性的。語言與文字均非一時一地一人之所作，不同的族群，不同的地區的人們，面對同一事物，可能會發出不同的聲音，語音與語義並沒有一定的關聯。但是，如果便以此切斷文字與聲音的關係，卻又可能失於偏頗。因爲，在同一個民族語系中，語義與語音以及與文字之間的關係，會在「約定俗成」的力量下。逐漸固定，形成一個完整的系統。《荀子・正名》云：『名無固宜，約之以命，約定俗成謂之宜。』便爲語言與文字之間的關係做了最好的詮釋。

　　聲義同源的前提正是建立在「約定俗成」的基礎上。在已經形成系統的語言體系內，約定俗成的力量，使得抽象的思維意識可以透過某一個固定的聲音來表達。而後，當文字創造時，一個具體的文字形體，同時成爲意義與聲音的載體。文字是語言的載體。語言是能夠通過文字這一載體，超越時空的限制而傳之久遠的。文字是語言的再現，二者之間有著密切的對應關係。語言的發展，必然先於文字的發展，從發展這一角度來說，二者是不能完全同步的。但是，從文字用以記錄語言這一功能的角度來說，當利用文字以記錄語言的時候，文字又須是與語言完全同步的。也就是說，既可以使語言轉換成相應文字，同時又能使文字轉換成相應的語言，二者之間必須是完全同一的，不能有任何的差異[11]。

　　在對文字進行全面系統的觀察後，段玉裁發明了這個久存而未

---

[11] 參見姚孝遂先生〈語言與文字的同性問題〉，《古漢語研究》2，1995。

被明揭的理論，正式的提出了聲義同源的論述。宋代的「右文說」是僅就字形的觀察，歸納出形聲字聲符兼義的現象，並不能詮釋其所以然。至清‧段玉裁，才脫離「右文說」的字根層面，更溯及語言聲義之間的問題，揭示聲義同源的理論，更將聲義同源的觀點落實於形聲字之上，創立了「凡形聲多兼會意」的條例。

　　段氏在《說文解字注》中，多次提及「凡形聲多兼會意」的觀念：

　　　　《說文》：「嚛、牛息聲，從牛雟聲。」段注：「凡形聲多
　　　　兼會意，雟從言，故牛息聲之字從之。」[12]

　　段玉裁在聲義同源理論的支持下，運用其苦心研究形聲字音義關係所得，創立了「凡形聲字多兼會意」的條例。段氏觀察所得的其實正是形聲字聲符表音表義功能的呈現，可是段玉裁卻混淆了會意字與形聲字的界限。會意與形聲是六書中的二種造字方法。《說文‧序》云：「形聲者，以事為名，取譬相成」；「會意者，比類合誼，以見指撝。」二者雖然都是合體字，但界限卻十分清楚。即在文字結構中，以聲音符號呈現的有無做為區分。會意字是併合二字，以呈現一個新的意象。文字結構中的每一部分同等重要，缺一不可。並且在字形上，並不能直接呈現文字的聲音，和象形指事一樣，是無聲字的範圍。形聲字則是以聲音符號同時記錄了語言，以及所欲表達的義象。聲符是形聲字的主體，同時兼具傳聲達義的功能。

　　段玉裁已經觀察觸及形聲字聲符兼義的特色，可說是畫時代的貢獻。可惜卻未能區分形聲字聲符兼義是形聲字聲符的功能作用，

---

[12] 其他如「池」、「票」、「蘭」、「鑒」、「杒」等字，段注中均提及「形
　　聲字聲符兼會意」的觀念。

而非六書類別。所謂形聲字多兼會意，其實是指形聲字中，得聲偏旁兼識意義的作用，較爲明當的說法應是「形聲字聲符多兼義」[13]。形聲字多兼會意的情形，是語言文字自然發展呈現的狀況，而不是六書分類中的『會意』。段氏在層次上未能分明，使得六書中，本是涇渭分明的形聲字與會意字產生了混淆。蔡信發先生〈形聲析論〉一文中，便強調不論是形聲必兼會意，或是形聲多兼會意，所指的均是形聲字中，聲符兼義的作用，決不是指其六書類別。六書的分類，各有嚴謹的義界，而文字歸屬六書的稱名，也自有其明確的界限。是形聲，就不能再說它是會意。如果說某一形聲字，是「形聲」，又兼「會意」，就成了一字兼有六書的兩類。併合六書的兩類成一類，六書也就不成爲「六書」了[14]。

三、聲符先造說的奠定──即聲即義說

段玉裁提出聲義同源的理論，並進一步與形聲字的研究結合，創立了「凡形聲多兼會意」的條例。段氏雖然觀察到形聲字聲符兼義的現象，卻未明分功用與類別的層次，使得形聲字聲符兼義的作用與六書中「會意」的類別歸屬產生混淆，這是相當可惜的事。所幸，有關聲義同源的理論，到了民國時期，在劉師培先生手中，得到了全面的發展。劉先生將文字的形成過程與聲義同源理論，融入了形聲字的研究之中，進而對形聲字的造字原則與歷程，提出了影響深遠的見解。他說：

---

[13] 同樣主張形聲字聲符先造的學者，有的主「形聲字聲符多兼會意」，有的以爲「形聲字必兼會意」。相關問題容後再述。

[14] 參見謝師一民〈析論黃侃先生說文條例〉頁12，《國立成功大學中文學報》2，1994。

上古聲起於義，故字義咸起於右旁之聲，任舉一字聞其聲即可知其義。凡同聲之字但舉右旁之聲，不必舉左旁之跡皆可通用。蓋上古之字，以右旁之聲爲綱，以左旁之形爲目，蓋有字音乃有字形也，且當世之民未具分辨事物之能，故觀察事物以義象區別，不以質體區分，然字音既原於字義，既爲此聲，即爲此義。凡彼字右旁之聲同於此字右旁之聲者，則彼字之義象亦必同此於字之義象，義象既同在古代亦只爲一字 15

古無文字，先有語言，造字之次，獨體先而合體後，即說文序所謂其後形聲相益也。古人觀察事物，以義象區，不以質體別，復援義象製名，故數物義象相同，命名亦同，及本語言製文字，即以名物之音爲字音，故義象既同，所從之聲亦同，所從之聲既同，在偏旁未益以前，僅爲一字，即假所從得之聲之字爲用。16

　　劉師培先生首先確立先有語言而後有文字的理論。至於文字發展的先後次第則是先有單純的獨體而後才有合體文字的形成。在確立的理論基礎上，闡述形聲字的構造意識與原則。古人觀察事物，先掌握事物主要的義象與特質，而發諸於聲，爲之命名。再進一步創造文字，以具體的字形同時記錄語音以及義象。古人辨識事物類別並不像今日如此繁複，每每擁有共同義象的事物，由於聲義同源的原因，常會用相同的一個語音來表達那個共有的義象。在使用文

---

15 參見劉師培先生《中國文學教科書・論字義之起源》p1320，《劉申叔遺書》江蘇古籍出版社，1997，

16 參見劉師培先生〈字義起於字音說〉《劉申叔遺書》江蘇古籍出版社，1997。

字時，便共用一個文字，後來，事物的類別漸多，配合語言文字分化的需要，才加上形符偏旁，輔助區分類別。今日，我們所見同從某一個得聲偏旁的諸形聲字，其實在上古之時只是同一個字，即得聲偏旁的聲符。

劉師培先生並舉出了殷周吉金銘文、《說文解字》所載的古文，及三禮故書、尚書春秋等相當豐富的例證以印證其說，例如：

> 古之時，只有侖字，就語言而言，則加言而作論，就人事而言，則加人而作倫，就絲而言，則加絲而作綸，就車而言，則加車而作輪，就水而言，則加水而作淪，皆含文理成章之義。17

上述從侖得聲諸字，如果我們僅以聲符表現，而作言侖，人侖，車侖、沈侖……，雖然有違今日我們對文字使用，求其明白易了的習慣與需求，但所欲傳達的意象，卻也是可以大致得知的。

又如從堯得聲者：

> 上古之時，只有堯字，就舉足而言，則加走而作趬，就頭額而言，則加頁而作顤，就山而言，則加山而作嶢，就石而言，則加石而作磽，就馬而言，則加馬而作驍，就犬而言，則加犬而作獟，就鳥羽而言，則加羽而作翹，……。

這些從堯得聲的例字，如果我們僅以聲符偏旁表現，雖然不是完整的形聲字結構，但是大致也可以達到辨識意象的目的。

劉師培先生以聲義同源為理論依據，配合著豐富的證據，用以證明字義起於字音，從而確認形聲字聲符先造的構造歷程，並以為形聲字的聲符，即聲即義，在音義關係上，必兼有意義。然而，這

---

17 參見劉師培先生《小學發微補》下例從堯得聲者，同由此出。《劉申叔遺書》江蘇古籍出版社，1997。

樣的理論與形聲字聲符的音義關係並非全然吻合，有些例外現象，
必須討論。

　　黃季剛先生吸取了前人音義相涵的精華，對形聲字的音義關
係，提出了全面性的探討。他承繼了段玉裁「形聲多兼會意」之
說，加以補充修訂，進而創立了「凡形聲字之正例，必兼會意」的
條例。季剛先生在探索形聲字的構成、聲符與字義相應的現象後，
將形聲字的聲符的音義關係分爲三類：一是聲音符號的本義與該形
聲字相應，一是聲音符號的引申義與該形聲字相應，一是聲音符號
的假借義與該形聲字相應。其中，最爲重要的便是假借義的部分
了。

　　主張形聲字聲符先造的學者，以聲義同源爲理論基礎，勾勒出
形聲字聲符先造，形符後加的造字歷程，進而探討形聲字的音義關
係。當然，有關音義關係的討論，正如李格非先生所說：「不能求
之過深，牽強附會，不能串解過廣，無所不通。」[18]

　　主張聲符先造說的學者，對形聲字的音義關係，做了全面的分
析與探求。不但免除了流於聲訓的危險，對於聲不兼義的例外現
象，也做了討論與說解，這是相當值得肯定的[19]。

---

[18] 參見《文字聲韻訓詁筆記·序》，台北·木鐸出版社，1983。

[19] 有關形聲字的構造歷程，魯實先先生主張「形聲字必以聲符爲其初文」進而
　　創立了「形聲字必兼會意」的條例。魯先生以爲形聲字的聲符，除了狀聲之
　　字，識音之字，方國之名，以及假借之文外，形聲字的聲符是必兼義的。而
　　且在《假借溯源》一書中，魯先生投注許多心力，透過溯源的方式，證明假
　　借的聲符，必有本字可求，所以仍是聲必示義的。魯先生在形聲字的構造歷
　　程上，基本上也是屬於聲符先造說的。所不同的是，形聲字聲符假借的情
　　形，魯先生以爲這是用假借的造字方法所造出的形聲字。這又牽涉到六書體
　　用的問題，配合論文主題，在此暫不討論。

參、形聲字形符先造說

　　關於形聲字的構造歷程，有些學者由字義的角度進行論述，以完整的形聲字字義，推測形聲字的形成過程。他們以爲在形聲字的結構中，應是表意的形符偏旁先行獨立存在，後來才加上表音的聲符偏旁，成爲聲義兼具的形聲字。這些學者以「形符先造」的理念爲前提，開展形聲字的研究里程。

一、形符先造說的濫觴

　　主張形聲字聲符先造的重要學者可以上推至宋代的徐鍇。徐鍇《說文繫傳》云：

>　　形聲者，實也。形體不相遠，不可以別，故以聲配之爲分異。

　　徐鍇個人對形聲字的詮釋，以爲形聲字都是據「實物」所造的，記錄的都是具體存在的事物。從徐鍇所舉的例子中，我們可以進一步地觀察他所主張的形聲字造字歷程。《說文繫傳》又云：

>　　江河四瀆，名以地分；華代五岳，號隨境異，逶迤峻極，其狀本同。故立體之側，各以聲韻別之。六書之中，最爲淺沫，故後代溢益多附焉。

　　在徐鍇的論述中，說明了形聲字產生的原因，並論及形聲字形符先造聲符後加的製造歷程。徐鍇雖未曾明言「形聲字形符先造」的理念，也未嘗建立相關的理論，其爲「形聲字形符先造說」的先聲，卻是毫無疑義的。

　　自宋代徐鍇開啓形聲字形符先造說之先河，歷來亦多有類似的

論述[20]，至於眞正明確開展，並建立較爲完整的體系，則要等到民國戴君仁先生了。

二、形符先造說的建立

戴君仁先生對形聲字構造理論的討論主要見於〈吉氏六書〉一文[21]，戴先生不僅明白的論述了形聲字形符先造的主張，而且對形聲字產生的原因與歷程均有論見，我們將之歸納爲以下幾點：

(一)形聲字產生的原因——共象與別象的區分

戴先生以爲形聲字的產生反映了先民在文字使用上的需求，人們爲了區分共象與別象，更進一步清楚的分辨字義，所以製造了形聲字。這是形聲字所以產生的最早原因。

在上古之時，人們對事物的認識，先有共同的概念，同一類而形體相近的事物，在先民的意識中是相同的。所以，在造字之初，使用同一個文字，以表其義，是爲共象。如「山」、「水」、「木」等字，都是表示一種共象。不管是什麼樹，都是「木」的一種，都可以用「木」字表達其義，「山」、「水」也是同樣的情形。後來，由於文明的進步，事物由簡而繁，原本同屬類的事物，開始有了必須進一步分化辨識的需要，必須同中求其異，在共同的意象中區分個別意象的不同。爲了在共象中區分出別象的不同，因此，掌握別象在聲音上的獨特性，在原來共象所使用的既有文字之旁，再加上可資辨別的聲音符號，如此形上加聲，便成爲形聲字。如同樣是木類，但是爲了凸顯是「松」樹的特徵，便在已有「木」旁，加上表音的「公」，成爲同時可以表達共象「木」與別象

---

20 如宋・鄭樵、明・趙宧光、清・曹仁虎、孫詒讓，均有類似的見解。
21 參見戴君仁先生《梅園論學集》，頁142，台北開明書店，1970。

「松」的形聲字了。

(二)形聲字的構造過程——形符先造聲符後加

在確立了形聲字的產生原因後，戴先生進一步闡述形聲字構造歷程與其結構。形聲字爲了區別共象與別象，遂以聲音的不同，再造一個新字，順著形聲字造字的原因與目的，一個形聲字的完成必是經過形符先造、聲符後加的造字歷程。因爲必須先有代表共象的「文」，表達事物共性的意義與所屬類別；而後爲了彰顯各個別象的獨特性，再以別象名號的不同爲區分依據，在原來已有的「文」旁邊，加上不同的聲音符號，以資辨別。這個可以同時表達原有共象意義與別象聲音的新文字，便是一個完整的形聲字。原來先行獨立存在的「文」，依然負責表達文字的意義與類別，而在新構成的形聲字中，扮演形符的角色；至於後來用以區分別象的聲音，則純粹做爲音標符號，成爲形聲字中的聲符。

學者在論形聲字的構造歷程時，必須要回歸至文字產生的原因及製造的需要與目的。當戴先生主張最早形聲字產生的原因，是爲了區別具體事物的共象與別象，而共象在形類同，別象則以聲異，先形後聲，則形聲字的造字歷程，必然是先有形符，後有聲符了。

(三)形聲字結構分析——以形爲主，以聲爲輔的主從關係

當我們在討論一個已經完成的文字，這個文字自然具有其完整的結構，當中任何部件均同等重要，少了其中一個部件，這個字便不再完整，即使仍可辨識，但已不是原來的那個文字了。然而，在文字構造完成後，我們卻可以、也必須就這個文字的結構加以分析，切確的掌握文字各個部件存在的意義與扮演的角色。戴先生不僅循序漸進地由形聲字產生原因建構了形聲字的造字歷程，更進而依其部件的形成次序，分析形聲字的結構。

　　依據戴先生所建構的形聲字構造過程，形聲字構造的最初，只有形符的部分，這個先行存在獨體的文，同時可以表形表義並可表音[22]。後來，爲了更明確顯示聲音所加的聲符，只是爲強調原有獨體文中所蘊含的聲音而加的音標符號而已。所以，即便是一個已經完成構造的形聲字，整個文字主要的意義仍是由形符記錄，後加的聲符只有音標標音的功能，因此只能算是輔助的部件。在一個完整結構的形聲字中，形符與聲符所佔重要性，其比例輕重是有所不同的，原有的形符其實本身便是一個獨立的文字，可以完整表達形、音、義，只是在字義上不夠明確，在聲音的記錄上，也不能直接呈現，必須借助聲音符號來輔助。這樣一來，形符與聲符便有了明確的主從關係：形符爲主，聲符爲輔；形符才是形聲字的主要部分，聲符只是附屬的部件而已。

　　戴先生由形聲字產生的根本原因，推衍出形聲字先有形符後加聲符的理論系統，因此在部件結構上自然的成爲「以形爲主，以聲爲輔」的主從關係了。

　　㈣形聲與轉注的分野

　　戴先生於〈吉氏六書〉云：

　　　　……我的主張，簡單的說，轉注就是音符兼意的形聲字。
　　　　……我們可以說，凡是形聲字，聲母不兼義的是形聲，兼義
　　　　的便是轉注。而兼義的比不兼義的恐怕不會少得太多——也
　　　　許也不少——所以牠（按：指轉注）在六書裡也是大國，不
　　　　能做形聲字的附庸。[23]

---

22 這時的形符，以一個獨立的無聲字形態存在。雖然是無聲字，但中國文字的特色乃是形、音、義三者合一，所謂無聲字是相對形聲字而言，指其在文字結構中沒有直接標示聲音的部件，而是將聲音包含於字形之中。

　　因爲形聲字構造過程有其轉變，所以文字結構中的部件所扮演的角色也隨之變化，戴先生以此爲劃分形聲字與轉注字的原則。他認爲早期形符先造，聲符後加，所構成「形聲相益」的文字，才是形聲字。我們也可以這樣說，以「形聲」造字法所構造成的文字有兩種：一是形聲字，一是轉注字。形聲字的構造方式，嚴守形符先造，聲符後加的原則。轉注字則不一定。由於構造歷程的不同，雖然同是形聲相益的結構，但形聲字的聲符，只是識音的音標符號，不具意義；轉注字的聲符不但可以標音，同時具有表義的功能。

三、形符先造說之商榷

　　如果說宋代的徐鍇唱出了「形符先造說」的先聲，歷來雖有學者陸續應和，卻只能算是零星的片段，始終不成曲調；直至民國戴君仁先生，對形聲字的研究，由產生原因、構造歷程，進而分析結構、釋其名義，以「形符先造」爲原則，全面的探討形聲字的相關問題，「形符先造說」終於有了完整的旋律 24，戴先生從根本出發由文字產生看整個造字理論的用心是值得欽佩的。然而，「形符先造說」雖有其獨特的見解，卻也存在某些侷限與混淆之處，我們可以分以下幾點論述：

　　(一)形符先造的侷限

　　主張「初有形無聲」（即形聲字形符先造）的學者，以爲形聲

---

23 參見戴君仁先生《梅園論學集》頁 138—140。

24 民國的董同龢先生也有相似的看法，他在〈文字的演進與六書〉一文中（收錄於《董同龢先生語言學論文選集》）對形聲字形符先造的見解與戴先生略同。不過，由於他著重於推翻形聲字的聲符先造說，而以爲形符先造說有其可能性，並沒有直接主張形符先造說，也無完整的理論體系，是以，此處不加詳述。

字原本只有形符，它們正好是實物的形象，但是同形異名的事物很多，因而不得不再加聲符以爲分別[25]。將形聲字的範圍限定在具體的事物，形聲字只能是名詞詞語，只有具體事物能夠符合形聲字造字原則，而更多的抽象概念竟無法用形聲的造字法，以記錄語言、傳遞意義。但是具體事物有限，抽象概念卻是無窮，如形聲字的發展被限制爲有限的具體事物，則許多後起的抽象概念又該如何表達？是以，形聲字的發展不能也不會被「實物」所侷限，正如戴先生自己所言的：「以後擴充，抽象的觀念，也用這種方法（形聲）來造字，就無所謂形，而也不見主從之分了。」[26]

此外，形符先造說又牽涉到有關文字與語言的關係。目前，對文字產生的歷程，文字學者各有所見，尙無定論。有的學者以爲符號與圖騰是文字的前身，早期的文字只是某種符號及其附帶之意義，而後與某種聲音發生了固定的關係，成爲文字[27]。他們主張文字的產生過程是思維──符號──文字，文字的字音，是後來才形成的，與思維並沒有直接的關連。有的學者則持不同的意見，以爲文字的產生與語言有密不可分的連結，文字產生的過程應是思維──語言──文字。如段玉裁《廣雅疏證‧序》「聖人之制字，有義而後有音，有音而後有形。」，所闡釋的便是語言先於文字，寄其音義於文字之上，與文字緊密相依的關係。先民先在腦海中進行思考，而後將所得概念發之於口舌之間成爲語言，依語言造出文字，同時記錄聲音、傳遞意義[28]。

---

25 參見王初慶先生《中國文字結構析論》頁 147，台北文史哲出版社，1993。
26 參見戴君仁先生《梅園論學集》頁 142。
27 參見李孝定先生《漢字史話》頁 21，台北聯經出版社，1987。
28 關於文字與語言的關係，是相當龐大的課題，而且與本文重點不同，在此不詳加討論。

　　文字與語言的關係與密切性，雖然目前尚無定論，但我們可以嘗試由字義辨識的立場來看形符先造說的合理性。我們假設如果形聲字的造字歷程依形符先造說形成，則在語言中的

　　「這是一株『松』，那是一株『柏』，『松』與『柏』是不一樣的。」

　　這樣的一段話可能寫成：

　　「這是一株『木』，那是一株『木』，『木』與『木』是不一樣的。」

　　這樣的文字紀錄是無法明確表達意象的，也由於文字本身沒有達到辨義作用，喪失了文字記錄語言，表達意義的功能與目的。因此，有關文字產生的問題，從抽象的思維到具體的文字，其中是否需要語言做為過渡的橋樑，也許可以提供另一個思考的角度。

　　(二)造成六書的混淆

　　長久以來，六書中的轉注一直是文字學家爭論的焦點，對許慎所云「建類一首，同意相受」，諸家均有所見，各自有其不同的解釋，但卻始終沒有交集，尚無定論。戴先生嘗試以形聲字造字歷程的確立為基點，進而釐清轉注與形聲的界限，原本想使六書名義更加清楚明確的用心，反而造成了六書層次的混淆。

　　我們可以先從六書的表面層次──名稱談起，雖然，因為許慎為六書所下的定義十分精簡，歷代學者各有不同的詮釋，然而，六書所指的是「象形、指事、會意、形聲、轉注、假借」卻是已有共識的。有關六書名義的討論，雖有體用之爭[29]，但不論是四體二用、

---

[29] 長久以來，文字學者對六書的體用一直有不同的看法。有些學者認為六書是「四體二用」，主張六書是四種造字的方法（象形、指事、會意、形聲）及二種運用文字的方法（轉注、假借）；部分學者則以為六書所指的便是六種造字的方法。前者如黃季剛先生、林景伊先生，後者如魯實先先生。

或是六書皆爲造字之法，六書中的每一「書」，都有其不同的作用
與表現，均是六書體系中的一環，地位平等，並無主從之別，之所
以分稱六書，乃因他們是分析研究有關漢字構造運用的六種方法，
而且這六種方法同等重要，缺一不可。

　　若依戴先生對轉注的解釋，由於轉注字被納入形聲的系統，成
爲形聲字的一種，則六書將少了轉注，而成爲「五書」。而後雖因
文字構造歷程的不同、聲符兼義的特色等，再將形聲字分別爲形
聲、轉注兩類，但嚴格而論，轉注仍是附屬於形聲系統下的。也就
是說，表面上戴先生似乎對轉注有了清楚的定義，但讓轉注附屬於
形聲之下，實際上卻破壞了六書的層次性與均衡性。如果，轉注眞
的是形聲的一種，何以名之「六書」？再者，就其他五書來看，均
有獨立的理論系統，爲什麼只有轉注被納入形聲體系中？單純由
「六書」的名稱上來看，戴先生以爲轉注是形聲的一種，是有疑義
的。

　　更進一步由六書的釋義來看，形聲的「以事爲名，取譬相成」
與「建類一首，同意相受」所指的轉注，在意義上明顯不同。對六
書之說，學者自可各持己見，逕自詮釋其六書體系，但一個學說，
必有其完整的體系與原則，在論述六書時，應以六書體系完整性爲
最大原則，如果因六書中某一書的定義，使得六書最根本的名義產
生混淆，也許是值得再考慮的。

　　此外，有關以構造歷程爲形聲字與轉注字的劃分界限，是有所
困難的。六書雖爲先民造字用字的方法與原則，但先民在造字時並
非先有六書的法則，而後有意識地以六書的方法造字。六書乃是後
世的文字學者，依據既成的文字，就文字結構與構造方式不同分析
而後建立的原則。是以，當許愼在整理文字，嘗試爲六書釋義時，

其所見的是已經構造完成的文字，不論是形符先造，聲符後加，或是聲符先造，形符後加，它們都是同時具有形符與聲符的形聲字。正如戴先生自己所說的：「而在製造成字以後，除了聲母兼義不兼義之外，二者不見有什麼分別的痕跡了。」[30] 今日的學者，可以就近世出土的甲骨文、金文等資料，取初文與後起文字進行比較，從文字部件累增的情形，推測分析形聲字構造的過程。但許慎所能見到的吉金文字有限，更未參與古人的造字過程，他所能做的，只是就現有的文字進行分析。是以，當許慎爲形聲與轉注定義時，是不會也不能以構造的歷程爲區分原則的。

(三)轉注與累增字的混淆

有關形聲與轉注的區分，我們還可由另一方面來討論。戴先生在論證形聲與轉注的異同時，引用了清代學者王筠「累增字」的觀點。在他所舉的轉注字例中說：「如云字加雨成雲，求字加衣成裘，這些累增字，我本不認爲是轉注，今從劉則逢君說，認爲是轉注字。」[31] 戴先生將累增字歸爲轉注字，並以其爲轉注字的主要例證是否得當？王筠累增字的定義爲何？又其六書歸屬爲何？我們可以用累增字的特性爲旁證，從另一個角度來觀察形聲與轉注的界線。

討論累增字的同時，又會牽涉到有關分別文的相關問題，我們可以一併討論。王筠《說文釋例・卷八》界定累增字與分別文云：

> 字有不須偏旁而義已足者，則其偏旁爲後人遞加也。其加偏旁而義遂異者，是爲分別文；其加偏旁而義仍不異者，是謂之累增字。

---

30 參見戴君仁先生《梅園論學集》頁 142。
31 參見戴君仁先生《梅園論學集》頁 140。

　　王筠在討論累增字與分別文的異同時，有明確的文字發展觀念
爲基礎。他以爲上古之時，文字之構形雖不及後起字複雜，數量也
不及後世繁多，但即使只是無聲字，卻已能記錄語言完整的聲音及
意義。由於上古的文字數量有限，但人類所生成的概念意義無窮，
故以文字記錄語言，剛開始時往往是單義，卻在使用的過程中逐漸
形成多義。是以，同一字形常兼表數義，不過，上古文字使用尚
簡，各個意義能隨處分明，因此，雖然數義共用一形，但也還可以
明白辨識不生淆混。

　　隨著文明的進展，先民所欲傳遞的概念益多，在過渡時期，既
有的一個文字可能同時負擔幾個相似的意義。但後來同一文字所傳
遞的意義項目益趨繁複，代表數個相類而又不同義象的文字恐將因
負擔太重，造成混淆，造字者基於文字使用的需要，故以原有的本
字爲基礎字，增益形符偏旁而成新字，以分別做爲個別意義的記錄
文字，減輕原有本字的負擔；換言之，將原有本字的繁多意義分配
於適合之新字。王筠針對這些後來因應文字應用需求而產生的新
字，依新生文字的字義轉變與否加以區分，而提出了累增字與分別
文的論點。有關累增字與分別文的異同，簡單地說，相同的是二者
產生的原因都是文字使用者進一步的需求，文字構造的方法同樣的
是由上古的文字基礎上層加部件，成爲新的文字；所不同的是造字
者因其使用的需求與目的不同而已[32]。

　　王筠對累增字的定義，簡而言之，便是在一個已有的文字上
「加了偏旁，仍是一個字」，如爲「水之衺流別」，派爲「別
水」，義皆相同，唯訓釋精疏有別，「派」當爲「𠂢」之又加水旁

---

[32] 參考陳雅雯《說文分別別文的孳乳觀研究》頁 15—19，台北輔仁大學中文
研究所碩士論文，1992。

的累增字。又如：因捆二字，《說文》皆釋爲「就也」，捆當係因
的累增字，從「手」只是略表拉引就近之義。累增字在原有文字基
礎上，加上偏旁，就文字結構而言成爲另一個新字，但就文字意義
而言，仍是同一個字。之所以增加偏旁的目的在於保留本來字義，
因應日漸增多的意義，爲了強調並保留文字的本義，所以增添偏旁，
以一個新的文字表達原有的意義，避免使用因負擔過多意義而易產
生混淆的本字，因此，我們可以說復原顯本是累增字的原始精神[33]。

　　同樣是在已有文字上增加文字部件，相對於累增字保留文字本
義的目的，分別文則是爲了後來新生的其他意義，所製造的新字。
一般而言，分別文的造字方式，都是以原有的文字爲聲符，後來增
添形符在聲符之旁成爲新字。是故，我們可以說：

> 利用增加形符的手段，將基礎字發展的相異意義辨析區別而
> 得的文字就是「分別文」，或謂之「區別字」。又因爲分別
> 文是文字新生的溫床，所以也屬於孳乳字的一種，而且其聲
> 符必兼有某義，不管是基礎字的本義、引伸義或假借義都有
> 可能。如：「蔕」就是記錄本義。「姓」「性」就是由
> 「生」的引申義而後造成的分別文。「禘」是帝假借義的後
> 起分別文。[34]

　　從以上的釋義看來，我們不難發現，王筠所談的累增字及分別
文與戴先生的轉注字有了重疊，戴先生自己也說：

> 轉注依嚴格說，應是王氏所謂分別文。而分別文也是從一字
> 累增，可是增成了不同的字。如生加女成姓，加心成性，雖
> 起初同用一生字，而加了偏旁之後，和原來生字意義已異，

---

33 參見陳雅雯《說文分別別文的孳乳觀研究》頁 32。
34 參見陳雅雯《說文分別別文的孳乳觀研究》頁 19。

這就是分別文。而加偏旁，和本字仍是一個字，那就是累增字。如云與雲是一個字，果與菓也是一個字。但在用的時候，云謂的云，不能寫成雲；果敢的果，不能寫成菓。所以累增字仍帶分別文的意味，我們把它們併起來亦可，統統可算是轉注。35

但是就王筠的研究所得，不論累增字或分別文以何種方式進行部件的增益，它終究不離形聲字的範疇，而非轉注字。他說：「凡形聲字以形為主，以聲為輔；此（分別文、累增字）則以聲主，以形為從，乃形聲之大變矣。」王筠注意到有些形聲字的造字歷程，主要是聲符先造，形符後加，因此文字結構以聲符為主體，以形符為輔；不同於形符先造，以形符為主、以聲符為輔的形聲字，而為形聲字分類，進而區隔出累增字與分別文。但是，不論是形符先造或是聲符先造；是以聲符為主或是以形符為主；聲符是否兼義，一切的分類與討論，都是在形聲結構的前提下進行的。保留本義的累增字與意義轉變的分別文，就文字結構而言，都有聲符與形符二種部件，都仍是形聲字的一種。因為「以最後底定的累增字而言，不是以本字為聲符，就是在本字上加聲符，故累增字累增至完全階段是形聲字 36。」

戴先生先以構造歷程及聲符的兼義與否作為界定形聲字與轉注字的區分原則，並引王筠的累增字及分別文字例為轉注字的字例為證。但在提出分別文與累增字論點的王筠眼中，累增字與分別文不論就造字方法或是就文字結構部件而言，在六書歸類中都屬形聲字，而非轉注字。如此一來，不但形聲與轉注產生混淆，連帶也模

---

35 參見戴君仁先生《梅園論學集·累增字》頁 99。
36 參見陳雅雯《說文分別文的孳乳觀》頁 37。

糊了轉注與累增字及分別文的不同。

肆、形聲字構造歷程多元說

　　有些學者以爲形聲字的造字方式，不是單純的一元化發展，遂綜合了形符先造說、聲符先造說的觀念，以多元的可能性爲前提進行形聲字構造歷程分析，進而提出了形聲字構造歷程多元說的理論。而經歷不同構造歷程的形聲字，其深層結構中，各個部件所代表的意義與擔負的責任也隨之改變。主張多元說的學者以龍宇純與裘錫圭兩位先生爲代表。

一、龍宇純先生的多元說──以轉注爲前提的形聲字

　　龍先生依構造方式的不同，將形聲字分爲下列三類：

　　(一)形符先造──象形加聲 [37]

　　龍先生以爲此類形聲字是原始形聲字造字理念的成果，主張「象形加聲」是許慎對形聲所下定義的標準解 [38]。龍先生以爲此類形聲字原是象形字，由於形不顯著，或不易書寫，或不易與他字分辨，於是加一聲符，與合體象形字之加義符者用意相同。如「鳳」字甲骨文作𩾏若𩿨，爲一純象形字，或加凡聲作𪄚若𪄚，後爲簡便起見，改鳳形爲鳥字，而成小篆之𪀝。

　　關於象形加聲而成的形聲字，龍先生所強調的原則有二：一是

---

[37] 在龍先生的分類標題中，爲象形加聲。根據此類形聲字的分類原則應屬形符先造的理論，爲了使分類系統更明確，在這裡的標題列爲形符先造，詳細論述見內文。

[38] 參見龍宇純先生《中國文字學》頁104，台北五四書局，1994。

此類形聲字的發展過程中，先有一個完整的獨體象形字，單獨以象形字的身分存在，而後加上一個可以表現聲音紀錄音讀的聲音偏旁，成為一個形聲字。這時，在這個新組合的形聲字中，原先的象形字，有了新的角色定位，由獨體的文成為形聲字的形符偏旁，所傳達的是這個形聲字的義類。

（二）聲符先造

早期的形聲字，以象形加聲的形符先造方式構成，而後隨著語言孳乳與使用需求，逐漸轉變為聲符先造的構造模式，並成為形聲字的主流。聲符先造的形聲字，在文字的形成歷程上，都是先有聲符的出現，而後增益形符偏旁而成的。但是由於聲符來源的不同與增益形符偏旁的理由和目的之差異，龍先生復依造字目的與聲符特色的不同，將聲符先造的形聲字區分為二：一是因語言孳生而加形，以求彼此間區別的形聲字；一是，因文字假借而加形，以與原字區別的形聲字。

1.因語言孳生而加形，以求彼此間區別

這一類的形聲字，就整個形聲字的結構而言，在文字構造的發展過程當中，先有聲符的出現。其實聲符本身就是一個完整的文字，只需要聲符就可以表情達意，聲符具有完整的聲音與意義，可以同時記錄語言並傳遞意義，之所以加上形符偏旁的目的，在於區別細部的類別。龍先生說：

> 所謂語言的孳生，包括一語演化為二語，及共名別名或通名
> 專名的不同等，就其代表母語或共名通名的文字之上，加一
> 表示類別的義符為之區別，於是形成新的形聲字。[39]

---

[39] 參見龍宇純先生《中國文字學》頁152。

龍先生並舉許多例字以為說明，如：

> 如楣湄二字，説文云：「楣，秦名屋檐聯也。齊謂之檐，楚
> 謂之梠。從木，眉聲。」於是一般的了解，以為楣字即取木
> 眉二字配合而成，聲符部分只是由於音同的偶然結合，不更
> 有其他任何淵源關係。實際則楣字是由眉字加上木旁，因語
> 言上，「楣」即是「眉」為下垂義的孳生語，其字原只需作
> 眉。40

簡而述之，龍先生對這類形聲字的分析原則是：聲符本身是共
名、通名，而後加上形符，所形成的形聲字是在聲符基礎上而孳生
的別名、專名，強調先造的聲符與後來完成的形聲字在語源上的關
係。這裡值得注意的是，有關『共名』與『專名』的概念，其實與
第二節中形符先造說的『共相』與『殊相』的基本觀念有著異曲同
工的相同理念，同樣以為形聲字的構造原因是為了語言文字的孳生
需要而產生，但所推衍的造字歷程卻截然不同，一是由形符的觀點
推衍整個形聲字的發展過程；一是以語言孳生的角度，建構形聲字
的構造歷程。

　*2.*因文字假借而加形，以與原字區別

　　這一類文字也是聲符先造，但其聲符的來源並非基於『母語』
觀點，而是來自假借之字，另外增益形符偏旁的理由與目的，也都
與由語言孳生加形的形聲字不同。這一類形聲字的特徵在於聲符本
身是透過假借而來的，沒有意義或是語源的牽連，是一個純粹的音
標符號，只利用這個假借的聲符表達聲音，用以傳遞聲音所欲呈現
的意義。這樣的方法雖然方便，但是當文字使用漸繁，便容易出現

---

40 參見龍宇純先生《中國文字學》頁 153-156。

假借字與被假借字相互淆混的現象。爲了保留原來被假借字的原義，並區別後來假借字的眞正意義，遂於這個假借字之旁，加上可以顯現類別的形符，成爲形聲字。也就是說，這類形聲字是先有一個假借而來的聲符偏旁，而後增加表示類別的形符偏旁成爲形聲字，以與原來被借字有所區隔。龍先生云：

> 有些形聲字，其初原是由假借之法兼代，後來依其義類，增添偏旁，以與其原義區別，而形成形聲字。41

並舉例說明：

> 如祿字，甲骨文未見，而凡福「祿」字作彔，金文仍同。祿字從彔爲聲，顯是基於假借的特別關係。具體說，即由彔字增加示旁，使成專字。42

此類形聲字，原由其聲符部分基於音的同近關係借代，而後依其義類增添偏旁，以與其聲符之本義區別，而形成形聲字。

(三)聲符形符並時形成─從某某聲

龍先生以爲這一類的形聲字，不能也不必去區分文字構造歷程的先後次序。他說：

> 此類字，形符部分既非專爲其字而造，與甲類不同43，聲符部分亦無語言或假借關係，只是基於同音近的條件，偶然取以譬況，又與乙丙類不同。如說文云江字從水工聲，河字水可聲。

對於形聲字形符聲符共時形成的理論，龍先生雖注意到這樣的

---

41 參見龍宇純先生《中國文字學》頁 160-163。
42 參見龍宇純先生《中國文字學》頁 160-163。
43 指的是象形加聲符的形聲字，後文的乙類所指爲因語言孳生而加形符的形聲字，丙類則，因假借而加形符的形聲字。

一類形聲字，卻不曾多加著墨，未進一步深入討論。只是提出有些形聲字並不能以形符先造說或是聲符先造說來分析其造字歷程，而從其文字音義的結構情形也無法建構當初的造字過程。只能就其已經完成的文字部件，論定其為從某某聲、具有形符與聲符的形聲字，卻不能追溯其造字歷程，也不能得知其聲符的來源。

㈣多元說之商榷

龍先生由多方的角度來思考形聲字的構造過程及結構狀況，避免一元化思考方式可能的侷限，減低了一元思考失諸武斷的危險性。尤其能脫離平面的文字結構分析，留心形聲字歷時性的發展情形，進一步由文獻中，整理建立有關形聲字的形成脈絡與發展情形，值得欽佩。但是，在龍先生重新建構的形聲字系統中，仍有部分，因未盡詳瞻，易生淆混而可以討論之處。例如：

1.「形聲」釋名的侷限

龍先生主張「形聲」名義的由來與「象形加聲」、「半形半聲」有密切的關連，更以為由於最原始的形聲字，便是象「形」加「聲」而成，所以稱這種形、聲結合為一的文字為「形聲」。他說：

> 其實只需就形聲字作一分析，便不難發現其中有「象形加聲」者一類，當形聲得名之由來。[44]

又云：

> 所以，我以為，形聲之名三家中雖為晚出，其創立應最早，以「象形加聲」或「半形半聲」為其始義，至於其他「半義半聲」之字，因「半聲」之法相同，故亦蒙形聲之名。[45]

---

[44] 參見龍宇純先生《中國文字學》頁 94。
[45] 參見龍宇純先生《中國文字學》頁 104。

　　龍先生認爲「象形加聲」的形聲字，應爲「形聲」構造方式的開始，而「形聲」的名義便因其構造方式及過程，爲象形加聲，故爲「形聲」。也就是說在龍先生的形聲分類中，「象形加聲」是形聲字的正例，象形加聲是形聲字的起點。至於其他以聲符先造而形成的形聲字，是後來另起的構造方式，『因半聲之法相同，故亦蒙「形聲」之名』。因爲文字的部件結構中，也同樣有可以表達音讀的聲音符號，所以歸入形聲的行列中。但這種文字，雖亦得名「形聲」，卻已不是原來「形聲」由形加聲的定義，在層次上有了顯而易見的不同 46。

　　就「形聲」的釋名一方面，不斷強調象形加聲的原創性與重要性，使得龍先生本身對「形聲」所做的定義產生矛盾。龍先生明確的爲「形聲」這個造字方法的名稱由來做了解釋，他以形聲便是「象形加聲」，先有象形，而後加上聲音符號，成爲一個在文字結構上，除了傳達意象的物象形符之外，同時更以一個符號記錄聲音，這種在象形字旁加上聲音符號的嶄新文字構造方式是謂「形聲」，所造出的文字便是「形聲字」。如果依照這樣的「形聲」釋名，象形加聲是完全符合形聲的構造方式。但同在形聲體系內的文字他類，便無法合乎此說，甚至完全背離了這樣的造字原則。不論是由語言孳生而加形，或是因文字假借而加形，以其他方式構成的形聲字，不但不符合龍先生所定義的形聲構造方式，反而在文字結構的過程中，先有聲符，而後加上形符。雖然，龍先生很明顯的將那些象形加聲以外，只是因爲兼有聲音符號，所以也被列爲形聲的文字，歸於附屬位置，但在同一體系之內的文字，其釋義應是統一

---

46 此處的形聲或可釋爲以形附聲。

一致的，即便是內部分類上，有些許的區分，但在大原則上，應是相同的。龍先生一方面不斷強調「象形加聲」的正統性與重要性，並以茲爲形聲字的正例；另一方面，卻又不能忽視多數其他類的「形聲」造字法及其所造出的「形聲字」，並將之納入自己的形聲體系中，這樣一來，便造成了體例與理論的衝突。

此外，對於他一再強調的「象形加聲」部分立六書歸屬，龍先生又提出另一種可能性──將其歸爲象形字，稱爲「象形加聲」字。他在談及象形加聲字時說：

> 以上各字，有的因爲不易繪得準確，有的因爲本身無顯著特徵，其形不易確識；有的又因爲要與其相關之象意字有所別，於是加一聲符，與象形字加義符用意相同。不過此種字成於古人已知運用「聲符」之後，而「聲符」之被發現，在文字發展歷程上爲一重要里程碑。所以，應該重視此等字之聲符部分，謂之形聲，或視之爲象形字附庸；不可以爲只是一般的象形字。[47]

這樣一來，龍先生對於這些可能是形符先造的形聲字例所持的見解，則又與主張聲符先造說的學者解釋相同；象形加聲不必是形聲字，也有可能只是象形字中較特殊的「加聲字」而已。易而言之，龍先生以文字構造分類不確切的「象形加聲」字來建構整個形聲文字系統，以「象形加聲」爲形聲釋名，定象形加聲字爲原始形聲字，卻又主張有時「象形加聲」只是兼示音讀的特殊象形結構而已，因而造成象形字與形聲字的糾葛，並使得整個學說與理論系統有失圓融，這是值得再思考的。

---

[47] 參見龍宇純先生《中國文字學》頁101。

　　除了形聲名義所能包含的廣度不足外，我們也可以就字例的量來看龍先生爲形聲所做的定義，是否得當。文字的構造與形成是先民智慧與文化積累的成果，隨著時間的進展與使用經驗的積累，先民依據所需要，逐步進行文字的創造與改革，因此所有文字構造方式的改變與進步都是循序漸進的，絕非一蹴即成。依據龍先生的說法，就時間而言，「象形加聲」是形聲字最早的構造方式；就『形聲』這個造字方法而言，「象形加聲」是形聲的正例，其他型的形聲字，只是因爲結構上也運用了聲符，所以一併納入形聲字的範疇，只有「象形加聲」才符合原始的形聲字的定義，才是形聲字的主流。如果依照這樣的發展過程，「象形加聲」的造字方式，可以說是形聲字的主要類型，我們應該可以透過與初文的比較後，得到一定數量的以「象形加聲」造字方式所形成的形聲字字例。但是，就字例數量而言，由「象形加聲」形成的形聲字在形聲字中所佔的比例，實在不多。龍先生雖然舉出了「鳳」、「雞」、「辟」、「蛛」、「旂」、「盃」、「齜」、「星」、「豹」、「的」、「花」、「康」、「其」等十三個字例，卻也明白說出這類字在數量上是無法多舉的[48]。

　　2.形聲與轉注的糾擾

　　龍先生嘗試對歷來說法紛歧的轉注下定義，並在前人的基礎上，提出了個人對轉注的新詮釋，將聲符兼義的形聲字獨立出來，而成爲「轉注」。龍先生對其「轉注」的界說是這樣的：

　　　　轉注一名兩千年來無確釋，不意於分析形聲字而得知其原意。蓋古人就文字分類，見有聲符之字實爲兩類：其一，取

---

48 參見龍宇純先生《中國文字學》頁101。

一字表示意義的類別，配以聲符；其一，以聲符爲其主體，而注以以義符。於是前者謂之形聲，後者謂之轉注。……而且形聲字在取形符聲符造字之前，其字根本無有。轉注字則在其注釋形符之前，固已由其聲符通行兼代，不過轉加形符於聲符之上，使成專字而已。故轉注一名，轉字有兩層意義，一則對形聲之以聲注形言，一則取其以形符轉而加諸聲符之上言。故形聲轉注之名，似相對而實不可易。49

　　龍先生在建立自己的論說時，所採取的方法是先否定許慎對轉注的定義，以爲「建類一首，同意相授」只是許慎的一家之言，並不是絕對的眞理，並謂：

後人可以同意許氏之說，亦可以不同意許氏之說，建類二語對後人並無絕對的約束力量。50

　　當然，六書並非許慎所創，許慎也不是第一個提出六書名稱的。正如龍先生所言，相對周禮的時間，許慎只是百年以後的一個學者。但是，不可否認的，許慎是文字學史上第一個對六書下定義的人。現代學者或謂許慎未見後世出土的甲骨文與金文，便以爲許慎六書之說不可信，全面推翻其說。當然，想要否定許慎對六書的定義，重新爲中國文字的構造與結構方式建立一個完整的體系，並非不可，但卻必須經過全面而嚴密的觀察與整理，並且建構的學說應是一個圓融而完整的體系才行。龍先生所定義的六書，不論是象形、指事、會意、形聲、假借，都採用許慎的說法，唯獨對「轉注」一書有其質疑，並以爲許慎之說只是一家之言，不足採信。如果所謂一家之言不可信，則不只轉注一書，許慎爲六書所下的所有

---

49 參見龍宇純先生《中國文字學》頁 167—168。
50 參見龍宇純先生《中國文字學》頁 127。

定義，都是值得質疑的。那麼，龍先生所有的論述都必須重新建構，而非只有「轉注」一書了。龍先生選擇性的只否定許慎的轉注之說，是值得再考慮的。

再者，六書只是後世學者將先民所創制使用的文字做全面整理後所建立的系統，自然每一位文字學者都可以在自己的研究基礎下，建立一套自己的中國文字構造理論。但是這個文字構造系統，必須要能全面而圓融的觀照自古而今整個中國文字創造方法的沿革、發展與使用情形；並且，在整個理論系統中，必須能夠條理分明、原則確實，不相雜混，明確清楚的為中國文字進行分類。我們可以很清楚的感受到重新離析形聲與轉注本是龍先生的著力之處，但是，在龍先生對形聲與轉注的釋義中，似乎又有相互交疊而使得形聲與轉注再生糾擾的情形。

在龍先生的六書系統中，就文字結構的部件而言，形聲字與轉注字表面上都是具有形符與聲符組織結構而成的文字。但是由於形聲與轉注是二種不同的造字方式，所以，必須藉著結構過程的不同，判別形聲字與轉注字。其區分方法有以下二種：

⑴以形注聲與以聲注形

龍先生以為雖然形聲字與轉注字表面上看來類似，很容易被混為一談，但卻是依據二種不同的造字方式所造出來的字，追溯其造字方式與過程，便可以區別形聲字與轉注字。首先，形聲字與轉注字最大的不同便在於形聲字是「以聲注形」，轉注字則是「以形注聲」。形聲字的創造過程是先有一個象形字，而後加上一個標音的聲符，重點在於形符，將聲音加注於形符之旁，是謂「以聲注形」。轉注字則剛好相反，先有聲音符號，而後才加上輔助的形符，主要部分在聲符，將形符加注於聲符之旁，所以是「以形注

聲」。

　　這樣的分類原則乍看十分清楚，只要依文字結構組織的過程先後，便可區分文字結構相同的文字。但是，在龍先生的形聲字分類中，並非全都符合「以聲注形」的分類原則。不論是第二大類聲符先造的形聲字，或是第三分類聲符形符並列的形聲字，都不是「以形注聲」。尤其是聲符先造的形聲字，依其構造順序，不但不是「以聲注形」，而是「以形注聲」。這麼一來，這些聲符先造的文字不能是形聲字，應是「以形注聲」的轉注字，但龍先生卻又明確將之列為形聲字，如此一來形聲字與轉注字的界域便產生混淆了。

　　(2)形聲字聲符必不兼義

　　依龍先生的分類，形聲字與轉注字的另一個區分原則是形聲字的聲符必不兼義。龍先生在分析形聲字時，主張形聲字的聲符都是沒有意義的，只是用以標音的符號。所以，如果一個由形符與聲符組合結構而成的文字，其聲符是具有意義的，那麼，這個字就一定是轉注字，而非形聲字。但是，如果情形相反，聲符不具意義，卻不能判斷是形聲字或轉注字。因為轉注字的類別中，也有聲符假借而來，不兼意義的。也就是說，以聲符不兼義的原則來區分形聲字與轉注字，只是充分條件而非必要條件。

　　然而，以聲符兼義與否做為形聲與轉注的界限，又引起另一種混淆。依照龍先生的分類原則，形聲字中，所有形聲字的聲符都是沒有意義的，但在「因語言孳乳而加形」的形聲字中，聲符是兼有意義的，並非純粹的標音符號。龍先生在說明此類字例時還特別強調：

　　　　如楣湄二字，說文云：「楣，秦名屋橶聯也。齊謂之檐，楚
　　　謂之梠。從木，眉聲。」一般的了解，以為楣字即取木眉二

字配合而成，聲符部分只是由於音同的偶然結合，不更有其他淵源。實則楣是由眉字加上木旁，因語言上「楣」即是「眉」爲下垂義的孿生語，其字原只作眉。[51]

扮演共名角色的聲符，本身便是一個具有完整形、音、義的文字，自然是具有意義的。在成爲形聲字的聲符部分後，正是傳遞意義的主要部分。這與龍先生形聲字聲符必不兼義的大前提，形成了扞格不入的情形。如此一來，使得原本結構相同，只因構造先後次第有異而必區分，卻又不易分辨的形聲字與轉注字之界限，更形模糊，甚至完全淆混，造成了形聲字與轉注字的糾葛。

除了定義上的混淆，有關龍先生解釋形聲與轉注之間相互影響的情形，也易起爭議。龍先生在論及形聲時，主張形聲是受了轉注的影響所產生的。他說：

……《說文》雖亦以爲「從某某聲」，其實爲六書中之轉注。而「從某某聲」的形聲，即由此類轉注字漸漸領悟出來，可見形聲於六書實最晚出。[52]

龍先生謂形聲受轉注影響而出，形聲在六書中是最晚出的，但形聲字卻又可能轉化爲轉注字，前後的順序次第已然淆混；而又有「象形字之轉注字」、「形聲字之轉注字」，這種同時以兩種造字法形成的文字，更是令人困惑。

形聲與轉注的區分，龍先生的說法與主張形符先造說的戴君仁先生有部分的交集，其得失在第二節已經討論過了，此處不再贅述。

---

[51] 參見龍宇純先生《中國文字學》頁 155。

[52] 參見龍宇純先生《中國文字學》頁 167。

三、三書說中的形聲字──裘錫圭的形聲字多元說

自清末大量的古文字資料出土以來，漢字的研究邁向一個新的境地。現代的文字學者以吉金文爲根本，重新建構漢字的發展過程，進行文字結構的分析，爲了使漢字的結構理論可以更加完善，學者們嘗試打破傳統的六書系統，另外建立一套新的漢字結構理論。最早進行六書改造理論的當推唐蘭先生，他將傳統六書的文字結構理論解構，重新組織，首先提出了「三書說」的理論。在唐先生的『三書說』系統中，將漢字結構分爲「象形」、「象意」、「形聲」三類[53]，而後，陳夢家先生也在《殷墟卜辭綜述》中提出自己的「三書說」，有關三書說與傳統六書的異同，是一個相當重要且龐大的課題，在此不做討論[54]。主張「三書說」的學者中，裘錫圭先生對形聲字的相關課題，有極爲深入的討論，我們可以以其爲三書說學者的代表，窺知學者形聲的另一種解釋。

(一)形聲構造多元說

裘先生對形聲字的構造過程有相當詳盡而仔細的探討，他說：

　…最早的形聲字不是直接用意符和音符組成，而是通過在假借字上加注意符和音符而產生的。就是在形聲字大量出現之後，直接用意符和音符組成形聲字，如清末以來爲了翻譯西洋自然科學，特別是化學上的某些專門名詞，而造「鋅」、「鐳」、「鈾」等形聲字的情況，仍是不多見的。大部分的形聲字是從已有的表意字和形聲字分化出來的（這裡所說的

---

[53] 參見唐蘭《古文字學導論》頁 76，台北洪氏出版社，1978。

[54] 有關三書說的討論，可以參閱李師添富〈『三書說』商榷〉，台北《輔仁國文學報》12 期，1995。

> 表意字和形聲字，包括用作假借字的以及已經變作記號字，
> 半記號字的那些字），或是由表意字改造而成的。[55]

　　裘先生以爲早期的形聲字構造方式，以「合文爲字」爲造字原則，在原有文字的上，累加一個新的部件，形成新的文字。所以，形聲字的創製方式，乃是以一個具體已有的文字爲根本，進行「分化」與「改造」[56]。後來，「形聲」的造字方式，被大量使用，並產生一些改變，出現了同時組合形符與聲符的情況。造字者依據其需要，直接採取一個形符，一個聲符，在造字時，文字的造字過程，不再有先後的區分，將形符與聲符同時組合，聲符只取表音作用，形符則採其類別，成爲一個完整的形聲結構的形聲字。不過這一類後起的形聲字，出現的時間與早期形聲字相距一段很長的時間，而且數量也不多，目前的形聲字仍以早期的構造方式形成的形聲字爲主。由於原有文字的來源不同，以及分化與改造的方式不同，形聲字的產生途徑是多元化的。我們可以發現裘先生對形聲字的構造過程，在大體上與龍先生的理論有所交集，同樣主張形聲字構造方式爲多元的途徑。形聲字的來源，可能有形符先造，後加聲符；聲符先造，後加形符；形符聲符同時組成形聲字。但在文字結構的方式與分類仍有所不同，裘先生將形聲字依產生途徑的不同，依據其造字的過程，配合已有文字的不同，分爲以下幾類：

　　*1.*形符先造

　　形符先造的形聲字，在造字歷程中，先有形符，以形符爲文字

---

55 參見裘錫圭《文字學概要》頁 171，台北萬卷樓，1994。
56 分化所指的是在既有的文字上，增加部件成爲一個新的文字，以表達原有的字義中分化而出的相關意義，如它與蛇；改造所指的是就既有的文字，改換文字結構，以表新義。如賊，初文作戎，爲從戈從耳的會意字，後改戈爲或，成爲新的形聲字了。

的基礎，再取一個可以表音的聲符，加諸形符之旁，合成一個完整的形聲字。這一類的形聲字，文字所欲記錄的主要意義都在先有的形符之上，後來加上的聲符，只是負責聲音的傳遞，並沒有表意的作用。裘先生再進一步依據附加聲符時，對原有的形符所進行分化與改造方式的不同，細分爲二類。

(1)在表意字上加注形符而產生的形聲字 57

有些形聲字的構造方式是在一個已有的表意字上，以其爲形符，加注一個標音的聲符，形成形符、聲符兼備的形聲字。例如：

＊齒🔲（甲骨文）齿（篆）

齒字的初文是連帶表示主體的複雜象物字，後來在初文上加注了聲符「止」。齒字保留了象牙齒的形符。

＊鳳🔲（甲骨文）

在古代漢字裡，「鳳」字本作🔲，象鳳鳥形，後來加注聲符「🔲」（凡）而成爲🔲（「鳳」、「凡」古音相近。更後，鳳鳥形簡化爲「鳥」旁，「凡」字又移到上方，就成了「鳳」。）

在表意字之上加注聲符而成的形聲字，以表意文字做爲造字的根本，其實原有的表意文字本身便是一個可以傳達字義與字音的完整文字，但是由於文字的結構本身並沒有直接表示文字音讀的部分 58，所以爲了便於文字的運用，便於表意文字之上加注一個識音的聲旁，原有的表意文字成爲形符與後來加上的聲符，組合爲一個完整的形聲字。文字的主要字義仍由原是表意字的形符記錄，至於字音的部分，自然則是加注的聲符負責了。也因爲這樣的緣故，加注

---

57 裘先生原文所使用的形聲部件名稱分別是音符與意符，音符即是指表音的聲符，意符指的是表義的形符。爲了行文的統一，均稱爲形符與聲符。

58 這時的表意文字是無聲字。

聲符而成的形聲字與原來的表意字，一般是一字異體的關係[59]。

⑵把表意字字形的一部分，換成聲符

形符先造的形聲字，除了直接在表意字上加注形符的方法外，有時也會以「改造」的方式，對原有的表意字進行更動。通過把字形一部分改換成聲符的途徑，改造成形聲字。如：

＊羞𦏧（甲）

「羞」的本義是進獻食物，表意初意從「又」持「羊」，後來「又」改爲形近的「丑」（篆文「丑」作𠬞），就成爲從「羊」「丑」聲的形聲字了[60]。

＊弦弦（篆）

《說文》：「𢎺，弓弦也。從弓，象絲軫之形。」（軫，戾也。這裡指上緊弦。）漢印「弦」字多從「弓」從「糸」，也是表意字。後來象絲軫之形的「𢎺」改成形近的「玄」，就成爲從「弓」「玄」聲的形聲字了[61]。

裘先生並指出當古人對表意文字進行字形的改造，使文字進化爲形聲字時，爲了便新舊字形有明顯的聯繫，往往把表意字字形的一部分改成形狀跟這部分字形相近的一個聲旁[62]。

2.聲符先造——在已有的文字上加注形符

形符先造的形聲字，在文字構造的歷程中，先有形符的部分，再加注聲符。聲符先造的形聲字，其造字歷程與形符先造的形聲字剛好相反。雖然同樣先有一個字根做爲造字的基礎，形符先造的形

---

[59] 參見裘錫圭先生《文字學概要》頁172。
[60] 參見裘錫圭先生《文字學概要》頁173。
[61] 參見裘錫圭先生《文字學概要》頁174。
[62] 參見裘錫圭先生《文字學概要》頁175。

聲字將字根做為形符，聲符先造的形聲字則將字根做為聲符，加注可以表類別的形符，成為形聲字。所以，聲符先造的形聲字，主要的字義與字音記錄在聲符的部分，後來加注的形符，只是輔助文字的類別，形聲字本身的重心仍在原來先有的文字（也就是後來的聲符）上。「如果說形符先造的形聲字加注聲符的主要目的在加強文字的字音，那麼聲符先造的形聲字之所以在原有的文字上加注形符的原因，通常則是為了明確字義。」[63]

　　裘先生認為文字使用的過程中，因為時代的不同，同一個形體的文字可能開始有了不同的意義，或者文字的字義開始廣泛，引申、假借，都使的文字本身的字義傳遞產生混淆，聲符先造形聲字的出現，仍是為了明確字義。依照所要明確的字義的性質，加注形符的現象可以分為三類：

　　⑴為明確本義而加注形符 [64]

　　如：

　　＊止 $\int$（甲）φ（金）

　　趾

　　＊北北

　　背

　　裘先生認為隨著時代的演變與文明的進步，文字原始簡單的本義，可能不敷使用，因而與其他衍生而成的字義相混淆；或著因為原本的字形過於簡單、不夠明確，以致不易辨認。為了使文字的本

---

[63] 參見裘錫圭先生《文字學概要》頁 174。

[64] 裘先生原本次第是 1 、為明確假借義而加形符。 2 、為明確引申義而加注形符。 3 、為明確本義而加注形符。但依形聲字聲符多兼義的前提下，本文依聲子與聲母意義上的關連性，先論本義，再論引申義，後論假借義。

義使加明確，遂於原本已有的文字上，加注可補充文字類別的形符，成為形聲字。而原本已有的文字，相對後來加注形符的形聲字，便成了這個形聲字的初文。如字例中的「止」便是形聲字「趾」的初文。許多的形聲字是由這個造字途徑形成的。[65]

在字形上，聲符部分的本字成為形聲字的初文；在字義上，這些為明確本義而加注形符的本字，也有不同的轉變。因為需要加注形符以明確本義的字，多數都是有了比較通行的引申義或是假借義，使得本義逐漸模糊，所以才需要加注形符，以保留本義，不至湮沒於後來的意義中。已加注形符形聲字，可以更明確傳遞本義。也因為這個原因，為數不少的初文，在加注形符的形聲字出現後，逐漸不再用來表示本義，反而用來表示引申義與假借義。如：「蛇」字出現後，初文的「它」就逐漸變得只用來表示停止等引申義了。這種情形，可以說是初文在字義上產生分化，為了字義的明確，所以以加注形符的方式產生形聲字。

另一方面，也有後來加注形符的形聲字，並沒有與原來的初文分化成二個字。後來的形聲字雖然可以比較完整的傳遞字音及字義，但原本的初文並沒有因此消失，可以說是形聲字與初文共存的情形。如上字述例中的「爿」和「牀」、「厷」和「肱」，雖然現在我們一般通行使用的都是形聲字的「牀」和「肱」，但是原本初文的「爿」、「厷」也都還可以表達和形聲字同樣的字義，沒有產生字義上的分化或是轉變。這一類的形聲字，當初需要加注形符以明確字義的原因，多數是因為字形上，不夠明確，便加注形符，使文字的整體結構，可以使字義更加明確。所以並不像字義產生混淆

---

65 參見裘錫圭先生《文字學概要》頁 175。

的字例，產生分化。

　　(2)爲明確引申義而加注形符

　　這與爲明確本義而加注形符的形聲字，有著乍看相似，但終有所區分的特性，二者之間有密切的交集，卻又各有目的。文字產生的衍生意義中，如果加注形符而成的形聲字取代了初文以明確原本的字義，即爲明確本義而加形符的形聲字。相反的，如果當文字字義所有分化，便再造一個形聲字以代表後來分化的字義，這一類的形聲字則應歸入爲明確引申義而加形符的形聲字。也就是說，同樣是初文產生字義上的引申，同樣是在初文上加注形符成爲形聲字，但是如果以後來的形聲字保留本義，是爲明確本義而加注形符的形聲字；如果以初文保留本義，用形聲字表示後起的引申義，這樣的形聲字，則是爲明確引申義而加注形符的形聲字。如：

　　＊取／娶

　　「取」字引申而有娶妻的意思（《詩·豳風·伐柯》：「取妻如之何」），後來加注「女」旁分化出「娶」字來專門表示這個引申義。這樣產生的字一般都是形聲兼會意字，如「娶」字旣可分析爲從「女」「取」聲，也可分析爲「從取、女」會意（《說文》：「娶，取婦也。從女從取，取亦聲。」[66]

　　(3)爲明確假借義而加注形符

　　有些聲符先造的形聲字，其聲符乃是假借而來，聲符的本身並不一定兼有意義，只借其聲，未借其義。這個假借而來的聲符，是單純的標音符號，並沒有意義。這樣的情形，易與聲符的本義產生淆混，不夠明確，所以便爲了後起的假借義，於原有的假借聲符，

---

[66] 此處裘先生將亦聲字納入形聲字。有關亦聲字應是會意字或是形聲字，暫不討論。詳見第四章。

加注形符，使其與聲符的本義有所區別，遂成為為明確假借義而加
注形符的形聲字。如：

　　＊師／獅

　　「師」字本當師眾講，漢代人假借它來表示動物的「獅」
（《漢書・西域傳》烏弋山離國「有桃撥、師子、犀牛」，後來加
注「犬」旁分化出從「犬」「師」聲的「獅」字來專門表示這個假
借義（《說文》無「獅」字，前後《漢書》中「獅子」都寫作「師
子」，《玉篇》《廣韻》有「獅」字。）

　　聲符先造的形聲字，雖然可以細分為三類，但根本上，加注形
符的目的都是為了明確字義。聲符本身兼具著文字的字音與主要字
義，形符可以說只是一個輔助性的部分，使文字更便於使用。裘先
生特別指出，有大量的形聲字是由於在已有的文字加注意符而成的
[67]。因而可以推知形聲字的構造方式雖然是多元化的，但聲符先造
的方式才是形聲字中的主流。

　　此外，我們也可以發現裘先生所說的這些分化改造而來的形聲
字和王筠主張的分別文與累增字名異實同，都是形聲字的一部分。
而且，同樣以為這些後起字都是聲符先造的形聲字。我們在第二節
中由分別文與累增字討論形符先造說的可議之處，這裡，裘先生的
見解正可做為前述論點的最佳腳。

　　3.同時構造——直接用意符和音符組成形聲字。

　　這屬於比較晚出的形聲字造字方式。造字時不再有構造的順
序，也不再考慮文字結構本身的輕重，只是就當時的需要，依其語
音，取一個可以記錄音讀的聲符，傳遞字音；採一個可以代表事物

---

[67] 參見裘錫圭先生《文字學概要》，頁174。

類別的形符，表其所屬類別。使用這種造字方式的形聲字，因爲字義未被考慮，通常是名詞，尤其是翻譯名詞與新生的語詞。如清末以來爲了西洋自然科學，特別是化學上的某些元素名詞、翻譯名詞，如「鋅」、「鐳」、「鈾」等字。

可是，有許多類似同時構造的形聲字，其實並不是直接將形符與聲符組合而成的，而是有其曲折的形成過程。如：

＊箙

「箙」的初文是圖（象盛矢器，後來訛變爲「葡」），二者在字形毫無聯繫，但是「箙」卻並不是直接用「竹」旁和「服」旁構成的。古代多借「服」爲「葡」《詩・小雅・采薇》：「象弭魚服」，魚服即一種魚皮做的矢箙），「箙」應該是在假借字「服」上加注「竹」旁而成的分化字[68]。

因此，裘先生主張如果一個形聲字我們從既有的文獻資料並不能掌握其造字過程，則這些形聲字有大部分是形符與聲符同時構造而成的。

㈢三書說中的形聲多元說商榷

1.明確而細膩的系統分類

⑴依時期分類

裘先生觀照形聲字的造字方式與過程。將形聲字的發展趨勢，來龍去脈，忠實記錄。在層次分明的體系中，第一個首要的分類原則，便以時間爲脈絡，注意早期形聲字的特色，與後來形聲字的不同。他說：

　形聲字起初都是通過在已有的文字上加注定符或音符而產生

---

[68] 參見裘錫圭先生《文字學概要》頁177。

的，後來人們還直接用定符和音符組成新的形聲字。不過就
漢字的情況來看，在已有的文字上加注定符或音符，始終是
形聲字產生的主要途徑。69

　　早期形聲字的構造方式乃是先有字根為基礎，同時並取聲符形
符構造而成的形聲字已是後起的形聲字。裘先生在繁複的形聲字多
元構造的方式中，先掌握大原則，明白地將直接組合形符聲符的形
聲字排除在早期形聲字的範圍外，為形聲字的階段發展方向，劃出
明確的分界線。

　　⑵依構造順序分類

　　由於將聲符形符直接組合而成的後起形聲字，在所有形聲字中
所佔的數量並不多，所以裘先生對形聲字的討論焦點集中在早期的
形聲字。有關早期的形聲字。裘先生仔細分析形聲字構造的過程，
進而將早期的形聲字，分為兩個類別：一是形符先造的形聲字，一
是聲符先造的形聲字。以此為根據，討論形符先造，與聲符先造的
形聲字同異之處；也因為造字過程的不同，文字的表面結構雖然相
同，但字音與字義的重點卻有所不同，形符先造的形聲字以形符為
文字字義的重心；聲符先造的形聲字則由聲符傳遞字音與字義。裘
先生突破字形的限制，而由甲骨文與金文等出土資料，並進行文獻
的比對，觀照文字的發展流程，清楚掌握形聲字造字歷程，進而分
析各類形聲字的特色，使形聲字的研究，向前邁進一大步。

　　2.聲符先造的主要性

　　裘先生雖主張形聲字的構造方式是多元化的，卻也仔細的分辨
以不同造字過程完成的形聲字，在整個形聲字體系中所佔的比例。

---

69 參見裘錫圭先生《文字學概要》頁8。

清楚的指出聲符先造的形聲字佔有形聲字的主要地位。龍宇純先生
主張形聲字的主流是象形加聲字，結果造成了整個形聲體系的混
亂；裘先生則由造字方法的理論與文字數量二方面掌握了形聲字的
大宗應該是聲符先造的形聲字。他先說：

> 有大量的形聲字是由於在已有的文字上加注意符而形成的。[70]

而在分析完所有形聲字構造方式的可能性後，更進一步的指
出：

> 改造表意字爲形聲字以及從已有的文字分化出形聲字的途
> 徑，主要就是這四種。由第三種途徑產生的形聲字爲數爲
> 多。[71]

在鉅細靡遺的分類後，裘先生另一方面從文字的數量，整體的
觀察形聲字的主要構造方式，明確指示形聲字的重點，使得其形聲
體系有了確切的主要脈絡。

關於形聲字的多元構造方式，裘先生清楚的鉤勒出階段性的發
展脈絡。早期的形聲字，都是遵守著「合文爲字」的原則，以原本
已有的文字爲字根，再依據文字使用的需要，加注形符或聲符以輔
充不足之處，或許是形符先造。或許是聲符先造，基本上，都是在
原有的文字上所發展出來的，不是憑空形成的。後來，形聲字中的
表音特色，在中國文字中，發揮重要的影響，所以在較晚的形聲
字，則產生變化，括取形聲字表音的重要功能。不過，整體而言，
聲符先造的形聲字依舊佔有形聲字的主流地位，是主要的構造方式。

---

[70] 參見裘錫圭先生《文字學概要》頁 174。
[71] 參見《文字學概要》頁 177。裘先生的分類本是 1、在表意字上加注音符，
　2、把表意字字形的一部分改換成音符，3、在已有的文字上加注意符，
　4、改換形聲字偏旁。爲了全面分析形聲字的構造方式，是以依其本意，更
　改統一的標題。引文中的第三種途徑指的便是聲符先造的形聲字。

3.文字與語言的層次混淆

　　裘先生對漢字的性質有著獨特的見解，他主張研究中國文字時，要做出二個層面的分隔。他說：

> 文字是語言的符號。作爲語言的符號的文字，跟文字本身所使用的符號是不同層次上的東西。例如：漢字「花」是漢語裡花草之{花}這個詞的符號，「艹」（草字頭，原作「艸」。即古草字）和「化」則是「花」這個字所使用的符號（「花」是一個形聲字，「艹」是形旁，「化」是聲旁）。[72]

　　如果我們說語言的使用情形是隨時變動的是一種動態的狀況，那麼作爲記錄語言、成爲語言符號的文字便以一種靜態的形式呈現。裘先生以爲在分析漢字的結構時，必須依文字與語言二個層次，他主張當文字以靜態的狀況存在時，文字可以依其結構的分類；而在動態中的文字，則因在語言中字義的不同，有另外的六書歸類。形體上的漢字與在語言使用中的漢字是兩個層面，應該是分開的，不可相互干擾。所以同一個字，雖然有相同的字形，但因狀況的不同，而有迥異的分析結果。例如：「花」字，如果依據裘先生的說法，「花草」的「花」就文字構造是一個從艸化聲的形聲字，但是如果在用字時當做「花錢」的「花」，便只能看作是表音字，只是一個表音符號。「花錢」的「花」與原本植物的「花」在字義上毫不相干，所以，「花錢」中的「花」字，喪失形聲字兼俱表達聲音與意義的功能，只是一個單純的表音文字。

　　古代的文字學者之所以論六書乃是爲了將中國文字做一系統的

---

[72] 參見裘錫圭先生《文字學概要》頁 13-14。

分類研究，以便於文字使用者學習與應用。六書討論的是文字造字的方式與文字的字形結構，依照其造字的方式，分析歸納以求其簡單明確的系統理論，六書所論的是文字在創製與結構的問題，關於文字的使用，則是另一層面[73]。可是裘先生的形聲字系統中，文字的六書歸屬卻會隨著文字字義的轉變而產生身分上的變化。一個在造字時，文字結構為形聲字的字，可能隨著語言中語境的不同，隨時轉化身分，成為不同的文字類型。如：

> 形聲字偶爾也會演變成記號字。例如從「禾」「千」聲的年字，就變成了形旁、聲旁全遭到破壞的記號字「年」。[74]

> 字形的演變還造成了一些半記號字，即由記號跟意符或音符組成的字。這類字大都是由形聲字變來的。例如：「春」字本「萅」，《說文》分析為「從艸，從日，艸春時生也，屯聲。」後來聲旁「屯」跟「艸」旁省併成「夫」形。這個偏旁既無表音作用，也無表意作用，是一個只有區別作用的記號。可是偏旁「日」仍有表意作用，所以「春」就成了由記號跟音符組成的半記號半表意字。[75]

> 合體字的表意偏旁由於字義的變化喪失表意作，轉化為記號情況，也是存在的。例如：形聲字「特」的本義是公牛，所以用「牛」為形旁。由於這個本義已不用，對一般人來說，「牛」旁實際上已經成為記號。[76]

> 形聲字有時會由於語音和字義兩方面的變化而完全變成記號

---

[73] 轉注與假借雖然討論的是文字的運用，但其根據的是就二字之間的關係做分析，而非直接依文字字形討論。
[74] 參見裘錫圭先生《文字學概要》頁 19。
[75] 參見裘錫圭先生《文字學概要》頁 19。
[76] 參見裘錫圭先生《文字學概要》頁 19。

字。上面所舉的形旁喪失表意作用的「特」字，就是一個例子。它的聲旁「寺」的表音作用也已經由於語音演變而喪失，所以對一般人來說，這個字實際上已經完全成為記號字了。[77]

如果被借字是形聲字，當本義已經湮滅的時候，聲旁一般仍有表音作用。例如「笨」本來當竹子的白色薄膜講，後來這個字被假借來表示愚笨的{笨}，本義不再使用，形旁「竹」實際上已經變成記號，但聲旁「本」仍有表音作用。[78]

如果依照裘先生的理想，原本是為了使漢字在語言與文字兩個層次上有明確的區分，不相混同，但是適得其反的，反而混淆了原本涇渭分明的二個層次。文字的六書歸類，所討論的是文字的造字方法與文字的組織結構，是明確而具體的。至於文字在語言中，因使用的語境不同，而有意義上的轉變，或引申或比擬，所以有了訓詁的需要。雖然字形與字義有著密不可分的關係，但變動的字義，不應該影響文字已經固定的字形結構與分類。否則，這樣一來，漢字的結構問題便大大的繁瑣化。「例如「花」的引申義還表示花紋（如「大花臉」、「花和尚」），這個意義跟艸旁已經不相干；再引申為變化疾速（如「花刀」、「眼花撩亂」），這些字是也就變成表音字了呢？」[79]

從文字結構理論的實際功能而言，分析漢字結構的目的主要是為了探索字形與本義的關係，當然也有利於識字教學，避免寫錯別字，或有助於瞭解現代漢字的來龍去脈。從功利的角度來看，分析

---

[77] 參見裘錫圭先生《文字學概要》頁 19。
[78] 參見裘錫圭先生《文字學概要》頁 20。
[79] 參見詹鄞鑫先生《漢字說略》頁 168—169，台北洪葉文化，1996。

漢字結構並不需要先去甄別它在語言環境中到底是不是假借字。也許正好相反，甄別是否假借字的前提，正是必須先透過字形結構的分析探索其本義，然後再檢查文獻用字的句中義與本義的關係。因此，分析漢字結構，就是分析孤立的漢字的結構，並不需要針對漢字在文獻中的不同用法而作出不同的處理[80]。

如果我們以現有的語言使用狀況來判斷一個文字的六書歸屬，因人人使用的情形不同，身處的語境不同，標準各有所異，進而產生不同的分類，則漫無準則，是相當危險的。

伍、結語

主張形聲字多元說的學者，融合了形聲字構造歷程的各種可能，對形聲字構造歷程做全方位的擬測，不論各種形聲字都以得到完整的詮釋，消融了一元化的聲符先造說、形符先造說的不足之處。

形聲字多元化的構造方式雖然彌補了一元說不夠周全的缺憾，但在理論系統中卻也有尚待討論的爭議。兩位學者在論述形聲的多元構造說時，都採取重新建構的方法論，自行定義漢字系統的造字方法，或重新詮釋六書；或重組為三書說，雖有創新之見，卻未能更進一步的建立系統完整原則明確的漢字分析體系。

在本章中，我們對形聲字構造歷程的各種可能性，由一元到多元，從形符先造、聲符先造至後起形聲字的共時形成，都做了討論。對於有關形聲字的構造歷程，大抵可以得出以下幾點心得：

---

[80] 參見詹鄞鑫先生《漢字說略》頁169。

一、以聲符先造爲主的多元化構造歷程

　　根據學者的論辯，有關形聲字的構造歷程，我們可以說：漢字中的形聲字是以多元化的方式構造而成的，包括了形符先造的形聲字、聲符先造的形聲字、形符與聲符同時組合而成的形聲字。但是，雖然說漢字中的形聲字是多元的構造方式，但聲符先造仍爲其主要的構造，聲符先造、形符後加的形聲字居有形聲字的主流地位。只有極少數的形聲字，是經歷形符先造的構造過程，甚至於在這些極少數的字例中，有些字例都有可以再商榷的空間[81]。至於，同時採形符與聲符而成的後起形聲字，雖說目前數量不多，但使形聲字的聲符逐漸走向單純的識音符號，喪失了原有表義功能，這種情形，值得我們注意，部分學者據此以爲形聲字是代表漢字走上「聲化」的途徑，卻又失之過泛了[82]。

二、由形聲字構造歷程看形聲字的部件名稱

　　一直以來形聲字的部件名稱，因各家說解不同，而有著不同的

---

[81] 主張形符先造說的學者所舉竹形符先造例字中，大部分的學者從另一角度分析仍視爲無聲字。如：齒字，可解爲象形兼聲字，而非形符先造的形聲字。

[82] 近來，有關形聲字的研究，興起了一種新的研究方向。學者或謂形聲字是中國文字逐漸聲化，走向表音文字的發展方向。這樣的說法也許可以爲所謂的『後起形聲字』做一番說解。但是，如果我們回歸到中國文字的起源，在先民的造字意識中，中國的語言與文字一直有著密切的關係。即使是創製時期較早的無聲字，雖然在文字結構中，沒有直接標示音讀的部分，卻也能完整的傳達文字的聲音與意義。中國文字『形』、『音』、『義』三者合一的特色並非單獨只出現在形聲字中。由前述所討論的文字造字歷程，我們也明白文字的創造過程是由有義而後有音，有音而後有形的。中國文字在造字之時，便與聲音有不可分割的關連，即使是無聲字，也是兼記錄音讀與義象的功能的。並沒有所謂的聲化現象，也不是往表音的方向發展。

呼號。一般說來，有關聲符的名稱諸家已有共識，所不同的的部分在於形符，有些學者稱為形符或稱定符，也有主張應該稱為義符的。之所以會產生這樣的差異，正因為形聲字構歷程的不同而導致互異的訓釋。隨著構造歷程不同，形聲字各個部件所擔任的角色也隨之轉變，由於學者各有所見，各有考量，才會造成形聲字部件名稱與定義的不同。

譬如說形符先造的形聲字，則主要的意義由形符負責，聲符只負擔聲音的傳遞，因為這時的形符具有意義，學者便主張形符應稱為「義符」；至於聲符先造的形聲字，因為主要的意義與聲音都由聲符記錄，所以主張聲符先造說的學者將焦點集中在形聲聲符兼義的情形，對形聲的部件，便使用傳統的形符與聲符。至於多元說中的後起形聲字，形符代表的大都是事物的類別，所以有的學者認為後起形聲字是意符與聲符的組合。

如前所述，我們已經得知聲符先造的形聲字是形聲字中的主流，大多數的形聲字是由此方法產生的，而其他的形聲字只佔有極少數的比例。如果以文字研究的需求，必須在稱號上有統一的名詞，那麼，形聲字的部件名稱，應該是以形符與聲符的組合是最恰當的。

形聲字的研究，由宋人「右文說」開始，奠下了良好的基石，學者展開了長程的接力賽跑。在前人研究的基礎上，不斷提出對形聲字研究所得的精華。從「右文說」而「聲義同源」，由「聲義同源」開展出「即聲即義」的理念。在「即聲即義」的前提下，確立了形聲字聲符先造的構造歷程。

「右文說」首次接觸到了形聲字聲符兼義的現象，並做了初步的整理工作。但是關於形聲字的音義關係，可以說是只論其然，而

未論其所以然。段玉裁揭示了形聲字聲符兼義的眞正原因，爲語言與文字之間的密切關連，架上了橋樑，聲義同源理論的提出，將形聲字的研究，往前推進一大步。劉師培先生以聲義同源爲前提，全面探討形聲字的構造歷程，提出了即聲即義的觀念，主張形聲字應是聲符先造，聲符本身就可以表達聲音與義象，後來所加的形符只是便於文字使用者，可以更容易區分事物的類別。

「假借」之起源與發展

周行之

一、概　說

　　班固《漢書・藝文志》，謂六書皆「造字之本」，且以「假借」爲殿。許愼《說文解字》亦以假借居六書之末，且云「假借者，本無其字，依聲託事，令長是也。」自茲而後，六書之名稱次第，諸家頗有異同。然假借之定義咸以許說爲宗，其次第亦以居末者爲衆。

　　清代小學大盛，文字聲韻，邁越昔賢。戴震之後，遂倡六書爲「四體二用」，其說頗盛一時。蓋以通檢我國文字，惟有象形、指事、會意、形聲四端，無一可以單獨稱爲轉注、假借。於是此二者乃「用」字而非「造」字之說起。

　　章氏太炎，學貫古今，兼通中外，力主六書皆造字之法，其所以然者，非獨本「注不背經」之意，尤以於轉注特有創見，曾云：「字之未造，語言先之矣。以文字代語言，各循其聲；方語有殊，名義一也。其音或雙聲相轉，疊韻相迻，則爲更制一字。此所謂轉注也。」[1] 黃氏季剛，學出章門，稟承師說，謂「班氏以轉注、假

---

[1] 《章氏叢書・國故論衡・轉注假借說》，世界書局影本，第 441 頁。

借與象形、指事、形聲、會意同爲造字之本，至爲精碻，後賢識斯
旨者，無幾人矣」；且謂戴震之言「亦爲迷誤。蓋考老爲轉注之例
而一爲形聲一爲會意。令、長爲假借之例，而所託之事，不別製
字。則此二例已括於象形、指事、形聲、會意之中。體用之名，由
斯起也。或執戴君之言以難班氏，明此兩例不爲造字之本，此由未
能上考古初，探其本柢。……是故轉注、假借之例，備於初文；而
會意、形聲反居其後。」[2]

　　章氏轉注之說，訂正清儒之解作「互訓」及「引申」，信爲卓
識。其弟子朱宗萊復加增訂，以爲當以「形通音近義同爲準」，始
符文字兼含形音義三者之要求。宜可謂踵事增華，無背師說[3]；蓋
以章氏雖反許瀚「同部互訓」之說，然其所舉例字，亦予兼收，嘗
云：「說文於義同音同部首同者，必聯綿屬綴，此許君之微意也。
余著國故論衡，曾舉四十餘字作證，今略言之。艸部：菖蒩，菖蒩
也；蓨苗也，苗蓨也。交互爲訓，綿聯相屬，即示轉注之意。……
又如祖袒裸裎，祖許書作但，裼古音如髢。……此皆各地讀音不
同，故生異文。」[4] 其中之祖與但，則朱氏所謂之「形通」也。然
以朱氏全書僅舉例字三十八名，而異部形通者惟有「嗞譆、向訥、
迁往、帬傲竷」。或以證例未周，遂難取信。

　　魯氏實先，通考甲金，驗證經史，以假借、轉注乃文字孳乳之
樞機，遂著《假借溯原》，謂章氏轉注之說，「信合許氏之黨
言」，「而許氏所云建類者，謂形取同類而義通，其云一首者，謂

2　黃季剛先生口述，黃焯筆記編輯《文字聲韻訓詁筆記》，臺北：木鐸出版
　社，民國七十二年，第 77 － 78 頁。
3　朱宗萊《文字學形義篇》，臺北：學生書店影本，第 126 － 128 頁。
4　章太炎《國學略說》，臺北：文史哲出版社影本，第 12 － 13 頁。

聲必同原而音近」。且造字假借之中，不惟形聲字之「聲文」（聲符）有假借，其「形文」（形符、意符）亦有假借；非僅此也，且有形、聲並假，乃至象形、會意字中，亦有假借之成分。鴻文博證，發先賢之所未及言。其後復兩撰《轉注釋義》，以明象形、指事、會意、形聲之間，皆以假借、轉注二法造字，藉符語言需要之義例，由是而立「四體六法」之說，用申班氏之旨。[5]

　　至於章氏假借之說，蓋以未盡週詳，不惟後學有所存疑，即其親炙與再傳，亦有補苴更張者在。章氏曰：「本無其字，依聲託事，如令長是，是假借之類也。令之本義爲號令，發號令者謂之今。……此由本義而引申者。……所謂假借，引申之謂耳。……是故同聲通用，非說文所謂假借」；再若「虞夏商周」之借作方國朝代之名，則「無引申之義，僅借作符號而已」，「參差、輾轉」等皆爲形容之詞，「看似有義，實則無義」，均屬「本無其字，依聲託事」[6]。觀乎此，則假借有「有義」與「無義」之分，而以有義引申者爲主。竊思其說，原出許書，兼取段注。段氏於《說文・前敘》假借義例條下，列舉「來、烏、朋、子、韋、西」，發爲「以爲」之例。謂「引申輾轉而爲之是謂假借」；又舉「洒、疋」等十字之「古文以爲」爲別一類。雖未明言其無關本義引申，意蓋在是。於段氏則爲注不背經，於章氏亦近疏不背注。故章氏斷言：「假借者，志而如晦，節文字之孳乳者也」；「假借之與轉注，正

5　《假借溯原》，臺北：文史哲出版社，民國六十二年初版，全書共 400 頁，形聲字聲文假借例，見 65 ─ 193 頁；形文假借例，見 193 ─ 198 頁；形聲幷假借者，見 198 ─ 207 頁。會意中有假借者，見 207 ─ 210 頁。象形字之假借，見 229 頁。《轉注釋義》增訂本，臺北：洙泗出版社，民國六十五年初版。

6　《國學略說》，第 14 ─ 16 頁。

如算數中之正負數。有轉注，文字乃多；有假借，文字乃少」[7]。黃氏講學，高弟如雲。或謂其說假借亦分有義與無義；且謂轉注、假借，原屬「二用」不能造字。[8] 然而黃氏釋轉注則曰：「同聲同義而異字，即轉注也。……聲音意義相連貫而造字，即謂之轉注。否則謂之假借」；其論本義與引申義假借義則曰：「凡字於形音義三者完全相當謂之本義。於字之聲音相當意義相因，而於字形無關者，謂之引申義。於字之聲音相當，而形義皆無關者，謂之假借義」；是故「六書內假借不明，則形聲不明。造字之時，已有假借」。[9]

7　前言見「轉注假借說」，第 442 頁；後語見《國學略說》第 14 頁。

8　林尹《文字學概說》臺北，正中書局，民國六十年初版。第六章「轉注」，首引章氏「轉注假借說」原文，雖引「方語有殊，……則爲更制一字」，然謂以轉注爲造字之法爲「誤解」（第 151 — 152 頁）。第七章「假借」引季剛先生諸說，然謂「假借不是造字之法，而是用字之法」。於章、黃二氏六書皆造字之法，亦均引證二氏原文而強調「用」字。其意蓋謂文字僅有四體，造字亦僅有四法。書中引朱宗萊《文字學形義篇》以申章氏假借乃「節文字之孳乳」（第 185 — 186 頁）。然於「轉注」章中，則駁朱氏之說。其所以引用原文之取此捨彼者，蓋亦本諸擇善而從之義。是故終擇「四體二用」之說，以爲班固或已誤解六書，或則用字不愼，遂謂六書皆「造字之本」。並引顏師古注中「立字之本」，疑或後人妄改班書（第 55 頁）。又：林氏於其《訓詁學概要》（臺北：正中書局，民國六十一版）中重申前旨，舉《說文》示部祿字，謂彔當爲鹿字之假借，說固可通，但亦非所謂「造字假借」。主其說者，「殊不知假借只是用字的方法，它本身並不能造字。像彔字的情形，頂多只能說在造字之時用了假借的方法，把彔當作鹿來用，所以祿字仍就（原文如此）是形聲字而不是假借字。這一點我們一定要弄清楚，假借決不能造字。」（第 37 頁）然觀章氏、黃氏，及魯氏諸書，雖立說之詳略不同，然皆字分四體，造法則六。是故林氏亦有「頂多」之語。復次，《文字學概說》係以黃慶萱博士聽講筆記理成書；《訓詁學概要》，則爲黃永武博士所錄。（見各書「編後記」）。

9　黃焯《筆記》，分見第 61 頁，47 頁，56 頁。黃氏申論形聲字聲符多有假借之語，書中多見，茲不枚舉。

諸家之說，雖有異同。要皆本諸前修未密，後進求精之宗旨。崇師說，非必示其系出高門；改師說，非必炫其盡脫窠臼。例若章、黃二氏，於小學固卓爾成家，然其治學殊不拘於小學。其發為條例者，雖非宏篇鉅制，宜足示後學以坦途。後學之編撰專書，意自在發揚光大。今擬就假借之起源與發展，聊申管見，就正高明。

二、假借為中西造字之通則

夫「本無其字，依聲託事」，非獨見於中華，歐西初亦如是。其所以然者，蓋由於製文造字，殊非易事。學者以為，世界上一切文字，皆當肇始於象形；即至今日，若干文化較低之民族，仍亦如是。[10]

象形文字之優點為「畫成其物，視而可識」，可以突破語言之障礙；例如今日公共場所、交通樞紐之標識，乃至電腦「視窗」（windows）皆屬此類。然萬物殊形，難以畢肖。至若抽象示意之「指事」與結合二者而成之「會意」、「形聲」，則各民族依其傳統習俗與心理認知，已難彼此溝通。例如「人言為信」、「自環為厶」，即未必可為外人一望而知矣。其後又為書寫之便，或變為楔形，或轉為隸楷，初形多已不存，於是名為表意文字，非經教習，

---

10 例如：Victoria Fromkin Robert Rodman, *An Introduction to Language*, New York: Harcourt Brace Jovanovich College Publishers, 4 th ed. 1993, Chapter 9,pp. 364－374.（暫譯《語言導論》，第九章，第 364－374 頁）本書概述各種主要文字系統之起源與現況，象形、表意文字製造之困難，以及拼音、音綴文字之來歷。圖文並有可觀，似無譯本。以下引用時，簡稱 *An Introduction.* 另一舊譯可供參考者如次：葛勞德著，林梲敔譯，《比譯文字學概論》，臺灣：商務印書館，民國五十六年臺一版。該書自第 1 至 198 頁，皆以圖文比較各種文字。

不能通曉；如無傳統，難以長存。

印歐語族之拼音字母，學者溯其本源，宜出埃及古代之「聖書」。該書除有象形、指事，且以二字拼音，頗類「反切」；至於「本無其字，依聲託事」之假借，（英語作rebus，源出拉丁）屢見不鮮；聲符加形之「形聲」，亦瞭然可考。較之漢字，差可謂「四體」皆全，宜可見造字之初，中外一理。其因造字困難，不得不以假借爲始「用」終「造」之方法，亦復無二。且古埃及於「聖書文體」之外，尚有「祝巫體」（僧書），就「聖文體」隨筆寫成，不復畫物爲字；亦有「民間體」簡筆速書，以求方便。此亦類殷商卜契之與彝銘，隸書之與籀篆。西元二世紀前後，源出埃及古字之希臘字母傳入埃及。埃人以便於應用，二字兼行。約經百年，古字竟絕[11]。其所以後來居上者，蓋以新字更適語言也。

由上觀之，則有同一文字系統內之假借，與相異系統間之假借。同系假借，借其形音而不取其義；異系之假借則又可大分二類。其一，日、韓皆借漢字，然以語言系統不同（漢語屬漢藏語族，日、韓屬阿爾泰語族），借用時生牴觸；例如日本漢字旣有仿照漢語之「音讀」，亦有以本語示意之「訓讀」。於是韓人製諺文，日人造假名，以應本語之需要。[12] 此類假借，縱有日後之別賦

---

11 *An Introduction* 第 368 － 369 頁；許逸之《中國文字結構說彙》臺灣商務印書館，民國八十年初版。第 188 － 191 頁；房龍（Von Loon）《人類的故事》，高雄：大衆書局，民國六十四年，第四章：象形文字，第十章：腓尼基人（創造西文字母）。

12 Berhard Kargren（高本漢），*Philology And Ancient China*, Sweden: Institute for Sammenlignende Kulturforskning, 1926.（暫譯《語文學與古代中國》）高氏謂日本深受中國文化影響，漢字尤屬珍貴禮物，然以語言差異，遂造假名以爲補助。（見第七章，141 － 147 頁）。

新義，其初則形、音、義並蓄兼收。其二則爲腓尼基、希臘之借用
埃及古字，於字義全無所取，且僅用作音標，故學者或稱之爲「純
音符」[13]。再如日人所製「假名」，取漢字筆畫而成，無關原字之
義意，亦其類屬。

　　採用「純音符」造成拼音文字系統之民族，隨文化進展所造之
新「詞」（word），皆爲以音示義。較之中國，皆爲不造新
「字」。相形之下，漢字中之假借，可謂爲「準音符」（筆者杜
撰），古之讀如、讀若、直音，乃至反切上下字，宜屬此類。守溫
字母，定某字以代所類之音，則更進一步；至注音符號，始爲純音
符性質。較之歐西，炎黃世裔爲惟一仍在造字之民族。雖新詞恆可
以「衍聲」、「合義」之「複音詞」表之，然如化學原素等亦造新
字。

　　總之，表音、表義文字之取捨存亡，其主要因素決定於語言需
要。不合則改弦更張，相合則雖改不變。

三、漢語之特性

　　漢語爲基本上單音節之「孤立語」或「分析語」（isolating or
analytic language）。古音如何，端賴擬測，徵諸文獻，要爲單音。
所謂「孤立」，則謂單音表義之「詞」，名詞之單數多數，動詞之
過去未來等等，每無形式上之變化，亦即口語時仍變一音，書寫時
亦只一字。例如「美」於英語即有 beauty, beautiful, beautifully 等變
化。是故分析言之，則漢字兼有形、聲、義；合併言之，則漢字爲

---

[13] 許逸之《中國文字結構說彙》，第 114 頁。作者且謂：漢字無純音符，故效
　　率低，亦即不能以一符代全體；然亦因此易於認識。

一形而表一詞。以是西人亦稱之為「表詞文字」（word writing）。以單音表意之詞而配獨體表意之字，其意愈明，其配合可謂密切無間，縱令字形改變，語音轉移，其基本功能隨文化之進展均能調適。此漢字之所以長存而適用也。是以梵語東來，影響僅見於守溫字母及等韻諸端，歐風東漸，亦不足助長所謂之「漢語（或漢字）拉丁化」。

　　尤有進者，任何語言所用之音節皆屬有限。多音節之曲折語，其音節變化較多，反之則少。古漢語韻尾較多，且或有複聲母。其音節已自不多。其後語音簡化，顯見者如入聲韻尾之逐漸消失，遂致為數益少。雖有複音詞之增多，語法之繁化，以資調濟，而尤賴文字以別同音異義之詞。例如今作「國語」或「普通話」之北平方言，諸家先後統計，不論聲調，僅四百左右，附以四聲（陰陽上去），則亦一千四百上下[14]。且以一千四百餘音節之中，有僅表少數詞意者，亦即只含少數字。亦有可表百數以上詞意者，如意、憶、臆、億、義、議、翼、奕等是。若以拼音出之，縱令連綿為詞，亦必混同無別。更何況我國方言複雜，語言統一，固已一蹴難成，即成亦不能眾口如一。

　　學者以為，印歐語族中之梵語（Sanskrit）與漢語，可謂語言中之兩大極端；前者為最純粹之曲折語，後者為最純粹之孤立語[15]。

14　高本漢著，張世祿譯《中國語與中國文》，臺北：文史哲出版社影本，民國七十四年，第 33 頁，謂音節約四百二十；程祥徽，田小琳《現代漢語》，臺北：書林書店，民國八十一年，第 74 － 77 頁之「普通話音節表」所列音節為三百六十八；《國音標準彙編》，臺北：開明書局，民國四十一年，共收含四聲者一千四百二十八；方師鐸《增補國音字彙》，臺北：開明書局，民國五十八年，計列含四聲者一千四百四十。

15　R. H. Robins, *A Short History of Linguistics*, 3 rd ed. , New York: Langman Inc., 1990, p.195（暫譯《語言學簡史》，第 195 頁）。

今日幾成世界共同語之英語，於族內最爲年輕，語音、語法，已極簡化。然以仍屬多音節曲折語，雖三百年來曾有主張淘汰已不發音之字母者，如名作家蕭伯納等「拼法改革家」，終無成就。一則就語音細節而言，不僅人人不同，即同人亦朝夕有異；因而世上難有纖毫畢肖之音標，縱有亦無日常使用之必要[16]。愚意以爲，即拼音字母亦不無以形別義之作用；如英語之 night，knight，同音異義，前爲夜晚，後爲武士，k 雖無音，去之不見簡省，留之未嘗無益。歐人亦有以語音常變，拼音文字頗難亦步亦趨，而思改用表意系統者。如荷蘭人卡芮・詹生（Karel Johnson）與德國教授安度・愛哈克（Andre Eckardt）曾於二次世界大戰後創製一種名爲 Ido 之表形文字，終歸無用；就西人觀之，以形表意，原屬困難，若果易行，即無拼音文字之產生[17]。引申言之，漢字中之象形、指事等「初文」，黃氏季剛略舉爲五百二十，可見造字之不易。何況旣不出於一時一地一人，且需有「約定俗成」之歷史發展。今在拼音系統行之已久且負有大量文化結晶之時，欲求改弦更張，立意雖佳，終不免積重難返之憾。

　　總之，文字因語言需要而生，隨語言需要而長，符合需要則存，不符則滅。一切成熟之文字之系統皆有其長，亦有其短。易言之，皆具科學性而非盡善與盡美。旣難謂唯我獨尊，尤不須妄自菲薄。

四、漢字假借說之發展

　　自《說文》解假借爲「依聲託事」，證之以「令、長」是也，

---

[16] *An Introduction*，第 182 － 184 頁。
[17] 同上書，第三版，第 144 頁。此節於第四、五版中均予刪除。

假借究爲造字或用字，兩說遂成壁壘。用字一說，成於段氏玉裁之《說文・前敘》注：「六書者，文字聲音義理之總匯也。有指事、象形、形聲、會意而字形盡於此矣。異字同義曰轉注，義異同字曰假借。有轉注百字可一義也，有假借而一字可數義也。……趙宋以後言六書者，匈衿狹隘，不知轉注假借所以包括訓詁之全，謂六書爲倉頡造字六法，說轉注多不可通。戴先生曰：指事、象形、形聲、會意四者，字之體也。轉注、假借二者，字之用也。聖人復起，不易斯言矣。」

段氏於「周禮八歲入小學」等文之下，引《大戴禮》與《周禮》而不及班固《漢・志》之文，除以文有先後之分，或亦諱譏先進，於是歸咎於「趙宋以後」淺人。其言似辯而裁，其人高名碩學，宜能取信於人，引爲的論。

主造字說者，《說文解字詁林》所列十八家解說中有侯康。侯氏曰：「假借爲六書之一，製字之時已有之，非用之時始有之也。說文之言假借曰：本無其字，依聲託事，旨哉斯言乎！必明乎其說而後可以得假借之本。……何謂本？製字之假借是也。何謂末？用字之假借是也。二者相似而實不同。製字之假借是本無其字而依託一字之聲或事以當之，以一字爲二字者也。用字之假借是既有此字復有彼字，音義略同而通假合二字爲一字者。以一字爲二字者，其故由於字少。合二字爲一字者，其故反由於字多。故曰相似而實不同也。用字之假借無窮，而製字之假借有定。」[18] 其餘之主造字說者，大體類此。

章氏太炎「轉注假借說」，首駁戴、段解轉注爲互訓之說，自

---

18 楊家駱編《說文解字詁林正補合編》，臺北：鼎文書局，第一册，第931－932頁。

創新猷，前已引述；且亦謂以轉注造字「孳乳日繁，即又爲之節制。故有意相引申、音相切合，義雖少變，則不爲更制一字。此所謂假借也。」厥後章氏講《國學略說》，復加鋪陳曰：「假借與轉注，正如算術中之正負數。有轉注，文字乃多；有假借，文字乃少。一義可造多字，字即多，轉注之謂也。本無其字，依聲託事，如令長是，假借之類也。令之本義爲號令，發號令者謂之令。古之令尹，今之縣令，皆稱爲令。此由本義而引申者。……所謂假借者引申之謂也。」

　　排比章、侯二氏之說，可見二者略同。侯氏謂製字假借乃「本無其字而依託一字之聲或事以當之」；章氏則逕謂「依聲」而外且由所假字之「本義而引申」，此爲二者之小異。前曾述及，章氏之轉注說，既明其造字原理，舉證亦復週詳，足資取信。然先生於論證戴、段誤解轉注之餘，復曰：「元和朱駿聲病之，乃以引申之義爲轉注，則六書之經界慢。引申之義正許君所謂假借。」考朱氏《說文通訓定聲》云：「轉注者，體不改造，引意相受，令長是也。假借者，本無其意，依聲託事，朋來是也。凡一義之貫注因其可通而通之，爲轉注。一聲之近非其所有而有之，爲假借。」[19] 朱氏之解轉注誠遜於章氏，其但舉「朋、來」以代「令、長」爲假借例，差勝許君，但不爲章氏所取耳。然章氏既謂朱氏以「引申」爲轉注則「六書之經界慢」（其意或謂六書之中又有駢枝，甚乃並有七書），而自謂假借即引申則「經界正」，容或令人費解。

　　復次，章氏既謂假借乃造字之法，其理由僅云「節文字之孳乳」，其舉證不外乎令、長、唐、虞、參差等同音假借，於假借造

---

19 《說文通訓定聲》卷首「轉注」條。

字最夥之形聲等類，罕見及之。似亦難厭人意。於是黃氏季剛宏揚
師說，或加闡述，或足未言。今擇二氏要義，已引述者補其未盡，
排比於次，以示端倪。

　　黃氏云：「轉注者，所以恣文字之孳乳；假借者，所以省文字
之孳乳。舉此兩言，可以明其用矣」；又云：「字之正假，只論聲
義，不論字形。凡假字必有正字以爲之根。蓋造字時之假借，全用
同音、同義之例。非如後世寫別字者可比。」[20] 是皆重申師說。其
所謂「明其用」，宜指轉注、假借二者之功用，不必謂二者爲「用
字」之法。其所謂「假借必與聲義有關」者，當指「日在西方而鳥
西」故假爲「東西之西」也。

　　然章氏〈語言緣起說〉謂：「語言者不馮虛起，呼馬爲馬，呼
牛而牛，此必非恣意妄稱也。諸語言皆有根，先徵之有形之物則可
睹矣。……何以言人？人者仁也。……有形者，大抵皆爾。以印度
勝論之說，儀之實、德、業三，各不相離。人云馬云，是其實也；
仁云武云，是其德也；金云火云，是其實也。禁云毀云，是其業也。」[21]

　　謹案：語言之起，荀子〈正名篇〉謂爲「約定俗成」；現代語
言學亦主此論。先生雖不及見今，但知荀說。其所以不取者，蓋以
先生兼通當時西說之故。西方自蘇格拉底至柏拉圖之後，即有語言
出自「擬聲」（onomatopoeia）與「約定」之爭。初時前說盛於後
說，以其近乎常情而後說未成氣候。雖其後由於各種語言交流，其
說頗興。然至十九世紀末仍爲穆勒（Max Muller）所嘲弄。[22] 益以
「凡同音多同義」等概念，故章氏信之不疑。是故其說由來有自，

---

20 黃焯《筆記》第 78，34 頁。
21 《章氏叢書》上册，第 438 頁。
22 《語言學簡史》，第 21－22 頁。

亦非「馮虛起」也。

　　黃氏後起，故其言曰：「名與實本不大相應，故荀子謂名無固宜。」附注云：「謂於此等觀念中，皆可取一而象其德。如日、實也。除實之外，豈無他德。」[23]

　　章氏論轉注、假借，僅曰因前者使文字孳乳日繁，「即又爲之節制」，且其證明主旨，恆以音義相通爲多。黃氏則補充曰：「倉頡所造初文五百二十字，其歸於轉注之例，觸處皆是。不只燕之與乚，丙之與马，屮之與乖已也。」[24] 故其結論爲：「……轉注、假借之例，備於初文；而會意、形聲反居其後」。藉明六書次第雖必先「文」後「字」，而轉注、假借二法則早已貫串其中。

　　章氏以漢語爲單音，故不能採用拼音文字。黃氏則申論曰：「中國語言爲單音，故必以形體爲主。如螽與瑟一音，若依今日注音字母之法爲之，則蟣螽之螽與琴瑟之瑟終古無別也。……文字之有假借，單音發音爲之。以單音爲語言，由語言而製文字，非恐其文字之混亂，以其意義之相亂也。故不得不以形體表其意義也。」[25]

　　基於上述，於同音詞之同義與異義，黃氏亦有持平之論：「中國文字凡相類者多同音，如竹，多生艸也。古音讀如凋。凋多雙聲，多亦有凋意，是也。其相反、相對之字亦往往同一音根，有時且同一字。相反者，如生死、始終、愛惡之類是也。相對者，如天地、父母、男女之類是也。其同一字者，則如落（始、死二義）、息（休息、生息二義）等字是也。」[26] 先生所舉例字，以音韻通轉爲樞機，用以說明漢語之音單節，是以一音可表相同、相反之意，

<hr>

23 黃焯《筆記》，第 49 頁。
24 同上，第 61 頁。
25 同上，第 56 頁。
26 同上，第 47 頁。

誠爲的論。試取任何字典、韻書，乃至古籍中聲韻畢同者排比觀之，自即了了。

　　章氏說字，多及形聲，惟未爲之專立項目。故黃氏曰：「就四體言，有清一代研究象形、指事、會意者多，……研究形聲者少，故形聲今猶未大明。說文列字九千，而形聲居其八九。……蓋古今有聲之字十倍於無聲者也。故文字者，語言之轉變；而形聲者，文字之淵海。形聲不明，則文字之學不明。」[27] 復予申論曰：「形聲之字雖以取聲爲主，然所取之聲必兼形、義，方爲正派。蓋同音之字甚多，若不就義擇取之，則何所適從也。右文之說，固有至理存焉，而或以字體不便，古字不足，造字遂以假借之法施之形聲矣。假借與形聲之關係，蓋所以濟形聲取聲之不足者也。故不通假借，不足以言形聲。顧假借施於形聲愈繁，而取聲本義愈不可得。故假借者，六書之癥疵也。惟凡言假者，定有不假者爲之根；凡言借者，定有不借者爲之本。則此類形聲必當因聲以推其本字。本字既得，則形、聲、義三者當仍相應。」[28]

　　基於上述，先生遂建形聲字「正例必兼會意」與「凡形聲字無義可說，有可以假借說之」之條例。於後者特予示例曰：「祿：從示彔聲。祿者，福也。然彔無福之義，彔與鹿音同，即可借彔之義以說之。蓋古人狩獵得鹿，故示福也。字應作禭。」[29] 於是既立形聲構字之規則，且明造字中有假借。徵之許書，百不失一。

　　民國以來，崇國故而興小學者，章、黃二氏，卓然一宗。絳帳

---

27 同上，第 35 頁。

28 同上，第 39 頁。

29 謝雲飛《中國文字學通論》，臺灣：學生書局，民國五十二年初版。第 384 — 385 頁。

絃歌，遍於海內。迨至大陸易幟，其流風餘緒復盛於臺灣。[30] 良以其條例分明，綱目整列，後學循斯探索，可入坦途。所惜者，章氏治學務大，黃氏天不假年。倘若能於段、朱、王、桂之後，復撰專書，尤當有所啓迪。且彝銘之學興於趙宋，契卜之辭肇於遜清，皆能補秦篆之殘遺，正《說文》之篡亂。然而章氏不信甲、金，謂「宋人持望氣而知之態度以講鐘鼎，清人則強以六書分析之。然則以鐘鼎而駁說文，其失不只偏閫奪正而已。嘗謂鐘鼎款識，不得闌入小學。……專講說文，尚嫌取形遺聲，又何況邈不可知之鐘鼎款識哉。……至如今人譁傳之龜甲文字，器無徵信，語多矯誣。……或者方士之流，僞作欺人，一如河圖洛書之傅合周易乎？」[31] 先生所斥之弊，誠皆有之。但若屑於週覽，辨字析辭，以其碩學，當有破立。惜乎先生務大遺小，不欲探求。然讀其論說，又未嘗不及鐘鼎。曾曰：「象形之字，說文所錄甚多，然猶不止此數。如鐘鼎之θ，即爲說文所未錄者。（鐘鼎文字，原不可妄說。但連環之θ，可由上下文義而知其θ決爲環，經昔人謹愼考定，當可置信。）」[32] 觀乎此，則先生固亦以彝銘補說文之所遺。後人若僅以先生駁斥甲金之語而謂《說文》不得正補，蓋亦未能扣其兩端也。

黃氏講學，於文字例證，亦以《說文》所載爲宗。然亦間及鐘鼎，曾以「鐘鼎以弔唁之弔爲示。今審，古透」，說明聲母之轉移；復解「毛公鼎之『θ』爲『口』」。[33] 於卜辭則曰：「於甲文

---

[30] 黃氏親炙之在臺著有文字學專論者，林氏景伊而外，潘氏重規有《文字學》，臺北：東大圖書公司，民國六十六年初版；高氏仲華（明）《高明小學論叢》，臺北：黎明文化事業公司，民國六十年初版。

[31] 《國學略說》，第 5 ─ 6，21 頁。

[32] 同上，第 9 頁。

[33] 黃焯《筆記》，第 68，21 頁。

者，前時不見『鬼方』之字，竟謂古無高宗伐鬼方之事；後發掘龜
文有『鬼方』字，始信其有。誠如所說，使甲文終已不見，則
《易》之爲書，其僞也乎！」[34] 然先生之致意於探考甲金則見於其
〈與友人論治甲骨金石文字書〉：「近日閒居深念，平生雖好許
書，而於數百年所出之古文字所見未宏。夫山川彝鼎，浚長所信。
今不信其所信，徒執木版鑄刻之篆書，以爲足以羽翼說文，抑何隘
耶……浚長之書，豈非要籍？棗木傳刻，蓋已失眞。是用勤探金石
之書，冀穫壤流之助。近世洹上發得古龜，斷缺之餘，亦有瓌寶。
昔搜尋未遍，難以詳言。倘於此追變易之情，以正謬悠之說，實所
願也。」[35] 惜乎其未竟所願，遽歸道山，未得以甲金之學傳示後來
者矣。

五、魯氏「假借」說

　　魯氏實先，志在史學。遂致力於文、史、星、曆諸端。以文字
爲諸學之根基，於是旁及《說文》，上探古籀；以爲所謂「條例」
者，乃以「條」明其原則，以「例」充其內容，然後能有徵可信。
古人之條例可徵者從之，無徵者爲之正補。因轉注、假借，實爲造
字之樞機，故其《假借溯原》一書，旣以轉注爲導言，復崇章說爲
卓識。

　　其釋「本無其字，依聲託事」曰：「據義求之，若蓋爲覆苫，
則爲等畫，焉爲鳥名，雖爲蟲名……，而經傳並假爲語詞。夫爲丈
夫，女爲婦人……而傳經皆假爲稱人之詞。如此之類，覈之聲韻，

---

34 同上，第 20 頁。
35 同上，第 22 頁。

非它字之假借，求之義訓，非本義之引申。斯正『本無其字，依聲託事』之例，是乃用字假借。其於造字假借，亦有此例。是許氏所釋假借，義失明闢，未可厚非者也」；然以許氏所舉之「令、長」，及書中之「西、朋」等字，或示同義引申，或則字形違古，「而許氏乃合爲同原」，遂引後人誤會。[36] 或則以爲假借爲不造字之造字，或則以爲必與本字義近。

魯氏嘗云：許君博採通人，上徵籒古，所立義例，自有所從。是以其解說之中，即有「假借造字」之證；例若「……口部釋咸曰：『從口戌，戌悉也』。……用部釋庸曰：『從用庚，庚更事也。』……信如所言，……咸所從之戌爲悉之借，……庸所從之庚爲更之借。……此許氏明言造字之借，有此十五字。其於敘文所釋假借，顧不與此相應者，是亦見理未瑩也。」[37]

以往學者言假借，多注目於形聲字中。先生指出，象形字中即已有之；如「鹵」字從西而象鹽形，乃由西之假借義而造字。會意字中有假借；如「氂所從之毛乃尾之借，以示氂牛之尾，𠥓、𠤢、𠤏、卬及𠂤、𠥓所從之𠤢，幷比之借……。合體字中有所含諸文皆爲假借者；如「野」之古文從予聲作壄，而卜辭、彝銘，晏子春秋，呂氏春秋，漢書司馬相如傳均作「埜」。[38]

形聲字聲文多假借，人所皆知。先生則示以「即其形文亦有假借。……面生气之皰，所從之皮乃面之借，……晉竺法護所譯正法

---

36 《假借溯原》，第 29 — 32 頁。
37 同上，第 65 — 68 頁。許書所舉，爲「璊、若、咸、此、庸、𡨄、會、𠥓、寡、𠤢、𠥓、𡈼、禍、壄、𩫏。」按：《說文》甚字從甘匹，曰：「匹，耦也」；望字從月從臣從壬，曰：「壬，朝廷也」；旋字從允從认遂聲，曰：「允，進也」。宜亦同屬。
38 同上，第 136 — 149，207 — 210，206 — 207 頁。

華經卷十有皰字，斯乃皰之本字，亦見於典籍之證。可徵皮面相通，唐以前所經見也。豆屬之登，所從之豆，并借食器之名，以爲朮苔之義，……說文載枝之俗字從豆作豉，此正借豆爲朮之證也。……」[39]

形聲字亦有形聲并借者；如「面黑皮曰皯，皮乃面之借，干乃黰之借。黰從幵聲則又丌之借，以丌爲下基，引申爲卑下之義，足止爲人之下基，故自丌而孳乳爲黰，乃以喻黑皴生於足止也。」……徵之彝器，有屠氏之器則字象人手持刀而剖豬腹，於卜辭則有剢字而爲方國之名，可證篆文之屠所從之尸乃豕之同音假借，所從者聲乃刀之雙聲假借。[40]

假借用字，有以物擬物者，如星之似「箕、斗、畢、彗」者，即以爲名；有以物擬人者，如「屈肘似戟曰戟手，伸足如箕曰箕踞」；有以人擬物者，如「弩機之柄曰臂，其資鉤弦者曰牙，磬之上耑曰股，鼎之下基曰足。」[41]於是魯氏云：「蓋嘗遠覽遐縱，博稽隊緒，而後知形聲之字必以會意爲歸。其或非然，厥有四類。」[42]

本文於略引四類之初，謹案短語。先生嘗謂，前修讀許書而有「形聲包會意」、「會意兼形聲」之說，若是則二者涇渭難明。宜以字中有聲文者作形聲，無聲文者歸會意，庶免此則聲多義少，彼則義重聲輕之解說。其四類之大旨如次：

一曰「狀聲之字聲不示義」；如「玉聲曰玲玲玎琤，……兒泣曰呾哴咷喑，……它若禽之雞、雁、鵑、鵃……。是皆因聲立名，

---

[39] 同上，第 193 － 206 頁。
[40] 同上，第 200 － 206 頁。
[41] 同上，第 196 － 198 頁。
[42] 同上，第 36 頁。

凡其聲文，唯以肖聲，無取本義。」[43]

　　二曰「識音之字聲不示義」又分附加聲文與各從異俗。其「附加聲文者，考之重文，若玨之作瑴，市之作韍…。所謂名從異俗者，……若北野之馬曰駒騋，南越之犬曰獏狡，……它若楚人謂躍曰蹠，齊楚謂信曰盰……。」[44]

　　三曰「方國之名聲不示義。通檢殷虛卜辭，及殷周之際吉金款識，所記方國之名其別有本義者，多別增繁文，構爲形聲之字，以見爲方域之專名。…。以其初文非爲方國而設，此後世之增益形文，以構爲形聲字者，其聲文固無方國之義。」[45]

　　四曰「假借之文聲不示義」，《說文》除已標舉「咸、庸」等十數字外，餘仍十居八九。魯氏《假借溯原》乃就兩途以考假字之根源。其一爲求之於重文、傳注，證之以卜辭古器與先秦漢晉之文。其見之重文者，「若朎之或體作阢，語之籀文作誩……兀於金文爲從大無首之省體象形，亦或從戉爲聲以象大斧截首，審形考義，則兀當以斷首爲本義。……以兀爲斷首，故自兀而孳乳爲斷足之阢」，故知從月聲者乃借以代兀。……鬲於漢另作歷，無以象鼎鬲之形，厤乃鬲之借……」；「徵之轉注，若禱禂俱從壽聲，以示祈求福壽，其作訓或詷，州由貳聲皆壽之借」；證之甲金古籍，如「宜於卜辭作冤」，「卜辭有各徎二字，……作各者乃徎之初文」，彝銘有「鈇」字，「從舍夫聲，所以示人之止息而申展自如，篆文作舒者，予乃夫之借」。本文以此類所舉諸例凡四五百條，惟能略引一二，以見大概。[46]

43 同上，第 36 ― 39 頁。
44 同上，第 39 ― 45 頁
45 同上，第 45 ― 65 頁。
46 同上，第 136 ― 193 頁。

　　探求合體字中何爲假者成分之另一法，則爲就聲韻之相通而復取其形義相合者，以見「聲必兼義」之旨。是亦黃氏季剛所云之「正例」也。魯氏曰：「考說文口部云：嘾，含深也，從口覃聲。又云：哨，不容也，從口肖聲。又云：喁，魚口上見，從口禺聲。辨其釋義，則知哨與禾部之稍，女部之娋，所從肖聲，幷小之假借。……喁從禺聲，乃魚之假借。……如此之類，無俟深思諦論，一望而知其爲假借造字者矣。循是鉤稽，若黃牛虎文爲㹩，余乃虎之借。牛駁如星爲㹀，平乃星之借。三歲牛爲犙，參乃三之借。……凡此皆雙聲相借，或兼古韻旁轉與對轉者也。」[47] 以此類之例，尤多於前，亦不過引其千中之一二。

　　六書「轉注」，非本文篇幅所能兼容。以其與假借如車之與輿，鳥之有翼，敬引數言，以示大略。

　　魯先生因章氏「轉注」說邁越前修，從而考之甲金古籍，論曰：說文所云「建類一首者，謂造聲韻同類之字，出於一文。其云同意相授者，謂此聲韻同類之字，皆承一文之孳乳。轉謂轉迻，注謂注釋，故有因義轉而注者；有因音轉而注者；此所以名之曰轉注者也。其因義轉而注者厥有二途。其一爲存初義，以別於假借與引申。其二爲明義訓，以別於一字兼數義。所謂存初義者，以初文解爲它義，或引申爲它名，因別造新字，必與文義相符。若聿、其、因、而、然、亦、且借爲語詞，故孳乳爲筆、箕、愷、捆、肰、爇、掖、祖。……東南西北借爲方位之名，故孳乳爲㯐㯱棲背。……所謂明義訓者，乃以語多同音，是以字或數義。聚其義訓，非一字之引申，審其形聲，非它文之假借，爲免義訓相殽，因復別構

47 同上，第 71 － 136 頁。

一字。若嘽之別義爲喜，故孳乳爲喘。啻之別義爲語時不啻，故孳乳爲諟。嘆之別義爲大息，故孳入爲歎。邊之別義爲形輕，故孳乳爲蹻……。

「文字所以寫語言，語言有古今之異，有方域之殊。蓋據中夏雅言以構文字，雖有時經世異，地阻山川，以其語出同原，大抵音相鄰近。其有遷移，則必韻變而存其聲，或聲變而存其韻。以故其因音轉而孳乳之轉注字，有屬雙聲者，有爲疊韻者。雙聲或爲發聲同類，非必聲紐相符。疊韻或兼對轉相通，無庸韻部一律。若詳之與禎，琱之與琢，蘧之與菊，蒬之與茜……。

「夫以轉注爲造字之本，始見劉向七略（引見《漢書‧藝文志》），必爲傳自先秦。許氏以建類一首，同義相受釋之，是如釋會意、形聲之比，皆爲造字模規，非謂說文義例。論者乃據許書之互訓及其分部以言轉注，亦若許氏所釋轉注，獨爲編纂亦義法。苟如所言，則與許氏所示象形、指事諸例，恉趣縣殊，豈其不倫，以至如此。矧夫許書義訓，固多疵訧，所列部居，復有舛誤，而乃昧於文義，拘守說文，以索造字之恉，宜其議訟多家，無一得其通解也。」[48]

以上所引各書原文，格於篇幅，益以才疏，要皆掛一漏萬。自知有買櫝還珠之病，但不敢存斷章取義之心。且先生嘗云：舉例須週，條理方顯，不可就輕避重，否則片言孤證，亦可自命爲條例。是故文中所舉，非之者容有二三，仍當能證其合理。故祈讀者，參佐原書，不爲拙作所誤。

總之，漢字「假借」發展至今，其過程要如先正宿儒之所闡

---

[48]《轉注釋義》，第 1 － 2，25 － 26，31，94 － 95 頁。

述；而未來之整體發展，宜不出四體六法之範圍。

六、結　語

(一)、假借出於「本無其字」之權宜

　　「假借」之法，施於用字，或可暫「節文字之孳乳」。然一旦某字被假，至少亦形成一字而兼二義，亦即一字而表二「詞」。爲免涇渭混淆，恆即別爲造字，今姑取段玉裁《說文・前敘》假借條下注文例之。段氏謂來、烏、朋、子、韋、西六字，「則假借之後，終古未嘗制正字」，意即其餘多有正字矣。是以假借之起源，宜不在所謂之「節孳乳」。良以文字難造，否則漢字將無假借一法，西文亦不致取法拼音。旣已「本無其字」，於是姑借音同義異之字形以代未造之字也。章氏所云之「節孳乳」，蓋在明其有此功能，宜非謂其起因所在。

(二)、假借之可能性在於「依聲託事」

　　所謂「假借」者，專指文字，不指語言（口語），實乃由於語言之本質。語言之始，意表於音。及至造字，雖則以形示義，然其以音表義之作用仍亦隱寓其中。是故初文之作，無論中外，皆融義與音形於一爐，是爲形、音同表詞義之理想方式。迨至「庶業其繁」之際，文字需要日增，兩全之道難爲，遂復取以音示義之便。對於本無其字，或有而不知者，出以依聲託事之法。易言之，假借之所以可能，仍以語音爲基礎。然其最佳方式，自爲形音兩全。故僅就形聲字而言，是乃黃先生所謂「正例」，亦魯先生所謂之「必以會意爲歸」。易言之，造字當以此屬爲本。

　　然以漢語多單音而一音表數意，造字者由不得已或取權宜，乃

至信手拈來，專求快捷，遂有黃先生所謂之「癰疽」，而魯先生則躬爲董析，以明形聲字於己兼會意與本字顯然者外，復有前文所述之四類。或則反而言之，除此四類之外，皆爲聲必兼義之列。[49] 良以形聲字中之純乎假借而聲不示意者亦自不少，如「朋」乃貨貝之單位，金文假作「倗」字之聲文，固亦無所兼義。總之，假借造字經魯先生析理而「條」明「例」顯，綱舉目張。然先生亦於所撰專書之後，仍曰：「假借造字，其數兼千，未能悉計」。[50] 是則有待乎來者之踵繼也。

(三)、附言

週覽前賢之論，研討文字本源，當溯秦篆而上。然若欲窮其流變，宜亦下及當今。庶乎上索下求，方得包羅今古，不遺俗字，而後可以使正者行而非者止。

又海內外之說漢語、用漢字者，爲數十億有餘，宜居世界各種語言、文字中用者眾多之首。然文字構造之學，尚未遍行於國內。西方有識之士雖由十九世紀之鄙之爲「兒語」、「幼稚」漸知其實爲進步，然一般流行之語言學教本，仍自詡以廿六字母可拼數十萬詞，大勝於國人「僅」識五千漢字「即」可閱讀書報。[51] 是以如何使文字之學能遍及於寰海內外，宜有待吾人之共舉。

---

49 蔡新發，「形聲多兼會意與必兼會意之辯」，見「魯實先生學術討論會論文」稿，民國八十一年十二月二十日舉行於臺北市。

50 《假借溯源》，第 258 頁。

51 *An Introduction* 第五版，第 372 頁。該書頗爲我國院校用爲教本，然自其第二版至第五版均有此語。

談治説文學與治古文字學之關係

王初慶

前　言

　　自古文字學之研究興起以來，由《說文》以小篆爲中心之文字系統往上延伸，爲文字研究上一大幸事，固爲不爭之實。然自薛尚功《歷代鐘鼎款器款識法帖》以降，鐘鼎文之研究成爲小學一枝；甲骨學興起後，孫詒讓之《契文舉例》開以甲骨文作學術研究之先導，羅、王諸氏繼有發明，以之作古史研究，而羅振玉《殷虛書契考釋》有「文字」一篇，一可以正《說文解字》之誤，二可以輔金文之研究，開古文字學之先導，沈兼士爲容庚《金文篇》序嵩；亦主張：

> 居嘗謂現代治文字學者之先務有二事：一以卜辭金文參驗《説文》以索形體之原始，斯學吳大澂、孫詒讓、羅振玉、王國維四家已引其端緒；一以古代字書傳注所載之音訓參驗《説文》以探語言之根株。……合斯二者以究古代古字之語言之系統，庶幾得所憑藉，可免摘埴冥行之虞矣。（《沈兼士學術論文集》頁 325）

楊樹達兼治甲骨、金文之學，則謂：

> 彝銘之學，用在考史，不惟文字，然字有不識，義有不究，

　　　　而矜言考史，有如築層臺於大漠，幾何其不敗也。（《積微
　　　　居金文說・自序》頁1）
是知甲、金文之學，必與《說文》學相結合，方能相得益彰，進而
探索古籍古史，不致憑空穿鑿。

　　近年來，在大陸上，出土文獻不僅在文字研究上爲一大盛事，
更延伸到於文獻典籍上之重新認知，則由馬王堆帛書老子首開其
風，學術界蔚爲勝事；然如不能先從識字之工作入手，其他之研究
皆無從下手。此古文字研究發揮關鍵作用，不再屈居小學之一隅；
學術界亦必須正面重新評估古文字學之價值，更爲必須面對之事實。

　　但是在實際之學術環境上，文字之研究仍爲整體學術人口中較
爲微弱者。在已嫌單薄之文字研究群中，又以從事傳統文字研究者
（自小篆以降）更爲薄弱，此爲有識者一直在各種場合提醒學術界
注意者。謹藉此次文字學學術研討會提出筆者淺見，就正於方家。

　　在最近幾次文字學全國學術研討會之論文中，或許是因爲材料
的關係，有關古文字研究之論文逐漸增加，但似乎多半尚在文字辨
識上作工夫。如何打通古文字學與文字學之任督二脈，替二者做找
到更清楚之聯結，尚賴彼此多加深思。

壹、《說文》所顯現者不乏漢代文字觀

　　《說文》雖云「今敍篆文，合以古籀」，建立以小篆爲中心之
文字系統；首創部首，據形系聯，不相雜廁。然其釋形釋義，往往
所顯現者實不乏漢代之文字觀，此爲不必爲之諱者。故於「璂」下
別出「朝」云「瑱或从耳。」「瓚」下別出「璨」云「瓚或从
基。」（皆見一上玉部）[1]，於俗體則曰：「扇：俗肩从戶。」（四

下肉部）「𥱊：俗𥸸从竹从替。」（八下𥸸部）「醫」下則別出
「𥱊：今文省。」（十上鷹部）所謂「或作」、「俗作」、「今
文」皆爲當時併行之字體。又於一義於地域不同而顯之多形，則
云：「喧：朝鮮謂兒泣不止曰喧，从口宣省聲。況晚切。」「哫：
秦晉謂兒泣不止曰哫，从口羌聲。丘尚切。」「咷：楚謂兒泣不止
曰噭咷，从口兆聲。徒刀切。」「喑：宋齊謂兒泣不止曰喑，从口
音聲。於今切。」（皆見二上口部）在《說文》中所在多有。

其釋義除往往以音訓外：如「頁：顛也。」（一上一部）；
「禮：履也。」（一上示部）又遇數字干支五行所用字多以陰陽五
行之概念詮釋之者。如

　　　𠄞：五行也，从二，陰陽在天地間交午也。（十四下五部）

　　　甲：東方之孟陽气萌動，从木戴孚甲之象。一曰：人頭空爲
　　　　　甲，甲象人頭。（十四下甲部）

　　　子：十一月陽气動，萬物滋，人以爲偁，象形。（十四下子部）
前人論之者詳矣。

至於許書所引之通人說，引漢人觀念者，亦不乏其例：如：

　　　王：天下所歸往也。董仲舒曰：「古之造文者，三畫而連其
　　　　　中謂之王。三者，天地人也；而參通之者王也。」孔子
　　　　　曰：「一貫三爲王。」（一上王部）

　　　心：人心土藏，在身之中，象形。博士說以爲火藏。（十下
　　　　　心部）

所引「陰陽五行說」、「音訓」、「董仲舒曰」、「博士說」，皆
可証許書所列文字觀，受漢人影響頗大。

1　文所引說文，爲平津館本大徐本（世界書局華文叢書第二輯），爲列印方
　便，篆體字形採用逢甲大學光碟版《說文標篆體》。

　　是故以許君之旨，固在「今敘篆文，合以古籀。博采通人，至
於小大，信而有證，稽譔其說。將以理群類，解謬誤，曉學者，達
神旨，分別部居，不相雜廁，萬物咸睹，靡不兼載。」而大量漢人
之文字觀念亦間廁其間，實無從避免者。此其人處其時，爲學術風
尚之所影響，勢在必然也。即使以《說文》所引之古籀言之，有得
以孔壁及民間獻書之古文，有得自史籀大篆，亦或得自郡國山川出
土鼎彝之銘文者，然究在少數，是故自古文字學興起後，往往以
《說文》古籀有不足而爲之補者，如吳大澂，丁佛言、強運開諸人
之作是也。

貳、古文字學可以補正《說文》形義之闕

　　以古文字學，不僅可補《說文》古籀之不足而已，更可補正
《說文》形義之闕。且就各字及其相關之字爲例。《說文》云：
　　　哥：異辭也，从口夊、夊者有行而止之，不相聽也。古洛
　　　切。（二上口部）
徐灝《說文解字注箋》曰：
　　　灝案各古格字，从夊，弋有至義，亦有止義，亦訓爲止矣。
　　　阮氏《鐘鼎款識》：〈宗周鐘〉：「用昭各丕顯祖。」〈舞
　　　專鼎〉：「王各于周廟。」〈頌鼎〉：「王各大室。」
　　　（《說文解字詁林・二上・口部，頁637》）
然《說文》云：「格：木長皃。」（卷六・木部）而于省吾謂：
　　　甲骨文各字初形作凸或凸，後來作凸或凸，最後變作凸或
　　　凸。最後之形，周代金文因之。凸字上從夊，象倒趾形，下
　　　從凵，即說文的凵字（口犯切）。典籍通作坎（詳釋遘）。

凷字象人之足趾向下陷入坑坎，故各字有停止不前之義。典
籍各字通作格，《小爾雅・廣詁》訓格爲止。此外，典籍每
訓格爲至爲拒。均與止之義相因。又甲骨文出字作凵也作
凷，這和各字只是所從之止有向上向上之別。……各字之形
象足陷入坎，故其本義爲停止；出字之形象足自坎出，故其
本義爲上出。各具出的形義相反而相成，可以互驗而知其造
字的由來。」《甲骨文字釋林・釋各，頁398》

李孝定先生則以爲：

各字金文習見，多用來至之義。其字從夊以示行來，從凵若
廿以示居處，古人多穴居，與囧字凷字可以參証。……來至
之義，當以各、方爲本字，而格爲通假。」（《金文詁林讀後
記，頁26》）

謹案：《說文》曰：「屮：進也，象艸木益滋上出達也。」（六下
出部）就《說文》所載本義論之，「各」爲異辭，「格」爲木長
，「出」爲艸木益滋之出達，三者似不相關；然經由古文字之檢
證，則「異辭」爲假借義；「各」經假借之後，遂以「格」爲
「各」，故朱子、陽明二家釋〈大學〉「格物」，或訓爲「至」，
或訓爲「來」也。而「出」與「各」，則一正一反，以「出」示
「足自坎出」而非「艸木益滋上出達也」，固以古文字學之成果可
以正《說文》形義之失，亦爲當今文字學界公認之事實。

　　他如「卩」之本義並非「瑞信」（九上卩部），是以「卯」
《說文》云：「二卩也，巽從此，闕。」於「卩」則云：「卩也，
闕。」於其音義皆不敢確然。而李孝定先生以爲：

按卩字契文作卩，金文作卩，其形略同，象人跽之形，乃跽
之本字，許君說解乃後起「節」之本誼，許君說解乃用周禮

掌節文，而禮文作「節」，是許君以借義說字也。（《讀說文記》頁 226）

而「㔾」字，李氏則指出：

許君不知古文反正無別，而知从㔾與从㔿者義同，故云然耳。二者實爲一字，音義並同。（《讀說文記》頁 227）

此皆可以古文字之理輔《說文》之不足也。

參、古文字之學不得取《說文》而代之

以古文字學既可補正《說文》，然可否以之取而代之，以爲研究文字入門基礎之知識？則期期以爲不可。蓋如前述「各」、「㔾」諸字，故可以古文字補正說文字義、字形，而《說文》所誌形義上承自甲金文者，亦所在多有，如「一」、「天」、「示」、「玉」諸字，凡此之類，皆可作爲研討古文字入手之津梁，不可以其小疵而掩其大醇。此其不可一也。而就《說文》九千三百五十三字言之，古、籀、篆之字形雖云一脈相承，而其字數並非相當。由秦時〈三蒼〉之三千三百字，上推〈史籀篇〉，其不出三千字可知也。而目前已經確認之甲金文字數，自亦不能符《說文》之數。此其不可二也。

以古文字與《說文》俱有之字言之，固或承之、或補之、或正之，然《說文》往往爲後世字書之源，即或其所云非正義，而代代相承之，甚或有《說文》之義亦廢而不用，代之以後起概念者，所謂「約定俗成謂之宜，不薄今人愛古人。」吾人當力挽狂瀾，非更之以正義；抑或雖明其古義但不可失今義乎？此亦不待辨而明。此其不可三也。爲明其不爲虛言，謹舉數例：

如《說文》云：

　　丕：鳥飛上翔不下來也，从一，一猶天也。象形。（十二上
　　不部）

然容庚以爲：

　　甲骨文作个、爪、爪、爪、爪、爪，金文作丕、爪、爪、
　　爪，與鳥形不象，故或訓爲《詩·常棣》：「鄂不韡韡」之
　　不。〈鄭箋〉云：「不當作柎，柎，鄂足也。」（《中國文
　　字學·義篇》頁43左）

如是則就不之本義言之，「不」應爲象花萼蒂之「柎」之象形字，
作否定之不實爲假借。

而《玉篇》云：

　　不；甫負、府牛二切，鳥飛上翔不下來也。又弗也、詞也。
　　（卷二十六，不部第四百十四，頁482）

除以《說文》義爲正義外，又加入「弗也，詞也」之義。至《字
彙》則謂：

　　不：博木切，音卜，非也，未也○又敷勿切，音弗，與弗
　　同○又俯九切，音否，與否同○又敷救切，否去聲，義同○
　　又方鳩切，否平聲，夫不雛也，亦作鳩鵏○又房鳩切，音
　　浮，姓也。《晉書》：「汲郡人不準。」○又芳無切，音
　　孚，與柎同，花下萼足也。《詩·小雅》：「棠棣之華，鄂
　　不韡韡。」〈鄭箋〉云：「承華者鄂，不當作柎，柎，鄂足
　　也。」○又叶馮無切，音扶，〈古日出東南隅行〉：「使謝
　　謝羅敷，還可共載夫？羅敷前致辭，使君亦何愚；使君自有
　　婦，羅敷自有夫。」○又叶補美切上聲，《荀子·賦篇》：
　　「簡然易知而致有理者與？君子所敬而小人所不者與？」

（子集一部頁 24）

除以「非也，未也」爲本義，「與弗同」爲第二義外，已不見「鳥飛上翔不來之說。至於「鄂足」之本義，則賴文獻之義項仍能保留。至《正字通》，除以《字彙》爲基礎，在音義上藉文獻諸多發揮外，末節則曰：

> 《說文》小篆作「丕」「鳥飛上翔不下來也，從一，一猶地也，象形。」孫氏方久切。按此說曲而不通，非不字本義。
> （子集上，一部頁 4）

完全揚棄《說文》所載之形義。是知文字形音義之演化，有不可拘以原始形貌而不變之理也。又如何以古文字之形義刊正《說文》，乃至於《說文》以後之字書耶？

又如《說文》云：

> 卯：事之制也，從卩㔾，凡卯之屬皆從卯。闕。
> 卿：牽也。六卿：天官冢宰，地官司徒，春官宗伯，秋官司寇，冬司空。從卯皀聲。去京切。（九上卯部）

而李孝定先生於「卯」下云：

> 然古文嚮、饗、卿同字，皆作𦖞。至「事之制也」一解，蓋公卿立朝，賓主皆嚮，皆有揖讓進退之義，古引申得有此義耳。

又於「卿」下曰：

> 卿字从卯从皀，皀亦聲。卯即嚮之本字，卿即饗之本字，用爲公卿字，假借也。（二引皆見《讀說文記》頁 228）

此以古文字正《說文》之形義而無疑義者，蓋許氏既誤解「卩」字，與「卩」相關之字，往往或誤解其形，如「卬」；或誤解其形義，如「卯」、「𨤏」、「卿」、「𦖞」等。然就後世字書之形義

論之。則《玉篇》云：

> 卯：子兮切，事之制也。《說文》音卿。
>
> 卿：去京切，漢置正卿九，太常、光祿、太僕、衛尉、廷
> 尉、鴻臚、宗正、司農、少府。（卷二十八・卯部第四百三
> 十九，頁52）

於「卯」取《說文》之義而不取其音。於「卿」字不引「牽也」之
義，而接以漢之「九卿」代入《周禮》「六卿」。而「𨛜」爲「鄰
道」，「鄉」爲「國離邑」，各以其後起之義代本義，吾人日用
之，往往不知其本義另有所本也。似又與許書「就其本形、求其本
義」之旨不符。由是觀之，就《說文》與古文字俱有之字以古文字
學輔佐《說文》以明其本形、本義之工夫，就文字之

研究者言，自亦不能偏廢。惟古文字學並不能取《說文》而代
之。

肆、《說文》闡明古今文字之變

由〈說文解字敘〉中，可清楚看到許氏就己見所陳述之古今文
字演變；文字之初創：

> 倉頡之初作書，蓋依類象形故謂之文，其後形聲相益即謂之
> 字。

繼而：

> 以迄五帝三王之世，改易殊體；封于泰山者，七十有二代，
> 靡有同焉。

繼而：

> 及宣王太史籀著大篆十五篇，與古文或異。

繼而：

> 其後諸侯力政，不統於王，惡禮樂之害己，而皆去其典籍。
> 分爲七國，田疇異畝，車涂異軌，律令異法，衣冠異制，言
> 語異聲，文字異形。秦始皇初兼天下，丞相李斯乃奏同之。
> 罷其不與秦文合者……皆取史籀大篆，或頗省改，所謂小篆
> 是也。是時秦燒滅經書，滌除舊典，大發隸卒，興役戍，官
> 獄職務繁，初有隸書，以趣約易，而古文由此絕矣。

其云古、籀、篆之變，故有不盡苟同者[2]，於隸書之時代亦有歧異[3]。然文中所指出流變之方向，實爲不爭之論。而此一關鍵，固爲《說文》以前之字書從未慮及於此者。是以諸如〈史籀篇〉、〈倉頡篇〉皆爲將當時習用之字，編成四言或七言之韻語，以便於學童誦讀[4]而已，而〈急就篇〉雖已有類似衣服爲一部，名物爲一部之器物分類，仍重在字形之辨識尚未見其流變。是故前乎許書者，雖或汲汲於字形之辨識，既未及其義，於字形結構之理，古今變化之由，不僅不遑關注，甚或指其根本不知文字之有古今南北之異，亦未爲過。而如《爾雅》、《方言》，雖於字義古今南北之變分類羅列，又不論及字形之理。文字理論之研究，實始乎許書，所謂「正其本，清其源」，寧有疑義乎？如「趕」爲「从走巳聲」，別出重文「起」曰「古文起从辵」（二上走部），則文字之演化有易其形者焉。「迹」爲「从辵亦聲」，而別出或體「蹟」从足責，又出「𨒪」云「籀文迹从朿」（二下辵部），則文字之流變有數易其聲者也。「蟁」之形爲「从䖵蟲省聲」，下出重文「䘇」曰：「籀文

2　如王國維氏所論之〈史籀篇證序〉及〈戰國時秦用籀文六國用古文說〉。

3　如唐蘭《中國文字學》。

4　參見段氏〈說文敘注〉。

融不省。」（三下鬲部）則文字之簡化省聲者有焉。「敗」從攴貝，別出「貶」曰「籀文敗從賏」（三下三十七攴 126），則文字之簡化省形者亦有焉。「棄」為「從𠦃推𠦻棄也，從㐬，㐬，逆子也。」，別出二重文曰：「𠚤，古文棄；棄，籀文棄。」（四下一𠦻 160），則文字之流變亦有增繁者焉。

　　「櫱」從木獻聲，別出「𥝩」或從木辥聲，又云「𣎳」，古文，從木無「辛」，亦古文。（六上木部），則文字由「𣎳」而「櫱」。又為「櫱」、「栓」，明其由象形而形聲，為配合語言之變化，有數易其聲符也。如以古文字之成果以證許書，則其文字流變之現象益可彰顯。如《說文》云：

　　　　四：陰數也，象四分之形，凡四之屬皆從四。𦉭：古文四。三：籀文四。（十四下四部）

馬敘倫以為：

　　　　曹籀曰：四𦉭皆涕泗字，象鼻中有泗，三乃數名。（《說文解字六書疏證》頁 3619）

李孝定先生則謂：

　　　　契文金文均作三，與籀文同；積畫成數，乃指事字。至小篆、許書古文則為假借，丁氏以四息字說之，馬氏則說為涕泗字；徵之字形，似以馬說為長。（《甲骨文字集釋》頁 4161—4162）

綜合馬、李二氏之說，則四為為數之名本作「三」，有甲金文為證。而《三字石經》或作「三」「四」，〈石鼓文〉則只作「四」，則今之「四」字為假借字不為本字明矣。又許書曰：

　　　　五：五行也，從二，陰陽在天地間交午也。凡五之屬皆從五。乂：古文五省。（十四下五部）

于省吾云：

> 按《說文》五之古文作╳，與古陶文、古化文合。《說文》
> 所引古文乃晚周文字，固未可據以爲初文也。晚周古文有與
> 契文合者，如子禾子釜歲字作㦮，祧兩周而接武於殷，然猶
> 可謂曰變例，非常軌也。凡若干紀數，均可以積畫爲之，惟
> 積至四畫，已覺其繁，勢不得不變繁爲簡，於是五字以╳爲
> 之。若初文本作㐅，雖亦爲四畫，然結構已複，較積五畫爲
> 五，尤見其難，⋯⋯由╳而㐅者，上下均加橫畫，以其易與
> 乂之字作╳者相混也。契文乂字數見，均作╳，自交叉處分
> 之，上短下長。（《殷契駢枝三編・釋一至十之紀數字》頁
> 66）

以于氏之論，則由古文「╳」變爲小篆之「㐅」，乃別異而加形之
所致。固古陶文作「╳」，至甲文則已作「㐅」、「㐅」，亦有積
畫作「三」者。則解爲「五行」也者，自非字之本義亦明也。如僅
墨守《說文》篆體爲本形，或推翻《說文》形義而以古文字之見爲
得者，皆可謂昧乎許君之本旨者也。

伍、《說文》所誌形義未必等於今形今義卻為求本形本義之宗

　　《說文》旣明古今文字之變，然漢代以後，文字之流變並未告
一段落。自唐代以楷書正字，漢字於形之規範雖可謂粗定，然語言
之變化仍在焉，字義之引伸、假借仍在焉，音義旣變，則字形焉得
不受其影響？又所謂「約定俗成」，於文字之形亦不無變革。以
《說文》所誌形義未必完全符合今形今義之理也，然欲推字之本形

本義，仍不得不以《說文》為宗。是故段玉裁釋「气」、「氣」為古今字，又以「乞」為「气」之假借。（《說文解字注・一上气部》頁20）徐鍇知《論語》之「翼如」為假借，而《說文》所云：「𧼩：趨進?如也，從走翼聲。」（《說文繫傳・通釋第三走部》頁15反面）為其本字也。朱駿聲可「通其可通之轉注」，「通其不可通的假借」（林尹《文字學概說》頁41），皆以《說文》為圭臬。

　　固然，經古文字回歸甲、金文形義之檢證，《說文》所誌形義又或於卜辭、銘文中有出入者。如《說文》云：

> 公：平分也，從八從厶，音司；八猶背也，韓非曰：「背厶為公。」古紅切。《二上・八部》

然「公」於甲文作「公」（前2、37）、「台」（甲1778）等形，於金文作「台」（盂尊）、「公」（毛公鼎）等形，皆不從「厶」。朱芳圃釋甲文之形：

> 象侈口深腹圓底之器，本義是瓮。（《殷周文字釋叢・卷中》頁94）

李孝定謂：

> 契文所從之口，於古文中有口耳及器形二義，至公字契文從口，顯為「○」之形訛；金文公字所從之「○」，則為「呂」之省，呂則「宮」之古文，「公」字從此，當以之為聲耳。至其字何以從「八」，則不可解，亦惟守蓋闕之義耳。小篆公字從「厶」，許君解為姦厶字，此字不見於甲骨文，不知起於何時？「自營為厶」之說，亦頗曖昧；其篆形與「㠯」字近，頗疑假「以」為之，而二字聲音均隔，不敢臆斷。惟古文公字所從之「○」，決非姦厶字可知也。
> （《讀說文記・第二卷》頁19）

惟「厶」字於甲、金文中雖未見，在《說文》中卻明載其義焉：

> 厶：姦衺也，韓非曰：「蒼頡作字，自營爲厶。凡厶之屬皆從厶。息夷切」（九上厶部）

即或《說文》所誌「通人說」未必爲字之本義，然「姦衺」之義已爲其時所公認當無疑義。又「厶」既爲部首，而以之爲形者二：

> 篡：屰而奪取曰篡，从厶算聲。初宦切。

> 衺：相誘呼也，从厶從衺。與久切。。（九上厶部）

以厶爲聲者亦有之，如：

> 玼：石之似玉者，从玉厶聲，讀與私同。息夷切。（一上玉部）

> 私：禾也，从禾厶聲，北道名禾主人曰私主人。息夷切。（七上禾部）

則「厶」之形不可謂韓非臆造。而「公」、「厶」二字，韓非所謂：「蒼頡作字，自營爲厶，背厶爲公。」之說，既爲後世公認，許君採入其書，似不可以「厶」甲、金文所無，「公」與甲、金文不同而非之而已。又如前節所述，以甲、金文有限之字數，實不能與《說文》之字數相符，《說文》有之，而於甲、金文未見，亦無足爲奇也。再者，「公」之字形即或與甲、金文不符，是否可能爲「同形異字」？尚有可斟酌者焉。如柳宗元〈袁家渴記〉之「渴」，已非《說文》釋爲「盡也」之「渴」也。是故欲求諸文字之本形本義，必先本諸《說文》焉。

結 語

《說文》之所誌固然未必可據之以古文字之本形、本義，就古

文字之學之研究成果往往可予以補正，此《說文解字詁林》列出第九類之用心也。於丁氏之後，古文字學之研究益加蓬勃，可取與《說文》互補者尤多。

　　古文字學之發展固與《說文》學各自異路，然所謂「補正」、「互補」也者，必先治古文字者心中有《說文》之架構存焉。而《說文》所誌雖未必爲文字本形、本義，然治先秦文獻，《說文》仍有其不可取代之價值。如《說文》頁部云：

　　　　頌：皃也，从頁公聲。余封切，又似用切。（九上頁部）

然《周禮》注「詩六藝」之「頌」曰：

　　　　頌之言誦也，容也，頌今之德，無以美之。（《周禮正
　　　　義》，頁356）

〈詩大序〉云：

　　　　頌者，容也，美盛德之形容，以其成功告於神明者也。
　　　　（《詩經正義》頁19）

又鄭玄〈頌譜〉謂：

　　　　頌之言容，天下之德，光被四表，格于上下，無不覆燾，無
　　　　不持載。此之謂容，於是和樂興焉，頌聲乃作。（《詩經正
　　　　義》頁703）

似皆與《說文》之訓不符。是以段玉裁指之鄭、毛二家之傳經：

　　　　此皆以容受釋頌，似頌爲容之假借字矣，而〈毛詩序〉曰：
　　　　「頌者，美盛德之形容，以其成功告於神明也。」此與鄭義
　　　　無異而相成，鄭謂德能包容故作頌，序謂頌以形容其德，但
　　　　以形容釋頌而不作形顏，則知假容爲頌，其來以久。以頌字
　　　　專系之六詩，而頌之本義廢矣。《漢書》曰：「徐生善爲
　　　　頌。」曰：「頌禮甚嚴。」其本義也。曰：「有罪者當械者

曰頌。」此假頌爲寬容字也。（九上二頁 420 頌下注）

而阮元〈釋頌〉由《毛傳》之「容也」又據《說文》釋頌爲「皃」，而直指「頌」爲「樣子」，爲「舞容」，正鄭、毛以下之誤，可謂善用《說文》者矣。而以「容」作「皃」字解，則亦非《說文》之本義。蓋《說文》云：

> 容：皃也，從宀谷聲。臣鉉等曰：「與谷字所以盛受也。余封切。（七下宀部）

徐鍇謂：

> 此但爲容受字，容貌字古作頌也。《說文繫傳通釋第十四·頁五宀部》

徵諸典籍，《孟子》曰：

> 日月有明，容光必照焉。（盡心上）

趙歧注：

> 容光，小郤。言大明照幽微。（焦循《孟子正義》頁 539）

是知「容光」之「容」乃字之本義。然《孟子》又云：

> 舜見瞽瞍，其容有蹙。（萬章上）

已將「容」作「容儀」也。故《玉篇》謂：

> 容：俞鍾切，容儀也。（宀部一百三十八頁 213）

直釋「容」爲「容儀」而不作「盛」義解。《字彙》則以爲：

> 容，以中切，音庸。儀容，又盛也，受也，包函也。（寅集·宀部，頁 116）

兼取《說文》、《玉篇》。至《正字通》，除以「儀容」爲本義外，末云：

> 《說文》：「盛也，從宀谷。」徐鍇曰：「與谷字所以盛受也。」按徐說專訓容受，與形容、容儀之義難通。（寅上·

宀部頁 270）

甚至懷疑《說文》於「容」字之本訓。故由小學以通經，《說文》
之本訓固有其不可抹滅之價值，而後世義訓之轉變亦不可忽略，此
皆單由古文字入手不得其門焉。

　　本文反覆所云，可謂「老生常談」，雖皆不出前人已有之範
疇，筆者於古文字學之知識更爲淺薄，然以此寄話有志從事《說
文》學研究者，當自勵自強，本諸《說文》形義之推究，同時愼選
古文字學術之菁華，相爲表裏，再推及古文獻之訓讀及歷代字書之
形義變遷，必能有直指古籍之精義焉。然以古文字學之得，輕言
《說文》可廢者，則吾不知其可也。

參考書目

平津館校本說文解字		世界漢學叢書第二輯	民國七十七年四月四版
說文繫傳	徐鍇	中華書局影刊	道光十九年祁刻本
說文解字注	段玉裁	洪葉書局影刊	經韻樓本
說文通訓定聲	朱駿聲	藝文印書館	民國六十九年九月
說文解字詁林	丁福保	藝文印書館	民國五十九年一月臺三版
說文解字六書疏證	馬敘倫	鼎文書局	民國六十四年十月初版
讀說文記	李孝定	史語所專刊之九十二	民國八十一年一月初版
玉篇	顧野王原編、陳彭年等新編		澤存堂本
字彙	梅膺祚	上海辭書出版社	一九九一年六月
正字通	張自烈、廖文英	中國工人出版社	一九九六年七月第一版
殷契駢枝三編	于省吾	藝文印書館	民國五十四年初版
甲骨文字釋林	于省吾	臺灣大通書局	民國七十年十月初版

殷周文字釋叢	朱芳圃	中華書局影刊	一九六二年
甲骨文字集釋	李孝定	史語所專刊之五十	民國五十四年初版
			民國六十三年十月三版
金文詁林讀後記	李孝定	史語所專刊之八十	民國七十一年六月
中國文字學	容　庚	廣文書局	民國五十八年四月再版
中國文字結構析論	王初慶	文史哲出版社	民國七十五年十月臺三版

《説文》中一字正反之商兌

蔡信發

壹・前言

　　國字在甲、金、篆文中有不少可正反或順倒書寫，以《說文》載錄一字的正反或順倒爲例，其中有些音義已變，分作二字，屬一字的正反體；有些則音義不變，仍爲一字，屬一字的異體；有些只是形似而原本是不同的字，有的甚至根本是妄屬而不能成立。一般說來，一字的正反或順倒，在甲文中渾同的情形比金文多，金文又比篆文多，這說明一個現象：愈到後代，文字的分化愈明顯、愈定型。本文即針對《說文》中一字的正反或順倒作一商兌，以明其究竟。爲使行文簡明起見，獨體之文，合體之字，本文以稱「字」爲原則；其正反或順倒，本文以稱「正反」爲原則。至於引述《說文》，則概以段注本爲準。

貳・形體上是一字的正反，實際卻與正反無涉

　　在沒談一字的正反體之前，《說文》中有些字在形體上是一字的正反，實際卻與正反無涉，因此許愼說解它們的形構也不認定它們爲正反體，確是很有見地。這在《說文》中可找到一例。

ㄓ，手也。象形。三指者，手之列，多略不過三也。凡又之
屬皆从又（見頁一一五）。

ㄈ，左手也。象形。凡ナ之屬皆从ナ（見頁一一七）。

案：又、ナ二字分據人之右、左手構形，無法區別孰先孰後，
於六書同屬獨體象形，所以《說文》不說何者爲正，何者爲
反，甚是。再者，《說文》釋又爲「手也」，意欠完足，
應據其釋ナ爲「左手也」，補以「右」字；不然，則誤以引
伸義爲本義。

參・《說文》中一字正反的探討

《說文》中明言某字爲另一字的反體，經筆者分析歸納，得知
有八種情形。茲分述於后，以明其正譌。

一、確爲一字的正反體

1. ㄓ，是也。从一，一曰止。凡正之屬皆从正。ㄖ，古文正从二；
二，古文上字。ㄖ，古文正，从一足，足亦止也（見頁
七〇）。

ㄓ，《春秋傳》曰：「反正爲乏。」（見同上）。

案：先師寧鄉魯實先先生說：正於卜辭、金文的構體，从止〇會
意。〇是圜之初文。篆文正之〇作一，是省變所致；由一作
二，是文之完筆。正从〇止，是示人之行止，取法於天，則
得其正。引伸作射臬解[1]。又說：射臬名「正」，好比射臬

---

[1] 見《文字析義》、頁六二七～六二八。節錄而改寫。魯實先編輯委員會印
行。下同

名「鵠」，都取鳥爲名。司獲者隱身避矢之物名「乏」，是乏之本義。乏是用來禦矢的，與受矢之正，義適相反，所以正之反寫而構乏字[2]。又說：反「正」爲「乏」，而有從乏之芝、躯、鈠、窆、罦、屄、砭、泛、姂[3]。師說是。「乏」由「正」相反而成，「正」从之止，必須與屮區分爲二，不可渾同；否則，「正」之反寫作「乏」，而止、屮不分，豈不成了一字之異體？進言之，正因止、屮分明，始可會出「正」是受物，「乏」是避矢之物，兩義適相反，又各有其音，以及從而構形之字，於六書「正」屬異文會意，「乏」屬變體會意，然則《說文》釋以「反正爲乏」，當可成立。

2. 予，推予也。象相予之形。凡予之屬皆从予（見頁一六一～一六二）。

　　幻，相詐惑也。从反予。《周書》曰：「無或譸張爲幻。」（見頁一六二）。

　案：幻隸定作「幻」。王筠說：「幻下云：從反予，當依《玉篇》作從到予。」[4] 李氏國英說：「（予）字以上體表相互予受之形，而以下體引長之一筆示推予之行動，幷爲肊構之虛象。」[5] 推予之義，無法用具體物像表示，只能用臆構虛象示意，所以在六書屬獨體指事。予既示推予之義，則倒予爲幻，可示食言不予，所以《說文》以「相詐惑」釋之，應無疑問。幻從指事之予顛倒構形，音義發生變化，所以當屬

2　見同上、頁四三三。節錄而改寫。
3　見同上、頁二二。節錄而改寫。
4　見《說文釋例》、頁九三。北京中華書局。下同
5　見《說文類釋》、頁一四五。中華民國七十八年九月、修訂五版。書銘出版公司。下同。

變體指事，置於「予」部之末，無誤。

3. 屮，出也。象艸過屮，枝莖漸益大有所之也。一者，地也。凡屮之屬皆从屮（見頁二七五）。

　帀，匝也。从反屮而帀也。凡帀之屬皆从帀。周盛說（見同上）。

　案：屮像艸生長在地上，屬合體象形，隸定作「之」；帀由屮顛倒而成，以像艸在地下曼延周遍，屬變體象形，且二字各有音義，又有分別從而構字的，所以屮、帀為一字的正反體，當可成立。

4. 兀，天地之性寂貴者也。此籀文。象臂、脛之形。凡人之屬皆从人（見頁三六九）。

　匕，變也。从到兀。凡匕之屬皆从匕（見頁三八八）。

　案：人之篆形作人，像人有頭、臂、身、脛之形，獨體象形，則《說文》解形，有欠完足。匕由人顛倒而成，音義隨之改易，又有從匕構字的，則其非人之異體，應很明確。據此，《說文》解匕為「从到人」，當可成立。

5. 欠，張口气悟也。象气从儿上出之形。凡欠之屬皆从欠（見頁四一四～四一五）。

　旡，歠食屰气不得息曰先。从反欠。凡旡之屬皆从旡。夫，古文旡（見頁四一九）。

　案：欠隸定作「欠」，屬合體指事；旡由欠相反而成，隸定作「旡」，屬變體指事；欠音く丨ㄢˋ、旡音ㄐㄧˋ；欠義為張口氣散，旡義為飲食氣息不順；二字形、音、義都不同，又有分別從而構字的，所以欠、旡為一字的正反體，當可成立。

6. 𦣻，古文百也。巛象髮。髮謂之鬊。鬊，即巛也。凡𦣻之屬皆从
　　𦣻（見頁四二七）。

　　県，到𦣻也。賈侍中說：「此斷𦣻到縣県字。」凡県之屬皆从県
　　（見頁四二八）。

　　案：𦣻義爲「人頭」，上像髮，下像頭，獨體象形；県由𦣻顚倒
　　　　而成，音義隨之改易，屬變體象形，則県爲𦣻之倒文，當可
　　　　成立。又案：県部下只繫一「縣」字，是「県」之後起形聲
　　　　字，又「県」旣是「𦣻」之倒文，按例應列在𦣻部之末，縣
　　　　又可列在県下爲重文，則県部可刪，且県之隸屬，可歸至
　　　　𦣻。

7. 仄，側傾也。从人在厂下。厌，籒文从矢，矢亦聲（見頁四五
　　二）。

　　丸，圜也。傾側而轉者。从反仄。凡丸之屬皆从丸（見頁四五
　　二～四五三）。

　　案：人在山石之下，屈曲難伸，所以《說文》以「側傾」釋
　　　　「仄」義，可從。仄之籒文作厌，從矢聲構形，矢義爲「傾
　　　　頭」[6]，置於厂下，益可彰顯側傾之義；丸由仄相反而成，音
　　　　義隨之改易，正合反體之例。仄從厂人構體，屬異文會意，
　　　　則反仄爲丸，當爲變體會意，又二字音義迥異，所以爲一字
　　　　的正反體，當可成立。

8. 子，十一月易气動，萬物滋，人㠯爲偁。象形。凡子之屬皆从
　　子。𠄔，古文子，从巛象髮也。㜽，籒文子，囟有髮、臂、
　　脛，在几上也（見頁七四九）。

_____

6　見《圈點段注說文解字》、頁四九八。書銘出版公司。下同。

㐬，不順忽出也。从到子。《易》曰：「突如其來。」如不孝子
突出不容於內也。㐬即《易》突字也。凡㐬之屬皆从㐬。
𠷎，或从到古文子（見頁七五一）。

案：子義爲「嬰兒」，《說文》以陰陽五行釋之，當誤。子之構
形，上像頭，兩側像手，下像兩腳相併在繦褓之中，獨體象
形；㐬由子顚倒而成，音義隨之改易，屬變體象形，且有從
而構形之字，則㐬爲子之倒文，當可成立。

9.𠃚，巳也。四月易气巳出，陰气巳臧。萬物見，成妑彰，故巳爲
它。象形。凡巳之屬皆从巳（見頁七五二～七五三）。

㠯，用也。从反巳。賈侍中說：「己意巳實也。」象形（見頁七
五三）。

案：巳像胎兒之形，當以「胎兒」爲本義，獨體象形，而《說
文》以陰陽五行釋之，當誤。先師魯先生說：「倒巳爲㠯，
猶之倒子爲㐬，是㐬、㠯二文，乃子、巳之變體象形，皆以
生子爲本義。」[7]師說是；唯㐬由子之古文「𡿮」顚倒而成，
㠯由「巳」顚倒而成，音義也隨之而變，則巳、㠯爲一字的
正倒，當可成立。

二、原爲一字的異體而分爲一字的正反體

1.后，繼體君也。象人之形，从口。《易》曰：「后㠯施令，告四
方。」凡后之屬皆从后（見頁四三四）。

司，臣司事於外者。从反后。凡司之屬皆从司（見同上）。

案：先師魯先生說：司於卜辭作𠮟、后，從口彳聲，以示言告之

7　見同注1、頁三二五。

義，而爲五之初文。ㄟ是枰之象形，像枲耑的樣子；反「司」爲「后」，始見〈吳王光鑑〉，爲東周孳乳；卜辭之后，音義與司無異，不作「君」解；后是司之變體，非司是后之變體，許愼顚倒其先後，且誤以ㄟ象人形[8]。師說是。東周之後，司、后旣分爲二，各有音義，且各有從而構形之字，所以可視后爲司之反體。

三、誤以不同的二字爲一字的正反體

1.二，高也。此古文上。指事也。凡二之屬皆从二。上，篆文上（見頁一～二）。

　　二，底也。从反二爲二。丅，篆文下（見頁二）。

　　案：二、二二字分別有獨立的形、音、義，無法區別孰先孰後，所以《說文》說二是二之反體，應難成立。據此，就六書歸類言，二是獨體指事，二也是獨體指事。二字形體旣各自取向，無所關連，則《說文》以二是二之反，且將二歸在二部之末，未免失之主觀，而應將二從二部中析出，單獨成部；不然，則誤以二爲二之變體指事。

2.止，下基也。象艸木出有阯，故㠯止爲足。凡止之屬皆从止（見頁六八）。

　　屮，蹈也。从反止。讀若撻（見同上）。

　　案：止、屮二字分據人之左、右腳掌構形，獨體象形，《說文》解其形、義並誤。止、屮在甲、金文中渾同的情形很普遍；不過，自甲文屮、金文屮、篆文屮的結體來看，左、右腳掌

8　見同上、頁一〇九五～一〇九八。節錄而改寫。

已區分得很清楚，所以不能說屮是「从反止」。進言之，如
止、屮不明分爲人之左、右腳掌，則步之構形就矛盾。因步
是就人之左、右腳掌構形，分置上下，以示人之行走，非常
合理；不然，都是同一方向的腳掌，怎麼走路？再者，止、
屮之產生，本無先後之別，且各有其音、義，因此不能說屮
是「止之反」。因若解屮是「止之反」，就有先後之別，則
將違背人體生理結構，且有損國字的合理性，所以止是獨體
象形，屮也是獨體象形。屮、止旣各自取樣構形，同屬獨體
象形，則屮不當按《說文》慣例，置在止部之末，而應將它
在止部中析出，單獨成部。餘詳拙文〈釋止〉[9]。

3. 爪，𠃕也。覆手曰爪。象形。凡爪之屬皆从爪（見頁一一四）。
　爪，亦𠃕也。从反爪。闕（見同上）。

　案：爪、爪二字分據人之又、ナ（古之右、左）手相覆爲形，屬
　　　變體象形，且二字有同時構形作「臼」的，如不別左右，視
　　　作一字的異體，就無法會出臼作「叉手」之義[10]。爪、爪有
　　　左右之別，猶如又、ナ之分，所以不得以一字的異體視之。

4. 𠬞，持也。象手有所𠬞據也。凡𠬞之屬皆从𠬞。讀若戟（見頁一
　　一四）。

　𠬜，亦持也。从反𠬞。闕（見頁一一五）。

　案：先師魯先生說：「鬥於卜辭作𩰋、𩰊，從二𠬞會意，象相搏
　　　擊之形。」[11] 鬥旣像二人相搏擊之形，則所从之𠬞，應有

---

9 發表於「第二屆近代中國學術研討會」。民國八十五年三月。國立中央大學
　中國文學系所主辦。
10 見同注6、頁一〇六。
11 見同注1、頁九六七。

左、右之別；不然，方向一致，如何相擊？所以丮、𠬞不應
是一字的正反體，而應分別獨立成文，於六書歸類，丮屬獨
體象形，𠬞也屬獨體象形。據此，則𠬞不當按《說文》慣
例，置在丮部之末，而應將它從丮部中析出，單獨成部。

5. 𠬞，竦手也。从ナ又。凡𠬞之屬皆从𠬞（見頁一〇四）。

𢍏，引也。从反𠬞。凡𢍏之屬皆从𢍏（見頁一〇五）。

案：王筠說：「𢍏、𠬞皆從ナ、又；𠬞兩手相向，是拱手也；𢍏
兩手向外，是有所攀附也。各會其意，不得謂之反𠬞。
『步』下云：從止𣥂相背，則此亦云從ナ、又相背可矣。蓋
𠬞字ナ（古左字）手在左，又（古右字）手在右，如其本
位；𢍏字又手反在左，ナ手反在右，無此事也。特以指爪外
向，似易其左右耳。」[12] 其說是。𠬞、𢍏二字各自構形，互
不相涉，均屬異文會意，而《說文》以𢍏是𠬞之反體，視作
變體會意，當誤。

6. 亯，獻也。从高省，曰象孰物形。《孝經》曰：「祭則鬼亯
之。」凡亯之屬皆从亯。�享，篆文亯（見頁二三一）。

𣅊，厚也。从反亯。凡𣅊之屬皆从𣅊（見頁二三二）。

案：先師魯先生說：「亯於卜辭作�、𠆢、𠆢，於〈簋銘〉作
𠆢（三代七卷一叶）、〈觶銘〉作𠆢（三代十四卷四三
叶）、〈鼎銘〉作𠆢（三代二卷二四叶）、〈觶銘〉作𠆢
（三代十四卷五〇叶），俱象屋宇之形，當以廟中大室爲本
義。……古之獻祭、冊封，皆於大室行之，故引伸爲凡奉
獻、亯祀與承受之義。……亯之篆文作�享，隸定爲亨或享。

---

12 見同注4、頁九二。

……《說文》云『亯，獻也。从高省，⊖象孰物形』。是誤以引伸義爲本義，誤以象形爲指事矣。」[13] 又說：「《說文》以𦣞釋𣅳，猶之以趨釋走，以是釋正，并爲以後起字釋古文。𦣞於卜辭作𠩺（佚存211片），於〈井人鐘〉作𠪚（三代一卷二四叶）、〈魯白盤〉作𠪚（三代十七卷四叶），從厂𣅳聲，乃古方名𣅳之緐文。……反高爲𣅳，乃取城之基阯，以示廣𣅳之義，引伸爲凡𣅳薄之名，於文爲高之變體象形。」[14] 師說是。亯、𣅳非一字的正反，而《說文》據二文篆形爲說，致有此誤。

7. 片，判木也。从半木。凡片之屬皆从片（見頁三二一）。

爿，反片爲爿。讀若牆（見頁三二二）。

案：片由「木」省減其左一半而成，《說文》以「判木」釋其義，可從。就六書歸類言，木屬獨體象形，則片屬省體象形。爿是牀之初文，據具體物像構形，獨體象形。職是，爿既非木之省形，也非片之反體，則爿、片只具正反之形，而無正反之實，所以《說文》以「反片爲爿」解其形，當誤。爿既與片義無涉，自不當按例置於片部之末，而應自片部中析出，改列同書木部「牀」下爲重文。

8. 人，天地之性㝡貴者也。此籒文。象臂、脛之形。凡人之屬皆从人（見頁三六九）。

匕，相與比敘也。从反人。匕亦所㠯用比取飯。一曰柶。凡匕之屬皆从匕（見頁三八八～三八九）。

案：先師魯先生說：「匕於卜辭作𠤎、𠤎、𠤎、𠤎，彝銘作𠤎、

[13] 見同注1、頁一一七。

[14] 見同上、頁四〇七～四〇九。

ㄟ，幷象匙之曲柄下ㄓ。……《說文》云『ㄑ，相與比敘也。从反人』。是誤以比之引伸義而釋ㄑ，誤以形近於人，而爲人之反書矣。」[15] 師說是。人、ㄑ二字各自取形成文，音義迥異，且各有從而構形之字，互不相干，而《說文》據ㄑ之篆形爲說，致誤其爲「从反人」，不足據。

9. 从，相聽也。从二人。凡从之屬皆从从（見頁三九〇）。

　　比，密也。二人爲从，反从爲比。凡比之屬皆从比。㐜，古文比（見同上）。

　　案：「从」由二人朝同一方向構形，以示前後相隨之義；「北」由二人方向相背構形，以示乖戾之義。又二字與構形之人都沒聲音關係，所以均屬同文會意。由於二字各自會意，互不相涉，又孰先孰後，無從辨識，所以《說文》分以「从二人」，「从二人相背」解之[16]，甚是，然《說文》釋比義爲「密也」，解其形爲「反从爲比」，則欠允當。先師魯先生說：「比於卜辭作ㄨ、ㄨ，字從二人屈體相暱，以示夫妻耦合。」[17] 可知比從二人構形，非由「从」相反而成。換言之，从、比二字，一如从之於北，均各自會意，彼此無涉，所以《說文》以「密也」釋其義，是誤以引伸義爲本義；以「反从爲比」解其形，是誤以同文會意爲變體會意。

10. 永，水長也。象水坙理之長永也。《詩》曰：「江之永矣。」凡永之屬皆从永（見頁五七五）。

　　ㄣ，水之衺流別也。从反永。凡ㄣ之屬皆从ㄣ。讀若稗縣（見同

---

[15] 見同上、頁一八〇。
[16] 「从」、「北」見同注6、頁三九〇。
[17] 見《轉注釋義》修訂版、頁一五。洙泗出版社。

上）。

案：先師魯先生說：「永於彝銘作𣲝、𣲝，從𡿨𠈌會意。𠈌即卜
辭之𣥐、𣥐，從人行省會意，而爲遄之初文。遄者緜延經
歷，故於卜辭或從彳作𡧫，以示連續行進，其義與𠈌不殊。
𡿨即《說文》訓『水小流』之𡿨，永從𡿨𠈌者，以示小水長
流，而以長流爲本義，引伸爲凡長久之義。……𠂢則（如
水）結體支分，以象衺流。」[18] 師說是。永、𠂢各具音義；
唯二字適有相反之形，所以《說文》誤以𠂢爲永之反。

11. 丆，抴也。明也。象抴引之形。凡丆之屬皆从丆。虒字从此（見
頁六三三）。

乁，流也。从反丆。讀若移。凡乁之屬皆从乁（見同上）。

案：先師魯先生說：「丆乃抴曳之初文，於文爲指事。《說文》
以抴釋丆，亦猶開之釋𦣞，趨之釋走，故之釋古，藩之釋
枾，厚之釋𣆟，灸之釋久，很之釋𣥚，綴之釋叕，皆爲據後
起字以釋初文，而音義胥同者也。」[19] 又說：「乁與小流之
𡿨，幷爲水之省體象形；唯𡿨象水之附地平流，乁則象水之由
上下滴。」[20] 師說是。丆、乁是不同的二字，彼此了無關
係，而《說文》以「从反丆」解乁形，當誤。

四、誤以一字的省形爲他字的正反體

1. 彳，小步也。象人脛三屬相連也。凡彳之屬皆从彳（見頁七
六）。

---

18 見同注 1、頁一〇二五。
19 見同上、頁一〇四一。
20 見同上、頁四二四。

彳，步止也。从反彳。讀若畜（見頁七八）。

案：先師魯先生說：「其所釋彳、亍之音義，乃爲傅合躕、躅二字而言。張衡〈舞賦〉始有亍字（引見文選・射雉賦・李善注），可證彳、亍之音義，乃漢人俗說，而許氏據之，非相承之古義，亦非相承之古音，然則凡字之從彳、亍者，皆爲『行』省。」[21] 師說是。「讀若畜」，是漢人的擬音，非承自古，不足信。彳、亍旣都是行之省形，則《說文》以彳、亍是一字的正反體，當誤。據此，亍不當按《說文》的慣例，列在彳部之末，而應與彳一併改列「行」下爲重文，且彳部可刪。

五、誤以一字的異體爲一字的正反體

1. 丂，气欲舒出，勹上礙於一也。丂古文㠯爲亏字，又㠯爲巧字。凡丂之屬皆从丂（見頁二〇五）。

   乁，反丂也。讀若呵（見同上）。

   案：李氏國英說：「字以肐構一曲之筆象欲舒出之虛象，復以肐構之一橫筆示上有所礙之虛象。說曰：『丂、古文㠯爲亏字』者，蓋以二字形近義同而互用，而非緣音近叚借。云：『又㠯爲巧字』者，則以巧从丂聲，形聲字必以聲符爲初文，丂者巧之初文故也。」[22] 其說是。由於沒有據乁構形或諧聲之字，也沒見其單獨使用過，所以《說文》說它「反丂也」，欠當。至於《說文》說乁「讀若呵」，是漢人的擬音，非承自古，不足信。據此，丂、乁音義無別，本爲一字

---

21 見同上、頁二五。
22 見同注5、頁一四五。

　　的正反書寫，同屬獨體指事，所以乛應改列在丂下爲重文，
　　而不可單獨列爲字首。

2. 邑，國也。从口，先王之制，尊卑有大小，从卪。凡邑之屬皆从
　　邑（見頁二八五）。

　　𨙨，从反邑。𨛜字从此。闕（見頁三〇三）。

　案：邑之構形，據甲、金文，應是从口从人，會意。从口，以示
　　國土；从人，以示國中有人。二者相合，正可會出國義，而
　　《說文》誤人爲卪，當不可從。邑之反寫作𨙨，音義不變，
　　所以邑、𨙨應是一字。邑、𨙨旣是一字，則𨙨不當按《說
　　文》慣例，列在邑部之末，而應改列在邑下爲重文。《說
　　文》所謂「闕」，是缺其音，實是許氏不明𨙨是邑之反寫，
　　原本爲一字所致。進言之，邑、𨙨爲一字，則𨙨音同邑，所
　　謂「闕」也就不成立。𨙨旣是邑之重文，就不當按《說文》
　　慣例，置於邑部之末，視同二字，而應改列在邑下爲重文。

3. 身，躳也。从人申省聲。凡身之屬皆从身（見頁三九二）。

　　𠂤，歸也。从反身。凡𠂤之屬皆从𠂤（見同上）。

　案：先師魯先生說：「身於〈橋白簋〉作𠂤（三代六卷五三
　　頁），〈矢向簋〉作𠂤（三代九卷一三頁），象人象匈、腹
　　之形。匈、腹之下象其所止在𣎴，於文爲從人之合體指事，
　　而以自項至𣎴爲本義。……自身而孳乳爲殷，以示執殳旋轉
　　而舞，𠂤即身之異體，許氏未識古文之左右反書，音義無
　　異，乃析身、𠂤爲二文。」[23] 師說是。身、𠂤是一字的異
　　體，《說文》以「歸也」釋𠂤義，是誤以引伸義爲本義；以

<hr />

[23] 見同注1、頁八四五〜八四六。

「从反身」解月形，是誤以合體指事為變體指事。又案：月
在《說文》之所以單獨成部，因有「殷」字從而構形。若以
段注月、殷反切視之，二字都屬影紐，同紐雙聲，則殷應是
從月得聲的形聲字，形構當作「从殳月聲」，須改隸殳部，
又月可改列身下為重文，則月部可刪。

4. 卩，瑞信也。守邦國者用玉卩，守都鄙者用角卩，使山邦者用虎
卩，土邦者用人卩，澤邦者用龍卩，門關者用符卩，貨賄用
璽卩，道路用旌卩。象相合之形。凡卩之屬皆从卩（見頁四
三五）。

卪，卩也。闕（見同上）。

案：卩像符命相合一半之形，獨體象形，反寫作卪，不影響其音
義，所以《說文》以卩釋其義，甚是。所謂「闕」，指缺其
音，是實許氏不明卪是卩之反寫，本為一字所致。進言之，
卩、卪為一字，則卪音同卩，所謂「闕」也就不成立。卪既
是卩之重文，就不當按《說文》之例，置於卩部之末，視同
二字，而應移在卩下為重文。

5. 亅，鉤逆者，謂之亅。象形。凡亅之屬皆从亅。讀若橜（見頁六
三九）。

亅，鉤識也。从反亅。讀若窮（見同上）。

案：亅義為鉤子，獨體象形。鉤子本可左右為向，無一定規製，
且鉤子方向不一，並不影響其音義，所以亅、亅為一字的異
構，當無可疑，而《說文》不明究竟，鼇分亅、亅為二，當
誤。據此，《說文》釋亅義為「鉤識也」，是誤以引伸義為
本義；解亅形為「从反亅」，是誤以獨體象形為變體象形，
所以亅不宜單獨為字，而應改列亅下為重文。

六、誤以同是他字的反體爲一字的正反體

1. 夂，從後至也。象人兩脛後有致之者。凡夂之屬皆从夂。讀若黹
   （見頁二三九）。

   夂，跨步也。从反夂。䢱从此（見同上）。

   案：先師魯先生說：「夂者，止之到文，而以返行爲本義。」[24]
   今人李孝定說：「夂、夂均倒止形。」[25] 二說是。止取像人
   之左腳掌，獨體象形，夂、夂旣同是止之倒文，則應都屬變
   體象形，然而《說文》以夂是夂之倒文，顯然是誤以同是他
   字的反體爲另一字的正反體。

七、誤以妄羼二字爲一字的正反體

1. ノ，又戾也。象ナ引之形。凡ノ之屬皆从ノ（見頁六三三）。

   乀，ナ戾也。从反ノ。讀與弗同（見同上）。

   案：所謂「又戾也」，是從右彎到左的意思；「ナ戾也」，是從
   左彎到右的意思，ノ、乀都獨體指事，孰先孰後，無從判
   定，而《說文》以「从反ノ」解「乀」形，實是受了國人先
   右後左的影響，不足據。先師魯先生說：「《說文》誤釋
   乂、弗從ノ、乀，因而別出ノ、乀二文。」[26] 乂義爲「刈草
   剪」，上像兩刃相交，下像木柄，獨體象形，是刈之初文，
   而《說文》以「芟艸」釋其義，是誤以引伸義爲本義；以
   「从ノ乀相交」解其形，是誤以獨體象形爲異文會意[27]。弗

---

24 見同上、頁五一九。
25 見《讀說文記》、釋夂、頁一五五。中央研究院歷史語言所。
26 見同注1、頁一〇四五。
27 見同注6、頁六三三。

義爲「弓檠」，從弓構形，內像榜檠之形，合體象形，而《說文》以「矯也」釋其義，是誤以引伸義爲本義；以「从丿乀、从韋省」解其形，是誤以合體象形爲異文會意 [28]。據此，則丿、乀二字實是妄羼，應不成立；唯即使以《說文》視之，二字也先後難判，應都屬獨體指事，也沒有正反構形的問題。

肆·結語

綜上所論，可知《說文》中確有一字的正反體，然未必全數都是。一字正反體能否成立，以筆者之見，可自以下十個準則分別去檢驗：二字形體須一正一反，這是最基本的，此其一；一字的正反體，彼此音讀須不同，此其二；一字的正反體，彼此意義須相關而不一，此其三；一字的正反體，六書歸類須相異，此其四；一字的正反體，須符合人體生理結構，此其五；一字的正反體，須顧及方向的合理性，此其六；一字的正反體，須有先後之別，此其七；某字的反體，須有從而構形或諧聲爲原則，此其八；某字的反體，須曾單獨使用過，此其九；某字省形而形成二字的正反，須知僅形合而已，此其十。如經此檢驗，所得相合，則一字的正反體，當可成立；反之，則爲一字的異體，不得視作二字，而應改列其一形在另一形下爲重文。明乎此，則文字正反體的辨識也就如指在掌了。至於這些反體字的歸類，仍須以六書爲準，不得以另創「反倒書」稱

---

28 「弗」本先師之說。見同注 1、頁二三七、三九八。

之 [29]。因反倒書籠統而含渾，不能區別文字的結構，且使六書類別爲之紊亂，而難以明其形構。

　　（本文發表於八十五年四月二十日「第七屆中國文字學全國學術研討會」）

---

[29] 見陳光政〈六書之餘－反倒書〉。「第三屆中國文字學國際學術研討會論文集」、頁三九三。民國八十一年三月。私立輔仁大學中國文學系所暨中國文字學會主辦。

徐鍇「三耦論」研究

張意霞

壹、前言

　　「三耦論」是徐鍇在編註許慎《說文解字》時，對「六書」間的關聯性提出的看法。「六書」一詞最早記載於《周禮・地官・保氏》：

> 保氏掌諫王惡，而養國子以道。乃教之六藝：一曰五禮，二曰六樂，三曰五射，四曰五馭，五曰六書，六曰九數。[1]

　　其中的「六書」，鄭玄詮釋為「象形、會意、轉注、處事、假借、諧聲也。」[2]林尹先生在《文字學概說》一書曾說：

> 六書並不是在造字之先，就有這個規律，乃是中國文字構造與運用方法的歸納。因為中國文字的構造方法與運用方法，歸納起來，是有條理的；而其條理，絕對不能越出這六種範圍，纔有六書的名稱。所以六書在中國文字學上，可說是民意的結晶，是科學的歸納。[3]

1　請參見鄭玄注《十三經注疏・周禮》卷十四第 212 頁，1993 年 9 月第十二刷，藝文印書館。
2　請參見鄭玄注《十三經注疏・周禮》卷十四第 213 頁，1993 年 9 月第十二刷，藝文印書館。
3　請參見林尹編著《文字學概說》第 56 頁，1987 年 12 月臺初版第十三刷，正中書局。

　　而「三耦論」正是徐鍇將六書條理化的方式。他在《說文解字通釋》「上」字注：

> 大凡六書之中，象形、指事相類，象形實而指事虛；形聲、
> 會意相類，形聲實而會意虛；轉注則形事之別，然立字之始
> 類於形聲，而訓釋之義與假借爲對。假借則一字數用，如行
> （莖）、行（杏）、行（杭）、行（沆）；轉注則一義數文
> 借，如老者直訓老耳，分注則爲耆、爲耋、爲耄、爲壽焉，
> 凡六書爲三耦也。4

　　徐鍇將六書分爲三類，指事與象形、會意與形聲都是虛實相
對，各成一耦；而轉注與假借則因訓釋之義相對而爲一耦。有關這
樣的論點，後代研究《說文》的學者，對六書是否相對、如何配
對，以及徐鍇的虛實之分，卻有一些不同的意見。因此徐鍇對六書
的看法究竟爲何？其虛實如何判定？其分耦的理由爲何？其分耦又
有何意義？這些都是本文想要探究的課題。

貳、有關「三耦論」之異說

　　前人提到六書三耦說法的，主要有蔡金臺〈六書三耦說〉、龍
學泰（六書三耦說）、林尹先生〈六書的內容與本質〉以及胡樸安
先生在《文字學入門》中提到的六書虛實說等。蔡金臺在〈六書三
耦說〉一文中認爲六書三耦全由虛實來分，且象形與形聲爲一耦，
指事與會意爲一耦，轉注和假借爲一耦：

> 《說文》九千餘字，以六統之，則曰象形、指事、形聲、會

---

4 請參見徐鍇《說文解字通釋》第 9-10 頁，1968 年 6 月再版，文海出版社。

意、轉注、假借，以兩言蔽之，則曰虛、曰實。故虛實兩字
又可以撜九千文之恉，而統乎六書。由是而繹之六書，遂以
類而合，小徐三耦之說誠有見乎此矣。……則知楚金所謂虛
實者實有未塙，而益知象形實與形聲爲一耦，指事實與會意
爲一耦矣。若假借與轉注一以省母注子，一以全母代子，相
代則猶托於虛，相注則已徵諸實，虛實分則一則一字數用，
一則一義數文，則有對舉之象，楚金耦之誠是矣。[5]

而江聲於〈六書說〉一文中提出：

蓋六書之中，象形、會意、諧聲三者是其正，指事、轉注、
假借三者是其貳，指事統于形，轉注統于意，假借統于聲。[6]

以形、聲、意三者來統合六書，李孝定先生稱之爲三耦說的修
正。[7]又如胡樸安先生在《文字學入門》中說：

六書又可分爲虛實，象形實，指事虛；因物有實形，事沒有
實形。會意實，形聲虛；因會意會合兩文三文，便成了意
義；而形聲卻沒有意義可以體會。轉注實，假借虛；轉注各
有專意，有獨立的字義，而假借卻要有上下文作根據，不能
指出一個單獨的文字，斷牠是不是假借。[8]

徐鍇和蔡臺金都認爲形聲爲實、會意爲虛，而胡樸安先生的看
法卻正好相反。

---

5 請參見丁福保《說文解字詁林正補合編》第一册第560-561頁，1983年4月
　二版，鼎文書局。
6 請參見丁福保《說文解字詁林正補合編》第一册第546頁，1983年4月二
　版，鼎文書局。
7 請參見李孝定《漢字的起源與演變論叢》第8頁，1992年7月第二次印行，
　聯經出版社。
8 請參見胡樸安《文字學研究》第57頁，1978年7月初版，信誼書局。

　　而林尹先生在《文字學概說》第二篇第一章第二節「六書的內容與本質」中談到「四體二用」，也將六書分為三組：象形為實，指事為虛，兩者獨體為文；會意為形，形聲為聲，兩者合體為字。以上四者均屬造字之法（體）。轉注為繁，假借為省，兩者屬用字之法（用）[9]。其分組與徐鍇同，但區分的原因卻仍有差異。綜合以上各家不同的說法，六書「三耦」可列表如下：

三耦	徐　鍇	蔡金臺	江　聲	林　尹	胡樸安
一	象形（實） 指事（虛）	象形（實） 形聲（虛）	象形 指事（形）	象形（實） 指事（虛）	象形（實） 指事（虛）
二	形聲（實） 會意（虛）	指事（實） 會意（虛）	會意 轉注（意）	會意（形） 形聲（聲）	形聲（虛） 會意（實）
三	轉注 （一義數文） 假借 （一字數用）	轉注（實： 一義數文） 假借（虛： 一字數用）	形聲 假借（聲）	轉注（繁） 假借（省）	轉注（實） 假借（虛）

　　從上表可見徐鍇的「三耦論」和其他學者較大的差異，在於對「耦」的詮釋，以及虛實的認定。因此下文將探討「耦」字的定義，並將徐鍇註文中較明確標示六書的字加以分析，試著從中找到徐鍇「三耦論」的內涵，以釐清其虛實的真義。

參、「耦」字定義之探討

　　關於「耦」字的意義，在《說文解字通釋》卷第八的「耦」字下云：「耒廣五寸為伐，二伐為耦，從耒禺聲。臣鍇曰：古二人共

一垡，故曰：『長沮桀溺耦而耕』。」[10] 而段注：「『長沮桀溺耦而耕』此兩人併發之證。引申爲凡人耦之稱，俗借偶。」兩者併發則爲「耦」，因此徐鍇在《說文解字通釋》「上」字下說：

> 凡指事、象形義一也，物之實形有可象者則爲象形，山川之類皆是物也。指事者，謂物事之虛无不可圖畫，謂之指事。形則有形可象，事則有事可指，故上下之義無形可象，故以⊥丁指事之，有事可指也。故曰：象形、指事大同而小異。[11]

事物中有具體實形可以描繪的是象形，雖無形體但有事可指稱的爲指事，兩者「大同而小異」，因此徐鍇將兩者歸類爲一耦。至於何爲「大同」？何爲「小異」？這正是本文下一節所要討論的問題。徐鍇又說：

> 會意亦虛也，無形可象，故會合其意，以字言之。止戈爲武，止戈，戢兵也，人言必信。故曰「比類合義，以見指撝。」形聲者實也，形體不相遠，不可以別，故以聲配之爲分異，若江河同水也，松柏同木也。[12]

會意沒有具體形象可以描繪，所以會合兩個文的意義成爲一個字。形聲雖有具體形象可以描繪，但類似的形象太多，於是另加聲符來區分。兩者都是合兩文成一字的，因此又可歸爲一耦。最後一耦是轉注和假借，徐鍇認爲它們成耦的原因在於「訓釋之義」：

> 轉注則形事之別，然立字之始類於形聲，而訓釋之義與假借爲對。假借則一字數用，如行（莖）、行（杏）、行（杭）、

---

10 請參見徐鍇《說文解字通釋》第 98 頁「耦」字，1968 年 6 月再版，文海出版社。
11 請參見徐鍇《說文解字通釋》第 10 頁，1968 年 6 月再版，文海出版社。
12 請參見徐鍇《說文解字通釋》第 10 頁，1968 年 6 月再版，文海出版社。

行（沇）；轉注則一義數文借，如老者直訓老耳，分注則爲
者、爲耆、爲耄、爲壽焉，凡六書爲三耦也。13

徐鍇對「耦」的看法，當然也有學者是不認同的。像蔡金臺在
〈六書三耦說〉一文中就說：

耦之爲義，《說文》云：「二伐爲耦。引伸爲凡人耦之
偶。」如《左傳》所謂「人各有耦」《莊子》所謂「似喪其
耦」，以及嘉耦、怨耦、耦耕、耦語之類，皆取其相匹相
並，而不得以異類參。如交友然應必同聲，求必同氣，稍有
差池，則不能強合之矣。若六書者，象形實與形聲類，而與
指事別。指事實與會意類，而與形聲別，固不得強不類以爲
類，而從而耦之也。何言乎象形與形聲類也？蓋形聲之字，
以聲爲主，而不離乎形，則於象形有相因之勢，即有對待之
形；若於指事，則一爲事、一爲物，分界既顯，合併斯難，
雖虛實有辨，而不得以爲一耦也明矣。何言乎指事與會意類
也？夫指事與會意，段氏固以獨體兩文分之矣，然指事實不
盡以獨體分也。如木部加一於上爲末，加一於下爲本之類，
皆以兩文爲之，而不害爲指事。雖與會意之合止戈爲一字者
不能溷，而其用實相仿，故後儒多誤殽合之，以其相類也。
若於形聲則聲自聲、意自意，不相因也，不相及也，斯不相
類也。夫不相類，則難爲耦矣。14

而龍學泰在〈六書三耦說〉一文中也說：

蓋耦者，對待也。有對待即有流行。形不可象，屬諸事；事

---

13 請參見徐鍇《說文解字通釋》第 10 頁，1968 年 6 月再版，文海出版社。
14 請參見丁福保《說文解字詁林正補合編》第一册第 560-561 頁，1983 年 4 月
二版，鼎文書局。

不可指，屬諸意；意不可會，屬諸聲；諧聲別出爲轉注，五
不足而假借生焉。此對待之兼流行也。……然制字之本，六
書自六耳。分之無可分，合之無可合，何必約爲三？又何一
而無耦哉？況象形、指事、轉注、假借皆兼聲義，還相爲
質，此六書之妙也。分爲三耦，則舉此而遺彼矣。[15]

　　蔡金臺對六書「耦」的看法基本上與江聲相同，六書分爲形、
意、聲三類。只是他們對指事形聲轉注的屬性認定不同，因此歸類
也不同。然而，徐鍇所言的「三耦」是否誠如蔡金臺所說的「難爲
耦」呢？或者如龍學泰所說的「舉此而遺彼」呢？以下便就徐鍇六
書的內容加以分析，以探究其合耦的原因與意義。

肆、徐鍇六書「三耦」之分析與研究

　　在《說文解字通釋》中，徐鍇較明確註六書的字共有 670 個。
其中標明象形的有 39 個；標明指事的有 68 個；標明會意的最多，
高達 426 個；標明爲形聲的只有 1 個；標明爲假借的有 136 個，其
中標明象形當假借的有 3 個，而會意當假借的則有 5 個。至於轉注，
徐鍇則完全沒有標註。

一、象形與指事的比較

　　徐鍇在《說文解字通釋》「上」字下說：「凡六書之義起於象
形，則日、月之屬是也。」[16] 此外又在《說文解字・疑義》卷第三

---

15 請參見丁福保《說文解字詁林正補合編》第一冊第 561-562 頁，1983 年 4 月
　二版，鼎文書局。
16 請參見徐鍇《說文解字通釋》第 9-10 頁，1968 年 6 月再版，文海出版社。

十九中補充說：

> 古者文字少而民務寡，是以古字多象形、假借。後代事繁，
> 字轉滋益形聲，實象則不能紀遠故也。始於八卦，瞻天擬
> 地，日盈月虧，山拔水曲，金散土重，木挺而上，草聚而
> 下，皆象形也。[17]

則徐鍇對於象形的看法究竟爲何？經採樣徐鍇標註爲「直象
形」、「象形」、「象某形」、「象某也」等較明確的象形字 39
個，從其對象形的一些詮釋中，可瞭解他對象形的一些看法：

（一）象形主形，必有實體可象，如無實體可象，則易相亂。

徐鍇在古文「厷」字下說：「此既象形，宜學人曲肱而寫之，
乃得其實，不爾，即多相亂也。」又在「肉」字下說：「肉無可取
象，故象其爲胾。」胾爲「切肉之大者」，爲具體的形狀，因此便
符合他所說的「物之實形有可象者則爲象形」的條件。

（二）象形不涉及音義，純依物之實體描繪爲主。

徐鍇在〈祛妄〉篇的「主」字下說：「陽冰云：『凵象膏澤之
氣，土象土木爲臺，氣主火之義，會意。』臣鍇以爲鐙火之臺不得
言土膏澤下流，亦不上出，象形非會意。」而在「开」字下也說：
「开但象物平也，無音義。」而在「畢」字下對許愼「或曰田
聲」，徐鍇也說明「有柄网所以掩兔，……亦象形字。」「田」象
网狀而非聲。又如「幒」字許愼說：「蓋衣也，從巾冢聲也。」以
現今判斷應爲形聲字，但徐鍇卻認爲它是象形，因爲它是直接照
「古有罪著黑幒」的具體模樣描繪的。

（三）有些字形體雖與他字相涉，但不具他字的意義。

---

17 請參見徐鍇《說文解字通釋》，第 371 頁，1968 年 6 月再版，文海出版社。

　　在「芻」字下徐鍇說：「此雖從艸，蓋是象形字。」因為此字是描繪包束艸的具體形象。此外在「登」字下，徐鍇也為「登」下的「豆」字加以說明：「豆非俎豆字，象形耳。」亦即此「豆」為上車時腳踏墊的形狀，非一般食器的「豆」。

　　至於指事，徐鍇在論「三耦」時曾說它與象形是「大同小異」，根據對徐鍇標註「指事」的 68 個字的分析，可見其特點如下：

　　（一）指事和象形相同，也是描繪形體，無聲音關係。

　　在「朵」字下徐鍇說：「今謂花為一朵亦取其下垂也，此下從木，其上几但象其垂形，無聲，非全象形字也，權而言之則指事也。」

　　（二）指事字雖與象形同為描繪形體，但其重點不在於形體本身，而在於指示明確的位置。

　　在「眉」字下許慎說：「目上毛也，從目象眉之形，上象頟理也。」徐鍇說：「乀象頟理也，指事。」這個字主要標示出眉毛的明確位置，因此雖然目、眉型、頟理都是具體可見的，但這個字是指事而非象形。又如「牽」字，雖然許慎說：「引前也。從牛象引牛之縻也，玄聲。」但此字表現出拉物往前，有前後相對位置的意思，因此徐鍇便將它歸類在指事。

　　（三）一字中有象徵性的畫記，而非全然描繪具體形象的，應歸類於指事而非象形。

　　在「枽」字下許慎說：「兩刃臿也，從木屮象形。宋魏曰：『枽也。』」徐鍇則認為「兩刃形不成字，此字難以象形，又近於指事。」又如「刃」字，徐鍇於〈祛妄〉篇中說：「刃在刀前即是象形，縱使以一示其處，即為指事，非會意也。」

（四）指事除表達出具體形象的明確位置外，它還能表達出抽象的方向及上下等空間位置。

在「尒」字下徐鍇說：「凡今試言爾，則敷上脣收下脣，气向下而分散也。指事。」又如「反」字，徐鍇說：「又，反手也，厂象物之反覆。此指事。」則表達兩手上下的位置。正如徐鍇在《說文解字‧疑義》卷第三十九中所說：

> 無形可載，有勢可見，則爲指事。上下之別起於互對，有下
> 而上，上名所以立；有上而下，下名所以生，無定物也。故
> 立一而上下引之，以見指歸，故曰指事。18

綜合以上的分析，象形與指事的異同可用下表來做一比較，其同在說明兩者合耦之理，其異則在闡述兩者虛實之分：

	象　形	指　事
同	用可見的形象來造字。 字體不具聲音關係。	
異	必有實體之物，有形可載。	可用表徵之物，但有勢可見。
	純粹描摩物體的形。	藉由物的相對位置來表達抽象的空間概念。
	實	虛

二、形聲與會意的比較

徐鍇在《說文解字‧疑義》卷第三十九中談形聲：

> 無形可象，無勢可指，無意可會，故作形聲。江、河四瀆，
> 名以地分；華岱五岳，號隨境異。逶迆峻極，其狀本同，故

---

18 請參見徐鍇《說文解字通釋》第371頁，1968年6月再版，文海出版社。

立體於側，各以聲韻別之。六出之中最爲淺末，故後代滋益多附焉。19

而他在《說文解字通釋》「上」字下也說：

形聲者以形配聲，班固謂之象聲；鄭玄注《周禮》謂之諧聲。象則形也，諧聲言以形諧和其聲，其實一也。江河是也。水其象也，工、可其聲也，若空字、雞字等形，或在上、或在下、或在左右，亦或有微旨，亦多從配合之宜，非盡有義也。20

在徐鍇的看法中，形聲的聲符部分並不具影響字義的意義。而且形聲字必有一具體的形符，也不可能單用兩個聲符合爲一字。所以他在〈袪妄〉篇的「弿」字下說：

《周禮》六書無形象者莫過「聲」字，則取法於耳。又「亼」字則取象氣散，皆有以象之。不爾則會意亦虛象也。今言矢引爲弿，在左右皆音，六書所未聞，六書之中欲附何處？若有全以音爲字，則是七書，不得言六書。21

或許因爲形聲字的辨識較易，因此徐鍇標示形聲字的只有1個字，在「竊」字下徐鍇說：「《春秋左傳》曰：『在外爲姦；在內爲宄。』宄從宀，竊從穴彌小。所謂『鼠竊狗盜』也。此形聲字。」亦即「竊」字的意在形符的「穴」。

至於會意的部分，徐鍇在《說文解字・疑義》中說：

會意者，人事也。無形無勢，取義垂訓，故作會意。載戢干戈、殺以止殺，故止戈則爲武；君子先行其言而後從之，去

---

19 請參見徐鍇《說文解字通釋》第371頁，1968年6月再版，文海出版社。
20 請參見徐鍇《說文解字通釋》第9-10頁，1968年6月再版，文海出版社。
21 請參見徐鍇《說文解字通釋》第358頁，1968年6月再版，文海出版社。

食存信，故人言必信。[22]

在426個標註會意的字中，有34個許慎說解為形聲，而徐鍇認為是會意。例如：「置」字許慎說：「赦也。從网直聲。」徐鍇註：「從直與罷同意，非聲，亦會意。置之則去之也。」又如「貫」字許慎說：「錢貝之貫，從毌貝聲。」徐鍇註：「毌貝，會意。」會意的兩形符都是具有意義的，必須會合兩形符的意義，才能闡述字義。另外，在這些會意字中也有37個「亦聲」的字，徐鍇於「吏」字下說：「凡言亦聲，備言之耳，不主於聲。會意。」所有的「亦聲」的形符依然具有合意的功能，只是兼取它的聲。

綜合以上所言，形聲與會意的異同可用下表來做一比較：

	形聲	會意
同	字義都在形符的部分，形符兼意。	
異	由形符和聲符組成。	由兩個以上的形符組成
	聲符不可取代形符。	形符可為聲符。
	主形為義	合意為義
	實	虛

三、轉注與假借

轉注的情形，由於在《說文解字通釋》中並無標示為「轉注」的字，因此無法歸納分析。但徐鍇在「上」字下說：

「轉注者，建類一首，同意相受。」謂老之別名有耆、有
耋、有壽、有耄，又孝子養老是也。一首謂此孝等諸字，皆
取類於老，則皆從老。若松、柏等皆木之別名，皆同受意於

---

[22] 請參見徐鍇《說文解字通釋》第371頁，1968年6月再版，文海出版社。

木，故皆從木，後皆象此。轉注之言若水之出源分歧別派爲江、爲漢，各受其名而本同主於一水也；又若醫家之言病症，故有鬼疰，言鬼气轉相染箸注也。而今俗說謂丂左回爲考，右回爲老，此乃委巷之言。且又考、老之字皆不從丂，丂音考，老從匕，音化也。……江、河可以同謂之水，水不可同謂之江、河；松、柏可以同謂之木，木不可同謂之松、柏。故曰：散言之曰形聲；總言之曰轉注。謂耆、耊、耄、壽皆老也，凡五字試依《爾雅》之類言之「耆、耊、耄、壽，老也。」又老、壽、耊、耄、耆可同謂之老，老亦可同謂之耆。往來皆通，故曰轉注，總而言之也。23

而在《說文解字·疑義》中更進一部詮釋說：

屬類成字而復於偏旁訓，博喻近譬，故爲轉注。人毛匕（音化）爲老，壽、者、耊亦老，故以老注之，受意於老，轉相傳注，故謂之轉注。義近形聲而有異焉。形聲江、河不同，灘、溼各異；轉注考老實同，妙好無隔。此其分也。24

形聲字用聲符來強調同類事物的差異性，而轉注字則強調同類事物的相同性。所以徐鍇認爲轉注字有一個特色，亦即轉注字之間屬於同類（形符相同）且同意。

至於假借的條件與轉注不同，假借最早起於「簡易」，乃一字多用途，形同而義近。正如徐鍇在《說文解字·疑義》中說：

五者不足則假借之，古人簡易之意也。出令（去聲）所以使令（平），或長（平）於德或長（上聲）於年皆可爲長，故因而假之。若衣（平）在體爲衣（去），巾（平）車爲巾

23 請參見徐鍇《說文解字通釋》第9-10頁，1968年6月再版，文海出版社。
24 請參見徐鍇《說文解字通釋》第371頁，1968年6月再版，文海出版社。

　　（去）之類也，此聖人制字之大倫。[25]

　　但後來由於口授而書於簡牘，因此形義皆異，而只有聲同的關係。所以徐鍇在《說文解字通釋》「上」字下說：

　　　　至春秋之後，書多口授傳受之者，未必皆得其人，至著於簡牘，則假借文字不能皆得其義相近者，故經傳之字多者乖異疎，詩借害爲曷之類是也。[26]

　　他又進一步在《說文解字‧疑義》中解釋說：

　　　　而中古之後，師有愚智，學有工拙。智者據義而借，令、長之類是也。淺者遠而假之，若《山海經》以俊爲舜，《列子》以進爲盡也。又有本字湮沒，假借獨行，若《春秋》莅盟本宜作逮，今則爲莅，省者是也。減婚之字本當從女，今之婿字世所不行。從便則假借難移，論義則遺有分別。[27]

　　所以凡符合下列任一條件的字都可稱爲假借：

　　（一）一字數用，據義而借者。如：「令」有出令（去）、使令（平）；「長」有長（平）於德、長（去）於年等。

　　（二）形異聲近而借者。如：「果」借爲「祼」（徐鍇註：「則古祼、果聲相近也。」）、「進」借爲「盡」。

　　（三）本字之義湮沒而獨行假借義的。如：「帥」原爲佩巾之意，後借爲將帥字；「烏」、「焉」爲鳥名，借爲語助詞等。

　　在 136 個假借中，「聲近而借」有 111 個。所以假借可說因「聲」相連結的情形最多。不過假借非義借即聲借，純粹形近而誤用的非假借。徐鍇在「宓」字下說：「古書處字多從此作，蓋訛踳

---

25 請參見徐鍇《說文解字通釋》第 371 頁，1968 年 6 月再版，文海出版社。
26 請參見徐鍇《說文解字通釋》第 9-10 頁，1968 年 6 月再版，文海出版社。
27 請參見徐鍇《說文解字通釋》第 371 頁，1968 年 6 月再版，文海出版社。

所致，非假借也。」

綜合以上所論，轉注與假借的異同可用下表來做一比較：

	轉注	假借
同	運用前四書，非造字之法。	
異	轉注字間意必同。	字之本義與假借義不盡同。
	轉注字間屬同類。	假借字間不必同類。
	主形義相注	主聲義相借
	一義數文借	一字數用

伍、結論

經過上述的比較分析，可知徐鍇對六書的觀點以及虛實的判定，象形、形聲皆依字形而得義，所以為實；指事、會意依字意而得義，所以為虛。蔡金臺和胡樸安先生認為形聲為虛，與江聲以為形聲主聲的理由相同；會意雖由形符組成，但嚴格而言應該稱這些形符為意符，所以代表抽象的意義，不可言其為實。指事用物的相對位置來表達抽象的空間概念，所以徐鍇認為指事為虛。轉注、假借方面，學者們的意見大致相同，因此徐鍇對虛實的判定並無不當。

至於徐鍇分耦的理由，龍學泰在〈六書三耦說〉一文中曾臆測說：

> 竊以為「耦」之義有三：或從子母而言；或從字體言；或從制字之先後言。蓋合言之，則象形、指事，母也；會意、諧聲，子也；轉注、假借，子之子也。此則從母從子，六者之以類相耦也。分言之，則象形之有正生母也、側生子也；指

事之有正生母也、兼生子也，二母合爲會意。然同母之母，
母也；異母之母，子也。諧聲之一體主義，母也，一體主
聲，子也。轉注之立類，母也；從類，子也。假借亦有二：
有義之假借，母也；無義之假借，子也。此則六者之中，母
與子又各自爲耦矣。

若以字體論之，則有事必有形，象形、指事，事與形耦也；
有義必有音，會意、諧聲，義與音耦也；或從義而長，或從
音而長，轉注、假借又以其長者爲耦也。

若以制字之先後論之，則依類象形謂之文，象形、指事其最
古者也；形聲相益謂之字，會意、諧聲其後益者也；字孳乳
而寖多，轉注、假借又其後之所多者也，此則以次序爲耦
矣。28

若以子母論，「子母相生」的說法首見於宋代鄭樵《通志·六
書略》中，就時代來講，應是鄭樵受徐鍇「三耦論」的影響而有此
說。若以字體論，事與形、義與音之間的關係似未必然。因此三說
之中當以「制字之先後論」較符合徐鍇所呈現的分耦情形。

六書次第在東漢時有班固、許愼和鄭衆三家不同的說法，班固
《漢書·藝文志·六藝略·小學類·後敘》中說：「古者八歲入小
學。故周官保氏掌養國子，教之六書：謂象形、象事、象意、象
聲、轉注、假借，造字之本也。」鄭玄注《周禮》，引鄭衆的話
說：「六書：象形、會意、轉注、處事、假借、諧聲也。」許愼
《說文解字·敘》中所述六書的順序是「指事、象形、形聲、會
意、轉注、假借。」徐鍇雖祖述許愼，但在象形與指事的次第上卻

---

28 請參見丁福保《說文解字詁林正補合編》第一冊第 561-562 頁，1983 年 4 月
　二版，鼎文書局。

有不同的看法，其原因就在於虛實之別。許愼《說文解字・敍》中
說：

> 古者庖犧氏之王天下也，仰則觀象於天，俯則觀法於地，視
> 鳥獸之文與地之宜，於是始作易八卦，以垂憲象。及神農氏
> 結繩爲治，而統其事，庶業其繁，飾僞萌生。29

人必先視實物，而後虛象乃生，徐鍇在《說文解字・類聚》也
中說：「夫物生而後有象，象而後有滋，滋而後有數。」30 如果以
實爲先虛爲後，則象形的次第應在指事之前。

總結以上所討論的，徐鍇的《說文解字通釋》是現存《說文解
字》註本，而他的「三耦論」藉由對六書之間關係的分辨，推衍了
六書次第的先後，及造字用字的區分，這些對後代《說文》研究者
都有很大的啓發，於是六書「三耦論」可說是徐鍇除了校註《說文
解字》外的一大貢獻。

參考書目

丁福保《說文解字詁林正補合編》，1983 年 4 月二版，鼎文書局。
王初慶《中國文字結構析論》，1993 年 9 月四版二刷，文史哲出版
社。
江舉謙《說文解字綜合研究》，1970 年 1 月初版，東海大學出版。
李孝定《漢字的起源與演變論叢》，1992 年 7 月第二次印行，聯經
出版社。

---

29 請參見段玉裁《說文解字注》第 761 頁，1991 年 8 月增訂八版，黎明文化
　事業股份有限公司。
30 請參見徐鍇《說文解字通釋》第 363 頁，1968 年 6 月再版，文海出版社。

林尹《文字學概說》，1987 年 12 月臺初版第十三刷，正中書局。

段玉裁《說文解字注》，1991 年 8 月增訂八版，黎明文化事業股份有限公司。

胡樸安《文字學研究》，1978 年 7 月初版，信誼書局。

徐鍇《說文解字通釋》，1968 年 6 月再版，文海出版社。

張意霞《說文繫傳研究》，1994 年 6 月，逢甲大學中國文學研究所碩士論文。

鄭玄《十三經注疏・周禮》，1993 年 9 月第十二刷，藝文印書館。

試由《說文繫傳‧袪妄》蠡測
李陽冰¹之説文刊本

王初慶

提　要

本文試圖由〈袪妄〉中之記誌蠡測李陽冰說文刊本之舊貌，文分三節：

壹‧前言：明述作緣由。

貳‧李氏説文刊本原貌之考察。

　一、〈袪妄〉引李氏説文刊本略有五例：㈠凡部首字說解末句

1　李陽冰，字少溫，唐趙郡人，生約當玄宗開元初年（709？），卒約在德宗貞元之初（785？）。官至將作少監，善詞章，留心小篆迨三十年，以篆書獨步於當代；凡豐碑大碣，多請陽冰為之篆額。李氏曾刊定《說文》，以正傳寫之失，以篇帙繁重，改分為三十卷；惜其書今不傳。依《說文》，「仌」訓為「凍也，象水凝之形。」「冰」訓為「水堅」，「凝」為「冰」之俗字。於此三字之關係，歷來聚訟不已。朱士端《說文校定本原稿》按云：「古凡冰凍之冰，許書作仌，而冰為凝之本字，凝為冰之俗體。自經典以冰為冰凍之冰，而?字不顯；以凝為堅凝之凝，而凝之本字作冰亦不顯。」謹按：本諸《說文》，「冰」為「凝」之俗字，固勿庸疑；然「陽冰」一辭，典出《晏子春秋‧雜篇上》「陰冰凝，陽冰厚五吋」，王念孫曰：「『陰冰』者，不見日之冰也；『陽冰』者，見日之冰也。言不見日之冰皆凝，見日之冰則但厚五寸也。」則李陽冰之「冰」已用為「冰凍」字，不得視為「凝」之俗字。音「筆陵切」而非「魚陵切」。

「凡某之屬皆從某」例省。㈡僅節取欲抨擊探討部分之片段。㈢既引古、籀、篆字形，兼及說解，以論字體是非。㈣僅引篆文或古文字形，不及說解，以論字體是非。㈤未引說文說解，僅引李氏字學加以抨擊。

　　二、以〈袪妄〉與〈通釋〉說文說解對勘，得下列六例：㈠說解或節取之說解雷同者。㈡二者文字小異者。㈢二者文意大體相同，文字互有差異者。㈣二者說解繁省不同，文字差異較大者。㈤李本省錯本繁，其間差異甚大者。㈥二者迥異者。

參·李氏刊本原貌之蠡測。

　　推得李本特色有五：㈠或用後世通用字、或用通假字以代說文本字，有失字書之嚴謹態度。㈡李本與錯本異者，往往音同音近。㈢往往省略語尾助辭。㈣書篆文必上溯秦篆以正其體。㈤李本之原貌或如今見《繫傳·通釋》之例，先書說文說解，然後附以「陽冰曰」以申己見。除正篆體外，其所論 1. 或盡棄說文說解而另創新義。2. 或抨擊說文說解，正之以己說。3. 或為說文申述，補其闕疑。

　　陽冰既刊正說文，又圖逞其於字學之創見，致後人因斥其學而疑其書，逐漸湮沒失傳。

壹·前言

　　自《字林》、《玉篇》代興，許氏《說文》雖寖微，然依《魏書·江式傳》所誌：魏初張揖《古今字詁》、邯鄲淳所書之《三字石經》，晉呂忱《字林》及江式之《古今文字》；或方之許慎，或託付說文；則其時說文之學仍流傳不綴可知也。惟其書上承《史

篇》、《三倉》,「今敘篆文,合以古籀」,「欲人由近古以考古」;而《字林》、《玉篇》等後起之字書,則以時行之隸體爲解說之據,以便檢索。而《倉頡篇》西漢中葉已尠人能通[2],《說文》之不爲久習隸書之時人之所便,自不待言。

迄唐大曆中,李陽冰篆跡殊絕,獨冠古今。自謂「斯翁之後,直至小生」,於是刊定《說文》,修正筆法,學者師慕;贊明許氏,奐焉英發[3]。李氏由工篆而及《說文》[4],其姪李騰有《說文字源》一卷,乃本陽冰之學,「集徐愼說文目錄五百餘字刊於石,以爲世法云。[5]」而郭忠恕《汗簡》之偏旁部目乃本諸李氏刊定之說文,釋夢英《篆書偏旁字原碑》又純傳李氏之學[6]。今陽冰原書及《說文字源》雖不可復睹,然《汗簡》與夢英碑俱在,是其部次猶有可考者[7]。就二徐之說文學論之:楚金「考先賢之微言,暢許氏之玄旨,正陽冰之新義,折流俗之異端。[8]」鼎臣諟正陽冰之誤[9],則二徐之說文傳本,有存李氏刊本之跡者,可推知也。頃案二徐書中所存陽冰之說,除略散見於各字之說解下:如「笑」下大徐本云:

2　〈說文敘〉云:「孝宣皇帝時,召通倉頡讀者,張敞从受之。」又云漢博士以倉頡篇乃「古帝之所作也,其辭有神遷之術焉。」
3　見徐鉉〈進說文表〉及〈說文篆韻譜序〉。
4　參見周祖謨《問學集‧李陽冰篆書考》。
5　見《崇文總目》卷七小學類上。
6　見二書之自序。
7　周祖謨《問學集‧李陽冰篆書考》云:「說文建首共五百四十部,英公所書亦然。(《金石存》謂止五百三十九部,誤。)惟與今徐鉉本小異:皿部下無𠘚部,一也。裘、老、毛、毳、尸、尺、尾七部列臥、身、月、衣四部之前,二也。几、勺二部倒置,三也。了部之子立爲部首,次於子部之下,四也。」
8　見徐鉉〈說文篆韻譜序〉。

　　　　此字本闕，臣鉉等案孫愐唐韻引說文云：「喜也，从竹从
　　　　夭。」而不述其義。今俗皆从犬。又案李陽冰刊定說文从竹
　　　　从夭義云：「竹得風，其體夭屈，如人之笑。」未知其審。
　　　　（五上竹部）

謹按：今小徐本卷九竹部所引亦同，張次立云：「笑爲鉉補。」又
「函」下《繫傳》云：

　　　　按李陽冰云：「徐氏作函，非也，當依篆作圅。」臣詳許愼
　　　　所說及其字形，亦與陽冰所說同，但傳寫浸訛。以下圅字兩
　　　　齒相連，與中豎畫相合，自然其中成田，今正書之則與此同；
　　　　但是輔頰之象，非正牙齒之字也。（通釋第十三・马部）

「王」下大徐本云：

　　　　李陽冰曰：「中畫近上，王者則天之義。」（一上王部）

此外，當以《繫傳・祛妄》所引爲夥。

　　然鼎臣既謂李氏「頗排斥許氏，自爲臆說。夫以師心之見，破
先儒之祖述，豈聖人之意乎？」又云：「往者李陽冰，天縱其能，
中興斯學；贊明許氏，奐焉英發。」「許愼注解，辭簡義奧，不可
周知；陽冰之後，諸儒箋述，有可取者，亦從附益。猶有未盡，則
臣等粗爲訓釋，以成一家之書。[10]」則亦以李氏之說，不皆鄙陋。
觀夫「笑」下以陽冰說以補其義之不明，「函」下引陽冰說以正篆
字之形，「王」下用陽冰說以明字之形義，可見一斑。惟楚金以
「字旨澄深，學者不曉，譏者皆妄，作祛妄第三十六。[11]」「其陽

<hr>

9　見晁公武《郡齋讀書志・卷一下・小學類》「說文解字十五卷」條：「東漢
　　許愼篆，李陽冰刊定，僞唐徐鉉再諟正之，又增其闕字。」
10　同註 3。
11　見《繫傳・系述第四十》。

冰之說，與說文乖異者，竝入祛妄篇。[12]」因可謂大體散見於二徐
各字解說下所引李氏之說：或在補正說文，或作爲旁證，或別備一
說；皆其說尚有存錄價值者。而楚金以爲荒誕不經者，則彙集於
〈祛妄〉以見其非，以戒後之爲字學者，勿率爾從陽冰之新義也。
自〈祛妄〉以降，學者多譏李氏之說爲淺陋；然「〈祛妄〉一篇，
力主許說而評駁李陽冰，陽冰字說近已難得，藉此可見一斑；而楚
金評駁，亦多未允。[13]」故於陽冰說文學之是非功過，實有本諸今
可見之有限資料，重新釐清之必要。就陽冰字學一端，周祖謨先生
《問學集》，仲華師《高明小學論叢》，蘇尚耀先生《中國文字叢
談》，康殷《古文字學新論》等書中皆有所論；惟於陽冰說文刊本
之原貌，尚未見有探討者。本文乃試圖於李氏說文刊本之本貌，作
一蠡測。

貳‧李氏說文刊本原貌之考察

　　陽冰刊本，爲三十卷[14]。今存唐殘本〈木部殘卷〉及〈口部殘
簡〉，經周祖謨先生之考證，以爲說解之下皆未引李氏字學，當非
李氏刊本[15]。散見於大小徐本通釋中隨字而釋之者，除少數如「笑」
字下明云：「又案李陽冰刊定說文从竹从夭。」知李本說解外，大
多僅存陽冰字學之說而不及其刊本原貌。而《繫傳‧祛妄》共論及
五十六字，除卷首「導」字以外，其餘皆在斥李氏之非。今按〈祛

12 見《繫傳‧疑義第三十九》。
13 見吳穎芳《理董後編‧卷一》。
14 見林罕〈字原偏旁小說序〉。《崇文總目》作「說文二十卷，許愼撰，李陽
　冰刊定。」高師〈說文解字傳本考〉云：「疑二當爲三之誤。」其說是也。
15 參見周祖謨《問學集‧唐本說文與說文舊音》。

妄〉中所引「說文曰」，往往與前三十卷通釋中之所著相左。承培元〈說文解字繫傳校勘記後跋〉末注云：「按是書貴其能通辨經字，故記中于說經需校勘尤詳。其他所引子史文集說部諸書，錯每持肛記，多有與原書違背及書名參錯者。」又楚金之爲〈祛妄〉，其義並不在對說文說解之詮釋，其引說文多節取之。然旣云：「說文曰」，又引「陽冰曰」，所引說文又多異於通釋，則此說文當爲李氏刊本之舊貌歟！今且以之爲津梁，或可稍窺李氏刊本之梗概。

頃以祁寯藻繫傳校刊本爲據，就〈祛妄〉所誌「導」字以外之五十五字，依其先後字次，編定號碼，以便檢索。凡〈祛妄〉中所引之「說文曰」，皆以之爲陽冰之舊貌，目爲「李氏說文刊本」，簡稱爲「李本」。其說解未經割裂節取者，於標號上加◎以明之；疑爲楚金臆記，至有省略者，於標號上加※以明之。〈通釋〉中記誌之說文說解，則稱之爲「錯本」：以爲識別。試圖以李本與錯本之對勘，略知李氏刊本之本貌；所論儘量就原誌文字之本貌爲說而不涉入後人於詞彙定義、界說之爭議。庶幾可由之直指而少枝蔓云。

一、〈祛妄〉引李氏説文刊本例

〈祛妄〉所引李陽冰說文刊本之例，大氐有五：

㈠凡部首字說解末端之「凡某之屬皆從某」句例省：

〈祛妄〉所引部首字凡三十六。曰：（5）龠、（9）皮、（10）隹、（11）車、（12）幺、（14）刃、（15）竹、（16）豐、（17）血、（19）亼、（21）木、（22）才、（23）日、（24）齊、（25）米、（26）未、（29）禿、（30）欠、（31）頁、（32）丹、（33）長、（34）豸、（38）夊、（39）龍、（40）非、（42）率、

（43）土、（46）金、（47）勺、（49）矛、（50）巴、（51）庚、（52）厷、（53）午、（54）戌、（55）亥。其說解末端均未引「凡某之屬皆從某」句。

㈡僅節取欲探討部分片斷之說解文字搭配李氏之字學，以爲抨擊陽冰之據：

如（2）「毒」下云：「說文從屮毒聲。」（7）「要」下云：「說文云：從臼，自臼，交省聲。」旨在討論字形結構。均未引字義之說解。（4）「路」下云：「說文從足各聲。」所討論純在字音。（15）「竹」下云：「說文曰：冬生草。」又僅引字義說解而不及字形。

㈢旣引古、籀、篆不同之字形，兼及說解，以論字體結構之是非者：

如（3）「𡴋𡴋」下云：「說文云：斷草。籀文從手。」（46）「金金」下云：「說文從土，右左注，象金在土中形，今聲。」

㈣僅引篆文或古文字形，不及說解，以論字體結構之是非者：計二字。

（31）「頁」字只引篆文，（35）「金」下云「古法字」，皆未引說文說解。

㈤未引說文說解，僅引李氏字學加以抨擊者：計三字。

有（1）「弍」、（18）「主」、（36）「狀」三字。

二、〈祛妄〉與〈通釋〉說文說解之對勘

以〈祛妄〉所引五十五字，除去未引說解之（1）弍、（18）主、（31）頁、（35）金、（36）狀五字外，取其所引與前三十卷通釋中之所誌對勘，二者之異同有：

㈠說解或節取之說解雷同者：共計六字。

1、說解完全雷同者：計二字。

有◎（12）幺（卷八幺部）、◎（42）率（卷二十五率部）

2、節取之說解雷同者：計四字。

有（2）毒（卷二屮部）、（4）路（卷四足部）、（21）木
（卷十一木部）、（49）矛（卷二十七矛部）

謹按：節取說解之四字，節取部分雖雷同，未可即云二本全無
差異。

㈡二者文字小異者：又可分爲十一類，共計二十二字。

1、二者除文字字形繁省不同外，餘皆全同者：計二字。

字次	字形	李氏刊本	繫傳通釋	卷次	部首
◎（19）	仝	「參」合也，從入一，象三合形。	「三」合也，從入一，象三合之形。	十	仝
◎（30）	炁	張口「氣語」也，象「氣」從人上出之形。	「炁」，張口「气悟」也，象「气」從人上出之形。	十六	欠

謹按：說文以三爲「數名」，參乃「商星」；然《墨子・雜守》：
「參食，食參升小半。」《莊子・大宗師》：「參日而後能外天
下。」《荀子・勸學》：「君子博學而參省乎己。」皆已以「參」
代「三」。气本爲「雲气」，氣乃「饋客之芻米」；然《論語・季
氏》：「少之時，血氣未定，戒之在色。」《孟子・公孫丑》：
「不得於心，勿求於氣。」《易・乾文言》：「同聲相應，同氣相
求。」皆已以「氣」代「气」。此皆段氏所謂之「譌字自冒於叚
借」[16]。

---

16 參見《說文解字注・卷十五上》?解條下段注及作者《中國文字結構析論・
　第九章》

「衣」、「𧘇」之形異，正〈祛妄〉之所欲辨，故於通釋欠部以「𧘇」爲正。悟爲「覺」，語乃「論」，義本有別，然《莊子‧漁父》：「甚矣，子之難語矣！」「語」已借爲「悟」字。

2、二者字數相同，文字有一字相異者：計二字。

（39）	龏	「象」肉飛之形。	「從」肉飛之形。	廿二	龍
◎（47）	勺	挹取也，象形。中有「質」，與包同意。	挹取也，象形。中有「實」，與包同意。	廿七	勺

3、李本少一字，餘皆全同者：計三字。

◎（26）	朮	象荻生形。	象荻「豆」生形。	十四	朮
（43）	土	二象地之下地之中，丨，物出也。	二象地之下地之中，丨，物出「形」也。	廿六	土
（51）	庚	秋時萬物庚庚有實也。	「象」秋時萬物庚庚有實也。	廿八	庚

4、李本少語尾助辭者：又別爲三項，共六字。

子、文字全同，獨缺語尾助辭者：計三字。

（10）	隹	鳥之短尾總名。	鳥之短尾總名「也」。	七	隹
◎（24）	齊	禾麥吐穗上平，象形。	禾麥吐穗上平「也」，象形。	十三	齊
（46）	金	從土，左右注象金在土中形，今聲。	從土，左右注象金在土中形，今聲「也」。	廿七	金

丑、會意字組成分子全同，先後次序不同，又缺語尾助辭者：僅一見。

（45）	封	爵諸侯之土，從「之土寸」，寸其制度。	爵諸侯之土「也」，從「土之寸」，寸其制度「也」。	廿六	土

寅、二者字形有異，李本又缺語尾助辭者：計二字。

◎（11）	甹	「甹」，小謹也，從幺省，屮「才」見，屮亦聲。	「甹」，小謹也，從幺省，屮「財」見「也」，屮亦聲。	八	甹
（15）	艸	多生「草」。	多生「艸」也。	九	竹

謹按：徐鍇曰：「甹，專也。」徐灝《說文解字注箋》云：「甹即古專字。」才爲「艸木之初」，財爲「人所寶」；《漢書‧李廣利傳》：「士財有數千。」注：「與才同。」艸爲「百卉」，草本「草斗」；然《論語‧顏淵》：「君子之德風，小人之德草，草上之風必偃。」《孟子‧萬章》：「在野，曰草莽之臣。」皆已以「草」代「艸」。

　　5、李本多一字，餘皆全同者：僅一見。

◎（41）	直	正見也，「故」從十目乚。	正見也，從十目乚。	廿四	乚

　　6、李本多一字，又說解文字先後有異者：僅一見。

（32）	严	「象卩」相合「分」之形。	「卩象」相合之形。	十七	卩

　　7、二者字形有異，李本說解字少，並少語尾助辭者：計二字。

◎（53）	午	啎也，五月陰「氣」午逆，陽冒地而出，與矢同意。	啎也，五月陰「气」午逆，陽冒地而出「也」，「此」與矢同意。	廿八	午
◎（55）	亥	二，古上字，一人男一人女，「乚」象「懷」「子」「咳咳」之形。	乚二，古「文」上字「也」，一人男一人女「也」，「從乚」象「褱」子「咳咳」之形「也」。	廿八	亥

謹按：褱，《說文大徐本》云：「袖也，一曰藏。」小徐則作：「褱，一曰臧。」段注於「一曰臧下」曰：「此義與裹近。」裹，說文釋爲「俠也」，段氏以爲俠字當作夾，「腋有所持，裹藏之義

也。」懷解作「念思」。故邵瑛《說文解字群經正字》云：「據義左氏桓十年傳『懷璧其罪』」，禮記曲禮『其有核者懷其核』：當作褱。左氏成十七年傳『瓊瑰盈乎吾懷乎』，論語陽貨『然後免於父母之懷』：當作裛。此等尚見漢書：外戚許皇后傳『裛誠秉忠』，地理志『蕩蕩裛山，襄陵是也』；師古曰：『裛、褱，古懷字。』今按師古之義，特以褱、裛古人罕用，故以爲古今字。」如是則以懷代褱、裛，亦爲自冒於叚借。」

　　說文以侅爲「奇侅，非常也。」咳爲「小兒笑也。」而《史記・扁鵲倉公列傳》作「奇咳」。

　　8、二者篆形不同，李本說解字多，卻少語尾助辭者：僅一見。

◎（40）	非	「背」違也，從飛下。「兩」翅，取其相背。	𢽟，違也。從飛下翅，取其相背「也」。	廿二	非

　　9、二者字形有異，李本說解字少，卻多語尾助辭者：僅一見。

◎（22）	屮	「草」木之初也。從｜貫一，將生枝也；一，地也。	「屮」木之初也。從｜「上」貫一，將生枝「葉」；一，地也。	十二	木

　　10、二者字形有異，李本說解字多者：計二字。

◎（25）	米	穬「粟」食也，象禾「實」之形。	穬食也，象禾「黍」之形。	十三	米
（28）	裛	從衣「蚩」省聲「形」。	從衣「宜」省聲。	十六	衣

謹按：祁刻本所附《校勘記・卷下》「繫傳三十六，五葉九行」下注云：「省聲形，形字衍，衣部袁篆注作10省聲，錯云10音專，而此又云音丑善反，何不相符也？疑衣部或依鉉改。」祁氏不察〈袪妄〉所引實爲李本，以致其疑也。

　　11、二者字形有異，說解小有差異，李本又少語尾助辭者：僅

一見。

| （38） | 仌 | 象水「凝冰」形。 | 象水「凝」「之」形「也」。 | 廿二 | 仌 |

（三）二者文意大體相同，文字互有差異，李本省而鍇本繁者：計十二字。

※（5）	龠	樂竹管以和眾聲。從品侖；侖，理也。	樂「之」竹管「三孔」以和眾聲「也」。從品侖；侖，理也。	四	龠
※（6）	干	撜也。倒入一為干，入二為羊。	撜也。「從干」；倒入一為干，入二為羊。	五	干
※（9）	皮	「剝獸」謂之皮。從又為省聲。	「剝取獸革者」謂之皮。從又為省聲。	六	皮
※（13）	亃	「閡」也。從亃引而止之。	「礙不行」也。從亃引而止之「也」	八	亃

謹按：閡，說文云「外閉也」，段注：「有外閉則為礙。」《後漢書・虞詡傳》：「勿令有所拘閡而已。」注：「閡與礙通。」

（16）	豐	豆之豐滿者，象形。	豆之豐滿者「也」。「從豆」，象形。	九	豐
（20）	矤	詞也。從矢引省聲，「矢者」，取詞之「初所之。」	「況也」，詞也。引省聲；「從矢」，取詞之「所之如矢也。」	十	矢
（21）	日	「陽精」不虧，從口一。	「太陽之精」不虧，從口一。	十三	日
（33）	長	從兀從匕從倒亾。	從兀從匕，「兀者高遠意也，久則變化，匕聲，𠤎者」倒匕「也」。	十八	長
（34）	豸	獸長脊行豸豸「也」。	獸長脊行豸豸「然欲有所伺殺形」。	十八	豸

| （48） | 与 | 賜予也。一勺爲「與」，「與予皆」同。 | 賜予也。一勺爲「与」，「此即與」同。 | 廿七 | 勺 |
| （52） | | 不順忽出也。從倒子，不孝子突出也。 | 不順忽出也。從倒子，「易曰：突如其來。如」不孝子突出，「不容於內」也。 | 廿八 | 古 |

謹按：与爲「賜予」，與乃「黨與」。然《論語·公冶》：「乞諸其鄰而與之。」《孟子·公孫丑》：「私與之吾子之祿爵。」已以「與」代「与」。段注：「今俗以與代与，與行而与廢矣。」又：疑日、長、多、古諸字之下，或爲〈袪妄〉僅節引李本之義而未具引原文，致二者繁省不同耳。

| （54） | 戌 | 九月萬物畢成，陽下入地，「從戊含一也。五行土生於戊，盛於戌，從『戌』一聲。」 | 九月「陽气微」萬物畢成，陽下入地，戊含一也。五行土生於戊，盛於戌，從「戊」一「亦」聲。 | 廿八 | 戌 |

謹按：李本既云「從戊含一」，又曰：「從戌一聲。」戌當作戊明矣。

　　（四）二者說解繁省不同，文字差異較大者：共計七字。

　　1、李本省鍇本繁者：計四字。

（3）		斷草，籀文從手。	從斤斷艸，譚長說。　，籀文從艸在仌中，仌寒故折。　，篆文折從手。	二	艸
（7）		從臼，自臼，交省聲。	象人要自臼之形也。從臼，交省聲。	六	臼
（17）		血祭所獻也。從皿；一，血也。	祭所薦牲血也，從皿，一象血形也。	九	血

| ※（29） | 禿 | 人無髮也。從禾，王育說蒼頡出見禿人伏禾中，未知其審。 | 無髮也。從儿，上象采粟之形，取其聲。凡禿之屬皆从禿。王育說蒼頡出見禿人伏禾中，因以制字，未知其審。 | 十六 | 禿 |

2、李本繁鍇本省者：計三字。

（8）	𦥑	從又從ㄐ尸，闕。	闕。	六	又
◎（14）	刃	刃，刀之堅利處，象有刃之形。	刀堅也，象刀有刃之形。	八	刃
（44）	壐	從省從土，土所以止，此與在同意。	從𡈼省從土，所止也。	廿六	土

（五）李本省鍇本繁，而其問差異甚大者：計二字。

| （37） | 州 | 九州，地之高者，從重川爲州。 | 水中可居者曰州，周繞其旁。從重𛰙，昔堯遭洪水，民居水中高土，故曰九州。詩曰：「在河之洲。」一曰：州，疇也，各疇其土而生也。 | 廿二 | 川 |
| （50） | 巴 | 蛇食象形。 | 弓，蟲也。或曰：食象蛇也，象形。 | 廿八 | 巴 |

謹按：唐〈木部殘卷〉，「杷」字偏旁作「巴」，周祖謨〈唐本說文與說文舊音〉云；「巴之作巴，李陽冰本說文及郭忠恕汗簡所集古文並同；斯蓋唐代一貫之寫法，二徐作巴，當別有所本也。」

（六）兩者全然迥異者：僅一見。

| （27） | 弔 | 古者葬之中野，以弓驅獸，人遇弓爲弔。 | 問終也。古人葬者厚衣之以薪，從人持弓毆禽也。弓蓋往復弔問之義。 | 十五 | 人 |

參、李氏刊本原貌之蠡測

　　就〈袪妄〉中所之五十字，欲探知李氏說文刊本之原貌，未免失之草率。然此五十字對勘之下，與鍇本通釋完全相符者僅二字，只及百分之四；節取之說解相符者四字，佔百分之八。文字小異者二十二字，居百分之四十四。文意大體相同，文字互有差異，說解較簡省者十二字，居百分之二十四。文字差異較大者七字，佔百分之十四。文字差異甚大者二字，佔百分之四。全然迥異者一字，僅佔百分之二。二本差異如此，或誠如承培元所謂之「鍇每持臆記」，引本不夠嚴謹；而節取原文時，甚或節引其義未具引原文之所致。謹按：具引李本說解全文者：僅有（11）㒸、（12）幺、（14）刃、（19）厽、（22）才、（24）齊、（25）米、（26）朮、（30）欠、（40）非、（41）直、（42）率、（47）勺、（48）与、（53）午、（55）亥等十六字。另疑爲楚金臆記，致小有省略者：（5）龠、（6）羊、（9）皮、（13）㬅、（17）血、（29）禿等六字。而今試圖就此等有限資料，以推李本特色，約有以下五則：
　　（一）李本說解或用後世通用之字取代本字，或用通爐字，似有失字書應有之嚴謹態度：
　　1、如（19）厽下以「參」代「三」；（3）折、（15）竹、（22）才下以「草」代「艸」；（30）欠、（53）午下以「氣」代「气」；（38）夊下以「凝」代「冰」；（48）与下以「與」代「与」，（55）亥下以「懷」代「褱」，皆係用後世通用之字取代本字。而依段氏所論許叔重說文說解之例：「許說義出於形，有形以範之；而字義有一定，有本字之說解以定之。而他字說解中不容

與本字相背。」[17] 故鍇本皆用本字。如李本所用之後世通用字，正合段注所謂「譌字自冒於叚借」之例。

　　2、如（30）㱃下以「語」代「悟」，（13）疐下以「閡」代「礙」則係用通叚字以代本字。

謹按：鍇本亦偶有用後起字者：如（11）甫下以「專」代「甫」；亦有用通叚字者：如（11）甫下以「財」代「才」，（55）亥下以「咳」代「侅」。惟不及李本之普遍。康殷《古文字新論》以鼎臣〈進說文表〉旣攻許李陽冰「頗排斥許氏，自爲臆說，夫以師心之見，破先儒之祖述。」又大捧李陽冰的書法「篆跡殊絕」，似互相矛盾。然經李本與鍇本之勘，李氏精於篆體，卻疏於說文說解；或排擊之，甚或以己說代之：正可爲鼎臣去取之注腳。其刊定說文，往往用後世通用之字及通叚字取代說文本字，似失卻字書應有之嚴謹態度。

　　（二）李本與鍇本文異者，往往音同音近。

　　（17）血下李本曰：「血祭所獻也。」鍇本作：「祭所薦牲血也。」

謹按：

異文	小徐反切	大徐反切	段氏反切	段氏韻部	廣韻反切	廣韻韻部	聲紐
獻	希建	許建	許建	十四	許建	去廿五願	曉
薦	子遍	作旬 [18]	作旬	十三	在旬 [19]	去卅二霰	精

「獻」與「薦」同收舌尖鼻音韻尾 n。

　　（22）才下李本曰：「將生枝也。」鍇本作：「將生枝葉。」

---

[17] 見《說文解字注》卷十五上叚借條下段注。

[18] 《靜嘉堂藏宋本說文解字》十上薦部薦下注云：「作旬切。」「旬」字疑爲「旬」之誤。

[19] 《廣韻》去聲三十二霰韻「薦」字作「荐」。

謹按：

也	拽者	羊者	余者	十六部十七部之間	半者	上卅五馬	喻
葉	亦接	与涉	與涉	古音在八部	與涉	入廿九葉	喻

「也」與「葉」同屬喻母字，二者雙聲。

（25）米下李本曰：「象禾實之形。」鍇本作：「象禾黍之形。」

謹按：

實	市日	神質	神質	十二	神質	入五質	神
黍	叔呂	舒呂	舒呂	五	舒呂	上八語	審

「實」與「黍」聲母同屬正齒音。

（28）袁下李本曰：「省聲形。」鍇本作：「叀省聲。」

謹按：

蚰	丑善	丑善	讀若騁，丑善切	十一	丑善	上廿八獮	徹
叀	準旋	職緣	職緣切	十四	專，職緣[20]切 叀，時釧切	入廿四職 去卅三線	照 禪

「蚰」發舌上音，「叀」為正齒音，發音部位相近。

（47）勺下李本曰：「中有質。」鍇本作：「中有實。」

謹按：

質	之日	之日	之日	十二	之日	入五質	照

「質」與「實」同發正齒音，且二者疊韻。

（三）李本說解往往省卻語尾助辭「也」字。

　　如（5）龠、（10）佳、（11）叀、（13）虐、（15）竹、（16）豐、（24）齊、（38）夊、（45）封、（46）金、（53）午、（55）亥

20 《廣韻》入聲二十四職有「專」音「職緣切」，而去聲三十三線有「叀」繫於「觝」下，音「時釧切」。

等皆其例。

（四）李本書篆文必上溯秦篆以正其體。

《繫傳・疑義》曰：「[篆文字形] 右皆說文字體與小篆有小異者。」「秦政嚴急，務趣約易，李斯頗刪籀文，謂之小篆：會銘山銘及今之篆文是也。苛暴尤甚，篆復不足以給；故程邈作古隸以自贖，字畫曲折，點綴易成：即今之隸文。」「然而愚智不同，師說或異，豪端曲折，不能不小有異同。許愼所解，解其義也，點畫多少，皆案程式。李斯小篆，隨筆增減，所謂秦文。或字體或與小篆爲異，其中亦多云此篆文、此古文是也。如衣之類本以覆二人爲義，[篆字] 本從三屬，[篆字] 本從倒亡，皆本如此，而小篆引筆乃有小異。而李陽冰一改之，使依秦刻石，不亦疏乎！今有所書寫則可依秦文者依之，至於連篇按部，一歸之說文本體。」可知楚金於說文篆體，爲求其說解相符應，往往有以許說而易其形者。而陽冰則以篆書獨步於當代，其書說文篆體，自不免直指秦篆，以顯其學，所謂「斯翁之後，直至小生」也。故「修正筆法，學者師慕。」亦爲鼎臣之所樂首。

如（30）「[篆字]」下云：「陽冰云：『上象人開口，下象氣昨從人，所謂欠去。許氏擅改作[篆字]，無所據也。』臣鍇以爲陽冰作[篆字]，蓋按李斯等象，古文多互體，雖有從[字]者，其下亦是人字，且人之欠去，氣竝上出不下流，安得氣在[字]下？陽冰在許愼之後，所見雖博，猶應不及於愼，今之所說，無乃偏執之論乎！」鼎臣則謂：「說文作[篆字]，亦李斯小變其勢：李陽冰乃云从開口形，亦爲臆說。」21

---

21 見徐鉉〈進說文表〉。

（31）「𧮫」下云：「說文如此。陽冰云：『𧮫當作𧮫。』臣鍇按李斯書實如陽冰所作，然陽冰不了其義。許愼言其所由李斯小篆，所異者少，李斯隨事書之，筆力微變，未足譏評也。」

（33）「喬」下云：「陽冰作𡗎，與許小異，竝如頁字解中也。」

（40）「北」下云：「陽冰云：『兩手相背也。』臣鍇以爲兩翅自可相背，不必從臼，此亦異體也。」（謹按〈通釋‧卷廿二〉及大徐卷十一下篆皆作非。而《木部殘卷》非字偏旁作米。）

（46）「金金」下云：「陽冰云：『當作金，許愼金體非。』臣鍇以爲金古文，蓋古篆如此，金爲正體，陽冰合之，妄矣。」

（47）「勺」下云：「陽冰云：『古文不從屈一之體，竝從勹：勹一爲勺，二爲勻；一少也，二漸多也，兩均之義。許氏同俗輩云一勺爲與，便謂中畫屈一，則與与字同部。又云包同意，此正也，豈得爲同意哉！移入勺部，之略反，大小篆勹如此，許氏勺如此。』臣鍇以爲勺一勺也，禮云：『今夫海一勺水之多，實少也。』與包同意，則勺外之勹與勺蓋不相遠。與陽冰之所勹異者微，無足致譏也。」

（48）「与」下云：「陽冰云：『中畫盤屈，兩頭各鉤物，有交互相與之義，與互同意。許云一勺，甚涉迂誕，與屈中爲虫何殊？』臣鍇以爲勺取也，與挹取而與之，一而與之，無或二三也，言與則直與爾，何必相互爲相與？雖篆有今古，筆有省便，無踰於愼也。」

（49）「矛」下云：「篆形陽冰作𣎵，然無所說。……陽冰所作𣎵本出𧎮賊字，𧎮字上非矛字，亦不成文。……今人見此因書矛戟字與之同，妄矣。」

（50）「㠱」下云：「陽冰云：『從己中一，不合次巳下。』臣鍇以爲已亦屈伸，可象巴蛇，陽冰妄矣。」

謹按：於以上數例，可知陽冰於篆體結構之解析，雖未必然，如非字、勺字、与字等，然其篆文之字形，不可謂無所據。故楚金於欠、頁、長、非、金、勺、与諸篆之下，僅能以「古文多互體」、「筆力微變」、「所異者微」、「篆有今古筆有省便」爲說；而不得指篆體爲妄作。矛篆所謂之妄，亦在陽冰不明字形結構之妄，而非謂㐄篆爲妄作。巴篆則在論篆體結構解析眼光之異，亦未涉及篆體是非。因可推知，李本書篆文，乃以下溯秦篆以正其體爲要務。今觀〈通釋・卷十三〉弓部「函」篆下云：「臣詳許愼所說及其字形，亦與陽冰所說同，但傳寫浸訛。」亦可見其一斑。

（五）李本之原貌或如今所見《繫傳・通釋》之例，先書說文說解，然後附以「陽冰曰」以申己見。

今案其說，除前條所論直指秦篆以正其體外，約有以下三例：

1、或盡棄說文說解之說而另創形音義之新解：如

（1）弎：陽冰曰：「弋質也，天地旣分，人生其間，皆形質已成，故一二三質從弋。」

（2）龠：陽冰云：「從亼冊，亼古集字，品象衆竅，蓋集衆管如冊之形而置竅爾。」

（6）羊：陽冰云：「干一爲羊。」

（22）才：陽冰云：「才，木之幹也，木之體枝上曲，今去其枝，但有槎櫱。

（34）尹：陽冰云：「从肉力。」

謹按：以上皆陽冰於字形之新解之例。

（16）豐：陽冰云：「山中之屮乃豐聲也。」

（29）⿰：陽冰云：「從穆省聲。」

謹按：以上乃陽冰於字形及聲之新解之例。

（18）㞢：陽冰云：「凵象膏澤之氣，土象土木爲台，氣主火之義。」

（26）尗：陽冰云：「父之弟爲叔，從上下，言其尊行居上而己小也。」

（27）弔：陽冰云：「弔從二人往返相引問之義。」

（36）狀：陽冰云：「象形之中，犬字象似，文之尤者，故狀從太。」

謹按：以上乃陽冰於字形及義之新解之例。此類但憑己見以釋字之例，如許敘所言，自漢儒已然。其說雖不免望文生義，妄解形音義之文字架構，如弌、羊、豸、豐、秀、主、禱之例；然於龠、才諸字，亦不可謂其全然穿鑿附會。故二徐有遇不可解處，仍不得不引陽冰之說以爲旁證。除本文〈前言〉所引笑、函、王諸字外，如大徐本卷一上玉部玉下云：「陽冰曰：三畫正均如貫玉也。」卷十四子部子下曰：李陽冰曰：子在襁褓中足併也。」皆其例也。因可推知其說有可供參證者，必不在少數，惜乎其書不存，無以爲徵也。

2、或抨擊說文說解，正之以己說：如

（2）毒：「說文：從屮毒聲。陽冰云：『從屮母出地之盛，從土，土可制毒，非取毒聲，毒，烏代反。』」

（3）𣂚折：「說文云：斷草，籀文從手。陽冰云：『斮折各異：自折，折人手折之。』」

（4）路：「說文：從足各聲。……陽冰云：『非各聲，從足輅省。』」

（9）皮：「說文云：剝獸謂之皮，從又爲省聲。李云：『從又

持皮襜然。』」

（10）隹：「說文云：鳥之短尾總名。陽冰云：『鳥之總稱。爾雅長尾而從隹，知非短尾之稱。』」

（11）叀：「說文：叀，小謹也。從幺省屮才見，屮亦聲。陽冰云：『墨斗中形，象車軸頭叀墨之形，上書平引，不從屮也。』」

（21）木：「說文云：從屮，下象其根。陽冰云：『象木之形，木者五行之一，豈取象於乎。』」

謹按：〈袪妄〉所引陽冰之說，泰半皆屬此類。楚金雖皆斥之，然如隹、木之例，其說不盡不足取。楚金多有深文之處，亦不足為之辯矣。

3、或為說文申述，補其闕疑：如

（8）丮：「說文：從又從コ尸，闕。陽冰云：『從尸，尸，予也，コ，器也，又，手也。手持器為求之於人，人與之也。』」

（14）刃：「說文云：刃，刀之堅利處，象有刃之形。陽冰云：『刀面曰刃，一示其處所也。此會意。』」

（19）亼：「說文云：參合也。從入一，象三合形。陽冰云：『入者，合集之義，自一而成乎億萬。入者集之初，故從入從一。』」

（20）矤：「說文云：詞也，從矢引省聲，矢者取詞之初所之。陽冰云：『倉頡作字，無形象者則取音以為之訓，矢引則為矤，其類往往有之，矣字是也。』」

（41）直：「說文：正見也。故從十目乚。」陽冰曰：『正視難見，故從乚，音隱。』」

謹按：凡此一類，陽冰大體從說文說解：於語義不明處，則為之申述，如刃、亼、矤、直之例；於說文之闕疑則為之補正，如叚字。

如此數字，楚金雖駁斥李說，然除刃字下正陽冰之會意為指事確然不移，直下云「正者為直，乚者能見其曲隱處」或較李說為善外；段、弮二者，皆未能就陽冰之說下面論其是非；亼字既斥李氏，連同許氏說解「從入一」併以為非，已失其著作之本旨矣。又於陽冰之補闕，楚金亦有深信不疑，且引之以為據者。如〈通釋・卷一〉上部「斎」云：「溥也，從二方聲，闕。臣鍇按許愼解敘云：『於其所不知，蓋闕如也。』此旁字雖知從上，不知其所以從，不得師授，故云闕若，言以俟知者也。臣鍇試妄言之，以為自上而下旁達四方也。李陽冰云：『ㄟㄥ旁達之形。』此言得矣。」另卷十三軷部「䊆」下云：「闕。且從三日在狀中。臣鍇按李陽冰云：『從三日，且在狀中，蓋籀文。許愼闕義，且字下後人加。』同上」是故李氏之說不皆卑陋可知也。惜乎其說往往但憑心臆，無所憑依，因以致譏。

綜論上列五則：陽冰修正篆文筆法，中興篆籀，厥功甚偉。即或二徐往往以「止於筆跡小異」、「豪端曲折，不能不小有異同」以迴護說文承傳之字形。然久經傳抄，加以籀篆久廢，其有闕誤，自在難免。如《口部殘簡》「哀」篆作「斎」，以衣為亼，似為唐人通行寫法；而《繫傳・通釋卷十六》衣部字形作仌，或為依陽冰刊本正篆後字形。蓋〈疑義〉云：「如衣之類，本以覆二人為義。」以作「斎」形為正而非陽冰。今證之以金甲文，卻以作「仌」為近。又「非」篆二徐皆作「棐」，實不知何據以見其為「從飛下翅」形。而陽冰正之作「非」，亦與《三字石經》及金甲文相合。其以工篆書而獨步於當代，誠非虛傳而已。

由刊正字形，進及說文說解；李氏之說，雖亦有至今乃不可度者：如「隹」正其「非短尾之稱」；「木」明其本「象木之形」不

從屮。惟其說往往但憑臆度，似已背離《說文》解析文字「至於大小，信而有徵」之嚴謹態度，（謹按：此一解析文字之態度，實自漢儒已然，於魏晉六朝尤烈，至王安石《字說》而未已，不獨陽冰耳。）故為楚金所譏：觀夫豸、主、朮、弔諸字，固不誣也。

陽冰既往往不以說文說解為然；或另創新義，或正以己說。其於說文說解之徵引，或失之疏略：故或有用後起通用字與通叚字，甚或用音同音近之字以代之，而不以為意者。（正如同楚金不以陽冰之說為然，而於〈袪妄〉中引其說，或為割裂，或持臆證。）此或二徐以校讎舊籍謹嚴之態度為之刊正補闕後，其書逐漸湮沒之故也。

夫校讎古籍，用力雖勤，能矜以己所獨見者少。陽冰既刊正說文，又圖逞其於字學之創見，二者相互矛盾，至後人以斥其學而疑其書，乃成絕響，寧不感歎邪？

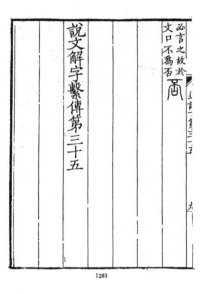

必言之故於
文口不為否
商

說文解字繫傳第三十五

（1290）

說文解字袪妄卷第三十六

繫傳三十六

文林郎守祕書省校書郎臣徐鍇撰

說文之學久矣其說有不可得而詳者通識君子所宜詳
而論之楚夏殊晉方俗異語六書之內形聲居多其會意
之字學者不了鄙近傳寫多妄加聲字焉論之士所宜隱
括而李陽冰隨而譏之以為己力不亦誣乎自切韻玉篇
之興說文之學湮廢泯沒不能二三弄末逐末
乃至此詛誦逡許慎不作世之知者有可以振之可
也前代學者所譏文字蓋亦有矣中興書闕不可得盡此
益作者之冤覺而後來之妄故臣今略記所憶作袪妄篇

（1291）

（右上欄）
以爲古之音字或與今殊益亦不甚切或多聲字可言各
者路各別之意陽水云非各聲必足絡省臣今按周禮車
轄字多借路字然則先有路字
後有絡字不得云路從絡省也
陽水從厶用厶古集字品象衆蓋集衆象之形
而置絜爾臣錯按詩左命三口象會
鼓鐘注云論命也實三口象會

訓⦿(7)
說文云從屮陽氷云干一爲屮干臣
入一爲千入二爲羊一重深也
言稍甚也何必命字也妾折命字也
三管於義何害許必言義明之以厶
乎何訓甚也何以交省聲所以
節交要聲故也陽水从又日於
可強以爲形故也陽水持其身猶伸木之

羊(6)
說文云羊二爲屮臣
錯曰屮一爲屮欲云
屮二爲屮臣
象羊之身

段(8)
說文云從屮
尼屬陽水

（右下欄）
之陽氷云車前重不前合從車安上蕭平不從屮明矣臣
錯以爲此則毛詩狼敗其虎字狼進則躧舉其
胡退則閡其尾凡尊謹多闕故幼從臾
而引止之之處之之形陽水妄車
矣非不言小而謂之形陽水妄
處象有刃之形卽止日冬生草
臣錯以爲刃爲刀前卽一示其處
事也陽水謂之豐滿於血
意也⺈(15)陽水近於血之冬生
象豆滿形足矣山何物陽水
中之⺈半乃豐腹是何陽水从
乎非不非屮草復是何義字似
聲臣滿於血屮此但見器爾豊
若言一聲則惟有皿
矣若不言冬生草
爲竹近於草一冬生
說文云⺈屮生於山
⺈爲屮山何⺈屮山
錯以屮爲刀⺈此堅利之
之名不主於車也陽水妄車
而引止之處之形陽水妄車
象豆有刃之形卽止陽刀前
臣錯以爲刃爲刀一示其處
事也(14)⺈陽水謂之血
說文云血屮近於血⺈冬生
⺈象豆滿形陽水云山⺈血
者象形豆屮血從一屮一血在此
象豆滿形日豆冬生陽水一⺈
若言一聲則惟有皿屮
⺈⺈⺈刀⺈⺈⺈⺈指⺈⺈⺈⺈意⺈⺈

（左上欄）
云從尼子也口器也又手也手持器爲求之於人人與
之也臣錯(9)
義亦臣錯(9)
說文云从陽水之言尼晉夷以此爲與是強名也此
疏皮禱然臣錯以爲剝叟之皮
剝皮所以飾叟也從又持叟持之而巳
物皆可以飾獨叟持之而巳萬則又爲手執剝
總名爾雅雅長尾而从屮此爲屮屮
當言雄雀隹鳥之短尾之
說文云陽鳥也从屮陽水云鳥之短尾
(10)隹
說文云陽鳥也从屮
陽水云鳥之短尾

段
說文車軸頭也從厶臺墨斗
之形小也象子初生之形陽水
(12)
說文小也象子初生之形陽水
云厶不公也重厶爲屮幼小之稱
非屮爲蒙昧陽水妄矣

云從厶蒙昧而止也
總名亦總名說一字誰知之稱臣
錯以爲本注
不然者許慎之疏乎

(13)⺠
說文云從曹引而止也

（左下欄）
陽水云口象實澤之氣土象土木爲臺氣主火之
謬(18)
義會意臣錯以爲鎔火之臺不得言土膏澤下流
亦不上出象
形非會意
者集之初
爲衆衆合乃
說文云口象合集火之臺陽水
之陽水云口象合集火之臺不得
妄矣引
周禮失則爲會過聲字取法於耳
者集之初故從入從又引省聲省者取
爲衆衆合乃爲集入一爾宣得言集衆者象
初陽水
說文云口象合集臣錯以爲集衆者
之訓失則與之矢引省聲失者象形之初
妄矣口口象衆入一爾宣得言集衆者
在右晉音六書之中欲附何處若有全
說文云厶从八从一臣錯以爲集自一而成
云入者合集也故言合也象三合人三
以陽水云口象蒼頡之初所
得言六書字則是七書之中

彖土象土木爲臺氣主火之
狀在右皆晉六書之中欲附
以陽水云口象蒼頡之初所
得言六書字則是七書之
以爲淺俗之甚
說文云屮从屮下象其根陽水
者象木之形木者五行之一

(19)⺕
(20)
(21)⺕

說文云象木之形木者

豈取象於尜尜乎臣錯按周易云百果草木皆甲坼是草木
同言甲坼少甲坼之象合抱之木生於豪末木象於少何
足非

(22) 說文云草木之初也从中一貫一將生枝也一地
也陽冰曰才木之幹也木體枝上曲合去其枝
木木爲樓橋良材者將前曰盡去其甚而本樓拤于
木不蔚者陽冰云古人正圜象古形其中一點爲
非曰一益藜籀方其外引其點爾臣錯云爲天降嘉穀一粺爲
二字二實地形陽冰妄也
上曰一不足致讖也

(24) 說文云禾木麥坼上平象形臣錯云
上之形臣錯以爲米者巳去秭裹矣陽冰
(25) 貫爲禾穗平實也象禾
日中作鳥者巳去秭裹之名若穗穀稜形陽冰云象禾
含一不足爲寫

(23) 說文
口陽冰
日白陽
冰云鳥

說文云象尜生形陽冰云父之弟爲叔从又
尊行居上而巳小也臣錯云叔有歧蔓此
叔者長幼之名叔猶季也處迺逐此
又夫之弟同義合單言叔又呼叔幼小之名之
叔與季同義合單言叔又義今單言叔
可引證見尊行在上而巳小者非徒
之中釣以引驅脅歎久遇呂爲尹陽冰云爲弔
相呼閒之義臣錯以爲相弔所
人若二人相呼閒則二人俱
有故乃得用此弔号亦迂乎
(28) 說文云从衣巾省聲
禾有實穡墜如秀者髪種種然記伏禾

(27) 者邦
說文
云从巾

(26)
尊

1299

1298

穆而省無
乃朧說
(30) 說文云張口氣語也象氣从人上出之形
陽冰云上象人開口下象氣昨从人所謂
李斯等象古文多互體雖有从己者上出不流安得戾矣
後所見博猶焉不可不知矣於此小子戾之所愼守之
欠去等許氏擅改作亢無所據也臣錯以爲陽冰作戾蓋
李斯等象古文多互體雖有从己者上出不流安得戾
(31) 說文云从己
陽冰云如此陽冰云覓當作見臣錯按李斯等
筆力微變未足識訊也

(32)
陽冰云象尸從呂
相分之形而生一
所異者少李斯等
重爲呂一爲呂二爲呂
尸自瑞信巳自堆出不相因也
算二爲呂三爲呂此州臣錯以爲說
以聲倒以下不以也臣錯以爲說州臣
所異者少李斯等隨事書之

(33)
陽冰云自字从尸而生一而目字解中
倒以下非倒也

(34)
也說文獸長脊行豸豸也陽冰云从肉力臣錯以爲
此象長脊昝行豸豸也陽冰云爲肉力且無足此蟲
古法字陽冰象水云注一所以象人字非人字也故狀
(35)
亦謂之多
(36)
(37)
(38)

晉集不
得言公从犬臣錯象形之中大字象似文之尤莫
易審故狀大若陽冰象人之意人所
之言迂闊而無當也陽冰云九州地之高者从重川
爲州陽冰云三呂州臣錯以爲从重川臣錯以爲
以爲水中可居曰州非一所以象水形陽冰以爲
復有水故重川之言兄允矣陽冰云象水
冰之初結其狀象其陳陶又陽冰右旁反半弱象天端
出見禿人伏禾中未知其甚陽冰云穆省聲何必三則其髪難豈有

(39)
說文象肉肉象
飛騰形臣錯云
以爲肉飛自可三
則其髪豈有

甚矣

1301

1300

（四四）聖
　卯
說文卯時人不卧臣錯以爲人無興義也云土字從十一則士字復何以處之其妄矣

（四三）土
　土
說文二象地之下地之中物出形也陽冰云土字從一陽冰云十十者數五其妄矣

（四二）直
　直
說文正見也故從十目∟陽冰曰正視見難也故從∟隱曰正見也冰曰正見難見故從十目∟陽隱

（四一）牽
說文引牛也捕鳥畢也其罕也陽冰云从爾雅紼絆絲罔古人也率此訓餘象辥同安得非畢岡陽省此象相牽之具許氏誤用臣錯以爲畢網之義省而車未見此象也

（四〇）兆
　不
說文坼也从兆兆古文陽冰云兆兩手相背也臣錯曰此亦異體之異不必從此直爲直し其相背陽冰云兩翅取弱矣何得天矯乎反半弱反弱則是不

（四五）爵
　金　金
說文爵諸侯之土从之土寸其制度陽冰云士寸一之下土皇非封臣錯以爲之封

（四六）金
　土
說文从土在右注象金在土中形今聲上古文陽冰云字之土十三字合之較然有分非所識也云當作金許愼金體非臣錯以爲金从此皆从正體陽冰合之妄矣

（四七）与
　与
說文把取し象形しり一也象形一少也二漸多也一則與与字同與与部又大小篆同與陽冰之一句水之し與勺益不相違與陽冰之

（四八）勺
　与
說文賜予也一勺爲与与予皆同陽冰云中畫盤屈兩頭各鉤物有交互相與之義與互同意許云一勺甚涉迂誕與互或二三之義而勺无或也而與之无或二三

（四九）宋
　宋
說文木也从木从一一亦木枝也し其本末臣錯以爲从木从一建衣也陽冰所作非一其桷也陽冰云从十四人妄矣

（五〇）与
　与
說文蛇食象形陽冰云从十陽冰云妄矣之同象蟲繞包下而し象形て上て象巳亦己中一不合次巳

（五一）庚
　庚
說文秋時萬物庚庚然史記大橫庚庚貌云立秋申兩手把干立庚然

（五二）考
　古
說文不孝子突出也陽冰云倒古之疏通流行也豈不順哉而豈不順哉而出也陽冰云子正古之疏流二字也

（五三）申
　申
陽冰曰臣錯以爲陽冒神也五月陽氣陽冰云从し把干立爲庚庚庚矣說文曰與陽冰同意五月申幹十二辰臣既戴己者陽冰凡竹十字未撤矢所言煩而不復故自出地而出地而順故忽然不從己

（五四）戊
　戊
說文中宫也陽冰云戌五行土生於戊盛於戌故一聲陽冰曰戊也辰既取陽交午此字未撤實亦象上射象射以徹象氣又五月萬物畢成於五月草木大疑者五字既陰陽交亦象上射象

說文曰一古上

丙(55)

土也一陽也陽氣入地一固非聲臣
錯以為一自與戌為聲不勞入地也
女乙象懷子俊俊之形易水日古文本象
之爾豸古文亥從豕易水日本象豕減一畫爾篆乃從
二首六身臣錯以為二首六身已明所記史趙所言豈得
謂之穿鑿益古文篆文互變謹按孔子家語子夏聞
讀史三豕渡河知已誤為三豕然則古文當作
不也及史趙則云亥有二首六身則易篆史亥當作
云下二上二畫屬身苟則為算之六也按士句云二萬
六千六百有六旬矣今據李斯書亥字訝如此然則二畫
之六百又一則似算家之六千乃象算家
豎則算家之二萬乙曲次之則以亥字布畫
偶有此形因舉言之亦不言亥字之義則如許慎所說陽
水妄非趙許不足言也臣錯以為文字之義則無出說文而

1306

古來學者赴能師尚輕薄之徒互矜字義六書既未能曉
蒼雅嘗不經懷恭邑漢未碩學而云色絲為絕殊不知絕
字糸菊為刀刀下㓞刀又況不及慈者平魏祖以合為
人一口吳人云無口為天有口為吾謂不知矣不以失梁武
書貞字為與上人取會戲無顧經典矣庚肩吾方述書
法乃云土力為地隨文惡隨字為走乃之成隋字而隋
裂肉也其不祥大馬殊矣不知隨從亦去之則安去之則
者豈非不學之所為及顏元孫作干祿字
書欲以訓世其從孫真卿正體也而謂之訛隣俗誤也而謂之正益
字轉口為口字魏參作五經文字䙘為病矣國子司業張參謂之
石作瑕腴字〈有圖識字云殺字而刊
亦疏矣又圖識之興于兩漢自唐竟中四岳之命箕子而
陳五行之書河圖洛書聖人則之此天所以陰陽下人而

祛妄第三十七

1307

聖人知命之術也自仲舒劉向博極其學其餘諸子多非
兼才其陳說圖識皆以契合文字本非其術至
使所作許令說文字皆俗體相兼顏之推論之詳矣置謹
識亦天所以告俗人或時之職占候者隨事心以傳俗
關未可以文字言也君子於其言無所苟而已矣況文字
乎又點畫之法著自前聞益博物君子優游端援篆布
中繼墨寫其心素寬開由其樂易開張之章草筆之妙
者孝婁蕭切題署張之章草筆之妙不測布置之
墨寫加減隨意是有杙幹之而不而棟宇之由乃至繼細而
梓得縣書云損補巧密臣以為損謂字閒則畫短則點長
縣書云點畫肥則畫盈字則點壯則瘦則畫
也補畫難多善布置者不覺其密點畫雖少能結字者不

1308

見其疏此乃可稱爾若多則師心以減少則任意以增以
求平滿則雜實不能事不師古亦臣所恥今文字可謂訛
矣陛下神裡冠冕氣獨皇流多多藪俯弘小學以虔
舜好閒之德兼漢宜乙夜之勤益太山起於一拳巨海由
乎一勺將禪亭棄業無遺幽介
臣亦何者而不上其所見哉

説文解字祛妄第三十六

1309

論戴侗《六書故》的金文應用

沈寶春

一、前言

　　衆所周知，宋代著錄金石文字是相當昌盛的，其不僅僅是用在本身作孤力獨至的研究，甚且旁涉到其它科目，以茲作爲參證比觀的材料，如朱熹在《詩集傳》中，已試著用「古器物款識（銘）」來跟詩義相發明，若〈大雅·行葦〉：「以祈黃耇」句下注的：

> 祈，求也。黃耇，老人之稱。以祈黃耇，猶曰「以介眉壽」云耳。古器物款識云：「用靳眉壽，永命多福」；「用靳眉壽，萬年無疆」，皆此類也。

或在〈大雅·既醉〉：「高朗令終」句下注：

> 朗，虛明也。令終，善終也。〈洪範〉所謂「考終命」，古器物銘所謂「令終」、「令命」是也。

以及〈大雅·江漢〉：「虎拜稽首，對揚王休，作召公考，天子萬壽。」下解釋句意說：

> 對，答。揚，稱。休，美。考，成……言穆公既受賜，遂答稱天子之美命，作康公之廟器，而勒王策命之詞，以考其成，且祝天子以萬壽也。古器物銘云：「邢拜稽首，敢對揚天子休命，用作朕皇考龔伯尊敦，邢其眉壽萬年無疆。」語正相

類，但彼自祝其壽，而此祝君壽耳。1

在在都試著透過實物資料來跟傳世載籍相比類參證，並藉由詞例的解析，分別其異同，以見載籍的實出有據。而宋人的一點企圖和用心，也於斯可見。宋人對古器物銘的重視，也可由趙明誠所撰的《金石錄‧序》文中略窺一斑，他說：

> 余之致力於斯，可謂勤且久矣，非特區區為玩好之具而已也！蓋竊嘗以謂《詩》、《書》以後，君臣行事之跡，悉載於史，雖是非褒貶出於秉筆者私意，或失其實。然至其善惡大節，有不可誣，而又傳之既久，理當依據。若夫歲月、地理、官爵、世次，以金石刻考之，其抵牾十常三四。蓋史牒出於後人之手，不能無失；而刻詞當時所立，可信不疑。2

他的觀念是認為，若以金石文字來稽考參證史實經傳，不管是歲月、地理、官爵、世次，其徵信度是較傳世載籍還要來得高的，甚且可信不疑。

　　然觀銅器銘文應用在文字的考索追溯上，本是東漢許慎撰《說文解字》以來，認為重要而無法觸及的一個傳統想望。3 許慎實際上也未嘗引用，這倒成了千古以來的一種遺憾！後來的文字學家，設若有此認知，適其風雲際會，亦無不思亟予補足勘正，如唐乾元間，李陽冰號稱中興篆籀，篆書間頗與傳世銘文相合，故或疑其曾

1　見宋‧朱熹：《詩集傳》（臺北：中華書局，1991 年 3 月），頁 193, 218。
2　見宋‧趙明誠：《宋本金石錄》（北京：中華書局，1991 年 1 月，古逸叢書三編影印），頁 2，序。
3　按《說文解字》卷十五〈敘〉中雖然說：「郡國亦往往於山川得鼎彝，其銘即前代之古文，皆自相似。」但實際上並未收錄鼎彝中文字，龍宇純先生推測其原因，認為有「可能因為當時無拓墨之法，許君目驗者少，字形又大抵與篆籀不異，故說文未收鼎彝中文字。」見《中國文字學》（臺北：學生書局經銷，1987 年 9 月），頁 389。

用此等材料，惜其詳不可得而說之耳！⁴其後至宋，昌盛的金石學，
給予文字學家具體而豐碩的素材。戴侗當宋、元之際，在其撰作
《六書故》時，⁵是既不走傳統路線，以依循慣例的標準字體－小
篆爲文字的主體，卻思以更古的文字－鐘鼎彝器上的文字著手，來
恢復原始的文字形構，而他的這種企圖和嘗試，便成爲固守小篆形
體者攻訐讒伐的對象，如元吾邱衍在《學古編》中說：

> 侗以鍾鼎文編此書......形古字今，雜亂無法。

清代《欽定四庫全書總目提要》也說：

> 惟其文皆從鍾鼎，其註既用隸書，又皆改從篆體，非今非
> 古，頗礙施行。⁶

4　龍宇純先生《中國文字學》頁384中嘗論李陽冰說：「平情而論，李氏固多
　荒誕武斷之處，亦非一無足稱。如以朱字象木之形，不從許君從屮之說；以
　龠字從三口象衆竅，解龠爲衆管如册之形；皆不可易。而改𡬑爲宝，改彳
　爲亍，改徬爲徬，改辵爲辵，改䢇爲䢇，改行爲𣥂，改輿爲𦥑，改𩵋爲
　禹，改貞爲鼎，並與今所見兩周金文或同或近。可見其刊正說文，非止於
　刊正俗書的違誤，又用古文字改正秦篆之失。其所用材料不可考，如鼎字或
　即用說文京房說（案實際恐是據古文字改），其餘亦必有所據，決不能閉門
　造車，出而盡與轍合。一般以爲古文字研究始於宋代，於今看來，李氏實已
　導夫先路，在文字學史上的地位，實應重新予以評價。」唯李氏並無具體引
　證或明言出自銅器款識處，指實恐有猜謎射覆之譏，故疑者闕疑，其詳不可
　得而說矣！
5　戴侗《六書故》一書，據趙鳳儀〈序〉，謂是書刻于元仁宗延祐七年（公元
　1320年），書刻於元世，距其成書時大約已六十年，見錢劍夫《中國古代
　字典辭典概論》（北京：商務印書館，1986年1月），頁269；高明《中國
　古文字學通論》中，則以其書「成」于元仁宗延祐七年，當依趙〈序〉，以
　「刻」爲是。唯依錢氏所說成書約六十年推之，則書成於南宋；而據明・凌
　迪知：《萬姓統譜》（臺北：新興書局，1971年4月，明萬曆己卯年
　（1579）刻本）卷99，頁6（1387）所載，戴侗「年踰八十卒。」疑其書成
　於宋，至遲在宋、元之際已完成。
6　前後二引文俱見戴侗：《六書故》（臺北：商務印書館，四庫全書珍本六
　集）首，頁1-2。按：書中「鐘」、「鍾」混用無別，今引文皆依原書。

以迄於今，學者之間對戴氏亦鮮有好評，如高明在《中國古文字學通論》裡評論說：

> 戴侗編撰《六書故》的意圖，也是要以六書分析字體結構，從而闡釋文字的意義。但是，由于立論粗疏，分析研究不夠謹嚴慎重，彼此之間自相矛盾。雖自言糾正前人誤失，實際上自行謬誤甚于前人，尤以臆造古文攻擊《說文》，結果作繭自縛，殊無足觀。7

就認爲戴氏所用的古文係屬「臆造」，而且是「作繭自縛，殊無足觀」的。

當然，也有學者別抒己見，認爲戴氏是相當了不起的一位文字學家，個中尤以唐蘭最爲推崇，他說：

> 他於《說文》在徐本外，兼采唐本、蜀本，清代校《說文》的人所不能廢。但他用金文作證，用新意來解說文字，如「鼓」象擊鼓，「壴」字纔象鼓形之類，清代學者就不敢采用，一直到清末，像徐灝的《說文段注箋》等書纔稱引。其實，他對文字的見解，是許慎之後，惟一的值得在文字學史上推舉的。8

---

7 見高明：《中國古文字學通論》（北京：文物出版社，1987 年），頁 22。
8 見唐蘭：《中國文字學》（臺北：開明書局，1974 年 11 月），頁 22；（上海：上海古籍出版社，1979 年新一版），頁 22。而黃德寬、陳秉新在《漢語文字學史》（安徽：安徽教育出版社，1990 年 11 月），頁 124 中則認爲唐蘭的評價，「戴氏是受之無愧的」。唯清人稱引戴侗應用金文作證，以新意來解說文字，並非自徐灝始，桂馥在《說文解字義證》「受」字下引「戴侗曰：鐘卣之文皆從舟。」朱駿聲在《說文通訓定聲》「癸」字下也引「戴氏侗曰：古鼎文作𢍂，按即戣字，三鋒矛也。因爲借義所專，復加戈傍。」見《說文解字詁林正補合編》（臺北：鼎文書局，1983 年 4 月），第四冊，頁 572；第十一冊，頁 684。

認爲戴氏的成就，是許慎以後，惟一值得在文字學史上推舉的。

　　那麼，在評論呈兩極化的情況下，貶之者譏爲「殊無足觀」；褒之者認爲是許慎後「惟一值得推舉」的，前賢於此，雖欲折衷二說，以其書自有得失，似乎不應全盤否定[9]；或說他「頗有創見，可惜不爲人所重視。」[10] 然空泛的評騭，是於事無補的。《四庫提要》雖然說評家對他的「詆諆甚至，雖不爲不中其病，然其苦心考據，亦有不可盡泯者，略其紕繆而取其精要，於六書未嘗無所發明」的話，但針對爭執的焦點，我們還是要回到問題的本身來探討。而觀察諸家爭論的焦點，本在他盡舍篆隸，獨以鐘鼎文爲本，但鐘鼎文不一定有的地方，他卻自亂其例，以小篆補足。[11] 當然，希冀把《六書故》中所有的字做個通盤的檢討，在這小小的篇章中，似乎顯得有些緣木求魚。但至少，可憑藉他明引鐘鼎彝器銘文之處去探討掌握，那麼，雖不近，亦庶幾矣！所以，就先看看戴侗在《六書故》中，應用金文的情形吧！

二、戴侗《六書故》中應用金文的情形

　　其實，戴侗寢饋約三十年之功才撰成的《六書故》，基本撰作態度上，是非常謙沖而嚴謹的。在《六書故・六書通釋》中，他也曾約略的把撰作的觀點表白出來說：

9　見錢劍夫：《中國古代字典辭典概論》（北京：商務印書館，1986 年 1 月），第六章〈戴侗《六書故》和王安石《字說》平議〉，頁 269。

10　周祖謨：《語言文史論集》（臺北：五南圖書出版有限公司，1992 年 11 月），卷 5，〈中國文字學發展的歷史・宋元間的六書之學〉，頁 390。

11　見韓相雲：《六書故引說文考異》（臺北：臺灣師範大學國文研究所碩士論文，1986 年 5 月），緒論頁 1-2。

及秦焚書，先王之跡一齊不躧。自篆而八分，自八分而行
楷，訛以傳訛，繆以摹繆，至于今日，文亂極矣，況於名
乎！由千載之下，遡千載之上，以探不傳之學，其難已矣！
闕其所疑，固以俟知者。

侗於六書，其所不知，蓋闕如也，不敢鑿也。以鑿為知，其
於疑也，可以無闕矣！……其鑿彌深，其知彌遠，此侗之先君
子所以拳拳於六書，而侗之所以不敢鑿為之說也。

予書非能盡物也，姑著其有徵而信者焉。其所不知，以俟知
者。若夫怪誕之說，故所弗取也。

侗之為是書也，亦以當名辨物，正言斷辭，通天下之志而已
矣！非敢夸辨博，而自為一家言也。

予為六書三十年而才苟完，每參校一部，攤書滿案，左采右
獲，手罷目眩，輒撫書而嘆曰：焉以是為哉！

吾書非一家言也，不吾鄙者，繩愆糾繆，匡其不及，而補其
闕，以成不刊之典，竊有望於後之君子焉！12

所以，他除了以闕疑、不敢穿鑿、著其徵而有信、弗取怪誕、不夸
辨博的嚴謹謙沖態度自持外，並以此觀照《說文解字》，覺察到其
實許慎在撰寫《說文解字》時，一樣有其主客觀的形格勢禁，不能
求備的限制，故說：

吾先人教學文者，必先六書；學六書者，必考於《說文》。
顧其書肇復於絕學之後，裁成於一人之手，猶未免有遺。13

---

12 見戴侗：《六書故》（臺北：商務印書館，四庫全書珍本六集），頁 2、
   11、15、18、22、24。
13 同註 12，頁 15。

是《說文》既「牽復於絕學之後」，那是客觀的限制；且「裁成於一人之手」，那是主觀的限制，總括來說，是「未免有遺」的。況且《說文》形構的主要根據是小篆，而小篆有時爲了遷就形勢的整齊，未免在點畫位置的安排上損其本眞。那麼，欲知「制字之本」，有時非得從其它徵而有信的材料上著手不可，於是戴氏選了當時「可見一二」的「古鐘鼎文」（金文）來還原文字的形構本初，並精確的舉了幾個例子證明說：

> 六書始於象形、指事，古鐘鼎文猶可見其一二焉。許氏書祖李斯小篆，徒取形勢之整齊，不免增損點畫，移易位置，使人不知制字之本。⊙本象日之圜，而點其中以象日中之微黑，居偏旁之左者，橢其形以讓其右，而小篆遂作日、日。☽本象初月，闕其左以遜於日，小篆作夕，乃與肉無別。屾、屾象其峰之隆殺，訛而爲山、𡵉。豕、豕本象其四足而尾，訛而從巾。燹、𤉡本象其歧尾，訛而從火。凡此之類，皆迷失其本文也。故予考之於古，苟典刑之猶在者，必備著之。14

所以爲了「知制字之本」，他對「典刑猶在」的鐘鼎文也就情有獨鍾，「必備著之」。但也並非盲目地全然收錄，不加抉擇，他在「鐘鼎文多巧」的前提下，雖取證不少，但卻不全然相信，態度還是相當謹慎小心的，觀其說：

> 凡字有從多而省者，趨於巧便也；從省而多者，趨於巧繆也。鐘鼎之文多巧；符璽之文多繆。鐘鼎之文。予所取證者不少，然不盡信者，以其人自爲巧也。15

---

14 同註 12，頁 16。
15 同註 12，頁 20。

就是在「不盡信」的觀念底下，對金文的別擇也就趨於謹飭。那
麼，他的說辭與他的實際應用情形是不是能相互綰合呢？我們試著
來檢驗《六書故》中他實際上應用金文的情形，並拿它來跟近來研
究金文稍稍顯露成果的典籍—《金文編》[16]、《金文詁林》、《金
文詁林補》及《金文詁林讀後記》[17]等，在各條的按語中略作比較，
並在比較之前，先將這些資料強作一個不很周延的分類，而得如下
的情形：

(一) 徵引金文以證字形者：

　　戴侗在《六書故》一書中，絕大部分徵引金文的目的，是用來
作爲字形原始的證明，所謂「知制字之本」的，進而對字形的流變
訛錯作個訂正，並修正它的六書歸屬，如：

1.世　屮……《說文》曰：「從卅而曳長之，亦取其聲。」按：商
　　　癸卣世直作卅。（卷 1 頁 3）
　　　按：《金文編》卅大抵作屮，世則作屮，（卷 3 頁 136-137）
　　　　　未見戴氏所引字形。唯李孝定亦以世、卅一字，古蓋借
　　　　　卅爲世，後始稍變其形體。[18]

2.文　爻……象文理錯乂。爻，商癸彝文；爻，晉鼎文。（卷 1 頁
　　　6）

---

16 以下係以容庚：《金文編》（北京：中華書局，1989 年 8 月）爲比較的依
　　據。
17 以下係根據周法高：《金文詁林》（京都：中文出版社，1981 年 10 月）；
　　又周法高：《金文詁林補》（臺北：中央研究院歷史語言研究所，專刊之七
　　十七，1982 年 5 月）；李孝定：《金文詁林讀後記》（臺北：中央研究院
　　歷史語言研究所，專刊之八十）。
18 見李孝定：《金文詁林讀後記》，頁 56。

按：《金文編》所收「文」字形構甚多，戴氏所引商癸彝之

形，類《金文編》所收文父丁匜作🔲、引觥作🔲、豆閉

簋作🔲；而𣎽鼎之形則類似遹簋作🔲、𦎫弔鼎作🔲（卷

9頁636-637），是戴氏所說可從。

3.人　🔲……象形。🔲，主孫彝文；🔲，孟孫丁彝文。《說文》🔲、

🔲分二部……按：🔲、🔲非二字，特因所合而稍變其勢……分

而爲二者，誤也。（卷8頁1）

按：人字《金文編》大抵作🔲、🔲（卷7頁555），與戴氏

所舉差近。

4.復　🔲……《說文》曰：「畐省聲。」按：鐘鼎文福、復皆以🔲

爲聲，非畐也。（卷8頁13）

按：《金文編》福作🔲、🔲（卷1頁9）；復作🔲（卷2頁

111），所從並不相同，戴氏誤。

5.言　🔲……《說文》曰：「辛聲。🔲，古文。」🔲，中信父敦文；

🔲，父癸方鼎文；🔲，言父爵文。（卷11頁17）

按：言字《金文編》作🔲、🔲二形（卷3頁138），戴氏所

舉相差懸遠。

6.惟　🔲……鍾鼎文凡惟皆作🔲。（卷13頁10）

按：戴氏所舉現象當是，《金文編》說：「隹，《說文》：

『鳥之短尾總名也。象形。』段玉裁云：『按經傳多用

爲發語之詞，《毛詩》皆作維，《尚書》皆作惟，今文

《尚書》皆作維。』金文孳乳爲唯、爲惟、爲維。」

（卷4頁251）然其字形作🔲，與《金文編》所收弔上

匜作🔲（卷4頁253）差近而略不同。

7.爭　🔲……象兩手爭一物。🔲，晉姜鼎文。《說文》從爪從厂，

引也。曲說也。（卷 15 頁 2）

> 按：《金文編》無爭字，所引晉姜鼎文則與《金文編》（卷
> 3 頁 166）所收毛與簋作🔣釋與相近。

8.受 🔣，秦鐘志文；🔣，師毛卣文…上予而下受也。《說文》🔣
從受，舟省聲。按鐘卣之文皆從舟，《說文》亦云舟聲，而
受之上乃作🔣，蓋🔣之訛也。（卷 15 頁 12）

> 按：受字金文皆作上予下受，中間從舟不省。《金文編》受
> 字大抵作🔣、🔣，（卷 4 頁 274）並無作隻手者。戴氏
> 所云「鐘卣之文皆從舟」，說不可移，唯其描摹之形並
> 不精確。

9.敦 🔣，都昆切……又都內切，盛黍稷器也。《周官》曰：「共
珠盤玉敦。」〈昏禮〉曰：「黍稷四敦，皆蓋。」亦作🔣，
楸季敦文，從皀。（卷 15 頁 18）

> 按：《金文編》所收敦字，一為不從攵的齊侯敦作🔣；一為
> 陳猷釜的🔣。（卷 3 頁 218）戴氏所收楸季敦之🔣，疑
> 係簋字的形訛，而戴氏誤以為一字。

10.鹿 🔣……鹿支角，象其角足也。🔣，單彝、癸彝文。（卷 18 頁
3）

> 按：《金文編》所收鹿字，繁者如命簋作🔣；略者如貉子卣
> 作🔣，（卷 10 頁 680）戴氏所引作🔣，又其更省略矣。

11.尗 🔣……豆也。象豆莢。🔣，尗寅匜文。（卷 22 頁 18）

> 按：🔣與尗字形較遠，戴氏所舉金文疑係金文習見之🔣，楊
> 樹達以為即《說文》之弔字，象繳緱之形，金文則假弔
> 為叔。[19] 戴氏以🔣為尗，似不切近。

---

[19] 見楊樹達：《積微居小學述林》（臺北：大通書局，1971 年），頁 94-95。

12.覃　【字形】……【字形】，晉姜鼎文；【字形】，《說文》古文；【字形】，《說文》篆
　　文。（卷26頁4）

　　按：《金文編》覃字列【字形】、【字形】、【字形】、【字形】四形，（卷5頁
　　　　380）戴氏所舉，與第二形較近。並類《金文編》釋簟所
　　　　從之【字形】字（卷5頁296）。

13.医　【字形】……《說文》曰：「盛弓矢器也。」……《說文》從匚。

　　按：劉原父得張中医銅器，有蓋，識文作【字形】，正作匚。（卷
　　　　27頁1）

　　按：《說文》医從匚作匚無誤，唯戴氏以【字形】爲医，若非描摹
　　　　失眞，即釋字有誤。《金文編》無医字，有医作【字形】，臣
　　　　作【字形】（卷12頁854），其形皆與戴氏所引不合。況金文
　　　　矢作【字形】（卷5頁369），尚未見作中者，戴氏舉例有誤。

14.具　【字形】，健芋切。【字形】，張中医文。膳饔之饌具也。從鼎省，從
　　　　収。（卷28頁10）

　　按：具字《金文編》收從貝與從鼎二形作【字形】、【字形】（卷3頁
　　　　162）。戴氏所說，甚其有據。

15.盙　【字形】……盛黍稷之器也……《說文》又作【字形】，從竹從皀從皿。
　　　　【字形】，古文從匚飢。【字形】，古文或從軌。【字形】，亦古文。【字形】、【字形】，
　　　　叔高父盙；【字形】、【字形】，並師奕父；【字形】，寅盙。（卷28頁12）

　　按：《金文編》簠字大抵從皀從殳作【字形】（卷5頁296），戴
　　　　氏所羅列金文當係盙字，《金文編》作【字形】、【字形】（卷5頁
　　　　341）。

16.高　【字形】。《說文》曰：「獻也。從高省，曰象進熟物形。」【字形】，
　　　　《說文》曰篆文；【字形】，晉姜鼎文；【字形】，公緘鼎文……今書作
　　　　享。按……《說文》從高甚無義，疑象形。（卷28頁20）

按：戴氏疑享為象形，較《說文》為長，觀《金文編》享字
作🔲、🔲、🔲之形（卷 5 頁 377），與戴氏所引形近。
吳大澂謂象宗廟之形 [20]，本為祭享之所，引申而有祭享
之義。是亦以象形視之。

17.皀　🔲⋯⋯《說文》曰：「🔲，穀之馨香。象嘉穀在裹中，匕所以
扱之。或說皀，一粒也。讀若香。」孫氏皮及切。按：鄉從
皀，齊侯鍾鄉作🔲；宋君夫人鼎餗作🔲；枚季敦、伯庶父
敦、邠敦、牧敦，其旁皆從🔲。盠亦從🔲，疑此特皀字象
形，其下偽而為匕也。（卷 28 頁 21）

按：戴氏從鄉、餗、敦、簋相關諸字中分析偏旁，而疑🔲為
象形，雖敦不從🔲，戴氏或許辨釋未精。然🔲為食器，
亦即簋之象形，《說文》從匕之說，本不正確，而戴氏
精思遠至，所疑頗允。

18.彝　🔲，單癸彝文⋯⋯🔲，商癸彝；🔲，父辛彝。彝蓋三足，其
左象流，其右象耳，下象足，加収者，兩手🔲之也。（卷 28
頁 40）

按：彝字《金文編》收字頗多，大抵作🔲形，簡作🔲、🔲
形（卷 13 頁 864-871），戴氏所舉，形構略異。

19.斗　🔲⋯⋯酌器也。象形。🔲，漢綏和壺文；🔲，孝成鼎文；🔲，
徐本《說文》。（卷 28 頁 41）

按：戴氏所舉，與《金文編》斗作🔲、🔲（卷 14 頁 928）形
近。

20.也　🔲，弜伯仲姞也⋯⋯沃盥器也，有流以注水，象形。亦作🔲，

---

20 吳大澂：《說文古籀補》（臺北：藝文印書館），頁 29。

又作⬚。（卷 28 頁 44）

　　按：戴氏所謂沃盥器之也即匜，《金文編》作⬚，或從皿作

　　　　⬚，或從金作⬚，或從金從皿作⬚（卷 12 頁 843），

　　　　而無從匚作者。爲李孝定以金文匜係假它爲之，⬚乃它

　　　　之象形；⬚，卜辭作⬚，乃女陰之象形字，二者不能混

　　　　爲一字。[21]

21.戉　⬚⋯⋯⬚，鍾鼎識文。斧之長柲者也。《說文》曰：「從戈，

　　　丨聲。」按：戉乃象形。（卷 29 頁 13）

　　按：戴氏說戉爲象形，是斧之長柲者，說實不可易。唯其形

　　　　與《金文編》作⬚、⬚（卷 12 頁 830）稍有不同。

22.射　⬚⋯⋯手弓加矢，射之義也⋯⋯訛爲射、爲躲。《說文》曰：

　　　「射從身從矢弓，弩發於身而中於遠也。」篆文從寸，寸，

　　　法度也。按：射從身絕無義，考之古器銘識然後得其字之

　　　正。蓋左文之弓矢訛而爲身，右偏之又訛而爲寸也。文字之

　　　傳訛而鑿爲說者，凡皆若此矣！（卷 29 頁 19）

　　按：射字《金文編》作⬚，或從又作⬚（卷 5 頁 369），其

　　　　形訛錯，誠如戴氏所說。

23.癸　⬚，癸鼎文。《說文》曰：「冬時水土平，可揆度也。象水

　　　從四方流入地中。癸承壬，象人足。⬚、⬚⋯⋯，籀文從⬚從

　　　矢。」按：《說文》之說甚鑿而不通，《書》云：「一人

　　　冕，執戣。」孔氏曰：「兵也。」以癸鼎之文觀之，殆似三

　　　岐矛。篆、籀皆傳寫之訛。（卷 29 頁 29）

　　按：癸字於《金文編》中形體不一，戴氏所舉癸鼎文與《金

---

21 見李孝定：《金文詁林讀後記》（臺北：中央研究院歷史語言研究所，專刊
　　之八十），頁 431。

文編》中都公鼎作✿相近，唯不見✿形者，而有✿、✿
二形近之，恐係摹寫未精所致。李孝定以癸字朔誼不能
確指，「戴侗以爲戣之古文，〈顧命〉鄭注戣爲三鋒
矛，戴氏據以說癸，實爲近之。」[22]

24.樂　✿……✿，許子鍾文；✿，分寧鍾文；✿，商鍾文。金石絲
竹八音之謂樂。上象鍾鼓崇牙，下象其虡。《說文》曰：
「五聲八音總名。象鼓鞞，木，虡也。從木。」按：樂非從
木，以古鍾文考之，其下蓋象虡，上象鍾鼓之屬。（卷29頁
30）

　　按：戴氏謂樂字上象鐘鼓之屬，下象虡，乃從有限的銅器銘
　　　　文可掌握處說之，其形與《金文編》所收（卷6頁399）
　　　　相似。唯今人得見甲骨文，知樂字或當如羅振玉所說，
　　　　是木上施弦，琴瑟之象[23]。張日昇以樂字原從✿，訛作
　　　　✿，繁作✿……象鼓鞞木虡之說則誤。[24]是戴氏所列金文
　　　　之形則是，唯其論略則非。

25.壴　✿，鐘鼎文；✿，籀文。✿，《說文》曰：「陳樂立而上見
也。從屮從豆。」……李陽冰曰：「屮取象草木出地之形，豆
取象陳籩豆之狀。」按：✿，樂器類，草木籩豆非所取象。
其中蓋象鼓，上象設業崇牙之形，下象建鼓之虡，✿之象亦
從✿，非屮也。伯曰：「疑此即鼓字。鼓，擊鼓也，故從
支。」（卷29頁30）

---

22 同註21，頁492。
23 見羅振玉：《殷虛文字類編》（臺北：文史哲出版社，1979年10月），卷
　中，頁40。
24 見周法高：《金文詁林》，頁3773（6.112-768）。

按：壴本鼓的初文，戴氏之說確而有見。許說雖未失本誼，
唯釋形卻誤。

26. 册　卌……卌，郘敦文。編策以爲書記也。象形……《說文》曰：
「册，符命也，諸侯進受於王也。象其札一長一短，中有二
編之形。古作卌。」……一長一短，乃傳寫文飾之變，郘敦乃
其本文也。（卷 29 頁 35）

按：自甲骨、金文觀之，册字形構有長短整齊一致者，亦有
作一長一短者 25，本勿庸拘執。唯從現在見到的秦簡
看，一册之中簡長短一致 26，是戴氏以一長一短，乃傳
寫文飾之變，亦爲有據。

27. 同　同……《說文》曰：「合會也。從冃從口。」……同，郘敦
文。按：同，疑從口，冃聲，同，口之合也。（卷 31 頁 19）

按：《金文編》所收同字皆作㠯（卷 7 頁 545），從凡從口，
非從冃。楊樹達以會意視之，言「凡口爲同，猶亼口爲
合也。」27 戴氏所引金文，《金文編》屬之冂即同字
（卷 5 頁 374）。

28. 冕　冕……首服之上也。……⊗，郘敦文。（卷 31 頁 20）

按：《金文編》不收冕字，戴氏釋爲冕，又無說解，未知所
據。

29. 斿　屮、㞢，鐘鼎文；㳛，《說文》曰古文。旗旒之通名也。屮

---

25 參見中國社會科學院考古研究所：《甲骨文編》（北京：中華書局，考古學
　專刊乙種第十四號，1989 年 3 月），頁 87；容庚編著：《金文編》，卷
　2，頁 126。
26 參見王延林：《常用古文字字典》（上海：上海書畫出版社，1987 年），
　頁 115。其意也以「字中一長一短應是書寫時造成。」
27 參見楊樹達：《積微居小學述林》（臺北：大通書局，1971 年），頁 92。

象旗杠，其上注刃，旁象旗旒之颺。《說文》曰：「象形及象旗旒之旒。」（卷 31 頁 35）

按：放字《金文編》收ᴋ、ᴋ二形（卷 7 頁 461），象旂杠與旗旒偃蹇飛颺之形。戴氏作ᵮ者恐係摹寫不周，試觀從放之字亦無省作ᵮ者。

30.余 㒸......《說文》曰：「語之舒也。舍省聲。」按：金石文多作㿝。（卷 32 頁 5）

按：《金文編》所收秦公鎛余字正如戴氏所舉作㿝（卷 2 頁 52）。

31.皇 皇......皇、皇、皇、皇、皇，並鐘鼎文。《說文》曰：「大也。從自，自，始也...」（卷 33 頁 1）

按：《金文編》所收皇字形式體多樣作、皇、皇、皇、皇（卷 1 頁 22），與戴氏所舉近似。

32.民 㞢......《說文》曰：「ᵮ，古文民。衆萌也。從古文之象。」㞢，鐘鼎文。（卷 33 頁 3）

按：《金文編》收中山王𦜶壺民字作ᵮ，王孫鐘作ᵮ（卷 12 頁 813），稍稍失眞。

33.九 九......《說文》曰：「象之變也。象屈曲究盡之形。」㐅，欒鼎文；㐅，晉姜鼎文。（卷 33 頁 5）

按：《金文編》所收九字大抵亦如此作（卷 14 頁 949）。

34.乃 弓......《說文》曰：「乃，曳辭之難也。象氣出難。㐅，古文。㳄，籀文。」乙，鐘鼎文。乁，李陽冰篆。（卷 33 頁 10）

按：《金文編》所收應公鼎乃字作乁（卷 5 頁 317），與戴氏所舉相似，唯頭筆較直耳。

35.粤　^卑。《說文》曰：「亏詞也。從由……」按：鐘鼎文𣧑從丁，疑從由，丁聲。（卷33頁11）

按：𣧑字《金文編》作𣧑（卷5頁320），下從丂，非丁。

36.百　百……《說文》曰：「百從白，古作𦣻從自，白亦自也。從一白。數，十百爲一^佰，相章也。」按：伯從人，白聲；百亦當以白爲聲，鍾鼎文凡百皆直作白。以白爲自，鑿而不通；以白爲聲，明而有徵。（卷1頁4）

按：觀《金文編》百字的基本型式作𦣻（卷4頁249），與白字作𦥑形（卷7頁552）有別，是戴氏所疑，尚有可議。李孝定雖以百字「從自之說，已爲不經。」[28] 然自亦有作白者。如𣄣仲父匜：「自乍寶它」之自作𦥑，與百所從近似。

37.委　^委……宛委不自持貌。垂省聲。《說文》曰：「委，隨也。從女從禾。」徐鉉曰：「委，曲也。取禾穀垂穗委曲貌。」按：委從禾無義，鐘鼎文皆作𡥀，乃從垂省訛爲禾也。（卷9頁17）

按：《金文編》所收從女諸字未見委字（卷12頁783-813），疑戴氏所據有誤。

38.妻　^妻、^妻……夫之正室曰妻。《說文》曰：「婦與夫齊者也。從女從屮從又。持事，妻職也。𡛷，古文。」按：鐘鼎文妻從齊，蓋齊聲。（卷9頁22）

---

[28] 參見李孝定：《金文詁林讀後記》（臺北：中央研究院歷史語言研究所，專刊之八十），頁128。王延林在《常用古文字字典》（上海：上海書畫出版社，1987年）雖以「卜辭銘文中借白爲百，一百作𦣻，二百作𦣻。」，頁225，但並不正確。

　　　　　按：《金文編》所收妻字作🐾、🐾（卷 12 頁 793），與戴
　　　　　氏所舉近似，而與齊之作🐾者（卷 7 頁 487）相遠。故
　　　　　其據以推論妻從齊聲者，恐不可信。

39.若　🐾……如也，順也。《說文》曰：「🐾，擇菜也。從草從
　　　　右。右，手也。」「🐾，日出東方暘谷，所登榑桑🐾木也。
　　　　象形。🐾，籀文。」…古鐘鼎文凡若皆作🐾，蓋從口而🐾
　　　　聲，🐾訛而爲🐾爾。籀文從🐾口，即若字也。（卷 11 頁
　　　　44）🐾象木而三其枝，蓋所謂若木者，《說文》訛而爲三又
　　　　也。古鐘鼎文皆作🐾，無從又者。若之義從口，🐾聲。籀文
　　　　乃🐾之訛也；從艸右則又自籀而訛也。（卷 24 頁 4）

　　　　　按：戴氏所說若、🐾、🐾字形構流變已較《說文》略勝一
　　　　　籌，而未達乎一間。《金文編》收🐾爲若（卷 1 頁
　　　　　38）；以🐾爲🐾，象人跽坐、舉手理髮使順之形[29]；隸
　　　　　變作若，遂與從艸右之若混而爲一矣[30]！至謂象木而三
　　　　　其枝者，疑爲桑字較切。

40.龍　🐾……鱗蟲之長，困居而天行。《說文》唐本從肉從飛及童
　　　　省；徐本曰：「從肉飛之形，童省聲。」又曰：「象宛轉飛
　　　　動貌。」🐾，邁父鍾。象形。🐾、🐾，並古文。（卷 18 頁
　　　　1）

　　　　　按：戴氏以龍爲象形，已較許說爲長。然龍《金文編》作🐾
　　　　　（卷 11 頁 759），與戴氏所舉之形相距甚遠。

41.年　🐾……穀成熟也。《詩》云：「自古有年。」《春秋》曰：

---

[29] 參見李孝定：《甲骨文字集釋》（臺北：中央研究院歷史語言研究所，專刊
　　之五十，1974 年 10 月），第 6 册，頁 2053。
[30] 參見容庚：《金文編》（北京：中華書局，1989 年 8 月），卷 6，頁 413。

「大有年。」杀，鐘鼎文，人聲。（卷22頁8）

　　按：《金文編》所收年字有從人、從千、從壬三體，當以從
　　人爲主，從千、從壬皆其變（卷7頁501）。觀竈乎簋：
　　「乎其萬年永用」與甫人觥：「其萬年用」皆作「萬
　　人」，乃假「人」爲「年」，知戴氏據鐘鼎文證年爲人
　　聲，實甚有見。

42.舍　舍……行所止舍也。……舍有委積行李之齎，必有垣墻，故從
　　口，令聲。《說文》曰：「市居曰舍。從亼屮，象屋也。
　　口，象築也。」按：古鐘鼎文凡余皆單作令，舍蓋余聲。
　　（卷26頁25）

　　按：張日昇、李孝定綜合諸家之說，亦以舍字殆從余聲爲是
　　[31]，故戴氏據金文以說字形結構，頗有精當。

　　是四十二條中，完全精當者十一條，可辨爲有誤者九條，餘者
介乎精當與略誤之間，或爲摹寫失眞所致，或沿襲宋人的判斷失誤
所致，或出於作者本身的誤判，但其確有誤者，不過佔21%而已。

（二）徵引金文證字形而及於字義者：

　　當戴氏徵引金文，其目的不僅止於知其本形，尚且探及它的字
義時，雖於字義存而不論，然亦歸於此條目下：

1.易　昜……易從日，會從云，因象以著義，會易之義居可識矣！
　　昜，晉姜鼎文。《說文》曰：「從日從一從勿。開也。一曰
　　飛揚。一曰長也。一曰強者衆兒。」鄭漁仲曰：「從且從
　　勿。太易朝升，勿勿然散兒。」侗按：二說皆支離牽強。

---

31 見《金文詁林》，頁3405（5.677-0962）；《金文詁林讀後記》，頁207。

（卷 2 頁 11）

按：戴氏所舉金文與《金文編》所收沈兒鐘作昜形近（卷 9
頁 667）；至其義則難明，戴氏以許、鄭二說不夠周延，
是而疑者闕疑，存而不論，亦示其慎也。

2.广 介……《說文》曰：「因广爲屋，象對刺高屋之形。讀若儼然
之儼。」……按：《說文》以交覆深屋訓宀；以因广爲屋訓
广，皆曲而不通。予考古鍾鼎文，見宀之立文，因悟广之
義，二字之義煥然，不待箋釋而著焉！（卷 25 頁 3）

按：戴氏以广、宀二字可由鍾鼎文中見文悟義，广、宀皆爲
屋形，而從其形構亦可知其居住建築的形式有別，故戴
氏謂其「不待箋釋而著焉」。

3.高 高……《說文》曰：「高，崇也。象臺觀高形。」𩫖，叔高
盨文；𩫡，陀鼎文。伯曰：楚子問城之高厚。城有高厚之
義，故取亯之上以爲高，取亯之下以爲厚。（卷 26 頁 3）

按：《金文編》高作高（卷 5 頁 374）；亯作𩰲（卷 5 頁
375），是戴氏混二者爲一，宜其釋形說義略嫌比附。

4.午 午……十，父乙鼎文；十，庚午觥文。斷木爲午，所以舂
也。亦作杵，加木。……《說文》曰：「午，啎也。五月陰氣
午屰昜，冒地而出，與矢同意。啎，屰也。從午。」按：
《說文》之說，鑿而不通。所以知其爲午臼之杵者，舂從午
從臼，此明證也。（卷 28 頁 6）

按：戴氏透過舂字偏旁的分析，以杵說午，就其字形言之，
不爲無見。後來林義光在《文源》中亦有類似的說法。
李孝定言：「吳其昌氏據金文午字字形，遂以矢鏃說
之，他家以杵解午者，則據契文立說，…就契文字形言

之，象「杵」之說，不爲無見。」[32] 而戴氏已論之先
矣！

5. 庚　　㿋，庚鼎文。㿋……《說文》曰：「西方，象秋時萬物庚庚
　　　　有實也。庚承己，象人脅。」鄭漁仲曰：「鬲之類也，亦三
　　　　足。」按：許氏之說傅會牽彊，庚蓋鍾類，故庸從之。（卷
　　　　29 頁 34）

　　　　按：戴氏以庚爲鐘類，郭沫若則以爲係有耳可搖之鉦樂器
　　　　　　[33]，二人之說相近；唯《金文編》作㿋形居多（卷 14 頁
　　　　　　969），而未見作如庚鼎之形者。

6. 用　　甪。……書傳通以爲施用之用。甪，宣盉文，以此爲鍾。《說
　　　　文》曰：「用，可施行也。從卜從中。衛宏說。甪，古
　　　　文。」一說此本鏞字，象鍾形，借爲施用之用。（卷 29 頁
　　　　46）

　　　　按：戴氏別創新解，以用本鏞字，後來諸家，如李純一、楊
　　　　　　樹達、蔣禮鴻、李孝定諸家說解，皆承其耑緒，而竟其
　　　　　　委[34]。戴氏雙眼別具，由此可見。

7. 王　　王。……《說文》曰：「王，天下所歸往也。董仲舒曰：三畫
　　　　而連其中爲王。三者，天、地、人也。參通之者，王也。孔
　　　　子曰：一貫三爲王。㼏，古文。」王，鍾鼎文。李陽冰曰：
　　　　「中畫近上，王者，則天之義。」鄭漁仲曰：「盛，王之本
　　　　義也。象物自地而出敷盛也。」按：一貫三之說太巧，非孔

---

32 同參見李孝定《金文詁林讀後記》，頁 500。
33 見郭沫若：《甲骨文字研究》（北京：人民出版社，1952 年），〈釋干
　支〉，頁 10-11（169-171）。
34 見《金文詁林》，頁 2041（3. 883-0450）-2051（3. 893-0450）；《金文詁
　林讀後記》，頁 112。

子之言也。且中畫近上，李氏雖曲爲之說，終未通。鄭氏之
說亦迂。或曰能一下土之謂王。（卷 33 頁 1）

按：王字說解，諸家頗異其辭，戴氏辨析，亦見其矜慎，而
　　不強爲必然。所舉金文，則與《金文編》所列橘伯簋類
　　似（卷 1 頁 18）。

是七條之中，唯一條有誤，也不過佔 14%耳。

(三) 徵引金文辭例字形以證假借者：

戴氏除徵引金文字形外，尚能應用辭例來印證古書習見詞語係
爲假借現象者，如：

1.眉　　﹅、眉……目上毛也。象形。古鍾鼎文眉壽之眉作﹅、﹅、
　　　　﹅，其字從﹅，殆﹅字也。﹅有門音﹅是也，故亦有眉音。
　　　　古書多假借，《荀子》：「面無須麋。」借用麋字。（卷 10
　　　　頁 12）

　　　　按：戴氏以眉壽作﹅壽是假借現象，金文中習見，是不可易
　　　　　　之論。而眉壽與﹅壽又俱爲假借 35，則戴氏尙未及分
　　　　　　辨。

2.隹　　﹅……短尾鳥也。今俗以短後爲隹。﹅、﹅，孔父鼎文；﹅父
　　　　丁鼎文。…鐘鼎文皆借此爲惟字。（卷 19 頁 18）

　　　　按：卜辭銘文習見假隹爲語詞的惟，戴氏所據無誤。然《金
　　　　　　文編》所收隹字皆無作點睛者（卷 4 頁 251）。

3.雝　　﹅……借爲和鳴雝雝之雝…又云：「鎬京辟雝。」毛萇曰：
　　　　「水旋丘如璧曰辟雝。」舅駟曰：「按：譙周曰：成王作辟

---

35 參見李孝定：《漢字的起源與演變論叢》（臺北：聯經出版事業公司，1986
　　年），附錄〈釋「﹅」與「沫」〉，頁 267-283。

上宮，周器之銘多有曰王在離上宮者。辟、離蓋二宮名也。
古鼎銘又曰：惟三月初吉壬寅，王在和宮。大夫始錫作彝。
又曰：王在辟宮，獻工錫章。離，和也。和宮殆離宮之異名
與？漢儒本因邕水而生璧邕之說，後之沿襲者遂加广爲廱，
其失滋甚矣！」（卷19頁22）

　　按：戴氏引舅馴之說，舅馴其人則史傳方志並無載及，生平
　　　　未詳，而說離爲和，係爲假借，說亦可從。

戴氏對假借的認知，強調「本無而借它」，尤其發現虛辭十之八九
皆假借，是非常精當的[36]，在此三條雖未深論，而所舉例，亦甚允
洽。其失誤已幾微。

(四) 徵引金文辭例以證文字通用者：

　　戴氏或有徵引他家說，應用金文辭例來證明二字通用者，如下
一條：

1.不　　不。方于切。…又敷悲切。通爲丕，字書云：「丕顯哉！文
　　　　王謨。丕承哉！武王烈。《詩》云：不顯不承。」舅馴曰：
　　　　「詩中不顯之類，皆當讀如丕。秦和鐘銘曰：不顯皇祖。詛
　　　　楚文曰：不顯大沈文湫，不顯大神巫咸，不顯大神亞駝，此
　　　　最可證。」（卷33頁20）

　　按：戴氏引舅馴之說，用金文辭例以與經籍、詛楚文相發
　　　　明，說不通爲丕，是也。

(五) 徵引金文字形證同字或體者：

---

36 見黃德寬‧陳秉新：《漢語文字學史》，頁123-124。

　　戴氏或有徵引器物之名而未能明見其字形者，觀其意是在證明
《說文》二字係屬同字或體，不應析爲二部，如：

1.鬲　〔鬻〕、鬲……煮器也。〈考工記〉曰：「匋人爲鬲，實五穀，厚
　　半寸。脣寸，三足，象形，旁象兩耳。亦作鬲。」《說文》
　　曰：「鬲，鼎屬，實五穀。斗二升曰斛。象腹交文，三足。
　　或作䰜，從瓦。漢令作歷，從瓦，麻聲。」「鬻，歷也。古
　　文。亦鬲字。象熟飪五味氣上出也。」孫氏鬻、鬲同音。
　　按：鬻、鬲一字，猶孚與子、首與百，不當分爲二。亞父己
　　鬲。（卷28頁6）
　　按：戴氏此例所引金文似闕漏，故意不甚明，唯《金文編》
　　　　所收鬲字（卷3頁170-173），未見與戴氏所舉形體相
　　　　合者。而以鬻、鬲一字，《說文》不當分爲二部，當
　　　　是。

(六) 徵引器物證其字同而材質異者：

　　戴氏此條目雖不徵及金文本身，只徵引及器物之名，但觀他的
用意，是在證明器物材質的不同，也不需別立新字，其字當同，
如：

1.豆　〔豈〕、豆……盛菹醢醯醬之器也。象形。《說文》曰：「豆，古
　　食肉器也。豆，古文。梪，木豆也。」《爾雅》曰：「木豆
　　謂之豆；瓦豆謂之登。」按：豆或瓦、或木、或金、或玉，
　　不當別立字。〈考工記〉：「瓬人爲豆，實三而成穀，崇
　　尺。」是豆亦以瓦也。古器之遺者，如祖癸豆、姬奐母豆，
　　皆銅豆也。〈明堂位〉曰：「殷玉豆。」是豆亦以玉也。
　　（卷28頁17）

按：《金文編》所收豆器凡五，曰：彔豆、父丁豆、鑄客豆、周生豆、大師虘豆，字亦作𧯟、豆（卷5頁330），是戴氏所言無誤。

（七）徵引金文字形而證其形制者：

戴氏或有引他家說，透過金文字形而分辨器物形制者，雖非己出，然間接表白其看法的，如：

1.戈　戈……黃長睿〈銅戈辨〉曰：「戈之制，有內，有胡，有爰。詳此銅戈之制，兩旁有刃橫置，而末銳若歛鋒者，爰也。爰之下，磬折稍刓而漸直，若半頸之垂胡者，胡也。胡之旁，有接柲之跡者，內也。爰形正橫，而鄭氏以為直刃，禮圖所畫若茅㮰然，誤矣！戈，擊兵也，可句可啄而非所以刺也，是以衡而弗從，鄭氏亦謂：已倨，則胡微直而邪多；以啄人，則不入；已句，則胡曲。以啄其人，則創不決。既謂之啄，則若鳥咮然，不應其刃向上而直也。觀夏、商彝器銘文，有作人形執戈者、何戈者，其戈皆橫如斧鉞，而銳若鳥咮。胡垂柲直，與此銅戈之制同，此最可證。」或曰戈自象其形，非從戈。（卷29頁13）

按：黃伯思《東觀餘論・銅戈辨》以彝器銘文證戈援係橫刃，而勘正鄭氏、禮圖之誤[37]，觀諸出土戈器，戈實象形，說不可易。

---

[37] 參見林清源：《兩周青銅句兵銘文彙考》（臺中：東海大學中國文學研究所碩士論文，1987年4月），頁40-44。

三、結　語

　　藉由上面的枚舉分析，若以戴氏引用金文凡五十七處的比例來看，其引用金文來證明字形者，凡四十三條（若字包含兩條），約佔 75%，而其失誤亦不過 21%；而證字形兼及於字義者有七條，約佔 12%，而其失誤亦不過 14%；以證假借者三條，約佔 5%，而其失誤，幾近於 0%；以證文字通用、同字或體、材質異而字同、及證器物形制者各一條，約佔 2%，以僅一條，比例甚微，可不深論，然亦所論多允洽者。故以內容觀之，其徵引金文的最大目標，如其所言，還是用在「知制字之本」上的，故證字形的比例最重，證字形兼及字義者次之。偶或有逾越處，還是緊緊扣住文字本身的。

　　至其應用金文的數量如何？就明顯徵引處觀之，本來五十七條是不算多的，但拿它來跟清代說文四大家中的段玉裁、桂馥、朱駿聲比一比，段氏在《說文解字注》中的應用不過八條[38]，桂馥於《說文解字義證》中應用了三十條[39]，朱駿聲則在《說文通訓定聲》及《補遺》中應用了十一條[40]，與三家比起來，戴氏算是很多了。

　　至其應用金文的質量如何？就上面按語所分析的來看，他失誤的比例是在 10%-20% 之間，算是非常允當的，而這種失誤，很多是

---

38 參見沈寶春：〈論段玉裁《說文解字注》的金文應用〉，《第一屆清代學術研討會論文集》初印本（高雄：中山大學，1993 年 11 月），頁 431-450。

39 參見沈寶春：《王筠之金文學研究》（臺北：臺灣大學中國文學研究所博士論文，1990 年 6 月），頁 35-36。

40 見《說文通訓定聲》及《補遺》，載《說文解字詁林》正補合編（臺北：鼎文書局，1983 年 4 月）單字、舞字、敢字、飤字、慭字、液字、兼字、需字、也字、匝字、癸字條下。

肇基於宋人著錄摹寫時的不精確，而在這種不精確的字形底下，他還能作千古不刊的判斷，誠屬不易啊！而且，他能透過羅列金文字形、分析金文中所從字之偏旁、借用金文辭例來比勘…多樣化的方式，讓文字的初形本義能找到更適切的解釋，這種工夫與用心，是應該予以肯定的。況且，他的態度是相當謹慎小心的，在「著其徵而有信」的情況下，闕疑，不敢穿鑿，弗取怪誕，不誇辨博，戴氏雖嚴飭謙沖，評論家似乎不當吝於遲來的掌聲吧！所以，唐蘭的稱譽是有些過當，而高明的「作繭自縛，殊無足觀」，就顯得有些偏激了。

許慎之假借說與戴震之詮釋

陳新雄

壹、前言

　　前些時讀賴明德兄〈假借析論〉一文，乃引起了我重讀《說文解字》之興趣，讀過之後，覺得許慎之說假借，本身並無任何問題，問題似乎出於後人之理解。現在請看許慎在《說文解字·序》中對假借之解說：「六曰假借。假借者，本無其字，依聲託事，令長是也。」假借之名，前於許氏，則班固、鄭衆固已有之。然而雖有其名，卻未對「假借」一名加以解釋，說明何謂假借？爲「假借」作適當解釋者乃許慎，爲「假借」舉例說明者亦許慎。故吾人欲對「假借」作一解釋，則絕對不可違背許慎之說解，亦絕對要合於許慎所舉之實例。不合抄許慎之解釋者，則所說之假借，非許慎之假借，不合於許慎之舉例，則所說之假借，亦非許慎所謂之假借也。

貳、假借與引伸

　　魯師實先《假借遡原》云：「《說文》之敘假借曰：『本無其字，依聲託事，令長是也。』據義求之，若蓋爲覆苫，則爲等畫，

焉爲鳥名，雖爲蟲名，亦爲臂下，也爲女陰，而經傳幷假爲語詞。
夫爲丈夫，女爲婦人，而義須，汝義水，爾爲靡麗之名，若爲順服
之義。（《爾雅・釋言》云：『若、順也。』是乃若之本義，說見
《說文正補》。）而經傳皆假爲儞人之詞。如此之類，覈之聲韻，
非它字之假借，求之義訓，非本義之引伸，斯正『本無其字，依聲
託事』之例，是乃用字假借。」又云：「秦漢官名有曰縣令者，謂
其爲一縣發號之官，其曰縣長者，謂其爲一縣萬民之長，是乃令長
之引伸義，而許氏誤以引伸爲假借。它若鳥部載鳳之古文作朋，其
說曰：『鳳飛群鳥從以萬數，故以爲朋黨字。』於來部釋來曰：
『周所受瑞麥來麰也，天所來也，故爲行來之來。』於韋部釋韋
曰：『韋相北也，獸皮之革可以束物，枉戾相韋背，故借以爲皮
韋。』於勿部釋勿曰：『勿州里所建旗，所以趣民，故遽稱勿
勿。』於能部釋能曰：「能獸堅中，故儞賢能。」於西部釋西曰：
「日在西方而鳥棲，故因以爲東西之西。」是未知悤遽之勿乃莍之
假借。（按《說文》：『莍、疾也。從本卉聲。』賢能之能乃仂之
假借。（按《說文》：『仂、材十人也。从十力，力亦聲。』）來
爲往來，韋爲皮韋，西爲東西，幷爲無本字之假借，而許氏皆誤以
假借爲引伸。」實先師以爲許愼於引伸與假借之概念未能釐清，故
後人亦往往將假借與引伸混爲一談。故實先師乃爲之釐清二者之義
界云：「所謂引伸者，乃資本義而衍繹；所謂假借者，乃以音同而
相假，是其原流各異，而許氏乃合爲同原，此近人所以有引伸假借
之謬說，益不可據以釋六書之假借也。」

　　近今學人，由於對其師之尊敬，於是師步亦步，師趨亦趨，曾
未考慮，師說之是否適當，師說之是否有失。語云：「吾愛吾師，
吾更愛眞理。」若以實先師之說假借，衡之於許愼《說文序》之

說，則二者顯不一致，許慎明舉「令、長」二字爲六書假借之例，
而實先師則以爲許慎誤以引伸爲假借，縱師說確然，亦非許慎所謂
之假借，乃魯師自創之假借也。是猶仁和朱駿聲《說文通訓定聲》
之改轉注假借之義爲「轉注者，體不改造，引意相受，令長是也。
假借者，本無其意，依聲託字，朋來是也。」此等解釋，吾人亦只
可承認爲朱氏之轉注與假借，而非許慎所謂之假借義也。

參、引申與旁寄

　　清代學者抄六書能不默守師說，而能發揮一己之獨見者，惟休
寧戴震一人而已。婺源江永，戴氏之師也。震言轉注假借則別於江
氏而不盲從。戴氏〈答江愼修先生論小學書〉云：「今讀先生手教
曰：『本義外展轉引伸爲它義，或變音或不變音，皆爲轉注，其無
義而但借其音，或相似之音，則爲假借。』又曰：『字之本義，亦
有不可曉者。』震之疑不在本義之不可曉，而在展轉引伸爲它義有
遠有近，有似遠而義寔相因，有近而義不相因，有絕不相涉而旁推
曲取，又可強言其義。區分假借一類而兩之，殆無異區分諧聲一類
而兩之也。六書之諧聲假借並出于聲，諧聲曰類拊聲而更成字，假
借依聲託事不更制字，或同聲，或轉聲，或聲義相倚而俱近，或聲
近而義絕遠，諧聲具是數者，假借亦具是數者，後世求轉注之說不
得，併破壞諧聲假借，此震之所甚惑也。」戴氏此段主要答復江永
所云『本義外展轉引伸爲它義，或變音或不變音，皆爲轉注。』及
『其無義但借其音，或相似之音，則爲假借。』很顯然江氏將假借
中有意義可說者劃爲轉注，純屬借音而無意義之關聯者則歸爲假
借。戴氏對此種強分假借一類而兩之，以爲實破壞假借者，乃其所

甚惑者，所以對於其師江氏之說，不敢苟同。於是提出戴氏本人對
六書之看法。戴氏云：「《說文》老從人毛匕，言須髮變白也。考
從老省丂聲。其解字體，一會意，一諧聲甚明。而引之于敘，昌實其
所論轉注，不宜自相矛盾，是固別有說也，使許氏說不可用，亦必
得其說，然後駁正之，何二千年間，紛紛立說者衆，而昌猥云左回
右轉者之謬悠，目爲許氏可乎哉！震謂考老二字屬諧聲會意者，字
之體，引之言轉注者，字之用。轉注之云，古人以其語言，立爲名
類，通以今人語言，猶曰：互訓云爾。轉相爲注，互相爲訓，古今
語也。《說文》于考字訓之曰老也，于老字訓之曰考也。是以敘中
論轉注舉之。」戴氏此段文字之主旨，主要表明六書有體用之分，
指事、象形、諧聲、會意者，字之體，轉注、假借者字之用，所謂
體，乃指字之個體，亦即文字個別之分類，所謂用，乃指字之關
聯，亦即字與字之間之關聯。至於有人批評戴氏四體二用之說，不
合於班志「造字之本」之說，余著〈章太炎先生轉注假借說一文之
體會〉一文，已爲之辨解。蓋指事、象形、形聲、會意四者爲文字
創造分類之個別方法，轉注、假借二者爲造字之平衡原則。造字之
方法與造字之原則豈非造字之本乎！四體二用之說，戴氏更進一步
闡述之云：「大致造字之始，無所馮依，宇宙間事與形兩大端而
已，指其事之實曰指事，一二上下是也，象其形之大體曰象形，日
月水火是也。文字既立，則聲寄于字，而字有可調之聲，意寄于
字，而字有可通之意，是又文字之兩大端也。因而博衍之，取乎聲
諧曰諧聲，聲不諧而會合其意曰會意。四者書之體止此矣。由是之
于用，數字共一用者，如初哉首基之皆爲始，卬吾台予之皆爲我，
其義轉相爲注曰轉注，一字具數用者，依于義曰引申，依于聲而旁
寄，假此以施于彼曰假借，所以用文字者，斯其兩大端也。」此段

論說，除闡明其所謂四體二用之區別外，更著重在假借轉注之差異。所謂書之體止此也者，乃謂無論多少字，若一字一字分析其構造，加以分類，則從文字本身來看，大概僅能區分爲指事、象形、形聲、會意四類。所以章太炎先生〈轉注假借說〉云：「構造文字之耑在一，字者指事、象形、形聲、會意盡之矣。」無論數字共一用，或者是一字具數用，此皆說明字之關聯。說明考老二字之關聯，則所謂數共一用者也，說明發號司令引伸爲縣令縣長之令，此即所謂一字具數用者也。在此段文字中，戴氏解釋最好者，厥爲假借。戴氏之言假借曰：「一字具數用者，依于義曰引伸，依于聲而旁寄，假此以施于彼曰假借。」戴氏此意蓋謂假借字可分爲二類，一爲依于義之引伸，此即許書所舉司令之令引伸爲縣令之令，一爲依于聲而旁寄，此謂二字之間，唯借其聲，於義無關。如難鳥之難，借爲困難之難，只取其聲，不關於義。所以戴氏之論假借，可分爲二類，此二類皆屬依聲託事，亦皆與聲有關，與聲有關而義亦有關聯者，戴氏稱爲引伸；一種只聲相同或相近，於字義並無任何牽扯，戴氏稱爲旁寄，無論是依于義之引伸，或依于聲之旁寄，實皆爲假此以施于彼之假借。吾人可將戴氏假借之分析，以圖表示如下：

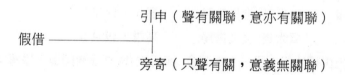

假借　　　　　　　　引申（聲有關聯，意亦有關聯）
　　　　　　　　　　旁寄（只聲有關，意義無關聯）

　　從上圖顯然可知，引伸與旁寄均屬於假借之一部分，隸屬於假借之下，非可與假借分庭抗禮者，所以說引伸只是假借之一部分，而引伸並不全等於假借，引伸只能與旁寄地位相當，皆爲假借之一

部分，明乎此，則無假借與引伸相混淆之問題。而又能不違背許慎
《說文解字・序》所作之解釋與舉例，實爲現今諸說之中，最爲合
理之解說，故特爲拈出，以告於海內外之方家學者。

肆、結論

　　照戴氏之解釋，許慎《說文・敘》之所釋，絲毫沒有問題，旣
不發生引伸與假借混淆問題，而又不改變許慎之原意。其實在「本
無其字，依聲託事」之下，亦即同聲之條件下，還可分爲有字義上
之引伸，與只憑聲音而無字義聯係之旁寄兩類，引伸與旁寄皆六書
假借之一部分，引伸亦未逸出假借之範圍也。

參考書目

說文解字注　　段玉裁 藝文印書館　　臺北（1970）

說文通訓定聲 朱駿聲 藝文印書館　　臺北（1971）

聲韻考　　　　戴　震 廣文書局　　　臺北（1966）

假借遡原　　　魯實先 文史哲出版社　臺北（1973）

章氏叢書　　　章炳麟 世界書局　　　臺北（1958）

國學略說　　　章太炎 復文書局　　　高雄（1984）

章太炎先生轉注假借說一文之體會 陳新雄 國立臺灣師範大學國文
學報二十一期　臺北（1992）

假借析論　　　賴明德 魯實先先生學術討論會論文集 臺北（1992）

訓詁學（上冊）陳新雄臺灣學生書局　臺北（1994）

　　中華民國八十五年三月三日脫稿於臺北和平東路鍥不舍齋

段注會意形聲之商兌

蔡信發

壹·前言

　　許慎《說文解字》，收字九三五三，逐字釋形，且據其六書定義[1]來區分各字的類別，除轉注、假借因牽涉應用與孳乳的問題，不能直指某字是轉注或假借外，其餘大都能明其類別，然而由於歷來各家對六書的詮釋不一，因此諸說紛陳也就成了極自然的事。清儒金壇段玉裁，精古音，通小學，注解《說文》，歷三十載，用力甚勤，致其注釋以精著稱，廣為流傳，久享令譽，影響不可謂不深遠，然觀其會意、形聲的辨別，卻有欠明確，每多謬誤。案會意、形聲的相同點是二者都為合體，屬於「字」；相異點是前者不帶聲，後者帶聲；換言之，會意是無聲字，形聲是有聲字。照理，按此區別二者異同，應疆界分明，互不干擾，尤其段氏精通古音，更不宜彼此相渾，方合情理，然事實卻相左，所以特提出商兌。

貳·誤亦聲字為會意兼形聲，渾淆類別

　　《說文》亦聲字的釋語是「从某某，某亦聲」與一般「从某某

---

[1] 見《圈點段注說文解字》、頁七六二、敘。南嶽出版社。下同。

聲」的形聲字應無差別。如一定要區分二者之異，則只是亦聲字的
聲符表義作用較爲顯明罷了。如作帶鉤解的「句」字，獨體象形[2]，
引伸作曲講，因此凡从句得聲之字都有曲義。《說文》「鉤」字作
曲鉤解[3]，是個形聲字，由於該字聲符表義作用很易看出，宜乎其
構形作「从金句，句亦聲」。若我們瞭解形聲字的聲符本有表義的
功能，則改其釋語爲「从金句聲」，並無不可。進言之，亦聲字的
構形本與一般形聲字無別，二者都有一個聲字，就六書分類言，當
屬形聲，而段氏卻注以「會意兼形聲」。質之會意是無聲字，形聲
是有聲字，二者界線分明，不容相渾，設若據段注鉤爲「會意兼形
聲」以分類，則應歸會意抑或形聲？因此，段氏說「凡言亦聲者，
會意兼形聲也」[4]，眞是轇轕不清，庸人自擾。至於段氏說：「凡字
有用六書之一者，有兼六書之二者」[5]，則要看這句話怎麼用？如用
在會意字上，指會意附加象形、會意附加指事，仍屬無聲字，可；
用在會意兼形聲上，不可。因這會搞亂無聲字與有聲字的類別，導
致無從歸屬。

參·誤改形聲爲會意，且予誤注

　　我國文字的演進，由會意而形聲，是歷來各家研究文字學的共
識。二徐本《說文》作艸陰解的「蔭」字，構形都作「从艸陰
聲」。案蔭、陰都屬影紐音攝[6]，二字同音，蔭是從陰得聲的形聲

2　見《轉注釋義》、頁一〇。洙泗出版社。
3　見頁八八。
4　見頁一、吏、史亦聲注。
5　見同注四。
6　本文所據之韻，係近人曾運乾古音三十攝。

字，應無可疑，二徐本釋形不誤，而段氏改作「从艸霒」[7]，以會意視之，當誤。又案蔭的形符作「艸」，在此表義，以示草木；聲符作「霒」，在此除表音外，兼示陰涼之義。當艸、霒二字相合，正示「艸霒地」之意，形義密合。職是之故，就六書的類別言，蔭字當屬形聲，而段氏卻改作「从艸霒」，以「會意包形聲」注之，使無聲字的會意與有聲字的形聲相渾，何其矛盾！反之，段氏若改注蔭字爲「形聲兼會意」，則無問題。因形聲字的聲符本有表義的功能，而所謂形聲兼會意，是僅就其聲符表義的作用而言，整個形構仍屬形聲，並不影響其類別，所以不矛盾，可成立。總之，段氏據二徐本校注《說文》，凡形聲字的聲符，其表義功能很易看出的，段氏無不刪除聲字，改爲會意。如笙字，二徐本都作「从竹生聲」，段氏即刪聲字，又如祫字，大徐本作「从示合」，小徐本作「从示合聲」；伍字，大徐本作「从人五」，小徐本作「从人五聲」；俔字，大徐本作「从人从見」，小徐本作「从人見聲」；㦓字，大徐本作「从心从滿」，小徐本作「从心滿聲」；洐字，大徐本作「从水从行」，小徐本作「从水行聲」，段氏概從大徐，不取小徐；反之，珩字，大徐本作「从玉行聲」，小徐本作「从玉行」，則段氏從小徐，不取大徐，且或以「會意」注之；或以「會意、某亦聲」注之；或以「某亦聲」注之，視作會意；或以「會意包形聲」注之。由此可見，段氏誤改形聲爲會意，並予誤注者，爲數不少，至爲明顯。

7　見頁三九。

肆・段注形聲字，或稱形聲包會意，或稱會意兼形聲，漫無準則

　　由於段氏對會意、形聲的概念模糊不清，因此他對同是形聲字的注解常不一致。如《說文》：「貨，財也。从貝化聲。曠，明也。从日廣聲。」[8] 二字都是形聲字，然而段氏注貨是「形聲包會意」，注曠則是「會意兼形聲字也」。案段注貨為形聲包會意，可以成立，因形聲字的聲符本有表義的功能。換言之，其注貨為形聲包會意，是就其聲符表義的作用而言，若予區分，仍屬形聲，並無渾淆類別。至段注曠為會意兼形聲，則不可成立。因會意字產生在先，形聲字產生在後；會意是無聲字，形聲是有聲字；無聲字的範圍小，有聲字的範圍大；範圍小的不可以包含大的，範圍大的可以包含小的。換言之，其注曠為會意兼形聲，則是先後失序，有背邏輯，錯亂類別，無從歸屬。再者，曠作明解，其從的廣聲，原不示義，而是光之同音假借，因二字同屬見紐央攝，而「光」作明解，以之代進曠字，正示日光之明，所以不論其聲示義與否，仍屬形聲。總之，貨、曠二字，同屬形聲，然段注一作形聲包會意，一作會意兼形聲，游移不定，漫無準則。茲究段氏何以有此矛盾，全種因他主張的「形聲合體，其別於會意者，會意合體主義，形聲合體主義」[9]，以致產生「有似形聲而實會意者」[10] 的錯誤觀念。他據形聲字的形與聲來判定他們彼此的主從輕重，以決定是會意或形聲。

8　分見頁二八二、三〇六。
9　見同注一、頁七六三、敘、江河是也注。
10　見同注九、武信是也注。

如他認為某形聲字以義為主，以義為重，就注以「會意包形聲」；反之，認為以聲為主，以聲為重，就注以「形聲兼會意」。像他這樣區別會意、形聲的異同，全屬主觀，怎能希望他有一明確的界定？如能瞭解段氏此一癥結，則其注解形聲字之所以失去準則，也就沒什麼好奇怪的了。

伍‧誤形聲為會意，又誤會意有輕重之別

　　進言之，凡《說文》聲符表義顯著的形聲字，段氏大都誤以會意注之。如交部：「絞，縊也。从交糸。」[11] 段氏注以「會意。交糸者，兩絲相切也。此篆不入系部者，重交也。交亦聲」。案段氏明知絞是「交亦聲」屬形聲，卻注以「會意」，是屬類別之誤。又既知絞從交得聲，則其應入「糸」部，方合《說文》以形分部之例，而其誤歸「交」部，段氏竟注以「重交也。交亦聲」，是屬分部之誤。再者，會意也好，形聲也好，只要一經組成會意字或形聲字，其組成的各個文或字，就整個字義的表達來說，應是各具功能，等量齊觀，無所謂輕重之別。就以絞字為例，如不以「糸」作形符，以示兩絲之義，就無法瞭解以何物作相切的主體；又如不以「交」作聲符，除無法清楚其音讀外，同時也就無法知道用兩絲作甚？唯有糸、交二文相合，才能明白絞要表達完整的意義是什麼，所以段氏誤注絞為會意，又誤注會意有輕重之別，應屬非是，令人難以心折。

---

11 見頁四九九。

陸・聲義同原不能解釋所有形聲字的聲符表義

　　段氏說：「許君以爲音生於義，義箸於形。聖人之造字，有義以有音，有音以有形。學者之識字，必審形以知音，審音以知義。」[12] 又說：「義存乎音。」[13]「凡同聲多同義。」[14] 案段氏以「聲義同原」之理，注解《說文》形聲字，得出形聲多兼會意之說，對形聲字的聲符兼有表義功能與作用，確提出相當不錯的見解；但若細究其說，聲符之所以表義，除與聲義同原有關外，尚有若干其他原因，段氏並未交代清楚。如段注說「凡從非之字，皆有分背之意」[15]，這是由該字的引伸義而來；「凡從云之字，皆有回轉之義」[16]，這是由該字形體的比擬義而來；「凡叚聲多有紅義」[17]，這是由該字的假借義而來。正因如此，若只據段氏聲義同原之理來解釋形聲字同一聲符的表義，有的說得通，有的卻說不通，宜乎段氏主張形聲多兼會意，而不是形聲必兼會意。究其因，是他不知假借造字所致。因此，利用聲義同原之理來解釋形聲字的聲符表義，只能解決部分問題，而不能解決所有問題；只能解決表面問題，而不能解決實質問題。

　　先說前者，以非爲聲符之字爲例。段氏說：「凡從非之字，皆有分背之意。」這是就該字的引伸義而言，如用在《說文》作誹解

---

12 見同注一、頁七七一、不相襟廁也注。
13 見同上、頁二二、屮、若徹注。
14 見同上、頁一〇一、斯、悲聲也注。
15 見同上、頁一〇四、㚥、一曰讀若非注。
16 見同上、頁二七九、囻、回也注。
17 見同上、頁四六六、騢、謂色似鰕魚也注。

的「誹」字、斷足解的「跰」字、醜皃解的「斐」字、痛苦解的「悲」字，確可以聲義同原之理來說解這些從非得聲的形聲字，然而如用在作木製矯弓之器解的「棐」字、隱蔽的「屝」字，就解不通，而必須用假借造字之法才能得到完整的意義。因棐從的非聲，是弗之假借，弗有矯正之義，以之代進該字，木示其器之質，弗示矯弓之義，二者相合，正示木製矯弓之器。屝從的非聲，是敫之假借，敫作眇解，引伸有幽隱難見之義，以之代進該字，厂示隱蔽之處，敫示隱蔽的動作，二者相合，正示隱蔽之義[18]。由此可見，段氏對一些解得通的形聲字，往往注說「形聲包會意」、「形聲中有會意」、「形聲見會意」、「形聲亦會意」、「形聲關會意」、「形聲賅會意」；反之，也就只有不了了之，所以我說段氏以聲義同原之理來注解形聲字的聲符示義，只能解決部分問題，而不能解決所有問題。

　　次論後者，以農為聲符之字為例。段氏說：「凡農聲之字皆訓厚。醲，酒厚也；濃，露多也；襛，衣厚皃也。引伸為凡多厚之偁。」[19]表面看來，段氏說得很有道理，實際還是停留在訓詁學上的意思，並不能解決為什麼農聲之字有厚義。因據《說文》解釋，農字的本義是「耕人」[20]，不論怎麼引伸，都不可能有厚義。在這樣的情形下，如不用假借造字的方法來解釋農聲有厚義，就無法明其所以然。先師寧鄉魯實先先生說：農聲之所以有厚義，實是隆字

---

[18] 參見張建葆的《說文假借釋義》，頁一六五，非、弗同屬非紐，又非收威攝，弗收威攝入聲，音近相通，則二字同音；頁二三二，非屬非紐，敫屬微紐，同屬脣聲，又非、敫收威疊韻，二字疊韻。所採之韻，係近人曾運乾古音三十攝。

[19] 見同注、頁三九七、襛、衣厚皃注。

[20] 見同上、頁一〇六。

的假借使然，而隆有高義，引伸有高大豐厚之義[21]。先生之說甚精，不但能解決從農之聲在訓詁學上的意思，同時也解決農聲在文字學上的意思，所以我說段氏以聲義同原之理來注解形聲字的聲符示義，只能解決表面問題，而不能解決實質問題。

柒・結語

　　由於段氏對會意、形聲的界定不很清楚，因此他注解《說文》不免會有以上這些錯誤，又由於他不知假借造字之法，因此對形聲字聲符示義的問題不能作一全面檢視與徹底解決，這對他注解《說文》的整個成績來說，不能沒有影響！然而，畢竟瑕不掩瑜，小疵難偏大醇，其成就仍為學界所肯定，則無可疑。

　　（本文發表於八十二年三月二十日「第四屆中國文字學全國學術研討會」）

---

21 見《假借遡原》、頁一一三。文史哲出版社。

段注《說文》古今字之商兌

蔡信發

壹、前言

　　清儒段玉裁注解《說文解字》，對古今字提出了理論與實例。由於段氏注解該書是全面性的，古今字僅是其中一部分，且隨文表述，散見各篇，因此，系統不足，在所難免；觀念矛盾，所在多見。茲爲明其究竟，爰采其明言「某、某爲古今字」者，首悉其理論，次析其類別，而後商兌其然否。

貳、段氏古今字之理論

　　欲商兌段氏的古今字，似須先悉其基本理論，而後驗以其列舉的實例，再議其不足，始不致遭雌黃之誚。茲綜覽其《說文注》，提揭其理論，約有以下四耑：

　　　　今者，對古之偁，古不一其時，今亦不一其時也。云是時者，如言目前，則目前爲今，目前已上皆古。如言趙宋，則趙宋爲今，趙宋已上爲古；如言魏、晉，則魏、晉爲今，魏、晉已上爲古。班固作〈古今人表〉，漢人不與焉，而謂之古今人者，謂近乎漢者爲今人，遠乎漢者爲古人也。作

〈古今人表〉者，所以補《漢書》之所無，存漢已前厓略
也。亦謂三皇至漢以前，迭爲古今人也。古今人用字不同，
謂之古今字。張揖作《古今字詁》是也。自張揖已後，其爲
古今字，又不知幾更也。古今音之不同，近世言之取詳，自
商、周至近世，不知凡幾古今也，故今者，無定之詞，約之
以是時則兼賅矣（見《段注說文解字》、頁二二五、下右、
今注。萬卷樓圖書有限公司。下同）。

案：段氏以時分古今，乃相對而言，又古今人用字不同，以致形成
古今字。

段氏又謂：

余、予古今字。凡言古、今字者，主謂同音，而古用彼、今
用此，異字。若《禮經》古文用「余一人」，《禮記》用
「予一人」。余、予異字異義，非謂予、余即一字也（見頁
五〇、上左、余注）。

案：此謂古今字有聲音關係而非一字。

段氏復論：

《顏氏家訓》曰：《莊子》魍二首。魍即古魉字，見《古今
字詁》。按《字詁》原文，必曰：古魍今魉。以許書律之，
古字叚借也（見頁六七〇、下左、魍注）。

案：此謂古今字由假借形成。

段氏再言：

凡讀經傳者，不可不知古今字。古今無定時，周爲古則漢爲
今，漢爲古則晉、宋爲今，隨時異用者，謂之古今字，非如
今人所言古文、籀文爲古字，小篆、隸書爲今字也（見頁九
四、下右、誼注）。

案：此強調古今字係古今人用字不同，與書體無關。

參、段氏古今字之析分

茲查《說文》段注明言古今字者，凡二百餘條，予以析分，可歸爲以下十類，顯非其理論所能包含：

一·以正字與借字爲古今字：

1. 「朮，豆也。朮，象豆生之形也。」段注：「朮、豆，古今語，亦古今字。此以漢時語釋古語也。」（見頁三三九、下左）
   「豆，古食肉器也。从口象形。」（見頁二〇九、上左）
   案：朮屬審紐，豆屬定紐，審紐是透紐的變聲[1]，與定紐旁紐相通，古用朮，今用豆，乃假借使然。

2. 「僟，大也。从人矣聲。」段注：「竢、俟，爲古今字矣。」（見頁三七三、上右）
   「竢，待也。从立矣聲。」段注：「經傳多叚俟爲之，俟行而竢廢矣。」（見頁五〇五、上右）
   案：竢、俟並爲牀紐陰聲噫攝，二字同音，古用竢，今用俟，乃假借。

3. 「裞，縶人給事者爲卒。古旨染衣題識，故从衣一。」（見頁四〇一、上左）

---

[1] 凡本書稱的「聲」是指清儒陳澧的四十聲紐，並輔以近人黃侃先生的分明、微紐爲二，以及錢玄同先生的曉、匣二紐歸於淺喉音（實即牙聲）、邪紐古歸定紐，和近人曾運乾先生的喻四古歸定紐，「韻」則采曾運乾先生的「古音三十攝」，而以筆者據以撰述的〈古音三十攝表增補〉爲本。

「𤜶，犬从艸暴出逐人也。从犬卒聲。」（見頁四七八、下右）

段注窣：「卒、猝，古今字。」（見頁三四九、下右）

案：卒屬精紐，猝屬清紐，並爲齒聲，又卒、猝並收威攝入聲，故古用卒，今用猝，乃假借。

4.「𣶐，沒也。从水甚聲。」段注：「古書浮沈字多作湛。湛、沈，古今字。沉又沈之俗也。」（見頁五六一、下左）

「𣺳，陵上滈水也。从水尤聲。」段注：「古多假借爲湛沒之湛。」（見頁五六三、上左）

段注淑：「湛、沈，古今字。」（見頁五五五、上左）

案：湛、沈並爲澄紐陽聲音攝，二字同音，古用湛，今用沈，乃假借。

5.「𣿰，盡也。从水曷聲。」段注：「渴、竭，古今字。古水竭字多用渴，今則用渴爲㵣字矣。」（見頁五六四、下左）

「𥩤，負舉也。从立曷聲。」（見頁五〇五、上右）

案：渴、竭並爲羣紐阿攝入聲，二字同音，古用渴，今用竭，乃假借。

二・以正字與轉注字爲古今字

1.「𥄀，誰也。象形。𥄕，篆文𥄀，从隹咠。」段注：「謂𥄀即誰字。此以今字釋古字之例。……誰𥄀變从鳥。」（見頁一五八、下左）

案：誰屬清紐，𥄀屬心紐，並爲齒聲，又誰、𥄀並收烏攝入聲，二字疊韻，誰應從𥄀聲，而許只以會意釋之，誤。

先師魯實先先生說：「𥄀借爲履𥄀，故孳乳爲鵲。」[2] 𥄀、

2　見《轉注釋義》、頁四。洙泗出版社。下同。以下省稱《釋義》。

　　鵲本一字，由轉注而孳乳，古用舃，今用鵲，乃轉注。

2.「視，瞻也。从見示聲。」段注：「古作視，漢人作示，是爲古
　　今字。」（見頁四一二、上右）

　　「示，天垂象，見吉凶，所以示人也。从二，三垂，日、月、星
　　也。觀乎天文，以察時變。示，神事也。」（見頁二、下右）

　　案：示爲獨體象形，而許氏以合體指事視之，誤[3]。

　　　　先師魯先生說：「示於卜辭作丅，象籌算從橫，而以計算示
　　　　人，借爲神祇，故孳乳爲視。」[4]示、視本一字，由轉注而
　　　　孳乳，應初用示，後用視，漢又用示，乃轉注。

3.「或，邦也。从口，戈以守其一。一，地也。域，或或从土。」段
　　注：「蓋或、國在周時爲古今字。古文祇有或字。」（見頁六三
　　七、上右）

　　「國，邦也。从口从或。」段注：「古或、國同用。」（見頁二
　　八〇、上右）

　　案：或、國並收噫攝入聲，二字疊韻，國應從或聲，而許只以會
　　　　意釋之，誤。

　　　　先師魯先生說：「或借爲或者，故孳乳爲域、國。」[5]或、
　　　　國本一字，由轉注而孳乳，古用或，今用國，乃轉注。

4.「蜎，肙也。从虫肙聲。」段注：「肙、蜎，蓋古今字。」（見
　　頁六七八、上右）

　　「肙，小蟲也。从肉口。」（見頁一七九、下右）

3　詳見拙著《說文部首類釋》、頁一三。臺灣學生書局總經銷。民國九十一年
　　十月二版。下同。
4　見《釋義》、頁一二。
5　見《釋義》、頁一〇。

案：肙像小蟲之首與身，獨體象形，而許以會意釋之，誤。

　　先師魯先生說：「肙、剈借爲窠空，故孳乳爲蜎、抴。」[6]

　　肙、蜎本一字，由轉注而孳乳，古用肙，今用蜎，乃轉注。

5.「宁，辨積物也。象形。」段注：「宁與貯，葢古今字。」（見
　　頁七四四、下左）

　「貯，積也。从貝宁聲。」段注：「此與宁音義皆同。今字專用
　　貯矣。」（見頁二八三、下左）

　　案：先師魯先生說：「宁之比擬而名門屛，故孳乳爲貯。」[7]宁、
　　　　貯本一字，由轉注而孳乳，古用宁，今用貯，乃轉注。

三・以正字與俗字爲古今字[8]

1.「州，水中可尻者曰州。水匊繞其旁，从重川。」段注：「俗乃
　　別製洲字。」又注渚：「州、洲，古今字。」（分見頁五七四、
　　下左；頁五四五、下右）

　　案：川乃會意附加象形以構體，而許以「从重川」解之，視爲同
　　　　文會意，誤。

　　　　先師魯先生說：「州借爲礜竅，故孳乳爲洲。」[9]州、洲本
　　　　一字，由轉注而孳乳，古用州，今用洲，乃轉注；唯洲之構
　　　　形，乃州之重形俗體，與州相應，乃正字與俗字而成古今
　　　　字。

2.「冰，水堅也。从水仌。凝，俗冰从疑。」段注：「按此可證

6　見《釋義》、頁三。
7　見《釋義》、頁二一。
8　本類之所以不與第二類合併，因彼經轉注，側重正字與後起形聲字的關係，
　　此則強調正字與俗字的對應。
9　見《釋義》、頁二四。

《詩》膚如凝脂，本作冰脂。以冰代仌，乃別製凝字。」又注
腻：「冰、凝，古今字。」（分見頁五七六、上左；頁一七八、
上右）

案：冰、凝為正俗字。古用冰，今用凝，乃正字與俗字為古今
　　字。

四·以借字與後起形聲本字為古今字

1.「𨛍，鄭地有邢亭。从邑井聲。」段注：「邢、井，蓋古今
　字。」（見頁二九二、下右）

　「井，八家為一井。象構韓形。𦉥象也。」（見頁二一八、下
　右）

　案：方名之取，初皆無本字用字假借，後始為之製專字；此專
　　　字，即後起形聲本字。以之律之，則當井為古字，邢為今
　　　字。

2.「郰，魯縣，古邾婁國，帝顓頊之後所封。从邑芻聲。」段注：
　「周時作鄒，漢時作騶者，古今字之異也。」（見頁二九八、下
　右）

　「騶，廄御也。从馬芻聲。」（見頁四七二、下左）

　案：以方名律之，騶當為古字，鄒為今字。至段注周用鄒，漢用
　　　騶，乃字隨時異，初由騶而鄒，復由鄒而騶，故所謂古今，
　　　乃相對而非絕對，於焉可見。

3.「郕，魯孟氏邑。从邑成聲。」段注：「今《春秋》三經三傳皆
　作成。郕、成，古今字也。」（見頁二九九、上左）

　「成，就也。从戊丁聲。」（見頁七四八、上右）

　案：先師魯先生說：「《說文》邑部所載方名，皆戰國之遺字，

而許氏或以秦、漢地名釋之，失其義也。」[10] 證以《春秋》三傳三經用「成」，而《說文》載以「郕」字，可知當以成、郕為古今字。

4.「䣞，國也。齊桓公之所滅。从邑覃聲。」段注：「按《詩》、《春秋》、《公》、《穀》皆作譚，許書又無譚字，葢許所據从邑，〈齊世家〉譌作郯，可證司馬所據，正作䣞。䣞、譚，古今字也。許書有譚長，不以古字廢今字也。」（見頁三〇一、下左）

案：當以譚為古字，䣞為今字，段注之誤，一如以邢、鄒、郕之為井、騶、成之古字。《說文》既有譚長，通人之一，而譚字不載，乃失收。

五·以某字與其不同書體之字為古今字

1.「罠，所㠯釣也。从网民聲。」段注：「按糸部曰：緡，釣魚繁也。此曰：罠，所以釣也，然則緡、罠，古今字。一古文，一小篆也。」（見頁三五九、下右）

「緡，釣魚繁也。从糸昏聲。」（見頁六六五、下左）

案：段氏以古文、小篆區別緡、罠為古今字，顯與書體有關，而與一己之說相背。

2.「洦，淺水也。从水百聲。」段注：「《說文》作洦，隸作泊，亦古今字也。」（見頁五四九、下右）

案：洦之作泊，緣於隸變，然則，洦為小篆，泊為隸書，有先後之別，其為古今字，顯與書體有涉，而段氏謂「非如今人所

---

10 見《假借遡原》、頁六三。文史哲出版社。

言古文、籀文爲古字，小篆、隸書爲今字也」，以爲無關書體，應欠周延。

3.「▨，水潒瀁也。从水象聲。」段注：「瀁者，古文爲漾水字，隸爲潒瀁字，是亦古今字也。」（見頁五五一、下右）

「▨，漾水出隴西豲道，東至武都爲漢。从水羕聲。▨，古文从養。」段注：「漾者，小篆；瀁者，壁中古文如是。今《尙書》作漾者，漢人以篆文改古文也。」（見頁五二六、下左）

案：瀁原是漾之古文，作「漾水」解，迄隸書，則與「潒」相合，成「潒漾」，爲疊韻連綿詞，然則瀁之解，小篆、隸書有別，則其爲古今字，全然取決於書體。

六・以某字與其轉義之重文爲古今字

1.「▨，石樂也。从石，屮象縣虡之形，殳所㠯擊之也。古者毋句氏作磬。▨，籀文省。▨，古文从巠。」段注：「葢硁本古文磬字，後以爲堅硈之意，是所謂古今字。」（見頁四五六、上左）

案：硁爲磬之重文，當其義轉爲堅硈，對原先正篆之磬，而成古今字。

2.「▨，水濡而乾也。从水鸂聲。《詩》曰：灘其乾矣。▨，俗灘，从隹。」段注：「灘字古義如此，後人用爲沙灘，此之謂古今字矣。」（見頁五六〇、上右）

案：灘爲灘之重文，當其義轉爲沙灘，對原先正篆之灘，而成古今字。

七・以引伸義相同之字爲古今字

1.「▨，益也。从會卑聲。」段注：「裨、裨，古今字。今字作裨

益，古字作䘳益，裶行而䘳廢矣。」（見頁二二六、上右）

「䘳，接也。益也。从衣卑聲。」段注：「按本謂衣也。引伸為凡埤益之偁。」（見頁三九九、上左）

「埤，增也。从土卑聲。」段注：「此與會部䘳、衣部裶，音義皆同。……凡从卑之字，皆取自卑加高之意。」（見頁六九六、上右）

案：䘳、裶、埤，引伸義相同，音又相同，始作䘳，次作裶，有先後之別，故屬古今字。

八・以一字之異體為古今字 [11]

1.「連，負車也。从辵車。會意。」段注：「連，即古文輦也。……字从辵車，會意，猶輦从扶車，會意也。……連、輦為古今字。……云連，負車也者。古義也。」（見頁七四、上右）

「輦，輓車也。从車扶。扶在車肋引之也。」段注：「扶在前，車在後，故連字下曰：負車。連、輦，古今字。」（見頁七三七、上右）

案：連、輦二字義同，又連、輦並為來紐陽聲安攝，二字同音，然則連、輦乃音義相同之異體字。古用連，今用輦，故為古今字。

2.「貫，錢貝之毌也。从毌貝。」段注患：「毌、貫，古今字。」（分見頁三一九、上左；頁五一八、下左）

「毌，穿物持之也。从一橫毌。毌象寶貨之形。」（見頁三一九）

---

[11] 轉注字必是異體字，異體字未必是轉注字。因前者須先轉其義或音，而後孳乳新字，後者則否，故另立此類，不與第二類相渾。

案：毌像穿錢貝之形，獨體象形，而貫之構形，應爲「从貝毌聲」，是毌之後起形聲字，乃一字之異體[12]，許區分爲二，當誤。毌、貫既爲一字之異體，古用毌，今用貫，自爲古今字。

3.「綫，縷也。从糸戔聲。線，古文綫。」段注：「許時古線今綫，晉時則爲古綫今線。葢文字古今轉移無定如此。」（見頁六六二、下右）

案：綫、線乃一字之異體，於漢，則綫爲今，線爲古；於晉，則綫爲古，線爲今，故二字爲古今字，當無疑義。

九・以典籍用字不一爲古今字

1.「余，語之舒也。从八，舍省聲。」段注：「余、予，古今字。凡言古今字者，主謂同音，而古用彼、今用此，異字。若《禮經》古文用余一人，《禮記》用予一人。余、予本異字異義，非謂予、余本即一字也。」（見頁五〇、上右）

「予，推予也。象相予之形。」段注：「予、我之予，《儀禮》古文、《左氏傳》皆作余。鄭曰：余、予，古今字。」（見頁一六一、下左）

案：余、予並爲喻紐陰聲烏攝，二字同音，作自稱詞，乃無本字用字假借。由於古文經《儀禮》、《左傳》用余，今文經《禮記》用予，故段氏以余爲古字，予爲今字。

2.「疇，誰也。从白弓聲。」段注：「壁中古文字作弓，古字也。《爾雅》：疇、孰，誰也。字作疇，今字也。許以疇爲假借字，

---

12 見拙著《說文部首類釋》、頁五二。

丂爲正字，故口部曰丂，誰也。則又丂、疇爲古今字。」（見頁
一三八、下右）

「畤，耕治之田也。从田；丂，象耕田溝詰詘也。𤲟，畤或
省。」段注：「隸作疇。」（見頁七〇一、下左）

「𠀪，誰也。从口丂又聲。丂，古文疇。」（見頁五九、上左）

案：壁中古文作丂，《爾雅》作疇，前者早於後者，故段氏以
　　丂、疇爲古今字。復據《說文》，丂、疇皆丂之假借，而段
　　注丂乃丂之誤刻，故段氏又以丂、疇爲古今字。

3.「亐，於也。象气之舒亐。从丂从一。一者，其气平也。」段
注：「凡《詩》、《書》用亐字。凡《論語》用於字。蓋亐、於
二字，在周時爲古今字。」（見頁二〇六、下右）

「𦏿，孝鳥也。……𣶃，古文烏，象形。𠅃，象古文烏省。」段
注：「凡經多用亐。凡傳多用於。」（見頁一五八、下右）

案：亐、於並收陰聲烏攝，二字疊韻，由於《詩》、《書》先於
　　《論語》，又經早於傳，故段氏以亐爲古字，於爲今字，且
　　並與義無涉。

一〇・以某字與晚於《説文》之字爲古今字

1.「鞠，蹋鞠也。从革匊聲。」段注：「按鞠，居六、求六二切。
《廣韻》曰：今通謂之毬子。巨鳩切，古今字也。」（見頁一〇
九、上左）

案：毬不見於《說文》，而始見《廣韻》，收於《說文新附》，
　　作「鞠丸」解[13]。

---

2. 「曙，且明也。从日者聲。」段注：「許書有睹無曙，而《文選
　・魏都賦》、謝康樂〈溪行詩〉李注竝引作曙，古今字形異
　耳。」（見頁三〇五、下左）

　　案：曙不見於《說文》，而收於《說文新附》，作「曉」解[14]。
　　　　至屈原《楚辭・遠遊》、《淮南子・天文訓》有「曙」字，
　　　　乃後人以「曙」改「睹」。

3. 「空，竅也。从穴工聲。」段注鞍：「按空、腔，古今字。」注
　綬：「空、腔，古今字。」注甲：「空、腔，古今字。」（分見
　頁三四八、上左；頁一〇九、上右；頁六六一、下右；頁七四
　七、上右）

　　案：腔不見於《說文》，而收於《說文新附》，作「內空」解
　　　　[15]。

4. 「保，養也。从人采省聲。采，古文孚。」段注滴：「保、堡，
　古今字。」（分見頁三六九、上左；頁五四八、下右）

　　案：堡不見於《說文》，而始見《一切經音義》，作「高土」解
　　　　[16]。

5. 「盦，會稽山也。……从屾余聲。」段注：「盦、塗，古今字。」
　（見頁四四六、上左）

　　案：塗不見於《說文》，而始見《廣韻》，收於《說文新附》，
　　　　作「泥也」解[17]。

6. 「獷，疾跳也。一曰：急也。从犬景聲。」段注：「獷、狷，古

---

[14] 見許慎撰、徐鉉校定《說文解字》、頁一三九。
[15] 見許慎撰、徐鉉校定《說文解字》、頁九〇。
[16] 見玄應撰、《一切經音義》、卷二〇、頁八〇。中央研究院歷史語言研究
　　所。
[17] 見許慎撰、徐鉉校定《說文解字》、頁二九〇。

今字。今《論語》作狷，《孟子》作獧是也。」（見頁四七九、
下左）

　案：狷不見於《說文》，而始見《漢書・劉輔傳》，收於《說文
　　　新附》，作「褊急」解 18。至《論語》有「狷」字，乃後人
　　　以「狷」改「獧」。

7.「𣻐，涂水出益州牧靡南山，西北入繩。从水余聲。」段注：
　「按古道塗、塗墍字皆作涂。」注枒：「涂、塗，古今字。」
　（分見頁五二五、上左；頁二五八、下左）

　案：塗不見於《說文》。餘見本類第五條。

8.「𣴐，腿也。澂水之皃。从水青聲。」段注㹉：「清、圊，古今
　字。」注廁：「清、圊，古今字。」（分見頁五五五、上左；頁
　二六〇、下左；頁四四八、下左）

　案：圊不見於《說文》，而始見《釋名・釋宮室》，解作「廁，
　　　或謂之圊，言至穢之處，宜常修治使潔清也。」19

肆、段氏古今字立論之不足

　　以筆者析論段氏古今字的類別，核以其立論，除第一說屬原則
性的規範、第三說論及古今字與假借有關，不致相悖外，餘如第二
說典籍有先後之別，以致形成古今字，僅言同音，未嘗兼及他因，
而驗以筆者析論的第九類，發現其或與假借有關，或與假借無涉，

---

18 見許慎撰、徐鉉校定《說文解字》、頁二〇六。
19 見景印文淵閣四庫全書、冊二二一、《釋名》、卷五、〈釋宮室〉、頁四
　一〇。臺灣商務印書館。下同。原文：「廁，言人雜在上非一也。或曰溷，
　言溷濁也。或曰圊，至穢之處宜常修治使潔清也。」

然則其立論之疏漏，不難呈現。抑有進者，旣命爲古今字，則必以時間爲經，書體爲緯，而古今用字無時間之限，則其牽涉書體，勢所必然，容或有先後轉移的情形發生，爲數畢竟有限。試以《說文》小篆爲質，則前有古、籀，後有隸、楷，不論用字取捨如何，而一經古今相對，必然涉及書體，則是不可避免的現象，而段氏竟言古今用字無關書體，豈不謬哉！總之，段氏標明的古今字，經筆者諦究類分，其立論之不足，至爲顯見。

伍、結語

誠如對岸洪成玉說：「由于段注所涉及的古今異字現象十分廣泛，雖然其中注明爲古今字的字，與段氏的觀點并不完全一致，但是卻給其他《說文》研究者留下了問題，并引起他們對古今字研究的興趣。」[20] 平心而論，段氏古今字的立論確有不逮之處；唯其以古今人用字不同而定爲古今字，原則沒錯，又以假借爲古今字的主因，以及論及造字形成古今字，益見其卓絕，餘則拙說論列如上，似可正其誤，補其闕，而段氏啓予，可謂多矣！

參考書目

朱駿聲・《說文通訓定聲》・世界書局（臺北）・民國四十五年二月初版。

釋玄應撰・周法高編製索引・《一切經音義》・中央研究院歷史語

---

20 見《古今字》、頁二一。北京語文出版社。一九九五年十月。

言研究所（臺北）‧民國五十一年。

魯實先先生‧《假借遡原》‧文史哲出版社（臺北）‧民國六十二年。

許慎編撰‧徐鉉校定‧《說文解字》‧中華書局（香港）‧民國七十四年。

永瑢、紀昀等編‧《景印文淵閣四庫全書》‧臺灣商務印書館（臺北）‧民國七十五年三月初版。

魯實先先生‧《轉注釋義》修訂本‧洙泗出版社（臺北）‧民國八十一年。

許慎著‧段玉裁注‧《圈點段注說文解字》‧書銘出版事業有限公司（臺北）‧民國八十三年十月七版。

洪成玉‧《古今字》‧北京語文出版社（北京）‧民國八十四年十月初版。

蔡信發‧《說文部首類釋》‧學生書局（臺北）‧民國九十一年十月二版。

《說文通訓定聲》之假借說淺析

柯明傑

壹、前言

　　六書中的「假借」，歷來學者雖有「造字假借」和「用字假借」的爭論，但是，對於它的定義一般都還是遵循許慎在《說文解字》（以下簡稱《說文》）中「本無其字，依聲託事」的界說，其中只有朱駿聲的《說文通訓定聲》（以下簡稱《通訓定聲》）脫離許氏的藩籬而另創新說。由於朱氏認為六書中的「假借」是指「用字假借」，因此，他不但更改了許氏所舉的字例，而且還對「假借」作了一個新的詮釋，在《通訓定聲》中，將「假借」給予分門別類，並且運用大量的文獻資料來證明他的分類，就這一點而言，朱氏似乎有想釐清紛爭，進而重新建構「假借」說的企圖心，而這個企圖心，使他在歷來談論「用字假借」的學者當中，取得最有系統、最有條理的成績，難怪謝增要稱讚他是「似因而實刱」了[1]。

---

[1] 謝增《說文通訓定聲‧跋》：「先生生古人後，十歲即能爲時俗之文……獨平生所箸《說文通訓定聲》一書，導音韻之原、發轉注之塚、究叚借之變，小學之教斯焉大備。識字後能通經，通經後能爲文，實學人、詞人不可少之書，而古人、今人未始有之書，所謂似因而實刱者於是乎在。」（《通訓定聲》，27 頁。本文係採用臺北藝文印書館之「本衙藏版」《說文通訓定聲》）

「假借說」是朱氏在《通訓定聲》中主要用力的一部分，其成績也頗爲可觀，因此，本文僅就朱氏對「假借」的論述、分類和成果作一分析、探討，以窺見其大概。

貳、《通訓定聲》「假借說」之定義

許慎在《說文·敘》中對假借的定義是：「本無其字，依聲託事，令長是也。」段玉裁對此定義的解釋是：

> 託者寄也，謂依傍同聲而寄於此，則凡事物之無字者，皆得有所寄而有字。[2]

在這一段話中，假借是由「無字」而「有字」，這是「造」字的說明，即使有學者因「令長」二字來說明這是「以不造字爲造字」，姑且不論這個說法是否還有商榷的地方，基本上它還是承認假借是「造」字。許氏的「本無其字，依聲託事」，事者意也，也是指原本是「無」其字，而後才「有」其字的，就文字而言，是由「無」到「有」的創造，所以段玉裁才說「無字」而「有字」。

朱氏對許慎的這個主張，大概也略知一二；不過，他也發現，這樣利用假借法造出的字，也還是局限在本義的範圍中，對於實際用字的複雜情形，無法全面的掌握，也缺少有系統的整理，因此，他才要脫離許氏的範疇，重新思考給予不同的界說。他在《通訓定聲·轉注》中說：

> 叚借者，本無其意，依聲託字，朋來是也。[3]

朱氏將許氏「本無其字」的「字」改爲「意」，「依聲託事」

2　《說文》，764 頁。本文係採用書銘出版公司之《圈點段注說文解字》。
3　《通訓定聲》，12 頁。

的「事」改爲「字」，就表面而言只是小小的更動，而比較明顯的
出入則是舉用的字例不同而已，所以乍看之下，兩家的說法似乎並
無多大的差異，然而，若深入分析，可以發現這兩個字的改易，其
實是朱氏對許愼「假借說」的反省，也可以說是一個理論觀念的轉
變，而舉用不同的字例，則是必然的結果。朱氏認爲的「假借」，
應該是某字已經存在，只是並沒有某義，即「本無其意」，而後爲
了記錄語言，便因音同音近而借爲他字來記錄某義，這就是「依聲
託字」。他認爲許氏舉「令」、「長」作爲字例是不正確的，他
說：

> 《漢書・百官表》：「萬戶以上爲令，萬戶以下爲長。」
> 《續漢志》：「每縣邑道大者置令一人、千石，其次置長、
> 四百石……。」……攷西漢「令」、「長」見於紀傳者甚
> 少，《後漢書》則數數見矣。夫「令」者，發號也，《鶡冠
> 子》雲：「令也者，出制者也。」「長」者，高遠也，《易
> ・繫詞》：「爲長爲高。」《周禮・太宰》：「長以貴得
> 民。」則「令」、「長」正是六書之轉注。4

朱氏的「轉注」，其實就是詞義的引伸 5，因此，他便以本是

---

4 《通訓定聲》，23 頁。
5 朱氏對「轉注」的解釋說：「竊以『轉注』者，即一字而推廣其意，非合數
字而雷同其訓……余故曰：『轉注者，體不改造，引意相受，令長是也。』
……凡一意之貫注，因其可通而通之爲轉注。……就本字本訓而因以展轉引
申爲他訓者曰『轉注』。……依形作字，覩其體而申其義者，轉注也。……
轉注不易字而有無形之字，可以省後世之俗書。……轉注，一字具數字之用
而不煩造字。轉者旋也，如發軔之後，愈轉而愈遠；轉者還也，如軌轍之
一，雖轉而同歸。」（《通訓定聲・轉注》，12 頁）另外，朱氏在《通訓
定聲》中也時常在「轉注」下自言「引申」，如：
①襜，衣蔽前也。从衣詹聲。……【轉注】《史記・魏其武安侯傳》《索

「神鳥」而借爲「朋黨」字的「朋」和本是「菽麥」而借爲「行來」字的「來」，作爲字例，因爲這才是「本無其意，依聲託字」的假借，所以又說：

> 一聲之近似，非其所有而有之爲叚借……無展轉引申而別有本字、本訓可指名者曰叚借……連綴成文，讀其音而知其意者，叚借也。叚借，不易聲而役異形之字，可以悟古人之音語。……叚借，數字供一字之用而必有本字。[6]

利用已經存在的字形，去記錄一個沒有字形的語義概念，文字的數量並沒有增加，所以就字形而言，只是現有文字的運用而已，並沒有專爲某義而另外再造一個新字形，他在《通訓定聲·自序》中說：「意之所通而轉注起焉，聲之所比而叚借生焉，二者文字之用也。」[7] 這和「不易聲而役異形之字」同意，都明白指出「假借」是指「文字之用」。

參、《通訓定聲》假借之類別

段玉裁曾經對用字假借的演變作一個簡單的說明：

隱〉：「襜褕，短衣也。」按：襜褕即裋褐也，短褐也，以其直裾豎裁，襌而短小，故引申於蔽郊之襜也。（184頁）

②樸，木素也。从木菐聲。……【轉注】〈東京賦〉：「尚素樸。」注；「質也。」《淮南·精神》：「契大渾之樸。」《老子》：「敦兮其若樸。」……皆「木素」引申之義。（412頁）

③杜，甘棠也。从木土聲。……【轉注】《莊子·應帝王》：「是殆見吾杜德機也。」注：「德機不發曰杜。」……《小爾雅·廣詁》：「杜，塞也。」……亦一意之引申。（445頁）

6 《通訓定聲·轉注》，12頁。
7 《通訓定聲》，5頁。

大氐假借之始，始於本無其字，及其後也，既有其字矣，而
多為假借；又其後也，且至後代，譌字亦得自冒於假借！博
綜古今，有此三變。8

朱氏在《通訓定聲》中也有類似的看法：

夫叚借之原三：有後有正字，先無正字之叚借，如「爰」古
為「車」，「灑」古為「灑埽」；有本有正字，偶書他字之
叚借，如古以「堲」為「疾」、古以「莫」為「薔」；有承
用已久，習訛不改，廢其正字，嫥用別字之叚借，如用
「草」為「艸」、用「容」為「頌」也。9

這段論述和段氏頗為相近，或是承襲段氏之說也未可知。假借的條
件是「依聲」，朱氏對此也有說明：

叚借之例四：有同音者，如「德」之為「悳」、「服」之為
「𠬝」；有疊韻者，如「冰」之為「掤」、「馮」之為「淜」；
有雙聲者，如「利」之為「賴」、「答」之為「對」；有合
音者，如「芫蔚」為「萑」、「蒺藜」為「茨」也。10

所謂「同音」、「疊韻」、「雙聲」，朱氏是以古音為準的，
所以在《通訓定聲・自序》中說：「不知叚借者，不可與讀古書；
不明古音者，不足以識叚借。」在這四個條件中，前三項是許多學
者共同的主張，至於第四項的「合音」，則是相當特殊的，或可說
是朱氏的創見。所謂「合音」，即是急言而使二字之音合為一音，
如今日「不用」為「甭」、「之於」為「諸」之類，這種例子雖然
不多，但是在《通訓定聲》中，朱氏卻很注意，如：

8　《說文》，764 頁。
9　《通訓定聲・叚借》，13 頁。
10　《通訓定聲・叚借》，13 頁。

①茲，艸木多益也。从艸絲省聲……【叚借】爲此……又疊
韻連語，《周禮・薙氏》注：「以茲其斫其生者。」按：
柤也，「茲其」之合音爲「柤」。[11]

②耳，主聽也。象形……【叚借】爲矣……又助語之詞，
《禮記・玉藻》注：「斯，耳也。」疏：「耳，助句之
辭。」……按：猶言「而已」也；「而已」之合音爲
「耳」。[12]

③鉏，立薅所用也。……从金且聲。字亦作「鋤」。……
【叚借】爲菹……又託名幖識字，……《哀六傳》：「齊公
子鉏。」亦作「南郭且於」。按：「且於」之合音爲「鉏」。
[13]

上例①，《周禮・薙氏》曰：「多日至而耗之。」鄭注：「萌
之者，以茲其斫其生者。」賈疏：「漢時『茲其』即今之『鋤』
也。」所以朱氏在《通訓定聲》「柤」字下說：「短言曰『柤』，
長言曰『茲其』。」[14] 例②、例③也是同樣的情形。就假借而言，
「某字借爲某」，這是客觀的事實，至於借字與本字之間有著同
音、雙聲或疊韻的關係，這是假借所以能夠成立的條件，因此，原
本只要說「茲借爲疊韻連語」、「耳借爲助語之詞」、「鉏借爲託
名幖識字」即可，而朱氏却還注明「某爲某某之合音」，則是更進
一步說明在同音、雙聲和疊韻之中，有些情形是由「合音」構成
的，如上例②的「耳」作爲「助語之詞」，在典籍中可說俯拾即

---

11 《通訓定聲・頤部》，215頁。
12 《通訓定聲・頤部》，233頁。
13 《通訓定聲・豫部》，471頁。
14 《通訓定聲・頤部》，220頁。

是，一般學者其實也多習以爲常，然而朱氏認爲「耳」之所以借爲
「助語之詞」，是因爲「而已」合音的緣故，這就是求其所以然
了，或許這並不是什麼了不起的發現，然而，卻可以看出朱氏細心
的地方。

　　此外，有關用字假借的類別，根據朱氏的歸納分析，共有八
類，他在《通訓定聲・假借》中說：

> 叚借之用八：有「同聲通寫字」，如氣質概書氣廩、動諍乃
> 作靜妝、……別有「託名幖識字」，如戎癸取之戈兵、邢邪
> 叚於門戶。有「單辭形況字」，如率爾原非畢網、幡然豈是
> 觚巾？有「重言形況字」，如朱朱狀夫雞聲、關關用爲鳥
> 語。有「疊韻連語」，如窈窕無與心容、蒙戎非關艸寇。有
> 「雙聲連語」，如《易》爻多說次且，《書》歌肇言叢脞。
> 有「助語之詞」，如能爲可通走獸、於焉或託飛禽。有「發
> 聲之詞」，如弟兄異乎君臣、爾汝同於乃若。此皆本無正
> 字，依聲託事，誼不在形而在音，意不在字而在神，神似則
> 字原不拘，音肖則形可不論。15

　　所謂「同聲通寫字」，即一般的「某借爲某」；「託名幖識
字」，則舉凡山名、水名、地名、國名、鳥名、蟲名等都是，猶如
專有名詞；「單辭形況字」，即單字形容詞；「重言形況字」，即
疊字形容詞，邵晉涵《爾雅正義・釋訓》說：「古者重語皆爲形容
之詞。」16「雙聲連語」、「疊韻連語」，即雙聲、疊韻連綿詞；
「助語之詞」，即語助詞；「發聲之詞」，即發語詞。朱氏認爲這

---

15 《通訓定聲・叚借》，13 頁。
16 見《重編本皇清經解》卷五〇七，冊 16，11277 頁。漢京文化事業有限公
　司。

些詞類的用字，都是由假借而來，因此，他每每加以聲明[17]：

　　1.凡山水、國邑及姓氏之類，皆託其字爲表識，無關本誼。[18]

　　2.疊韻連語，借聲託誼，本無正字。[19]

　　3.託名標識字，借此命彼，別無正字。[20]

　　4.凡重言形況字，借聲託誼，本無正字。[21]

　　5.凡單辭形況字，借聲託義，本無正字。[22]

　　6.凡雙聲連語，借聲託誼，本無正字。[23]

　　7.凡發聲之詞，借聲託意，本無正字。[24]

　　其次，這八種類別在《通訓定聲》中出現時，一般都是「同聲通寫字」在前，至於其他七類，則或前或後，排列的順序並不固

---

17 其實早在朱氏之前，即有學者對連綿詞、形容詞等，提出乃是用字假借的說法。如：
　　①方以智《通雅・卷六・釋詁・讕語》：「讕語者，雙聲相轉而語讕讕也。……如崔嵬、澎湃，凡以聲爲形容，各隨所讀亦無不可。」（73頁。北京中國書店）
　　②王念孫《廣雅疏證・卷六上・釋訓》「躊躇，猶豫」下注云：「夫雙聲之字，本因聲以見義，不求諸聲而求諸字，固宜其說之多鑿也。」（192頁。北京中華書局）
　　又：「揚攉……都，凡也」下注云：「大氐雙聲疊韻之字，其義即存乎聲，求諸其聲則得，求諸其文則惑矣！」（199頁）
　　又《讀書雜志・荀子第二》「離縱而跂訾」下云：「凡疊韻之字，其意即存乎聲，求諸其聲則得，求諸其文則惑矣！」（658頁。江蘇古籍出版社）
18 《通訓定聲・凡例》，16頁。
19 《通訓定聲・豐部》「東」字注，87頁。
20 《通訓定聲・豐部》「東」字注，87頁。
21 《通訓定聲・豐部》「種」字注，88頁。
22 《通訓定聲・豐部》「湩」字注，88頁。
23 《通訓定聲・豐部》「瓏」字注，90頁。
24 《通訓定聲・豐部》「庸」字注，96頁。

定，例如：

　　④種，先種後熟也。从禾重聲。……【叚借】爲種……又疊
　　　韻連語……又重言形況字……又託名幖識字。25

　　⑤容，盛也。从宀从谷，會意。……【叚借】爲頌……又雙
　　　聲連語……又疊韻連語……又重言形況字……又託名幖識
　　　字。26

　　⑥登，上車也。从癶，豆象登車形。……【叚借】爲成……
　　　又重言形況字……又發聲之詞……又疊韻連語。27

排列順序的不定，或許朱氏在行文時只求方便，並沒有特別去注意
前後位置的排列，然而就整部《通訓定聲》來說，「託名幖識字」
放在各類之後的比例最高 28，可見朱氏雖然沒有定出一個先後順序
的體例來，不過他還是有所留意，只是做得並不周密罷了。另外，
某字借爲專有名詞時，本來應該歸爲「託名幖識字」，但是，如果
這個專有名詞恰好又是雙聲或疊韻連語的話，那麼朱氏一般都是將
這個專有名詞改列爲「雙聲連語」或「疊韻連語」，而不類屬於
「託名幖識字」。如：

　　⑦不，鳥飛上翔不下來也。从一、一猶天也，象形兼指事。

---

25 《通訓定聲・豐部》，88 頁。
26 《通訓定聲・豐部》，103 頁。
27 《通訓定聲・升部》，130 頁。
28 在《通訓定聲》中，並非所有的「託名幖識字」都是列於其他各類之後，朱
　氏偶而也將它列於各類之前。如：
　①涌，滕也。從水甬聲。……【叚借】託名幖識字……又雙聲連語……又重
　　言形況字。（95 頁）
　②鉤，曲鉤也。从金句，會意，句亦聲。……【叚借】託名幖識字……又借
　　爲句……又爲拘……又雙聲連語。（390 頁）
　③禺，母猴屬，頭似鬼。从由从内會意。……【叚借】託名幖識字……又借
　　爲耦……又爲鰅……又爲隅……又爲寓。（400 頁）

……【叚借】爲丕……又雙聲連語，《詩・四牡》傳：
「鵻，夫不也。」即「鵓鼓」，亦爲「布穀」，今日「勃
姑」。……《後漢・黃瓊傳》注：「西北風曰不周風。」
〈張衡傳〉注：「不周，西北方山也。」[29]

⑧闕，遮擁也。从門於聲。……【叚借】爲淤……又雙聲連
語，《爾雅》：「在卯曰單閼。」……《後漢・和帝紀》：
「閼氏。」注：「匈奴後之號也，音焉支。」[30]

⑨九，陽之變也。象其屈曲究盡之形。……【叚借】爲勼
……又疊韻連語，《莊子・至樂》：「黃軹生乎九猷。」
李注：「蟲名。」[31]

⑩巨，規巨也。从工，象手持之。……【叚借】爲鉅……又
疊韻連語，《素問・鍼解》：「雚巨虛者蹻足。」注：
「穴名也。」[32]

肆、《通訓定聲》「同聲通寫字」之分析

在《通訓定聲》對用字假借所歸納的八類中，「發聲之詞」、
「助語之詞」、「單辭形況字」、「重言形況字」、「雙聲連
語」、「疊韻連語」等六類，基本上都是名詞或形容詞，內容較爲
單純，用語也較一致，至於「託名幖識字」，其指稱的對象就變化
多樣了，例如：

---

29 《通訓定聲・頤部》，253頁。
30 《通訓定聲・豫部》，426頁。
31 《通訓定聲・孚部》，290頁。
32 《通訓定聲・豫部》，464頁。

⑪鍾，酒器也。从金重聲。

　假借爲「託名幖識字」時，可爲琴名、山名、水名、地
　名、姓氏、國名。33

⑫周，密也。从用口，會意。

　假借爲「託名幖識字」時，可爲國名、都城名、路名、城
　門名。34

⑬鳥，長尾禽總名也。象形。

　假借爲「託名幖識字」時，可爲星名、姓氏、山名、鳥
　名、鍾鼎名、字體名。35

由此可見，舉凡天地間的任何事物，只要有需求，幾乎都可以用某
字來指稱代表，因此，「託名幖識字」的內容也就格外多樣、豐富
了；不過，即便如此，朱氏的《通訓定聲》對此類的用語還是很統
一的，一律稱之爲「託名幖識字」，所以雖然無法由標題得知確切
的指稱是什麼，但是，至少可以猜得出是那一類的內容。相對於其
他七類的單純用語而言，「同聲通寫字」這一類的用語就顯得較爲
複雜了。《通訓定聲》對「同聲通寫字」的假借，基本上有兩種表
現方式：一種是「經傳皆以某爲之」或「某書以某爲之」，另一種
則是「【叚借】爲某」。

　㈠「經傳皆以某爲之」：「經傳」或稱爲「經史」、或稱爲
「史傳」、或稱「子史」，而「皆」有時也用「多」、用「亦」。
如：

　⑭僮，未冠也。从人童聲。按：十九以下、八歲以上也。字

33 《通訓定聲·豐部》，88 頁。
34 《通訓定聲·孚部》，298 頁。
35 《通訓定聲·孚部》，327 頁。

亦作「僮」。經傳多以「童」爲之。[36]

⑮龏，給也。从共龍聲。與「供」略同。經傳皆以「共」爲
之。[37]

⑯覝，察視也。从見羊聲，讀若鎌。……凡廉訪、廉問字，
子史皆以「廉」爲之。[38]

⑰譣，譣問也。从言僉聲。《廣雅・釋詁》四：「占、譣、
撿、證，譣也。」凡按驗、徵驗字，史傳皆以「驗」爲
之。[39]

⑱空，竅也。从穴工聲。經傳亦以「孔」爲之。[40]

⑲乃，曳詞之難也。象氣之出難。……經史或以「迺」爲
之；「迺」者驚詞也，是爲叚借。[41]

　用語不同，其所傳達的訊息也不一樣：

1. 用「皆」或「多」者，至少有二種含義。第一種是指本字、借字
皆通行，但本字本義變爲他義，例⑭、⑮即是。例⑭的「僮，未
冠也」，古時男子二十而冠，以示成年，則「僮」是指未成年
者，爲兒童的本字；而「童」，《說文》：「男有皋曰奴，奴曰
童。」[42]（103頁）爲僮僕的本字，今日則二字本義正相反，段氏
於《說文》「童」字下注云：「今人童僕字作『僮』，以此爲
『僮子』字。」例⑮的「龏」，本義是「給也」，即供給，所以

---

36 《通訓定聲・豐部》，89頁。
37 《通訓定聲・豐部》，91頁。
38 《通訓定聲・臨部》，143頁。
39 《通訓定聲・謙部》，175頁。
40 《通訓定聲・豐部》，100頁。
41 《通訓定聲・升部》，126頁。
42 《說文・丵部》，103頁。

朱氏於其下說：「與『供』略同。」而後「龔」借爲姓氏，本義不行，所以段氏於《說文》「龔」字下注云：「此與人部『供』音義同，今『供』行而『龔』廢矣！」[43]

第二種是指本字罕用而借字通行，例⑯、⑰即是。例⑯的「覝，察視也」，即督導、監察的意思；而「廉」者，《說文》：「仄也。」段氏注云：「此與『廣』爲對文，謂偏仄也。廉之言斂也，堂之邊曰廉。」[44] 與「察視」無關，然典籍文獻則通作「廉」，因此，段氏於《說文》「覝」字下說：「按：史所謂『覝察』，皆當作『覝』，『廉』行而『覝』廢矣！」[45] 例⑰的「譣問」，即所謂的「驗證」，典籍文獻通作「驗」。《說文》：「驗，馬名。」[46] 與「驗證」無關，所以段玉裁於其下注云：「今用爲譣字，證也、徵也、效也，不知其何自始，『驗』行而『譣』廢矣！」而於「譣」字下也說：「云『徵驗』者，於六書爲假借，莫詳其正字，今按：『譣』其正字也。」[47] 不管是那一種情形，此類的用字假借，因借字通行已久，大家習以爲常，本字本訓反而泯沒，少有人知。

2. 用「亦」或「或」者，這種情形說明瞭本字和借字都是通行字，只是典籍文獻偶而會以借字爲用，例⑱、⑲即是如此，這種陳述的形式，傳達一種訊息：亦即二者之間是用字假借的關係。這和用「皆」或「多」的差異，在於此類的本字和借字不但並行，而且彼此的本義也都釐然不亂，所以即使經典偶而會假借爲用，但

---

43 《說文・龑部》，105 頁。
44 《說文・广部》，449 頁。
45 《說文・見部》，412 頁。
46 《說文・馬部》，468 頁。
47 《說文・言部》，93 頁。

是其爲「用字假借」是很清楚的。

其次，朱氏有時指名某書假借某字爲之，或許是該字被假借的情形不是很普遍，所以朱氏才直接指出「某書以某爲之」，這種方式有個好處，那就是文獻假借的出處很清楚。如：

⑳紟，衣系也。从糸今聲。……字亦以「衿」爲之，「衿」者「裣」之俗，與「衾」別，《儀禮·士昏禮》：「母施衿結帨。」謂繫佩帶也。……《荀子·非十二子》：「其纓禁緩。」以「禁」爲之；《禮記·玉藻》：「紳韠結三齊。」以「結」爲之，「衿」、「結」一聲之轉。[48]

㉑侅，奇侅非常也。从人亥聲。《漢書·藝文志》：「五音奇胲，用兵二十三卷。」以「胲」爲之；《史記·扁倉傳》：「五色珍奇咳。」以「咳」爲之；《淮南·兵略》：「德奇賅之數。」以「賅」爲之；……《莊子·大宗師》：「彼有駭形而無損心。」以「駭」爲之。[49]

㉒粗，疏也。从米且聲。……《詩》：「彼疏斯粺。」《論語》：「飯疏食。」以「疏」爲之。稷米粒大，亦謂之疏。《左傳》：「粱則無矣，麤則有之。」以「麤」爲之。[50]

在這三個例子中，朱氏都是很明確地指出某書假借某字爲之。

不管是「經傳多以某爲之」或是「某書以某爲之」，因爲都是指用字假借，所以在借字的地方，往往可以找到「【叚借】爲某」的訊息，如例⑭～⑳的「童」、「共」、「廉」、「驗」、「孔」、「酒」、「禁」，以及例㉑的「胲」、例㉒的「疏」、「麤」下，

---

48 《通訓定聲·臨部》，147頁。
49 《通訓定聲·頤部》，244頁。
50 《通訓定聲·豫部》，469頁。

都分別記載著【叚借】爲「僮」、爲「龔」、爲「睍」、爲「諗」、爲「空」、爲「乃」、爲「紷」、爲「佌」、爲「粗」的資料；不過，也有不互見的，如例⑳的「結」、例㉑的「咳」、「晐」、「駭」等字，其下就沒有記載假借爲「紷」、爲「佌」；沒有標示，並不表示不是假借，這有可能是朱氏爲了節省篇幅的作法。

　　㈡「【叚借】爲某」：據初步的統計，此類的用語約有以下十種：

　　1.爲某、爲某（爲某、爲某、爲某；爲某、爲某、爲某、爲某）

　　2.爲某、實爲某（爲某、爲某、實爲某；爲某、爲某、爲某、實爲某；爲某、實爲某、爲某）

　　3.爲某或爲某（爲某或爲某、爲某；爲某、爲某或爲某）

　　4.爲某、即某

　　5.爲某、實爲某、或爲某

　　6.爲某某之某

　　7.爲某，即某、實爲某（爲某、實爲某、即某）

　　8.爲某、俗作某、實爲某

　　9.爲某、或爲某、即某

　　10.爲某之誤字

　　以下略作說明：

　　1.【叚借】爲某、爲某：

　　如：

　　　㉓封，爵諸侯之土也。从虫从土从寸，會意。……【叚借】
　　　爲邦……又爲空、爲堋。[51]

㉔憯，毒也。从心參聲。……【叚借】爲僭、爲懆。52

㉕汁，液也。从水十聲。……【叚借】爲協、爲叶。53

㉖歙，縮鼻也。从久翕聲。【叚借】託名幖識字……又爲
脅、爲劫。54

按：例㉓的「封」借爲「窆」、爲「塴」，《說文》：「窆，
葬下棺也。」55「塴，喪葬下土也。」56 則「窆」和「塴」實爲同
義，所以朱氏才在「窆」字下說：「與『塴』同誼。」57 例㉔的
「憯」，借爲「僭」、爲「懆」，《說文》：「僭，痛也。」58
「懆，愁不安也。」59 二字引伸義可通。例㉕的「汁」，借爲
「協」、爲「叶」，《說文》：「協，同衆之龢也。」60 而「叶」
則爲其古文。例㉖的「歙」，借爲「脅」、爲「劫」，《後漢書・
張衡傳》：「幹進苟容，我不忍目歙肩。」注：「歙，亦脅也。」
亦即所謂的脅迫，而「歙」無此意，所以是「脅」、「劫」的假
借，然而「脅」者，《說文》：「兩膀也。」61 本是指人腋下之
處，沒有逼迫、脅迫的意思，而現在一般通稱的「脅迫」，其實乃
是「劫」的假借，《說文》：「劫，人欲去，目力脅止曰劫。」62

---

52 《通訓定聲・臨部》，153 頁。
53 《通訓定聲・臨部》，159 頁。
54 《通訓定聲・臨部》，164 頁。
55 《說文・穴部》，350 頁。
56 《說文・土部》，699 頁。
57 《通訓定聲・謙部》，201 頁。
58 《說文・心部》，517 頁。
59 《說文・心部》，516 頁。
60 《說文・劦部》，708 頁。
61 《說文・肉部》，171 頁。
62 《說文・力部》，707 頁。

所以朱氏才在「脅」下注：「【叚借】爲劫。」63 今日則「劫迫」字多作「脅」。

由以上初步的分析，可以得知「【叚借】爲某、爲某」的形式，本字約有四種情形：⑴二字爲同義詞，如例㉓；⑵二字爲近義詞，如例㉔；⑶二字爲重文，如例㉕；⑷二字爲假借關係，如例㉖。其中⑴、⑵的情形最常見。

此外，還有「爲某、爲某、爲某」以及「爲某、爲某、爲某、爲某」的形式。如：

㉗憺，安也。从心詹聲。……【叚借】爲燗、爲焱、爲炎。64

㉘鵠，鴻鵠也。从鳥告聲。……【叚借】……又爲皓、爲顥、爲鷝、爲雗。65

按：例㉗，《說文》：「燗，火燗也。」66「焱，火華也。」67「炎，火光上也。」68 三字其實義近，所以朱氏《通訓定聲》才分別於「炎」下說：「與『燗』略同」，於「焱」、「燗」下說：「與『炎』略同」69。至於例㉘，「皓」爲「皓」之異體70，《說文》：「皓，日出皃。」71「顥，白皃。」72「鷝，鳥白肥澤皃。」

---

63 《通訓定聲·謙部》，195 頁。

64 《通訓定聲·謙部》，184 頁。

65 《通訓定聲·孚部》，328 頁。

66 《說文·火部》，490 頁。

67 《說文·火部》，495 頁。

68 《說文·火部》，491 頁。

69 分見 181 頁、183 頁、185 頁。

70 《說文》：「皓，日出皃。从日告聲。」段注：「謂光明之皃也。……故引伸爲凡白之偁，又改其字从白作『皓』矣！」（307 頁）又《通訓定聲·孚部》：「皓，日出貌。从日告聲。俗字作『皓』，从白。」（329 頁）

71 《說文·日部》，307 頁。

72 《說文·頁部》，424 頁。

[73]「皬，鳥之白也。」[74] 此四字義引伸之都有「白」的意思，因此，這兩種形式，雖然本字較多，但是它的內容實際上是和「叚借爲某、爲某」相同的。

用字假借，其本字一般都認爲只有一個，然而朱氏經過對典籍用字的考察，提出了本字可能有兩個、甚至兩個以上的觀點，「借爲某、爲某」就是這種研究的結果。

2.【叚借】爲某、實爲某（爲某、爲某、實爲某；爲某、爲某、爲某、實爲某；爲某、實爲某、爲某）：

如：

㉙戡，刺也。从戈甚聲。字亦作「勘」。……【叚借】……又爲任、實爲壬。[75]

㉚有，不宜有也。《春秋傳》曰：「日月有食之。」从月又聲。……【叚借】……又爲又、實爲再。[76]

按：例㉙「戡」借爲「任」者，《書・西伯戡黎・序》：「作〈西伯戡黎〉。」傳：「戡亦勝也。」《爾雅・釋詁》：「戡，克也。」戡爲刺殺之意，與勝任無關，所以朱氏才以爲是「任」的假借，《說文》：「任，保也。从人壬聲。」[77] 段玉裁注云：「『保』之本義，《尚書》謂『保抱』，『任』之訓『保』，則保引伸之義，如今言保舉是也。……引伸之，凡儋何曰『任』。」『任』从人壬聲，形聲字聲必兼義，所以「任」的「儋何」義，應該來自於「壬」，然而《說文》曰：「壬，位北方也，会極易

---

[73]《說文・羽部》，141 頁。
[74]《說文・白部》，367 頁。
[75]《通訓定聲・臨部》，141 頁。
[76]《通訓定聲・頤部》，247 頁。
[77]《說文・人部》，379 頁。

生。」[78] 以陰陽五行釋義，不可信。魯實先先生說：「『壬』於卜辭作『Ｉ』，彝銘作『Ｉ』、『Ｉ』，壬戈爵、父癸爵並作『冖』，……其作『Ｉ』、『冖』者，並象儋物之木，即元曲所謂匾擔，當以儋具爲本義，引伸爲凡何儋載持之義。……自『壬』而孳乳爲『任』與『尢』，音義相同。……蓋以『壬』借爲紀日之名，故自『壬』孳乳爲『任』，亦猶『頃』借爲少頃、『卬』借爲自偁，故自『頃』、『卬』孳乳爲『傾』、『仰』，皆所以示別於假借之轉注字也。」[79] 可知「任」有「勝任」義，是由「儋具」的「壬」引伸而來的，只因「壬」被借爲天干之名，後世通用，因此才又孳乳出「任」。朱氏知曉其中的演變，所以才用「借爲某、實爲某」來表現。例㉚的「有」假借爲「又」，朱氏以《詩・終風》：「不日有曀。」〈既醉〉：「昭明有融。」等文獻的箋注皆訓「又」作爲證據。其實「又」的本義爲「手」，和「再一次」沒有任何關係，解爲「再一次」，實爲「再」的假借，《說文》：「再，一舉而二也。」[80] 朱氏說：「對耦之詞曰『二』，重疊之詞曰『再』。」[81] 然而，後世以「又」作爲「再」的情形相當普遍，所以朱氏於「又」下才說：「【叚借】爲『再』。」

由以上的分析，可以得知「借爲某、實爲某」的形式，本字約有二種情形：⑴二字爲「轉注造字」的孳乳關係，如例㉙；⑵二字爲假借關係，如例㉚。

另外，與此形式相當的，還有「爲某、爲某、實爲某」、「爲

---

78 《說文・壬部》，749 頁。
79 《文字析義》「壬」字條，315 頁。
80 《說文・冓部》，160 頁。
81 《通訓定聲・頤部》，241 頁。

某、爲某、爲某、實爲某」以及「爲某、實爲某、爲某」。如：

㉛蔞，蔞艸也。……从艸婁聲。……【段借】爲柳、爲檽、實爲雷。[82]

㉜升，十龠也。从鬥，亦象形。……【段借】爲登，字亦作「昇」、作「阩」。……又爲登、爲宗、爲稯、實爲總。[83]

㉝祐，助也。从示右聲。……【段借】爲侑……爲治、實爲理、爲礜。[84]

　　按：例㉛「蔞」借爲「柳」、爲「檽」，《通訓定聲》：「柳，小楊也。从木丣聲。字亦作『檽』……【段借】爲雷。」[85]「檽」爲「柳」的異體，本是一字，應該可以直接說：「借爲柳、實爲雷」。例㉜「升」借爲「登」、爲「宗」、爲「稯」，《通訓定聲》：「登，上車也。……經傳多以『升』爲之。」[86]「宗，尊祖廟也。……【段借】爲叢、爲總。」[87]又「稯，布之八十縷爲稯。……按：此當爲『總』字之訓，『稯』者禾四十把也。……此字實即『總』之轉注，『總』猶『束』也，禾四十秉爲一大束，故曰『總』，字變从禾作『稯』耳，許書當訂爲『總』之重文。」[88]「升」與「登」、「宗」與「總」各爲假借關係，而「稯」與「總」則爲「轉注」孳乳的關係，此例可說是(1)、(2)二種情形的混

82　《通訓定聲・需部》，386頁。
83　《通訓定聲・升部》，127頁。
84　《通訓定聲・頤部》，248頁。
85　《通訓定聲・孚部》，282頁。
86　《通訓定聲・升部》，130頁。
87　《通訓定聲・豐部》，115頁。
88　《通訓定聲・豐部》，109頁。

合式。例㉝「祐」借爲「治」、實爲「理」、爲「釐」，《通訓定
聲》：「治，治水，出東萊曲城陽邱山，南入海。从水台聲。……
【叚借】爲理、爲釐。」[89] 又「理，治玉也。」[90] 至於「釐」，《說
文》：「家福也。从里整聲。」[91] 朱駿聲則說：「許以字从里，故
曰『家福』。愚按：福者『禧』字之訓，古多借『釐』爲『禧』，
本義當爲治邑，理邑爲釐，猶治玉爲理也。」[92] 然而，段玉裁卻認
爲：「家福者，家居獲祐也。……釐字从里，里者家居也，故許釋
爲家福，與『禧』訓禮吉不同。」[93] 與朱氏不同。而魯實先先生則
說：「釐於師兌簋作『𣪠』、旨壺作『𣪠』，從里整聲。整者
『犛』之古文，引伸爲畫分之義，里者一井之田，田之一井兼包廛
畔，是釐之構字，乃以畫分廛里爲本義，引伸爲凡整飭、治理與分
理之義。……《說文》訓釐爲『家福』者，乃從《詩》傳釋里爲
居，故以『家』訓之。又以釐、禧通借，故從《爾雅》訓禧之義，
而以『福』訓之，是昧於整與里之初義。」[94] 既然「釐」引伸之也
有整理的意思，和治玉的「理」義通，所以後世以治爲治理義，實
爲「理」或「釐」的假借，則本例也是⑵二字爲假借的關係。

　　由以上的說明可知，本字二字若爲假借的關係，其實可逕稱
「借爲某」，而朱氏之所以還要將其本字的另一個假借字標舉出
來，只因爲該借字的本義已逐漸消失，而通行的情形和本字幾已不
分上下，所以朱氏才要特別加以標示。

[89] 《通訓定聲·頤部》，220頁。
[90] 《通訓定聲·頤部》，235頁。
[91] 《說文·里部》，701頁。
[92] 《通訓定聲·頤部》，234頁。
[93] 《說文·里部》「釐」字注。
[94] 《文字析義》「釐」字條，1039～1040頁。

3.【叚借】爲某或爲某（爲某或爲某、爲某；爲某、爲某或爲某）

如：

　　㉞農，耕也。《一切經音義》引《說文》：「耕人也。」从晨囟聲。……【叚借】爲醲或爲襛。95

　　㉟蚩，蚩蟲也。从蟲之聲。【叚借】……爲醜或爲頪。96

按：例㉞「農」借爲「醲」或「襛」，《說文》：「醲，厚酒也。」97「襛，衣厚皃。」98二字引伸皆有「厚」意。例㉟「蚩」借爲「醜」或「頪」，《說文》：「醜，可惡也。」99「頪，醜也。」100則「醜」和「頪」實爲異字同義。

另外，還有「爲某或爲某、爲某」和「爲某、爲某或爲某」的形式。如：

　　㊱曑，參商星也。从晶今聲。……【叚借】……爲摻、或爲檢、爲譣。101

　　㊲由，按古「粤」字。从果省，木萌芽于果實中人也；上出者，芽蘗初抽之象，指事。……【叚借】……爲繇、爲遙、或爲㚰。102

例㊱，「曑」爲星名，或體作「參」，而假借爲「摻」、或爲「檢」、爲「譣」，《說文》：「摻，斂也。」103「檢，書署也。」

95 《通訓定聲・豐部》，117頁。
96 《通訓定聲・頤部》，207頁。
97 《說文・酉部》，755頁。
98 《說文・衣部》，397頁。
99 《說文・鬼部》，440頁。
100 《說文・頁部》，426頁。
101 《通訓定聲・臨部》，152頁。
102 《通訓定聲・孚部》，280頁。
103 《說文・手部》，617頁。

[104] 段氏於「檢」字下注云：「書署，謂表署書函也。……《廣韻》云：『書檢者，印窠封題也。』則通謂印封爲檢矣。……引伸爲凡檢制、檢校之稱。」朱氏也說：「檢之言斂也、械也，藏之而幖題之謂之檢，今字作『簽』。」[105] 檢本是將檔查驗後，逐一收集歸類，並在封面上題字作爲幖識之用，則「撿」與「檢」之引伸義可通，所以才說「檢之言斂也」，後人所說「檢束」，即是此意。至於「譣」，即「徵驗」的本字（說詳例⑰），檢收文件，必查驗後才可進行，則「檢」與「譣」義亦可通，今天所說的「檢驗」即是，則「撿」、「檢」、「譣」三字引伸義通。例㊲「由」借爲「繇」、「遙」、或爲「䚟」，《說文》：「繇，隨從也。」[106]「遙，行遙逕也。」[107]「䚟，行䚟䚟也。」[108] 皆有行意，則三字義通。

　　由此可知，其術語雖然改用「借爲某、或爲某、爲某」以及「借爲某、爲某、或爲某」；不過，它的內容還是和「爲某或爲某」沒有什麼差別，亦即其本字不是同義詞，就是近義詞。

　　雖然，在《通訓定聲》中，「借爲某、爲某」和「借爲某、或爲某」的形式偶而會同時出現，如：「猶，玃屬。从犬酋聲。……【叚借】爲誘或爲詒……又爲繇、爲遙。」[109]「逑，斂聚也。从辵求聲。……【叚借】……爲觓或爲遒……又爲仇、爲雔。」[110] 然

---

[104]《說文・木部》，268 頁。
[105]《通訓定聲・謙部》，175 頁。
[106]《說文・系部》，649 頁。
[107]《說文・辵部》，71 頁。
[108]《說文・彳部》，77 頁。
[109]《通訓定聲・孚部》，285 頁。
[110]《通訓定聲・孚部》，288 頁。

而，「誘」和「詒」、「繇」和「邌」，「咟」和「遒」、「仇」和「雔」彼此義通[111]，可見「借爲某、爲某」和「借爲某、或爲某」用語雖然稍有不同，但是所代表的實質內容是一樣的。

4.【叚借】爲某、即某

如：

㊳阯，基也。从阜止聲。……【叚借】爲沚……又爲趾、即止。[112]

㊴有，不宜有也。《春秋傳》曰：「日月有食之。」从月又聲。……【叚借】……又爲或、即域。[113]

㊵周，密也。从用从口，會意。……【叚借】……爲賙、即授。[114]

按：例㊳的「趾」，即今日通行的腳趾，然此字《說文》不錄，該是後起字，其本字當作「止」，《說文》：「止，下基也。象艸木出有阯，故且止爲足。」[115]而朱氏卻認爲許氏的說解是不正確的，他說：「『下基』與『丌』、與『阯』同，艸木非形，止部文十四亦無一涉草木者，當以『足止』爲本義，象形也，三出者，『止』之列多不過三。……字爲借義所專，因加『足』旁作

---

[111]「誘」爲「羑」的重文，《說文》：「羑，相誘呼也。」（441頁）「詒，相欺詒也。」（97頁）引伸皆有「誘導」義；「繇，隨從也。」（649頁）「邌，行邌徑也。」（71頁）引伸皆有「相隨」義；「咟，迫也。」（102頁）「遒，迫也。」（「遒」爲「酒」之或體。74頁）二者同義；「仇，讎也。」（386頁）「雔，雙鳥也。」（149頁）引伸皆有「相當相對」的意思。

[112]《通訓定聲‧頤部》，211頁。

[113]《通訓定聲‧頤部》，247頁。

[114]《通訓定聲‧孚部》，298頁。

[115]《說文‧止部》，68頁。

『趾』。」[116] 可知「趾」實際上是「腳止」的後起形聲字，和「止」是同一字。例㊴「有」借爲「或」，《說文》：「或，邦也。」其或體从「土」作「域」[117]。或，「从囗戈目守其一」，形義相合，而重文加一「土」字，猶如重形俗體，而後世「或」多借爲語詞，邦國字反多通行作「域」。例㊵「周」借爲「賙」，《說文》無「賙」字，朱氏以爲是「授」字的異體，《通訓定聲》說：「授，予也。从手从受，會意，受亦聲。按字亦變作『賙』。」[118] 今日「授」專職授予義，而振救義則通行作「賙」。

　　由以上的分析，可以得知「借爲某、即某」的形式，二個本字之間，約有三種關係：⑴二字爲初形和後起本字的關係，如例㊳；⑵二字爲重文的關係，如例㊴；⑶二字爲異體字的關係，如例㊵。然而，綜合這種「借爲某、即某」的形式來看，二個本字，原來都是同一個字，只是後來分別爲用罷了。

　　5.【叚借】爲某、實爲某、或爲某

　　如：

　　　　㊶能，熊屬，足似鹿。从肉㠯聲。能獸堅中，故偁賢能，而

　　　　　　強壯偁能傑也。……【叚借】爲台，實爲相、或爲臺。[119]

　　例㊶「能」借爲「台」、實爲「相」、或爲「臺」。「能」爲熊屬，本是動物之名，後世則借爲「才能」之稱，而其借爲「台」者，《史記・天官書》：「魁下六星，兩兩相比者曰三能。」《集解》引蘇林曰：「能，音『台』。」《索隱》：「魁下六星，兩兩

---

116 《通訓定聲・頤部》，210頁。
117 《說文・戈部》，637頁。
118 《通訓定聲・孚部》，297頁。
119 《通訓定聲・頤部》，220頁。

相比曰三台。」借為星名，可歸為「託名幖識字」的用字假借，所以朱氏才說：「台，說也。从口㠯聲。……【段借】為嗣……又為枱，〈天文〉：『鬥魁下六星，兩兩相比者曰三台，亦謂之三階。』按：古耕必耦，兩耜相比，星形似之，因以為名。〈褚淵碑〉：『文台衡之。』《望斯集‧盧諶詩》：『三台摛朗。』字或以『能』為之，或曰：『借為臺。』亦通。」[120] 知此星所以命名，乃因為其形分佈如枱，所以才稱為「枱」，而「台」，後世多和「臺」相溷殽，因此才說「或曰借為臺」。「台」與「枱」古音同，而「能」與「台」、「臺」則是古疊韻（三字同屬段氏古音之第一部），「能」借為「台」，「台」又借為「枱」，彼此之間是為假借的關係，而「台」和「臺」，雖然後世普遍以形體較簡單的「台」取代形體較繁雜的「臺」，但其實也是用字假借的關係。

　　6.【段借】為某某之某

　　如：

　　　㊷侍，承也。从人寺聲。……【段借】為待……又為司察之
　　　司。[121]

　　　㊸巳，用也。从反巳，指事。……【段借】為巳午之巳。[122]

　　按：例㊷「侍」借為「司察之司」，《說文》：「司，臣司事於外者。从反後。」[123] 段氏注云：「凡主其事，必伺察恐後故，古別無『伺』字，司即伺字。」《通訓定聲》也說：「字亦作『伺』。」[124] 因《說文》無「伺」字，所以朱氏才特別說明本字的

---

[120] 《通訓定聲‧頤部》，220頁。
[121] 《通訓定聲‧頤部》，210頁。
[122] 《通訓定聲‧頤部》，219頁。
[123] 《說文‧司部》，434頁。
[124] 《通訓定聲‧頤部》，214頁。

「司」乃「司察之司」。例㊸「巳」借爲「巳午之巳」，《說文》：「巳，巳也。四月昜氣巳出，陰氣巳臧，萬物見，成彣彰，故巳爲它，象形。」段注云：「〈小雅・斯干〉箋云：『似讀爲巳午之巳。巳續妣祖者，謂巳成其宮廟也。』此可見漢人巳午與巳然無二音，其義則異而同也。」[125]《通訓定聲》則說：「按：巳，似也，象子在包中形，包字从之。孺子爲兒，緥褓爲子，方生順出爲㐬，未生在腹爲巳。……【轉注】按：此字引申爲止，猶息也、定也、靜也，故反巳爲目，古巳、目同讀，經傳止息之義，皆當作此巳字，巳者止也，目者用也、行也。」[126] 而於「目」字下也說：「目，隸亦作『目』、作『以』。……古『目』、『以』同音。」[127]「巳」字的本義，當以朱說爲是，許氏採用陰陽五行之說釋義，不可信。因爲「巳」、「巳」二字音同形近，「巳」假借爲「巳」時，可能容易溷殽，所以朱氏才特別說明是借爲「巳午之巳」。

7.【叚借】爲某、即某、實爲某（爲某、實爲某、即某）

如：

　㊹詹，多言也。从言从八从厂。……【叚借】……又爲淡、即瞻、實爲憺。[128]

　㊺樓，重屋也。从木婁聲。……【叚借】……又爲縷，《說文》無「縷」，實爲窗，即今凹字。[129]

　例㊹「詹」借爲「淡」，《說文》：「淡，薄味也。」[130]《通

---

[125]《說文・巳部》，752 頁。
[126]《通訓定聲・頤部》，218 頁。
[127]《通訓定聲・頤部》，219 頁。
[128]《通訓定聲・謙部》，183 頁。
[129]《通訓定聲・需部》，386 頁。
[130]《說文・水部》，567 頁。

訓定聲》：「淡，薄味也。从水炎聲。與『澹』迴別。……【叚借】爲澹。」[131]《說文》：「澹，澹澹、水繇皃也。」段氏注云：「俗借爲淡泊字。」[132]《通訓定聲》：「澹，水搖也。从水詹聲。與『淡』迴別。……【叚借】爲憺……又爲贍，亦即憺字。」[133] 又曰：「憺，安也。……古皆以澹爲之，今字變作『贍』。」[134] 可知「淡」、「澹」、「憺」三字古多通借，即「淡」、「澹」互借，而「澹」又借爲「憺」，而「贍」則爲「憺」的異體字。例㊺「樓」借爲「緥」，《儀禮・士喪禮》：「牢中旁寸。」鄭注：「牢，讀爲樓，謂削約握之中央以安手也。今文『樓』爲『緥』。」然而「樓」無削約的意思，所以朱氏據今文「樓」作「緥」，以爲「樓」即假借爲「緥」，然《說文》無「緥」字，朱氏則認爲「緥」即「窅」的假借，《說文》：「窅，深目皃。」[135]《通訓定聲》：「窅，深目也。从穴中目，會意。字亦作『眑』，此即『窅䏶』字，俗亦作『凹凸』。」[136] 則「凹」即「窅」之異體。

　　由以上的分析，可以得知，「借爲某、即某，實爲某」和「爲某、實爲某、即某」是一樣的：「即某、實爲某」和「實爲某、即某」二者都是異體字的關係，如果將例㊺改爲「借爲緥、即凹，實爲窅」，不是和例㊹「借爲淡、即贍，實爲憺」一樣嗎？而這種形式和「爲某、即某」稍有不同的是：前者比較單純，只有一種關係，而後者則較爲複雜，共有三種關係，此其一；「爲某、即某」

[131]《通訓定聲・謙部》，182 頁。
[132]《說文・水部》，556 頁。
[133]《通訓定聲・謙部》，184 頁。
[134]《通訓定聲・謙部》，184 頁。
[135]《說文・目部》，132 頁。
[136]《通訓定聲・小部》，349 頁。

直接說明的是本字只有一個，而「爲某、即某，實爲某」則還有一個假借字存在，必須透過這個假借字才能找到眞正的本字，此其二。

　　8.【叚借】爲某、俗作某、實爲某

　　如：

　　　㊽脩，脯也。从肉攸聲。……【叚借】……又爲卣，俗作卣、實爲酉。[137]

　　例㊽的「卤」、「卣」、「酉」三字，其實形義各自不同，《說文》：「卤，艸木實垂卤卤然。」[138]「酉，就也。八月黍成可爲酎酒。象古文酉之形也。」[139]《說文》無「卣」字。因爲三字形近，所以自來多所謂亂，鄭樵《通志・六書略・象形第一》中的「器用之形」就說：「酉，即卣也；卣即尊也。」《古今韻會舉要》：「卣，古作卤。」[140]《字彙補》也說：「卤，古卣字。」[141]而段玉裁於《說文》「卤」字下則說：「卤之隸變爲『卣』。……如許說，則木實垂者，其本義，叚借爲中尊字也。」《通訓定聲》於「卣」字下也說：「《爾雅・釋器》：『卣，中尊也。』又『彝卣，罍器也。』……家大人曰：『卣字無從下筆，當即酉之誤體，或以爲卤字，非。』」[142]魯實先先生則從卜辭、銘文的形體論辨其中的是非，他說：「酉於卜辭作𢍰、𤔔，彝銘作𠮷、𢦏，鼎銘作

───────────

[137]《通訓定聲・孚部》，279頁。

[138]《說文・卤部》，320頁。

[139]《說文・酉部》，754頁。

[140]《景印文淵閣四庫全書・經部・小學類》收，册238，347頁。臺灣商務印書館。

[141]子集「卜部」，20頁。上海辭書出版社。

[142]《通訓定聲・孚部》，284頁。

，父辛觶作，俱象酒器之形，當以酒尊爲本義。……酉亦孳乳爲酒，酉、酒同音，故彝銘並以酉爲酒。……或曰酉即卣，卣即尊，是據酉、卣同音而溷爲一字。然考之古文，則卣於卜辭作、，孟鼎作，毛公鼎作。徵之古器，則卣形弇口而有提梁，尊形侈口而無提梁，是卣與象尊形之酉，截然二物，詎能視爲一文？。」[143] 後人不察，於傳寫之際，誤以爲一字而互用，朱氏雖然知道其中的差異，不過還是保留用字的實況，所以才說「借爲卣，俗作卣、實爲酉」。

9.【叚借】爲某、或爲某、即某

如：

⑪牖，穿壁也，以木爲交窗也。从片戶甫。……【叚借】爲迪，或爲羑，即誘。[144]

例⑪「牖」借爲「迪」，《說文》：「迪，道也。从辵由聲。」[145]《爾雅・釋詁》：「迪，進也。」又「道也。」邢疏：「迪者以道而進也。」而「羑」爲「羑」之古文[146]、「誘」爲「羑」之或體，《說文》：「羑，相訹呼也。」[147] 段注云：「今人以手相招而口言羑，正當作此字，今則『誘』行而『羑』廢矣！」《詩・野有死麕》：「有女懷春，起士誘之。」傳：「誘，道也。」《爾雅・釋詁》：「誘，進也。」邢疏：「誘者道而進也。」可知「迪」和「誘」引伸義可通。

---

[143]《文字析義》「酉」字條，328～330 頁。

[144]《通訓定聲・孚部》，286 頁。

[145]《說文・辵部》，72 頁。

[146]《說文》羊部亦有「羑」字，曰：「進善也。从羊久聲。」（148 頁）然據《通訓定聲》云「即誘」判斷，此處的「羑」字當是指「羑」之古文爲是。

[147]《說文・厶部》，441 頁。

10.【叚借】爲某之誤字

如：

㊽陜，宏農陜也，古虢國王季之子所封也。从𨸏夾聲。……【叚借】……又爲郟之誤字。148

㊾特，朴特牛父也。从牛寺聲。……【叚借】……又爲持之誤字。149

㊿糟，酒滓也。从米曹聲。……【叚借】爲精之誤字。150

按：例㊽借字爲「陜」，本字爲「郟」，「陜」、失冄切，「審」紐；「郟」、工洽切，「見」紐，二字同屬段氏古音之第八部。例㊾借字爲「特」，本字爲「持」，二字皆從「寺」得聲。例㊿借字爲「糟」，本字爲「精」，「糟」、作曹切，段氏古音之第三部；「精」、子盈切，段氏古音之第十一部，二字同屬「精」紐。

由以上的分析，可以得知「借爲某之誤字」，借字和本字之間依然存有聲音的關係：有疊韻者，如例㊽；有同音者，如例㊾；有雙聲者，如例㊿，皆符合用字假借的條件，然而，「借爲某之誤字」者，也有本字和借字之間是沒有聲音關係的，如：

(51)汎，浮(95)。从水凡聲。……【叚借】……又爲汛之誤字。151

(52)焱，火華也。从三火，會意。……【叚借】……又爲猋之誤字。152

148《通訓定聲・謙部》，180頁。
149《通訓定聲・頤孚部》，208頁。
150《通訓定聲・孚部》，315頁。
151《通訓定聲・臨部》，154頁。
152《通訓定聲・謙部》，183頁。

(53)負，恃也。从人守貝有所恃也，會意。……【叚借】……又爲員之誤字。[153]

按：此三例，本字和借字之間並沒有聲音的關係，可是朱氏卻依然將它們列爲【叚借】，可見在朱氏的看法中，「叚借」中是有以形爲主的，他在《通訓定聲・述通訓》中說：

數字或同一訓，而一字必無數訓。其一字而數訓者，有所以通之也。通其所可通，則爲轉注；通其所不通，則爲叚借。……至如角羽以配宮商，唐虞不沿項嚳，用斯文爲幖識而意無可求；草木非言樣鬥，登乘乃作盈升，隨厥聲以成文，而事有他屬，一則借其形而非有其意，一則借其聲而別有其形也。[154]

「借其聲而別有其形」、「借其形而非有其意」，朱氏將「假借」分爲「借聲」和「借形」兩類。「借聲」應該是指傳統的用字假借，「借形」或許就是這種「借爲某之誤字」。誤字的借形假借，和今日所謂的「錯別字」近似，所以朱氏在某些「叚借」之下，往往說明「某字之形譌」、「形近致譌」或「形近而亂」。如：

(54)拑，脅持也。从手甘聲。……【叚借】《荀子・議兵》：「溝池不拑。」此「扣」字之形譌。[155]

(55)臺，觀四方而高者。从至从之从高省，會意。……【叚借】……又爲「握」之誤字，古文「握」作「臺」，形近致譌。[156]

[153]《通訓定聲・頤部》，252 頁。
[154]《通訓定聲・述通訓》，8 頁。
[155]《通訓定聲・謙部》，189 頁。
[156]《通訓定聲・頤部》，242 頁。

㊌薔，薔、虞蓼也。从艸嗇聲。……【叚借】按：今「薔
薇」，即《爾雅》之「蘠蘼」，細葉、莖閒多刺，蔓生、
華白、子若棠梨。《管子·地員》：「其草菽與薔。」
注：「草名。」此「蘠」之誤字，形近而亂也。[157]

伍、《通訓定聲》假借說之檢討

王力先生曾稱讚朱氏的《通訓定聲》說：

無徵不信，所以朱駿聲每下一個定義，一定要有真憑實據。
所謂真憑實據，第一是例證，第二是故訓（前人的訓詁），
而後者尤為重要。他把經史子集的故訓都搜羅了，其豐富可
比阮元主編的《經籍纂詁》，但是《經籍纂詁》只是一堆材
料，而《說文通訓定聲》則對故訓加以系統化：哪些是本
義，哪些是別義，哪些是轉注，哪些是假借，哪些是聲訓，
都區別清楚，這才是科學研究，而不是材料的堆積。[158]

王氏的美譽，基本上是相當中肯的。朱氏面對千百年來豐富的訓詁
材料，不管是字形的改變，或是詞義的異同，他都一一加以研究分
類，複雜的「同聲通寫字」的假借，已如上述，至於雙聲連語、疊
韻連語等其他七類，其實也並不單純，由於是用字假借的緣故，因
此，時常有字同而義異，或字異而義同的情形。字同而義異者，
如：

㊌溶，水盛也。从水容聲。……【叚借】為單辭形況字，
《漢書·楊雄傳》：「溶方皇於西清。」注：「溶然，閒

[157]《通訓定聲·頤部》，263頁。
[158]《中國語言學史》，153頁。駱駝出版社。

暇皃也。」《文選》注：「盛皃。」《後漢・張衡傳》：「氛旄溶以天旋兮。」注：「廣大皃。」[159]

㊺沈，陵上滴水也。从水宋聲。……【叚借】……又重言形況字，《史記・陳涉世家》：「夥頤涉之爲王沈沈者。」《集解》：「宮室深邃之皃。」《淮南・俶眞》：「茫茫沈沈。」注：「盛皃。」〈上林賦〉：「沈沈隱隱。」注：「深皃。」[160]

㊾蓬，蒿也。从艸逢聲。……【叚借】……又雙聲連語，〈笙賦〉：「鬱蓬勃以氣出。」注：「氣出皃。」《山海經・大荒西經》：「有獸左右有首，名曰屛逢。」注：「即並封也，語有輕重耳。」《方言》五：「薄謂之苖，南楚謂之蓬薄。」[161]

㊿天，屈也。从大，象形。……【叚借】……又疊韻連語，〈上林賦〉：「夭蟜枝格。」郭注：「頻申也。」〈思元賦〉：「偃蹇夭矯娩以連卷兮。」注：「自縱恣皃。」〈景福殿賦〉：「欒栱夭蟜而交結。」注：「長壯之皃。」〈江賦〉：「吸翠霞而夭矯。」注：「自得之皃。」[162]

字異而義同者，如：

㉛郁，右扶風鬱夷也。从邑有聲。……【叚借】……又雙聲連語，《韓詩・四牡》：「周道鬱夷。」按：與「委

---

[159]《通訓定聲・豐部》，104頁。
[160]《通訓定聲・臨部》，139頁。
[161]《通訓定聲・豐部》，111頁。
[162]《通訓定聲・小部》，349頁。

蛇」、「倭遲」、「威夷」皆同。163

㉒燹，火飛也。从火岡，與㸌同意。……【叚借】疊韻
連語，《漢書・霍去病傳》：「爲票姚校尉。」注：「勁
疾皃。」《史記》作「剽姚」，《索隱》：「票鷂，勁疾
皃。」凡作「趬趬」、「驃驍」、「僄僥」、「螵姚」亦
同。164

㉓渠，水所居。从水榘省聲。……【叚借】……又發聲之
詞，《漢書・孫寶傳》：「掾部渠有人乎？」按：豈也，
俗作「詎」。……又後世用爲彼人之偁，猶他也、伊也。
又《孟子》「癩疝」，《史記》作「雍渠」，《韓子》作
「鉏」，《說苑》作「雎」。165

㉔諸，辯也。从言者聲。……【叚借】……又託名幖識字，
《周禮・職方氏》：「其澤藪曰望諸。」《爾雅・釋地》
作「孟諸」，〈禹貢〉作「孟豬」，《史記・夏本紀》作
「明都」，《漢志》作「盟諸」。166

　　這樣複雜的情形，朱氏都盡可能的給予蒐羅分類，而非排比堆
砌，所以王氏稱他爲「科學研究」，是有相當的理由的。

　　雖然，朱氏對用字假借的研究相當全面，也得到相當的成績；
不過，以一人之力，處理上下千百年來如此龐大複雜的用字實況，
疏失在所難免，王力先生就以爲朱氏《通訓定聲》大概有三個缺
點：⑴朱氏對於假借，認識還欠正確；⑵朱書對於轉注、假借、別

義、聲訓之間的界限，是劃分得不夠清楚的；(3)朱氏對於《說文》
的修訂，有些地方不妥當。特別突出的是關於「省聲」的理論[167]。
其中關於用字假借的部分，王氏說：

> 許慎所謂「假借者，本無其字，依聲託事，令長是也」，
> 「令」、「長」二字作爲例證雖然不妥，但是「本無其字，
> 依聲託事」的定義卻是對的。朱氏改爲「本無其意，依聲託
> 字」，表面看來和許氏的定義沒有出入，實際上朱氏是肯定
> 「本有其字」的。除了連語、重言形況字、託名標識字以
> 外，朱氏以爲凡假借都是有其本字的。[168]

　　許、朱二人對假借分別給予不同的定義，其實是針對「造字」
和「用字」兩種不同的「假借」而來的，而不是誰對誰錯的問題，
這一點在第二小節中已有所陳述，此處不再多言。以下僅就《通訓
定聲》在用字假借方面的研究的小缺失，以王氏的論點爲依據，約
略加以補充說明：

㈠雙聲連語、疊韻連語、重言形況字等，未必皆爲用字假借

　　雖然朱氏在一些地方一再強調雙聲連語、疊韻連語、重言形況
字等是屬於無本字的用字假借，然而，在《通訓定聲》中卻可以發
現某些連語、重言形況字是有本字的。例如：

> ⑥溶，水盛也。从水容聲。〈楚辭〉：「逢紛體溶溶而東
> 回。」注：「波皃。」亦重言形況字。〈高唐賦〉：「洪

167《中國語言學史》，153～156頁。
168《中國語言學史》，153～154頁。

波淫淫之溶濔。」注：「猶蕩動也。」亦雙聲連語。[169]

⑥⑥厜，石大也。從厂歨聲。……字又作「瘊」，《素問·風論》：「面瘊然浮腫。」注：「言腫起也。」亦單辭形況字。[170]

⑥⑦綢，繆也。從糸周聲。《廣雅·釋詁》四：「綢，纏也。」〈釋訓〉：「綢繆，纏緜也。」……《詩·綢繆》：「綢繆束薪。」〈鴟鴞〉：「綢繆牖戶。」傳、箋：「纏緜也。」……亦疊韻連語。[171]

⑥⑧姑，夫母也。從女古聲。……【叚借】爲及，《詩·卷耳》：「我姑酌彼金罍。」《禮記·內則》：「姑與之。」《左隱元傳》：「子姑待之。」[172]

⑥⑨踽，疏行皃。從足禹聲。字亦作「偊」。……《詩·杕杜》：「獨行踽踽。」傳：「無所視也。」《廣雅·釋訓》：「踽踽，行也。」《列子·力命》：「偊偊而步。」亦皆重言形況字。[173]

例⑥⑧「姑借爲及」，是爲語詞，《說文》：「及，秦人市買多得爲及。從乃從夂，益至也。《詩》曰：『我及酌彼金罍。』」[174]朱駿聲《通訓定聲》「及」字下說：「按此字當訓『姑且之詞』，從乃從夂，皆舒遲留難之意。《說文》引《詩》：『我及酌彼金罍』，是本字本義，經傳皆以『姑』爲之。」[175]魯實先先生也說：

[169]《通訓定聲·豐部》，104頁。
[170]《通訓定聲·豐部》，110頁。
[171]《通訓定聲·孚部》，299～300頁。
[172]《通訓定聲·豫部》，449頁。
[173]《通訓定聲·豫部》，459頁。
[174]《說文·夂部》，239頁。
[175]《通訓定聲·豫部》，446頁。

「及從乃攴,當以且止詞爲本義。自『及』而孳乳爲『盈』,則以止而勿增,以示器滿之義。《說文》引〈周南‧卷耳〉之『及』,正爲語詞,而僅存於經傳者。此審之字形及『及』所孳乳之『盈』,與〈周南‧卷耳〉之『及』,舉可證『及』爲語詞。」[176]則語詞也是有本字,而段氏偶失,於「及」字下注云:「及者,『姑』之假借字。」反以借字爲本字。例⑥⑤、⑥⑥、⑥⑦、⑥⑨都是傳統成語,而今天還在使用,也都不是用字假借。朱氏對此類的用語都是在前面用個「亦」字,而且不歸入【段借】中,他在「詞」字下更明白指出「助語之詞」、「發聲之詞」是有「正字」的:

> 詞,意內而言外也。从司从言。……【轉注】爲助語之詞,如每有爲雖、誰昔爲昔是也。爲發聲之詞,如吳爲句吳、邾爲邾婁是也。又本有正字者,如者、矣、乎、哉、然、諾、吁、否、皆、乃、兮、於、乍、各、曾、毋、尚、知、曰、粵、唯、寧、歟、曷等,餘皆段借也。[177]

「夭」字下也說:

> 夭,屈也。从大,象形。按:从大而屈其首,指事。申者、腰之直,夭者、頭之曲。《論語》:「申申如也,夭夭如也。」雖重言形況,實本字本誼。[178]

「本有正字」、「實本字本誼」,可見朱氏也認爲雖然絕大部分的連語及形況字等都是用字假借,但是,還有一小部分卻是有本字的,因此不能用一「凡」字來概括。

---

[176]《文字析義》「及」字條,519 頁。
[177]《通訓定聲‧頤部》,215 頁。
[178]《通訓定聲‧小部》,349 頁。

(二)義同、義近者而誤以爲假借

　　用字假借是指本字和借字之間只有聲音的關係，而沒有任何意義的關係，然而《通訓定聲》在某些地方，卻出現本字和借字之間有意義上的關聯。如：

　　⑳北，乖也。从二人相背，指事。……【段借】爲背，《爾雅・釋訓》：「朔，北方也。」按：人坐立多面明背闇，故以背爲南北之北。[179]

　　㉑叫，讙也。从口丩聲。字亦作「嗥」、作「詨」。……【段借】爲噭，〈射雉賦〉：「候扇舉而清叫。」注：「鳴也。」又爲訆，《左襄三十傳》：「或叫于宋大廟。」注：「呼也。」[180]

　　㉒顥，白皃。从頁从景，會意。……【段借】爲皓、爲暤，《呂覽・有始》：「西方曰顥天。」注：「金色白，故曰顥天。」[181]

　　按：例⑳「北借爲背」，本師蔡信發先生說：「所謂『乖也』，即相背。該字由二個獨體象形的『人』字反向並列而成，以示相背的意思，形義契合，所以《說文》以『乖也』釋其義，甚是。」[182]魯實先先生也說：「『北』……借爲方位之名，故孳乳爲『背』。」[183]亦即「北」是「背」的初文，「背」是「北」的後起形聲字，二字本是一字，所以《漢書・高帝紀》：「項羽追北。」

---

[179]《通訓定聲・頤部》，256頁。
[180]《通訓定聲・孚部》，289頁。
[181]《通訓定聲・小部》，351頁。
[182]《說文部首類釋》，371頁。
[183]《轉注釋義》，2頁。

韋昭就注云：「『北』，古『背』字。」以「北」作爲方位詞，是無本字的用字假借，即使今天「北」、「背」二字已分別使用，但是，求其初形本義，二字實不可分，而朱氏卻以「人坐立多面明背闇，故以背爲南北之北」，不但是附會之說，而且還昧於文字孳乳的發展，實不可從。例⑦「叫借爲詗、又爲訆」，而朱氏在「詗」字下則說：「【叚借】爲訆⋯⋯又爲叫」、在「訆」字下也說「【叚借】爲詗⋯⋯又爲叫」[184]，三字是彼此互相假借。《說文》：「叫，嘑也。从口丩聲。」[185]「詗，高聲也，一曰大嘑也。从吅丩聲。」[186] 又「訆，大嘑也。从言丩聲。」[187] 三字義實相同，段玉裁於「叫」字下說：「吅部『詗』、言部『訆』，皆訓『大嘑』，與此音同義小異。」於「訆」字下也說：「與吅部『詗』、口部『叫』音義皆同。」三字分別以口、吅、言爲形符，同从「丩」得聲，而口、吅、言義又可通，則段氏之說灼然無疑。三字既然音義皆同，則朱氏以爲互相假借，反而是添足之作。例⑦「顥借爲晧、又爲皡」，《說文》：「晧，日出皃。」「皡，晧旰也。」[188]「日出」即光明皃，「晧旰」即潔白光明皃，與「顥」引伸之都有「光明潔白」的意思，三字義近可通，朱氏卻以爲是假借的關係。若從詞義學的角度來說，眞正的等義詞其實並不多見，所以，除去等義詞之外，每個詞或多或少都有一些差別，若以每個字的本義而言，只要不是本義，就可算是別義，因此，朱氏才要在「本義」之外的每一個「別義」，不管這個別義和本義的關係如

---

184 《通訓定聲·孚部》，289頁。

185 《說文·口部》，61頁。

186 《說文·吅部》，87頁。

187 《說文·言部》，99頁。

188 「晧」、「皡」並見《說文·日部》，307頁。

何,一定要尋找出本字來,這個態度或許可說是非常嚴謹的,然而,可惜的是,這不但和詞義的引伸擴大相溷殽,而且更違反語言經濟的原則,令人不解的是,既然在《通訓定聲》中朱氏已列有「轉注」(即引伸)一項,可見他知道詞義的引伸情形,那爲何又會誤以引伸爲假借呢?或許正如王力先生所說:「主要還是本字的觀念作怪。」[189]

(三)形誤之字,與本字若無聲音之關係者,不得以爲用字假借

　　朱氏承襲段氏「譌字亦得自冒於假借」的說法,所以在論述段借時才說:「有承用已久,習訛不改,廢其正字,嫥用別字之段借」,因此,在「同聲通寫字」的假借中,特別舉出一類「某之誤字」來,然而這種因形近而誤的用字情形,如果也以爲是用字假借的話,至少會產生以下二個問題:首先是「假借」的定義問題。許慎說:「假借者,本無其字,依聲託事」,鄭玄也說:「其始書之也,倉卒無其字,或以音類比方,假借爲之,趣於近之而已。」[190]而朱氏對假借的定義則是「本無其意,依聲託字」,在在都說明瞭音同、音近是構成假借的必要條件,而依聲的類別則是朱氏自己所謂的「段借四例」,所以如果將沒有聲音關係而純粹只是因形近而誤用的情形也算是假借的話,恐怕將與其定義及條件相違背;不然,朱氏即必須對用字假借的定義及條件給予修正或補充,此其一。其次則是「形近而誤」的認定問題。根據上文的陳述,可知在

---

[189]《中國語言學史》,155頁。
[190]陸德明《經典釋文‧序錄‧條例》引,6頁。上海古籍出版社。

朱氏認定的誤字和本字之間，有的有聲音上的關係，有的則與聲音無關；有聲音關係的，就是一般的假借，爲何不直接說「【叚借】爲某」即可，卻硬要指其爲某字之誤呢？而這樣的表達方式，是否意味著判斷用字假借的條件中，「形近」遠比「音同、音近」要來得重要呢？其實以聲音的遠近關係作爲用字假借與否的判斷依據，不論採用的是那位聲韻學者的研究結果，對於古今音的雙聲、疊韻或同音，都還有客觀的標準，至於所謂「形近而誤」的「形近」，則是相當主觀的看法，何種程度才能稱爲「近」？這是一種自由心證的認定，難有共同的標準，如上文例(51)的「汎」和「汛」、例(52)的「焱」和「猋」、例(53)的「負」和「員」，彼此形近，這是沒有問題的，然而，如：

(73)載，乘也。从車𢦔聲。……【叚借】爲蒔……又爲戴。[191]

(74)獀，南越名犬獿獀。从犬叜聲。……【叚借】爲搜[192]

(75)周，密也。从用口，會意。……【叚借】爲受……又爲割之誤字……又爲唐之誤字。[193]

例(73)的「載」和「戴」、例(74)的「獀」和「搜」，雖然形體相近，但是因爲彼此有聲音的關係（「載」、「戴」同屬段氏古音之第一部；「獀」、「搜」同从「叟」得聲），所以朱氏不以爲是「形近而誤」。例(75)的「周」和「割」、「唐」，此三字若以爲形近，實在有些勉強，其中「周」和「唐」古音屬同類雙聲（「周」屬端紐、「唐」屬定紐），而「周」和「割」則無任何聲音關係，然而朱氏卻都以爲是【叚借】中的「誤字」，令人疑惑的是，爲何

191《通訓定聲・頤部》，239 頁。
192《通訓定聲・孚部》，312 頁。
193《通訓定聲・孚部》，298 頁。

同樣是有聲音關係的，有的以爲是某字的假借，而有的卻以爲是某字之誤呢？可見若將與本字沒有聲音關係的「誤字」，也歸爲用字假借的話，就會造成假借定義上的矛盾，而這也反映出所謂的「形近」，並沒有一定的標準，完全取決於個人主觀的認定，因此，段玉裁才認爲這種譌字是「自冒於假借」的，「自冒」二字即表示並非是用字假借的正例，雖不至於完全否定，但在態度上則是較爲保留的，朱氏不察，逕以「誤字」亦爲用字假借的一種，不但橫生枝節，徒增困擾，而且還溷殽了「錯別字」和「假借字」的區別，此其二，所以朱氏將「某之誤字」列爲假借的一類，恐怕還有待商榷。

陸、結論

　　胡樸安先生對朱氏《通訓定聲》的假借部分，曾有如下的評論：

> 朱全書中所舉之假借，悉有本字以當之。朱氏此種説解，是否的確，吾人不必遽下評語，但此説即不的確，亦不損其全書之價值。吾人讀朱氏書，即不承認其説，悉以爲假借讀亦可。……經典用字，每每假借，不明假借，讀經典極易誤會，王念孫云：「學者以聲求義，破其假借之字，而讀以本字，則渙然冰釋；如其假借之字而強爲之解，則詰籀爲病矣！」後之學者，於經典之借字，欲得其本字讀書之，徧檢群書，苦不能得，朱書每字博收假借之義，每一假借義，必指其本字以當之。……讀經者展書即得，便利多矣！……全書之中，雖未免有千慮一失之處，要極足爲學者讀經典之

助，此朱氏之書在文字學史上之價值也。[194]

　　正因爲有如此的價值，所以早在清末，李慈銘即已讚許它是「誠不可少之書」了[195]，而王力先生則從詞義研究的立場，給予朱駿聲極高的推崇。他說：

> 朱書的最大貢獻在於全面地解釋詞義。朱氏突破了許氏專講本義的舊框進入了一個廣闊的天地。如果說桂馥是述而不作，段玉裁是寓作於述，那末，朱駿聲則是「似因而實創」。表面上，他是遵循《說文》的道路；實際上，他是要做許慎所沒有做的、而又應該做的事情。……《說文通訓定聲》實在夠得上「博大精深」四個字。……段玉裁在《說文》研究上應該坐第一把交椅；而朱駿聲則在詞義的綜合研究上應該坐第一把交椅，他的主要貢獻不在《說文》的研究上，而在全面地研究了詞義。[196]

　　由朱氏在《通訓定聲》中提出用字假借的三原、四例、八用，都可見到他用功的痕跡，而相對於段、桂、王諸家的迴護《說文》，朱氏可說有意另闢蹊徑，他不但對許氏的假借字例提出質疑，而且還對「假借」給予新的定義，雖然有些理論是前有所本，並非完全自創，但是他能蒐羅豐富的文獻資料，仔細地加以比對，區分其義類而證成其說，這是他超越前賢的地方，因此王力先生給予他是綜合研究詞義的「第一把交椅」的美名，是可叫人心服的；

---

[194]《中國文字學史》，366～381 頁。臺灣商務印書館。

[195]李慈銘《越縵堂讀書記》：「（《說文通訓定聲》）取《說文》之字，以聲爲經，義爲緯，分十八部，始於『豐』，訖於『壯』，引證賅博，條例精密，令讀者覽一字，而古音古義，通假正別，本末瞭如，誠不可少之書也。」（《中國傳統語言學要籍論述》367 頁引）

[196]《中國語言學史》，151～153 頁。

不過，也誠如胡樸安先生和王力先生所說的，《通訓定聲》在本字的認定及詞義引伸的區分上還有些缺失，所以在參酌引用時不得不稍加留意，而若能在這些地方加以修正補充，則朱氏的研究將更形縝密，其價值也就更為提高了。

主要參考書目（依作者姓氏筆畫排列）

1.王力，《中國語言學史》，台北：駱駝出版社，76 年 7 月

2.朱駿聲，《說文通訓定聲》，台北：藝文印書館，64 年 8 月三版

3.胡樸安，《中國文字學史》台北：臺灣商務印書館，77 年 8 月臺
　 十版

4.許慎著‧段玉裁注，《圈點段注說文解字》，書銘出版公司，75
　 年 9 月四版

5.裘錫圭，《文字學概說》，北京：商務印書館，1988 年 8 月第 1 版

6.劉又辛，《通假概說》，四川：巴蜀書社，1988 年 11 月第 1 版

7.蔡信發，《說文部首類釋》，台北：萬卷樓圖書公司，86 年 8 月
　 初版

8.魯實先，《轉注釋義》，洙泗出版社，81 年 12 月初版

9.魯實先，《文字析義》，魯實先全集編輯委員會，1993 年 6 月 30
　 日出版

章太炎先生〈轉注假借說〉一文之體會

陳新雄

　　餘杭章炳麟太炎先生〈轉注假借說〉一文，深明六書轉注、假借之理，故多爲後世所推崇。魯實先先生《假借溯原》即謂：「近人餘杭章炳麟之說曰：『以文字代語言，各循其聲，方語有殊，名義一也。其音或雙聲相轉，疊韻相迆，則爲更制一字，此所謂轉注也。』其說信合許氏之黨言，蠲前修之貤謬矣。」如魯先生之洞燭轉注之精微，明察許氏之黨言，固向所欽佩。然後世之人，不察章氏之微恉，斷章取義者，亦復不尟。因乃不揣固陋，就章氏原文，略加詮釋，以就正於當世通人。

　　章氏認爲〈說文敘〉之釋轉注爲「建類一首，同意相受，考老是也。」後世詮釋紛紜，皆無足錄。而似得轉注之旨，而猶未得其全者，僅有二家。一爲休寧戴氏。故云：「休寧戴君以爲考老也、考老也更相注，得轉注名。段氏承之，以一切故訓，皆稱轉注。」戴段此說，章君以爲不繫於造字，不應在六書。但並未否定以「互訓」釋轉注之大義，故後文云：「汎稱同訓者，後人亦得名轉注，非六書之轉注也。」正因戴段以互訓釋轉注雖爲廣義之轉注，並未失轉注之大恉，故後文又謂：「戴段諸君說轉注爲互訓，大義炳然。」可見章君於戴段以互訓釋轉注之見解，完全加以肯定。顧戴段所釋者乃廣義之轉注，非六書之轉注耳，範圍有廣狹之殊。猶後

人以同音通用為假借，與六書之假借有別，同出一轍。故章君類舉而並釋之曰：「同聲通用者，後人雖通號假借，非六書之假借也。」二為許瀚同部互訓說。章君以為許瀚同部互訓之說，實為虛張類例，似是而非。故痛加駁斥云：「由許瀚所說推之，轉注乃豫為《說文》設，保氏教國子時，豈縣知千載後有五百四十部書邪？且夫故訓既明，足以心知其意，虛張類例，亦為繁碎矣。又分部多寡，字類離合，古文籀篆，隨時而異，必以同部互訓為劑，《說文》鵬鴟互訓也，鷗雎互訓也，強蚚互訓也，形皆同部。而篆文鵬字作雕，籀文雎字作鷗，強字作疆，隹與鳥，虫與蚰，又非同部，是篆文為轉注者，籀文則非，籀文為轉注者，篆文復非，更倉頡、史籀、李斯二千餘年，文字異形，部居遷徙者，其數非徒什伯計也。」先生所以對許氏之說痛加駁斥者，即因許氏說表面看來較戴氏為精，易於淆惑後世，故許氏以後之人，若朱宗萊等，即受其影響。但由於章氏提出轉注通古籀篆而言，非僅指小篆也。且又有隹與鳥、虫與蚰之具體例證，於是有人乃變其說法，謂形雖不同部，但義類不殊，意義可通，亦轉注之例。持此說者實昧於造字之理，蓋文字非一時一地一人所造，此地之人造一宋字，無人聲也。从宀朮聲，其主觀意識著眼於深屋之中，寂靜無聲，故取義从宀；彼地之人造一誄字，義雖不殊，形構不一，其主觀意識著眼於人無言語，故誄靜無聲，因取義从言。是則造字之人，既不相謀，主觀意識，又不相同，則其形構，何能同類？取義既異，又何可通乎？此地造宋，彼地造誄，文字統一，加以溝通，故謂之轉注。先生因曰：「余以轉注假借悉為造字之則」實指此而言也。

因《漢書‧藝文志》嘗言：「古者八歲入小學，故周官保氏掌養國子，教之六書，謂象形、象事、象意、象聲、轉注、假借，造

字之本也。」班志既言「造字之本」，故後人亦誤以爲章先生「造字之則」一語，爲造字之法則。然先生卻自釋爲原則，而非法則。其《國學略說・小學略說》云：「轉注假借，就字之關聯而言，指事象形會意形聲，就字之個體而言，雖一講個體，一講關聯，要皆與造字有關。如戴氏所云，則與造字無關，烏得廁六書之列哉！余作此說，則六書事事不可少，而於造字原則，件件皆當，似較前人爲勝。」章氏釋造字之則爲造字原則，而非法則。造字之法則，僅限於指事象形會意形聲。故章氏〈轉注假借說〉後文云：「構造文字之耑在一，字者指事象形形聲會意盡矣。」

轉注既與造字有關聯，而又非構造文字之方法，則其關聯何在？首先應拋開字形，而從語言著想，以探究其起因。故章氏云：「蓋字者，孳乳而寖多，字之未造，語言先之矣。以文字代語言，各循其聲，方語有殊，名義一也。其音或雙聲相轉，或疊韻相迆，則爲更制一字，此所謂轉注也。」蓋有聲音而後有語言，有語言而後有文字，此天下不易之理也。當人以文字代語言，各循其本地之聲音以造字，由於方言不同，造出不同之文字。例如廣東話「無」爲[mou]，廣東人根據廣州方言造字，造出「冇」字，北京人不識「冇」字，如欲溝通，惟有立轉注一項，使文字互相關聯。冇，無也；無，冇也。不正如考、老也；老、考也同一類型乎！故太炎先生〈小學略說〉云：「是可知轉注之義，實與方言有關。」方言如何形成？在語音方面，不外乎雙聲相轉與疊韻相迆二途。雙聲相轉，謂聲不變而韻變，例如「歌」字，北京 kɤ、濟南 kə、漢口 ko、蘇州 kəu、溫州 ku、廣州 kɔ、廈門 kua。韻母雖有 ɤ、ə、o、əu、u、ɔ、ua 之不同，聲母則皆爲 k，此即所謂雙聲相轉。疊韻相迆，謂韻不變而聲變，例如「茶」字，北京 tʂ'a、漢口 ts'a、長沙 tsa、廣

州 tʃ'a、福州 ta。聲母有 tʂ'、ts'、ts、tʃ'、t 之差異，韻母同為 a，此即所謂疊韻相迆。由於雙聲相轉與疊韻相迆，乃造成方言之分歧。譬如「食」字，中古音為 dz'jək，今各地方言，塞擦音聲母變作擦音聲母，濁音清化，韻母簡化。或讀北京ʂↄ、或讀漢口 sↄ、或讀廣州ʃɪk。然閩南語語音讀 tsia？，猶保存古音之遺跡，與通語大不相同，初到台灣之大陸人，聽台灣人說「食飯」為 tsiaʔpŋ，因為 tsiaʔ音既不同通語之食，又不同於通語之吃，乃以其語言另造一從口甲聲之形聲字「呷」，若人不識此「呷」字，為之溝通，則惟有轉注一法。呷、食也；食、呷也。此謂之轉注也。中國文字若純從此路發展，則孳乳日衆，造字日多，將不勝其負荷者矣，故先生云：「孳乳日繁，則又為之節制，故有意相引申，音相切合者，義雖少變，則不為更制一字，此所謂假借也。」此謂一字而具數用者，依於義以引申，依於聲而旁寄，假此以施於彼，故謂之假借。轉注假借之起因既明，繼則為許愼所設之定義，加以訓釋。「何謂建類一首？類謂聲類。」以類詁為聲類，有無證據？先生舉證云：「鄭君周禮序曰：『就其原文字之聲類。』夏官序官注曰：『薙讀如髴小兒頭之髴，書或為夷，字從類耳。』」此兩則例證之類皆當訓為聲類，是類訓聲類，於後漢乃通用訓釋。然後先生緊接而道：「古者類律同聲，以聲韻為類，猶言律矣。」為證明類律同聲，先生舉證道：「〈樂記〉律小大之稱，；〈樂書〉作類小大之稱。〈律歷志〉曰：既類旅於律呂，又經歷於日辰。又《集韻》六術：類、似也，音律。此亦古音相傳，蓋類律聲義皆相近也。」後人每批評先生「類謂聲類，首謂聲首」之言，名義雖不同，含義無區別，認為許君不致重沓疊出，侷促於聲韻一隅。實則乃疏忽先生此段文字之失也。假若只釋「類謂聲類」，則前所舉證，已足夠矣。後文「古

者類律同聲，以聲韻爲類，猶言律矣。」一段文字，豈非蛇足！先生〈小學略說〉云：「轉注云者，當兼聲講，不僅以形義言，所謂同意相受者，義相近也；所謂建類一首，同一語原之謂也。」以聲韻爲類者，猶言以聲韻爲規律也。是則建類一首，當爲設立規律，使同語原。因爲語原必以聲韻爲規律，方可確定是否同一語原。先生文云：「首者，今所謂語基。」首之訓基，先生舉證云：「管子曰：凡將起五音凡首。〈地員篇〉，莊子曰：乃中經首之會。〈養生主篇〉，此聲音之基也。《春秋傳》曰：季孫召外史掌惡臣而問盟首焉。杜解曰：「盟首、載書之章首。」《史記・田儋列傳》蒯通論戰國之權變爲八十一首，首或言頭。《吳志・薛綜傳》曰：綜承詔造祝祖文。權曰：復爲兩頭，使滿三也。綜復再祝，辭令皆新，此篇章之基也。《方言》人之初生謂之首。初生者，對孳乳寖多，此形體之基也。」上述舉證，足明首訓爲基，殆無疑義矣。是則一首者，同一語基之謂矣。語基即今人恒言之語根。

先生因云：「考老同在幽類，其義互相容受，其音小變，按形體成枝別，審語言同本株，雖制殊文，其實公族也。非直考老，言壽者亦同。(《詩・魯頌》傳：壽考也。考老壽皆在幽類。)循是以推，有雙聲者，有同音者，其條理不異，適舉考老疊韻之字，以示一端，得包彼二者矣。夫形者七十二家，改易殊體，音者自上古以逮李斯無變，後代雖有遷訛，其大閾固不移，是故明轉注者，經以同訓，緯以聲音，而不緯以部居形體。」因轉注是設立聲韻規律，使出於同一語根，意義大同，故可互相容受，在字形上雖屬不同之兩字，就語言說，屬於同一語根，雖然字形不同，其實爲同一語族之同源詞。不過推尋語根，不僅限於疊韻一端，從雙聲關係，或同音關係，均可推尋語根，因此論轉注之義，不可牽於形體，必須以

同訓爲首要條件，以同語根爲必要條件。

　　如果意義相同，語根相同，而部首也相同，當然可稱爲轉注。故章君云：「同部之字，聲近義同，固亦有轉注矣，許君則聯舉其文，以示微旨。如芌、麻母也；藋、芌也。古音同在之類；蕫、菖也，菖、蕫也。同得畐聲，古音同在之類；蔣、苗也，苗、蔣也。古音同在幽類。……」先生以爲若此類轉注字，韻同而聲紐有異，在古本爲一語，後乃離析爲二。甚至有紐韻皆同，於古應爲一字，但許君不說爲同字，不列入重文。章君言其故云：「即紐韻皆同者，於古宜爲一字，漸及秦漢以降，字體乖分，音讀或小與古異，《凡將》《訓纂》相承別爲二文，故雖同義同音，不竟說爲同字，此轉注之可見者。」黃季剛先生《說文綱領》嘗云：「建類者，言其聲音同類，一首者，言其本爲一字。」不過閱時漸久，小有差異，前人字書，分爲二文，許君於此類字，不說成同字，但就字之關聯言，則必須以轉注之法加以溝通，此種情形，須用轉注，乃吾人顯明易知者也。但是轉注之字，旣出同一語根，自不局限於同一部首，只要聲近義通，雖部首不同，文不相次者，亦轉注之例也。章君云：「如士與事、了與㞇、丰與莑、火與焜燬、羊與羏、𧾷與跟、倞與勍、辛與愆，恫與痛痭、敬與愁、忌與惎𧭖、欺與諆、悥與悠、㳠與游、夋竣與蹲、頢與臬臩㒳、姝與妭妹、𢾑與幣，此類尤衆，在古一文而已。」然亦有某類字，在古雖爲一字，其後聲音小變，或因聲調之差別，分作不同之字，但其類義無殊，則亦屬於轉注之例。章君云：「若夫福葡同在之類，用庸同在東類，畫挂同在支類，𦥯恭同在東類，……此於古皆爲一名，以音有小變，乃造殊字，此亦所謂轉注者也。」更有一類字，由於雙聲相轉，本來是一字一義，後來孳乳分爲二字，則更須轉注者予以溝通矣。章君

云：「如屏與藩、幷與比、旁與溥、象與豫、牆與序、謀與謨、勉與懋慎、敭與苗緬、楙茂與森、攺與撫、迎逆與訝、攷與敏、等與籠、龍與龗，空與窒、丘與虛、決與瀹、凷與凷、遝與逮、但與裼、鴈與鵝、揣與娷、口與圓圜、回與囩、弱與柔棐㢺、芮與茸、冋與冢、究窼與窮、誦與讀、媼與嫗、雕與鯛、依與㫄、爨與炊。此其訓詁皆同，而聲紐相轉，本為一語之變，益粲然可睹矣。若是者為轉注。類謂聲類，不謂五百四十部也。首謂聲首，不謂凡某之屬皆從某也。」章君之所以云類謂聲類，首謂聲首，乃因轉注一科，實為文字孳乳之要例，同一字而孳乳則謂之同源字，同一語而孳乳則謂之同源詞，同源字與同源詞之要素，音近義同，或音同義近，或音義皆同。故若聲韻紐位不同，則非建類也，聲韻紐位者，確定音同音近之規律也。語言根柢不同，則非一首也，一首者謂語言根源相同也。因為轉注為文字孳乳要例，故與造字之理有關，但並不能夠造字。故章先生云：「構造文字之耑在一，字者指事、象形、形聲、會意盡之矣。如向諸文，不能越茲四例。」

　　文末，章先生特別指明轉注假借乃造字之平衡原則。章君云：「轉注者，繁而不殺，恣文字之孳乳者也；假借者，志而如晦，節文字之孳乳者也。二者消息相殊，正負相待，造字者以為繁省大例。知此者稀，能理而董之者鮮矣。」自休寧戴氏提出六書體用之分以來，四體二用之說，從違不一，非議之者，謂體用之分不合班志「造字之本」一語。然蘄春黃季剛先生《說文綱領》曰：「按班氏以轉注、假借與象形、指事、形聲、會意同為造字之本，至為精碻，後賢識斯旨者，無幾人矣。戴東原云：『象形、指事、諧聲、會意四者，字之體也；轉注、假借二者，字之用也。』察其立言，亦無迷誤。蓋考、老為轉注之例，而一為形聲，一為會意。令、長

爲假借之例，而所託之事，不別製字。則此二例已括於象形、指事、形聲、會意之中，體用之名，由斯起也。」又云：「轉注者，所以恣文字孳乳；假借者，所以節文字之孳乳，舉此而言，可以明其用矣。」蓋指事、象形、形聲、會意四者爲造字之個別方法；轉注、假借爲造字之平衡原則。造字方法與造字原則，豈非「造字之本」乎！故太炎先生曰：「余以爲轉注假借悉爲造字之則。」亦指此而言也。先師瑞安林景伊先生《訓詁學概要》曰：「餘杭章君之說轉注，本之音理，最爲有見，頗能去榛蕪而闢坦途，於諸家之糾葛，一掃而空，明晰簡直，蓋無出其右者矣。」

　　原載八十一年六月師大《國文學報》第二十一期

從方言字的系統比較看漢字的多源體系

姚榮松

壹、解題

　　文字是語言的載體，捨語言則文字不能獨存，獨存形骸的古文字，在解讀古文獻的時候，若缺乏構擬完善的古語言的協助，亦將失去殘存的一點生命力。由於過度的倚賴形象思維，或者撇開古語言的連繫，字源學者，彷彿在線條與意義之間找到了有機連繫，即是古文字用字的眞實情況。從現在的文字研究中，筆者找不到漢語和漢字的眞實關係，彷彿漢語的特質完全投射到漢字身上得到了完美的和諧與統一，因此研究古代文字者似無待于古漢語了，因爲他們已經得了「魚」而可以忘「筌」。

　　研究漢字特質的學者，看到漢字不同於古埃及文字、古赫梯文字、古克里特文字等象形文字那樣隨著語言而消亡的事實，最喜歡強調漢字的特性是「超越時空的最理想書寫體系」[1]，或者強調漢字的「超語言使用」[2]，或者看到了「漢字的超方言性」，也看到其

---

[1] 劉乃叔〈漢字的魅力〉，見《漢字漢語學術研討會論文集》，頁 193。（袁曉園主編，1991）

[2] 陳其光〈論漢字的超語言使用〉，見《文字比較研究散論》，頁 198-212。（許壽椿主編，1993）

「局限性」[3]，筆者對於近年來，部分學者對當代漢字學、或俗文字學的正視，感到鼓舞，然而對漢字在不同方言中的使用，應該建立方言文字學的觀點，筆者曾在二年前提出初步的看法[4]，並沒有充分的論證，本文即從方言內部的漢字職能的再分配，探討相同漢字在不同方言中的語言功能，實在無異於不同的文字系統，因此，從目前約五萬個傳統漢字庫所代表的十大方言或幾十個次方言的書寫體系，充分體現漢字與漢語的關係是多源體系。這個觀點也能投射到古漢字的研究上，至少在《說文》的九千多字，乃是由上古不同時地的漢字系統的疊合，長期而強勢的雅言書面語運動，具有「求同化異」的功能，再經由六書中的「轉注」、「假借」等理論之洗滌，這些漢字的異源性幾乎泯滅了，此正可印證前文「超越時空」的書寫體系之事實。但是漢字在發揮此一超越性的文字功能外，卻也不曾泯滅作為共同語下位的各種南北方言自有其「方言漢字體系」的局限性的功能，而後者的重要性也不容等閒視之。

貳、從「北風跟太陽」的故事文本看方言漢字的差異

從林林總總的漢語方言描述的語料中，節錄幾段對於這個故事的開頭部分的不同方言的漢字版，故意省略其標音部分：

3　解志維〈漢字的「超方言性」及其條件和局限性〉，見許壽椿 1993：224-231。

4　拙著〈閩南書面語使用漢字的類型分析—兼論漢語方言文字學〉，收在《第一屆臺灣本土文化學術研討會論文集》，頁 177-192，民國 84 年 4 月。該項會議于 83 年 12 月 10 至 11 日，係由臺灣師大文學院暨人文教育中心主辦。

A.北風甲日頭

　　有一市，北風甲日頭囉誑呾咃佮勞。北風就呾：「我上勞。通天腳下個物件無者會驚我個，船遇著我住著板，厝堵著我住著塌，樹堵著我住著倒，者貓啊，狗啊，草啊，伊人遇著我嘴住驚到堵唔掇。……正囉誑，來了一個過路人，身頂襯一個厚棉裘，頭戴一頂毡帽，一步一步寬寬行來。日頭呾：「好，俺住照生，你無看見許個過路人未成？看伶會剝掉伊個帽甲褪掉伊個棉裘住算佮勞。（李永明《潮州方言》pp.267-269）

B.北風及日頭

　　有一幫（音），北風及日頭兩個人在（deq）相爭看是誰的本事較大。北風講：「我的本事甚大，天腳下的物件無一項無驚我。船若遇（意）著我就會翻，厝若遇著我就會坍，樹若遇著我就會倒，什麼貓哪，狗哪，花咯，草咯，伊們（二合）若遇著我 goqkat 驚到不會（二合）講咧！……duu-aa 爭到怒衝衝的時陣（音），看見一個行路的人，身軀穿一領棉袍，頭殼戴一頂毡帽，一步一步穩穩 aañ 行。日頭講：「有咯！咱們（意）就按恁生（音）！汝無看見那個行路的人麼？看是誰會先使（意，音 ho）那個人將帽仔及袍脫起來，就是大本事，汝想怎樣？」（羅常培《廈門音系》pp.64-68）

C.北風同熱頭

　　有一次，北風同埋熱頭喺處諗佢兩個邊個本事大。剛啱嗰陣時，有一個人著住件好厚嘅長袍喺個度經過，佢兩個就輸賭，如果邊個有本事，先使嗰個人除甩佢件袍，就算邊個嘅本事大。（詹伯

慧等《珠江三角洲方言綜述》p.385 佛山（市區）話）

D.北風同日頭

　　有一擺，北風同日頭兩介人坐介相爭看□（什麼）人較有本事（或本等），北風講，我介本等實在時眞大啦。滿天下介東西麼（沒）有唔驚我。船也係（假如）碰到我啊，就會扁（翻）踢去。屋也係碰到我啊，就會倒下去，脈介（什麼）貓子狗子，花啦草啦通通看倒我還較（更）驚。……正吵到眞利害介時節，兩儕（人）看倒一介過路人，無身（身體）著一領介棉襖，頭戴一頂介毡帽，一步一步慢慢行等（著）來。日頭講：「有啦，個兜儕（我們）來咁娘（這樣）你有看到介（那）介（個）過路人嗎？看□（什麼）人先使倒介（那）儕（人）介（的）帽子同袍脫起來，就係有本事，你想仰般（怎樣）呢？（周法高纂《桃園縣志．人民志語言篇》pp.135-139.客家故事）

E.北風搭太陽（蘇州閒話）

　　有一轉，北風搭太陽恰恰勒浪爭論啥人葛本事大；講勒講來仔一葛走路葛人，身浪著仔一件厚襖。俚篤兩家頭就商量好仔說，啥人能先叫葛葛走路葛人脫脫俚葛襖啊，就算啥人葛本事大。（趙元任《現代吳語研究》p.133）

F.北風搭太陽

　　有趟子北風搭太陽正好辣辣爭啥人个本事大。爭來爭去爭勿清爽个辰光，路浪走過來一个人身浪著勒一件厚派克。伊拉兩家頭就□（ɦuã 仆·）東道，講好假使啥人能夠先叫迭个走路个人脫脫伊

个厚派克，就算啥人本事大。（許寶華等《上海市區方言志》pp. 523-524）

　　以上六段，A、B 是閩南語，C 為粵語，D 為客家話，E、F 為吳語，這些「漢字文」都是口語的轉寫，最早為趙元任先生所記的蘇州話（1928），最晚為許寶華等記的上海話（1988），相去六十年，這些發音人轉述故事的方式及語文素養差異必定很大，記音人對方言文字化並無刻意要求，有些則使用較多的借音和國語訓讀，如羅常培所記的廈門話，分別注明（音）、（意），二合字其實是單音節，下面加橫畫，寫不出漢字則代以羅馬注音，可以反映方言本字的難覓，周法高和許寶華就把這些本字難覓的用方框（□）表示。

　　同是閩南語，潮州話顯得古奧，大概是少用借音、訓讀之故；同屬吳語，具有較高的一致性，只是「棉襖」一詞，蘇州用「襖」，上海用「派克」（外來語），顯得新舊兩極。其中代名詞和語助詞的差異成了明顯的對應系統，除非我們不寫地道的方言口語，否則，這些差異對不同方言使用者而言，無異於異邦別國文字，尤其那些依傍方音的借音字和新造字，成為個別方言書面語漢字的特殊標幟，這正是方言漢字無法超方言使用的所在。趙元任（1983）《通字草案》，雖然試圖為方言設計一套「聲母大概包括吳語，韻母近於官話，韻尾大致跟著粵語。可是讀起來可以讀任何方音」的通字，學理上是一個可行的方案，但是對照各方言區使用漢字的現實，這種「通字」無寧是一種空中樓閣。換言之，「通字」的漢字版（GCC）不過作為字音的代號，基本上揚棄了漢字的表意功能，用來寫規範的現代白話，尚可聞聲知意，寫文言那就「滿紙荒唐言」了，例如草案中的「楓橋夜泊」一詩寫成：

「風」「喬」夜泊　張「計」

月「洛」鳥「提」霜滿天

江「風」「魚」火對愁「綿」

姑蘇「成」外寒山寺

夜半鐘聲到客船

本文無意於探究「通字草案」之可行性，事實在今日各種方言文字化的方案，比諸通字草案更理想化的都有，因此，每人創造一套方言「文書法」，每人編一套字典，漢字的多歧亡羊的屬性，無寧在這個多語的時代充分體現。

其實，如果我們從以上六段方言書面語中提出其共通部分，我們會發現，其中有一部分漢字是各方言通用的，那就是基本詞中某些共同字，如：人、北風、兩個、本事、有、看見、算、來、先、大、一、貓、狗、花、草……自古以來它們就是通字，方言詞彙正是這些通語通字加上殊方殊語的「特別詞（字）」組成的，特別詞是漢語的地域詞，有些通行是跨方言的，例如「太陽」通行於官話區及吳語等，「日頭」則基本上是南方方言的共同詞，所以也可以指它叫做「一級通字」，太陽和日頭都是漢語方言的「一級通字」。至於「同」字是粵、客和官話都通用的字，其用法與國語的「跟」「和」無別，它們的「通字」性質超越了南、北方言的大界，似乎可以稱爲「次通字」，次通字體現了漢語方言的區際連繫，證明所有漢字的通別只是歷史層次的交錯，而不是絕然異源的，然而就共時的書面語文字體系而言，我們仍然不得不說它們是多元的漢字體系，它們的多元面貌，來自不同歷史層次所代表的「多源體質」。

趙元任（1928）曾提到「北風跟太陽的故事」記了十九處地方

的說法。在《現代吳語研究》中只附錄了一種，即上引的 E。錢乃榮（1992）《當代吳語研究》[5] 發表了二十個地點的記音，漢字雖然不一定合乎規範，卻可以通過詞彙的比較，確定吳語次方言中仍並存著異源詞，下面我們舉出幾個字來比較這二十個吳語方言點的異同：

	「跟」	有一「回」	商量好「說」	「誰」「的」（本事）	「太陽」
溧陽	跟	～回	～講	哪家葛～	太陽
清江	跟	～趟	～說	拉葛～	太陽
江陰	海得	～次	～說	啥人葛～	太陽
常州	脫之	～趟	～說	嗲人个～	太陽
無錫	搭	有一家子	～說	啥人葛～	太陽
蘇州	得	～轉	～說	啥人葛～	太陽
常熟	搭則	～趟	～講	啥人葛～	太陽
上海	脫	～趟	～講	啥人个～	太陽
松江	得	～趟	～講	啥人瑂～	太陽
黎里	脫勒	～轉	～講	啥人瑂～	太陽
嘉興	告	～趟	～講	啥人个	太陽
雙林	搭	～通	～講	碗人葛	太陽
杭州	跟	～次	～話突／話	哪个的～	太陽
紹興	同袋	～冒	～話	鞋是哥个～	太陽
王家井	得	～毛子	～講	鞋該葛～	日頭
餘姚	著(tsɐʔ⁵⁵)	～巧	～講	啥人葛～	太陽
寧波	得	～回	～講	啥人个～	太陽

5　錢著《當代吳語研究》，1992 年 9 月上海教育出版社。20 個點的記音見該書第 7 章，頁 1059-1091。

黃岩	搭	～次	～講	敢儿葛～	太陽
溫州	抗(k^hʊɔ)	～回	～講	阿伲人佢～	太陽
永康	哈	～次	～講	家儂滑～	日頭

　　就這二十個點做個歸類，連接詞「跟」共有十四種形式，如果指第一個字相同的合併計，只有十種，即

　　㈠跟：溧陽（kən⁴⁴⁵）、靖江（kəŋ⁴³³）、杭州（kən³³）

　　㈡海得：江陰（hæ³³ tɜʔ⁴⁴）

　　㈢哈：永康（xʌ⁴⁴）

　　㈣告：嘉興（kɔ³³⁴）

　　㈤抗：溫州（k^{h}uɔ⁴⁴）

　　㈥脫、脫之、脫勒：上海（t^{h}ɐʔ<u>55</u>）、常州（t^{h}əʔ<u>44</u> tsɿ⁴⁴）、黎里（t^{h}əʔ<u>33</u> ləʔ<u>33</u>）

　　㈦搭、搭則：無錫（tʌʔ<u>55</u>）、雙林（tʌʔ<u>54</u>）、黃岩（Tɐʔ<u>55</u>）、常熟（tʌʔ<u>44</u> tsɛʔ<u>55</u>）

　　㈧得：蘇州（təʔ<u>55</u>）、松江（təʔ<u>55</u>）、王家井（tsʔ<u>55</u>）、寧波（tɐʔ<u>55</u>）

　　㈨同袋：紹興（dʊŋ²¹ de³³）

　　㈩著：餘姚（tsɐʔ<u>55</u>）

　　根據《漢語方言詞匯》，北京的「和」（xə³⁵）與「跟」（kən⁵⁵）主要通行於官話區，非官話的長沙、南昌也用「跟」。十八個方言點有九個屬於這一類，其餘爲：

　　1. 同：揚州（兼用「和」）、梅縣、廣州（兼用「夾埋」）

　　2. 共：福州（køyŋ²⁴²）

　　3. 挨：昆明（ɛ⁴⁴）

　　4. 搭：蘇州（taʔ⁴）

5.*曠：溫州（kʰuɔ⁴²）

6. 及：廈門（kap³²）

7.*甲：潮州（kaʔ²¹）

8. 阝耿：陽江（tɐŋ⁴⁵⁴）

9.夾埋：廣州（kap³³ mai²¹）又「同埋」（tʰʊŋ²¹ mai²¹）

其中「同」「共」「及」都還是書面共同語的常用字，其餘都是「方言特別字」，它們和古漢語有沒有聯繫呢？潮州的「甲」是個借音字，其實是「及」字的弱化形式，韻尾-p ＞-ʔ，古漢語本字應作「合」或「敆」「佮」等，廣韻入聲合韻古沓切下有「合」訓合集、「敆」訓合會、「佮」訓併佮聚。昆明、陽江、廣州的說法暫且不論，蘇州的「搭」和溫州的「曠」（記音字）似乎爲吳語的特別詞，從上列十種出現的頻率看來，唸舌尖聲的「搭」類有四個點，溫州的「抗」（通「曠」）屬舌根聲，只出現一點。歸納吳語的十類「跟」義詞的兩種聲母類型爲：

⑴舌根音類：包括跟、告、抗、海得（可視爲 KT 型）、哈，共有溧陽等七個點。

⑵舌尖音類：包括脫、脫之（也可視爲 T-Ts 類）、脫勒（可視爲TL）、搭、搭則（亦爲 T-Ts 類）、得、同袋（可視爲DD類）、著（ts 類，可併入舌尖）共有上海等十三個點。

看起來舌尖音類（以下簡稱脫搭類）在吳語較舌根音類（以下簡稱抗告類）的連詞佔優勢，這兩類的區別也顯示了語言地理類型學的意義，事實上只根據《北風跟太陽》一則故事的轉譯去看「跟」的同義詞在吳語的情況是不客觀的，實際上許多方言點都不只一種說法，根據錢乃榮（1992：1007頁）的記錄，下列各方言點都兼用「同」：

宜興：同／搭

溧陽：跟／同

丹陽：跟／同

童家僑：同

黎里（吳江）：脫／同

盛澤（吳江）：脫／同

杭州：跟／同

上海和蘇州則並用四種以上的「跟」義詞，如：

上海：得／忒／絞／幫（tɤʔ⁵／tʰɐʔ⁵／kɔ³³⁴／pĀn）

蘇州：幫／跟／搭／搭仔／塔／脫／得（pÃ⁴⁴／kən⁴⁴／tAʔ⁵／tAʔ⁵ tsʅ²³／tʰAʔ⁵／tʰə⁵／təʔ⁵）

　　這裡我們無意去探討三種類型（由上海、蘇州的「幫」字看來應增加「脣音」一類）表示「跟」義詞的詞根型態，我們要指出「蘇州」方言的「脫搭類」佔了大宗，應該是自源詞，用「跟」顯然來自北方話的影響，用「幫」應該也是他源詞，如此說來，這些全屬借字性質的「跟義字」，在上海和蘇州正反映了吳語書面語漢字的多源性。其他方言何嘗不然！

參、從方言本字的考求離析韻書的異體多源

　　漢字作為方言記音符號，自楊子雲《方言》一書以降，即未有規範，此假借一法，所以濟漢字之窮，歷久不衰。本字之考求，遂為重建漢語史的基礎工作。

　　如果某一方言特別詞，確有本字，而該字又不見於其他方言，那就是古漢語詞彙的活化石，例如閩南語的糶（廣韻：賣米也，他

弜切）、糴（廣韻：市穀米，徒歷切），至今仍保留在口語中。煮
飯器曰「鼎」，只在閩語通行，這些字反映漢字在任何一階段，都
可能是活的，不過它存活在不同方言裡罷了。下面我們從張振興
1983：74-77 中列出若干可能爲閩南語專有的字：

　　4 采　bi↑　深入水中

　　　　《廣韻》上平聲五支韻武夷切：「深入也。」

　　12 庲　tsʰu↓　房子

　　　　《集韻》去聲五寘韻七賜切：「《博雅》：舍也。」

　　16 焦　ta↑　乾也。

　　　　《廣韻》下平聲三蕭韻都聊切：「凋落。」

　　55 枵　iau↑　腹饑

　　　　《集韻》卷三平聲四宵韻虛嬌切：「玄枵，虛也。」
　　　　（按曉母不當失落）

　　68 蒆　hiam↑　辣味

　　　　《廣韻》下平聲二十八嚴韻虛嚴切：「草之辛味曰
　　　　蒆。」

　　93 燂　hã↑　熱氣上升

　　　　《廣韻》下平聲二十三談韻胡甘切：「火上行貌。」

　　97 囝　kiã↓　子女

　　　　《集韻》上聲二十八獮韻九件切：「閩人呼兒曰囝。」

　　同樣，我們也可以在李如龍、張雙慶 1992《客贛方言調查報
告》中（pp485-514）[6]，找到一些特別字，如：

　　烓　邵武打閃叫做「恍刀」，音 vian[3]。

────────────

6 李如龍、張雙慶主編，廈門大學出版社，1992 年 1 月。

　　　　《集韻》上聲梗韻于鏡切：「火光。」

蒔　插秧，梅縣等十二點說蒔田。

　　　讀音有兩種（一上，一去）

　　　《集韻》平聲之韻市之切。

睆　放牛，客贛有十七點稱睆牛。

　　　《集韻》去聲映韻于誑切：「視也。」

掉　搖頭，《集韻》上聲筱韻徒了切：「搖動也。」

趞　奔跑，梅縣音 tsʰiak8

　　　《集韻》入聲麥韻查畫切：「急走也。」

扴　客方言多數點肩挑曰扴，閩粵各點音 kʰai1，贛中爲 kʰa1，

　　　kʰæ1。

　　　《集韻》上聲海韻下改切：「動也，減也」。又去聲未韻

　　　于貴切：「扴，《博雅》：動也，一曰擔也」。可見扴有兩

　　　讀，「擔」的用義是後起的，客方言音下改切（匣母字有

　　　讀 kʰ 的，上文已有「蔇」可作旁證。「厚」字閩西也有讀

　　　kʰɛu1 的），義則見于去聲。

　　這些字的清單，一時難以清理，每個方言點都可清理出一個本

字考的清單，但因各人考字的嚴謹度不同，也不能一概照單全收，

只有通過全面的考本字，進行次方言間的比較，決定該方言的共同

本字，再與其他方言進行比較，看起來是捨音求字，其實是先通過

音義的審查，就可以確定前述「次通字」「一級通字」「二級通

字」。以此類推，方言之間的親疏關係及文字系統的相近程度即可

呈現。

　　這些相對可信的本字，多半見於《廣韻》、《集韻》二書，從

不同方言的本字清單，自可以據以離析韻書中的「南北是非」「古

今通塞」，進一步可以和漢代方言做連繫，若然，《說文》九千多字的方言體系也就可進一步釐清，而我們說現有漢字庫中的「不同方言造字」（即筆者所謂的多源），更可以進一步建構出來，不過這個工作不是短時間可以實現的。

肆、從方言書面語的漢字類型分析，可以體現漢字職能的再分配，也看到漢字跨方言的限制

這一節我們想從筆者熟悉的閩南語出發，書面語漢字的混亂已到了「人各有字」的地步，完全的借音字雖然自古已然，有人說約定俗成謂之宜，因此，下面從閩南語的「歌仔冊」《英台出世歌》、《英台留學歌》[7]抄出個別的句子，（　）內注明本字或字義。

　　無子無兒命恰須（輸）；

　　因（in[1]，俗作佃，他的）某（妻也）加再（或作嘉哉，僥倖也）有花喜；

　　無彩（可惜白白）尪（翁）某塊（teh，在也）歡喜；

　　那（若）生查埔（男生）著達（值）錢；

　　放我卜（欲也）乎（與）省（sia[2]，啥，誰也）晟池（治）；

　　人廣（講）見死不復生；

　　伐（發）落喪事恰（較，俗作卡）大先；

　　咱卜出頭等治（底，何也）時

　　想著呆（否，音 p^{h}ai[2]）命喉就鄭（閒，音 ti[7]，喉滿之意）

　　治時兮（會，音 e[7]）得出頭天

7　竹林印書書局，民國 76 年 2 月第 1 版。

省乜（啥物，什麼也）代志（事志）好參詳；

主僕四人馬（tsʰua7，導也）落樓；

阮（我們）今二人卜結拜

捅嘴汝下（會，音 e）乎（被）我獅（揍）

同音通假，幾乎是民間用字的基本原則，漢字的表音功能在這裡表露無遺。這裡只有一個典型的方言字「馬」，tsʰua7，帶領、引導，例如：馬頭，在前面引路，據說這是一個會意字，毛指羽毛，下四點爲象小雞形，則是會意兼象形，象母雞帶小雞。以下再從周長楫《廈門方言詞典》（1993.江蘇教育）引論中節錄幾個方言字：

冇 pʰã˩ 1.物質空虛疏鬆，～粟；～；2.比喻做事不實在，做代志眞～。

伓 m˩ 副詞，表示否定。

有 tiŋ˩ 物質實在，密，緊，與「冇 pʰã」1.義相對。

呾 tã˩ 說，講。無講無呾：不言不語。

迌迌 tsit˩（～tʰit˩）tʰo˧ 遊玩；閒逛。

刣 tʰai˧ 宰殺；本字當作「治」，《廣韻》之韻直之切。

唚 tsim˥ 親嘴。

沯 tsʰiaŋ˧ 水從高處望下衝：～小；～浴（淋浴）。

檨 suaĩ～ 仔；芒果。

墘 kĩ˧ 器物等的邊緣，溪墘，桌墘；本字當作「舷」，《廣韻》先韻胡田切。

杢 kʰit 木椿：拍（打）～。

搵 un˨ 蘸；～豆油。

這些方言字，從六書的觀點都可以言之成理，而且其來有字，早在閩方言地方韻書《彙音妙悟》、《雅俗通十五音》中出現。其

數量有愈來愈多的趨勢，如果加上大量的訓讀字和借音字，就構成方言書面語自己的漢字系統，這個系統，我們仍可以按照漢字的職能及造字法加以分門別類，形成新的漢字分類法，有關這個新的嘗試，拙文（1985）曾做過一個「台灣（閩南）話書面語漢字類型分析表」（該文頁 182），其類型如下：

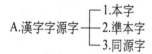

A.漢字字源字
　1.本字
　2.準本字
　3.同源字

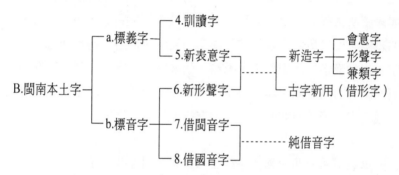

B.閩南本土字
　a.標義字
　　4.訓讀字
　　5.新表意字
　　　新造字
　　　　會意字
　　　　形聲字
　　　　兼類字
　　　古字新用（借形字）
　　6.新形聲字
　b.標音字
　　7.借閩音字
　　8.借國音字
　　　純借音字

從這個表可以得到方言漢字的全體大用，過去的工作多集中在 A 類漢字字源上，我們覺得未來的方言文字學必須大量分析 B 類的本土字，雖然大量的本土字仍可以找到漢字的字源，但是做為文字的使用，它已經通過文字職能的再分配，形成自己的一套文字體系，如果我們仍照傳統漢字學眼光看待這些光怪陸離的漢字，一味只想加以規範，那就昧於漢字的「通字」與「專字」相濟為用的本來面目，從這個角度看，傳統字書上的形、音、義只是漢字多源體系中的一個雅言主流字而已，真正的漢字字源學，恐怕還有待漢字方言學的建設了。

伍、結論

　　解志維〈漢字的「超方言性」及其條件和局限性〉一文[8]指出：
「世界上的文字，包括各種拼音文字，只要詞語的寫法是定型化
的，即詞形是規範化的，不是隨個人的讀音來書寫的，這種文字即
具有『超方言性』」，但是這並不是漢字獨有的特點，而是一種定
型化文字的共同性質。換言之，以目前全國方言之間的書面語，它
們與國語所依據的文學語言和北方官話基礎，中間即存在「超」不
通的現象，如果我們擺脫傳統的漢字一元論，把這些超不過方言的
文字，視爲漢字的多源體系，那麼，對漢字的性質，我們將會有一
片更開闊的討論空間，本文只是抛磚引玉，將「方言漢字學」的構
想大膽提出，至於中間的論證，尚有待進一步的推闡。

　　（原載《第七屆中國文字學全國學術研討會論文集》，私立東
　　吳大學中國文學系、所主編，1996 年）

8　同註 3。

漢字部件研究

黃沛榮*

一・部首與部件

　　古人創造文字紀錄語言。當文字數量增加，形體也已發展至相對穩定時，古人將其形義試作歸類，進而產生部首的觀念。東漢許慎《說文解字》一書，將 9353 字歸入 540 部首之中，使文字「分別部居，不相雜廁」，是今傳字書區分部首的濫觴。在《說文》中，各部首的排序是據形、義系聯[1]；各部中的字則按照字義排列[2]，而非按筆畫之繁簡或是其他字形上的特徵，因此，這種架構很難用以檢索。及至明代，梅膺祚《字彙》將部首精簡爲 214 部，並按楷書筆畫排序，其後《字彙補》、《正字通》、《康熙字典》等，皆相繼沿用。直至今日，臺灣出版的辭典大多採用 214 部的架構；有些字辭典雖將「夊」、「夂」二部合併，成爲 213 部，其

---

* 黃沛榮：中國文化大學中文系教授。
[1] 許慎於《說文解字・敘》云：「據形系聯。」然「牙」、「齒」二部，分明是以義相從，故當云「據形、義系聯」。
[2] 例如在示部中，「神」字在前，「祇」字在後，就是按「天神」、「地祇」的意義排列。若依今世字典部首檢索的原則，則是「祇」字在前，「神」字在後。

基本架構並無不同。唯因部首的數目有限,某些字往往無法歸入
214 部架構之中。例如「暉」字从日、軍聲,歸入「日」部;今
字作「輝」,則無「光」部可入,只好從權歸入「車」部之中;
亦有因部首不夠顯明而改入他部的,例如「萬」字本屬「内」部,
現代字典多入「艸」部,又如「辨」字本歸入「刀」部[3],唯因字
形變異,故許多辭典改入「辛」部,因而造成不合理的現象。

　　214 部首的順序是按照部首字的筆畫排列,由少至多,同部
首的字則按部首以外的筆畫數來排列。依據此種模式編成字書,
即具有檢索的功能。然而由於文字的結構不同,部首的位置並不
固定,因而造成檢索上的不便。例如「記」、「警」、「辯」、「變」
都屬「言」部,但是部首位置各不相同;也有一些很難推知部首
的字,像「亞」字歸在「二」部,一般人難以知曉。所以,現代
字典的部首雖然擔負著「字義分類」與「提供檢索」兩大任務,
但是兩方面都不能令人滿意。

　　此外,爲求字形結體的方正密合,若干部首字往往改用變體
的方式,例如「人」作「亻」、「刀」作「刂」、「心」作「忄」、「手」
作「扌」、「水」作「氵」、「火」作「灬」、「犬」作「犭」、「玉」
作「王」、「网」作「罒」、「羊」作「羊」、「肉」作「月」、「艸」
作「艹」、「衣」作「衤」、「辵」作「辶」、「邑」作「阝」、「阜」
作「阝」[4]、「食」作「飠」等,這些「變形部首」也增加部首使

---

[3] 「辨」字歸入「刀」部,正如「辦」字歸入「力」部,「辯」字歸入「言」
部,「瓣」字歸入「瓜」部,「辮」字歸入「糸」部。但是亦有辭典將此
類字歸入「辛」部。
[4] 左阜右邑在偏旁中都作「阝」,可根據部件的序次作區別。在前者爲
「阜」,在後者爲「邑」。

用的複雜性。

　　從六書結構的角度來看，部首可以在某一程度下反映字義的類別，例如「香」部收有「䬓」、「馜」、「馞」、「馣」、「馡」、「馥」、「馪」、「馧」、「馨」、「馫」等字，意義皆與香氣有關，但在分析字形筆畫時，「香」字又可細分爲「禾」與「日」。再以聲符爲例，「袋」字分析爲從「衣」、「代」聲，「衣」是部首，但是「代」又可分爲「亻」與「弋」；「撕」字可分析爲從「扌」、「斯」聲，「扌」是部首，「斯」又可分爲「其」與「斤」；「簡」字可分析爲從「𥫗」、「間」聲，「𥫗」是部首，「間」又可分爲「門」與「日」。因此，單從六書結構的角度分析漢字的偏旁，有時會不夠周詳。但是，若將漢字分析得過於細微，則又不利於字形的掌握。例如將「的」分析爲「丿」、「丨」、「𠃌」、「一」、「一」、「ㄧ」、「𠃌」、「丶」，「而」分析爲「一」、「丿」、「丨」、「𠃌」、「丨」、「丨」，「制」分析爲「丿」、「一」、「一」、「丨」、「𠃌」、「丨」、「丨」、「刂」等，反而變得太過瑣碎，失去分析字形的原意。以上兩種方式，前者過於疏闊，較適用於六書結構之分析上；後者則過於繁瑣，只適合於筆順的分析。因此，近代又產生「部件」的觀念。

　　「部件」是書寫的最小單元。我們不妨將「部件」視爲構成漢字的零組件。它介乎「筆畫」與「部首」之間。部首則是字義分類或用以檢索的部件，而且一個「部首」可能包含有兩個以上的部件（如香、鼓、鼻等），若從「部件」的角度來說，則應該再予細分。分析部件，也就是將漢字化整爲零，進而了解漢字字形的基本結構；利用部件，就可以組合出許多不同的字。因此，「部件」的觀念對於字形分析與漢字教學，都有重要的意義。

二・分析部件的原則與方法

分析「部件」的原則,可歸納為七點:

(一)須符合書寫的法則。部件的順序,應盡量依照筆順。例如「建」應分析為「聿」、「廴」,「蠻」字應分析為「言」、「糸」、「糸」、「虫」。

(二)分析部件,按實際書寫字形為準;如果是變形部首,亦以變形方式表示。例如「氵」、「忄」、「犭」等部件,都不與「水」、「心」、「犬」等相混。

(三)分析部件,不受文字本形、本義所限制。例如「武」字本從「止」從「戈」,透過部件分析,則作「一」、「弋」、「止」;「準」字本從「水」、「隼」聲,分析為「氵」、「隹」、「十」;「交」本象交足形,依楷書字形,則分析為「亠」、「父」。

(四)字源本不相同,但現代寫法相同者予以合併。如「赤」字本從「大」、「火」會意,「灶」字則從「火」、「土」聲,現皆分析為從「土」;又如左「阜」右「邑」,亦依實際寫法合併為「阝」。

(五)部件的分析,不受傳統部首所限制。214 部首中可再分析的字形,仍應予以分析。如「舛」可再分為「夕」與「㐄」;「香」可再分為「禾」與「日」;「鼻」可再分為「自」、「田」與「丌」之類。但是某些重要部首,筆畫雖可再分析,若保持其完整性反而有助於字的辨識時,則不必細分。例如「言」字,就不必再分析為「亠」、「一」、「一」、「口」。

(六)筆畫重疊的部件不可拆開。例如「果」不能分為「曰」、「木」或「田」、「木」;「串」不可分為「口」、「口」、「丨」或「中」、

「中」[5]。

（七）分析出來的部件，如果只在該字及其衍生的字上使用，不能用以組合成其他字形的，則不予分析。如「門」、「鬥」、「卵」等字不必分為左、右兩個部件，因為所分出來的部件並不能在其他漢字之中使用。

由於所根據的字集和字體不同，大陸與臺灣的部件也頗有差異。例如「寺」，教育部標準字之部件是「士」、「寸」，大陸規範字作「寺」，部件是「土」、「寸」；「別」，標準字部件為「口」、「力」、「刂」，大陸規範字作「別」，部件則是「口」、「力」、「刂」；「沒」，標準字部件為「氵」、「𠬢」、「又」，大陸規範字作「没」，部件是「氵」、「几」、「又」。這些差異看似細微，卻會影響部件出現頻率的統計。

有關部件的分析，在中國大陸影響較大的著作有二：

一、《漢字屬性字典》[6]：此書分析部件，有時嫌分得太細瑣，有時卻又分得太粗略。例如將「隹」分析為「亻」、「圭」，實則「圭」形除「隹」字外別無他用，實在不必予以拆開；但是此書又將「札」、「扎」、「孔」、「乱」、「乳」等字視為一個部件，不作分析。由於「札」、「扎」、「孔」、「乱」、「乳」所從的「木」、「扌」、「子」、「舌」、「孚」等原即獨立的字，與「乚」本無關涉，視為一體，頗覺奇特；況且「俘」、「浮」、「孵」等與「乳」字同從「孚」，

[5] Patrick Lin、周健、陸景周編著：《外國人漢字速成》，北京：華語教學出版社，1996 年。其頁 173 將「黑」字分析為「四土灬」，頁 319 將「事」字分析為「一口⇒」，如此拆法極為不妥。
[6] 《漢字屬性字典》，北京：語文出版社，1989 年 9 月，1-1906 頁。

此書既將「俘」字分析爲「亻爫子」，將「浮」字分析爲、「氵爫子」，將「孵」字分析爲「卵爫子」，卻不將「乳」字作分析，體例頗不一致。

　　二、《信息處理用 GB 13001.1 字符集漢字部件規範》[7]：中國國家語言文字工作委員會於 1997 年 12 月 1 日發布，將從 20902 字釐分出的 560 個部件訂爲標準。這份文件代表語言文字委員會的官方意見，起草人包括大陸相關專家學者，故具有代表性。不過此份文件僅有 16 頁，重點在於規範及舉例，並無細部的規則；而且在部件分析上，還有一些不合理的地方，例如把「隹」分析爲「亻」、「圭」，把「隶」分析爲「聿」、「冫」等，皆無必要。

三・部件分析對字形教學的意義

　　部件分析有助於漢字的教學，其基本原理在於：

　　（一）化整爲零，減少學習障礙。

　　（二）累進發展，加強學習效果。

　　（三）區別筆畫，建立字形標準。

傳統的識字與寫字教學，在遇到生字時，基本上是讓學生按照筆順多作練習，以記憶字形。遇到筆畫較多的字，對於學生來說，就會有一定的困難度，例如「樂」字共 15 畫，「邊」字共 19 畫，可能要花費較久的學習時間。

---

[7] 《信息處理用 GB 13001.1 字符集漢字部件規範》，北京：語文出版社，1998 年 4 月。

　　如果透過部件組字的方式來學習，就比較容易掌握漢字字形。當學生已經學過「自己」、「天空」、「地方」、「這裡」等詞，經過老師適當的指示，學習「邊」字，就可事半功倍。因為既然會寫「自」字，會寫「空」字的「穴」部件，會寫「方」字，會寫「辶」部首，老師只要提示學生「辶」要留到最後寫，以及筆順「先上後下」的原則，學生就可掌握住「邊」字的筆順了。對於學生來說，他們所面對的，不再是一個 19 畫的生字，而只是四個重新組合的部件。因此，利用部件教學，也有助於筆順的學習。這就是部件教學法在化整為零及累進學習方面的功能。

　　此外，部件可以區別漢字筆畫上的同異，用來作為教學上的參考。例如很多初學者都會將「步」字的下半部誤寫成「少」，如果能夠透過字源分析，說明「少」部件是右腳的象形（𡕜），而且出現在「歲」、「賓」及從「歲」、「賓」的字，也都要寫成「少」，則學生在遇到「涉、陟、頻、瀕、蘋」、「劇、穢」與「儐、嬪、濱、檳、殯、臏、繽、鬢」等字時，就能夠知所遵從。又如部件「冓」出現在下列各組字中：

　　　　1 ・「媾」、「搆」、「構」、「溝」、「講」、「購」、「遘」
　　　　2 ・「襄」、「嚷」、「壤」、「孃」、「攘」、「禳」、「讓」、「釀」、「鑲」
　　　　3 ・「寒」、「塞」、「寨」、「賽」、「騫」
　　　　4 ・「囊」
部件「廾」出現在下列各組字中：
　　　　1 ・「共」、「供」、「哄」、「拱」、「洪」、「恭」、「烘」
　　　　2 ・「展」、「振」、「碾」、「輾」

3·「昔」、「借」、「惜」、「措」、「錯」、「藉」、「鵲」、「籍」

4·「散」、「撒」

5·「巷」、「港」

6·「異」、「冀」、「戴」、「翼」

7·「備」、「憊」

8·「巽」、「選」、「撰」

9·「殿」、「澱」、「臀」

10·「暴」、「瀑」、「曝」

部件「ク」出現在下列各組字中：

1·「象」、「像」、「橡」、「豫」

2·「陷」、「掐」、「焰」、「諂」、「燄」、「閻」、「餡」

3·「角」、「觔」、「斛」、「解」、「嘴」、「觸」、「懈」、「蟹」

4·「免」、「兔」、「逸」、「勉」、「冤」、「挽」、「晚」、「冕」、「饞」

5·「魚」、「漁」、「魯」、「鮮」、「鯉」、「鯨」

6·「奐」、「換」、「煥」、「喚」、「渙」、「瘓」

7·「詹」、「膽」、「擔」、「簷」、「檐」、「譫」、「贍」

8·「危」、「桅」、「脆」、「詭」

9·「色」

10·「負」

部件「力」出現在下列各組字中：

1·「成」、「城」、「盛」、「誠」、「晟」

2·「方」、「妨」、「於」、「放」、「房」、「旁」、「芳」、「防」、「旅」、「訪」、「傍」、「遊」、「邊」

3 ．「沒」、「歿」

4 ．「別」、「捌」

此種模式，對於漢字教學可以提供新的啓發。

除了漢字教學之外，分析部件也可作爲漢字排序、檢索或整理部首之參考。而透過部件的分析，可以研發或改進以字形爲主的電腦中文輸入法，或是配合漢字部件的結體方式（例如左右式、上下式、內外式等），以發展電腦中文系統造字的理論法則，進而促進漢字的電腦化與規格化。

四‧部件的分析與統計

在漢字中，部件的出現頻率是不相同的。爲了提升學習的效果，應該讓學生先學習頻率最高的部件，以擴大學習的效果。因此必須先對漢字的部件作分析、統計，進而比較部件的構字率。

在分析漢字部件之前，必須先選定一個「字集」，來作爲分析的對象。「字集」是指爲了某一使用目標而選定的一群字。例如臺灣 Big-5 電腦字集，是 13051 字；而僑委會所編製的《五百字說華語》、《一千字說華語》，這 500 字、1000 字，也是不同的字集。根據不同字集所分析出來的部件頻度，當然絕不相同。我們討論中文教學的問題，對象涵蓋小學生、國中生、華裔子弟與外國人士，因此採用教育部 4808 個常用字作爲基準，較爲合宜。筆者曾據此分析出 440 個部件，其中部首及部首的變形共有 225 個：

一丨丶㇀丿乙乚二亠人亻儿入八𠆢儿冂冖冫几凵刀刂力
勹匕匕匕匚匸十卜卩㔾厂厶又口囗土士夂夊夕大女子宀
寸小⺌⺍尢尣尸屮山巛川工己巾干幺广廴廾弋弓彑彐彡
彳心忄⺗戈戶手扌龵支攴攵文斗斤方日曰月木欠止歹
歺殳毋母毌毛氏气水氵氺火灬爪爫父爿片牙牛牜生犬犭
玉王瓜瓦甘生用田疋⺪疒癶白皮皿目矛矢石示礻禸禾穴
立竹米糸糹缶网⺳罒羊⺶而耒耳聿⺻肉月夕臣自臼𦥑舟
艮艮艹虍虫血行衣衤襾覀西角言谷豆豕豸貝赤身車辰辶
阝酉釆里金長镸門隶隹雨非面革頁飛食飠馬骨高鬥鬲魚
鳥鹵黑黹黽鼎齊齒龜

獨立成字且較爲常用的有95個[8]：

丁七下乃九刁丈丫久也于亡勺千已巳才与丑丏不之尹井
五今勿及夭少尺旡屯巴廿夫夬市丙且丘主犮乍以丱冉北
半司史四央平弗本未永由亙丞亥兆同回夷年戌束曲串卯
呂我更東求甫事兩典函柬果臾垂爲禹禺重烏庸肅爾熏

現代漢字不作爲獨立的字，或極爲罕用的有120個[9]：

㇇乚丷⺀𠂉⺁𠂇⺈ㄟ力マ⺊⺉コユ丩⺁乂几丂⺇丰亼厷
川丷乇乇习凡𠂆㕚丑㐄少㸚𠀃冃主圭丰壬丗⺹朩丬尣夊
帀氐𧘇亊肀⺼尸弗芈易圭夫丵大电电吕⺻巨冊业兕弟亊
匈丗𠦝𠂢且甘冎𠂤豕罒里𡿨关𠂔产屰㐆百亘医垂叀匝玄

---

[8] 与、旡、犮等字雖非常用，然因已收入電腦字集之中，姑置於此。

[9] 在字書中，𠂇、丂、亼、厷、尣、帀、吕、𠂤、㐆、百、叀、丽、叚、㒸、雈、卤、㒼、矞等皆是個獨立的字，由於現代漢語中並未單獨使用，故視爲非獨立字。习、电、业、产、医等爲大陸簡化字，亦置於此。

鳥庐虵罜肺印重丽頁覀串無凶昌叚具崔禺㒼莫禽興與畫

若統計 4808 常用字的部件出現頻率，可以找出組字較爲活躍的部件，茲列出其前 78 個：

部　件	累計部件數	頻　次	累計頻次	累計百分比
口	1	1143	1143	6.82
一	2	781	1924	11.48
人	3	388	2312	13.80
日	4	340	2652	15.82
土	5	334	2986	17.82
木	6	325	3311	19.76
十	7	306	3617	21.58
二	8	296	3913	23.35
氵	9	290	4203	25.08
八	10	287	4490	26.79
目	11	234	4724	28.19
亻	12	233	4957	29.58
++	13	231	5188	30.96
扌	14	212	5400	32.22
月	15	181	5581	33.30
大	16	179	5760	34.37
又	17	178	5938	35.43
宀	18	175	6113	36.48
糸	19	167	6280	37.47

女	20	164	6444	38.45
田厶	22	152	6748	40.26
䒑	23	149	6897	41.15
言	24	148	7045	42.04
宀	25	135	7180	42.84
儿	26	134	7314	43.64
虫	27	121	7435	44.36
止	28	120	7555	45.08
儿	29	119	7674	45.79
立	30	118	7792	46.49
火	31	117	7909	47.19
心一	33	113	8135	48.54
辶	34	111	8246	49.20
金勹	36	110	8466	50.52
王	37	106	8572	51.15
戈宀	39	105	8782	52.40
丶	40	101	8883	53.00
阝	41	99	8982	53.60
禾	42	98	9080	54.18
隹	43	97	9177	54.76
忄	44	95	9272	55.33
攵	45	94	9366	55.89
厂	46	90	9456	56.42

寸	47	86	9542	56.94
刂山	49	85	9712	57.95
士	50	84	9796	58.45
彐刀	52	82	9960	59.43
皿	53	81	10041	59.91
月广	55	80	10201	60.87
匕幺	57	78	10357	61.80
工	58	76	10433	62.25
白尸	60	75	10583	63.15
竹夕	62	74	10731	64.03
乂	63	71	10802	64.45
丷口力匕	67	70	11082	66.13
冂	68	69	11151	66.54
車皿	70	68	11287	67.35
刀	71	66	11353	67.74
米	72	65	11418	68.13
子灬卜	75	64	11610	69.28
石灬巾	78	61	11793	70.37

　　這 78 個部件出現的總頻率超過全部部件的百分之 70，可說是組字能力較強的部件；尤其是其中的「整字部件」，更應該優先學習。所謂「整字部件」，指部件本身就是一個完整的字。例如上述的「口」、「一」、「人」、「日」、「土」、「木」、「十」、「目」、「大」、「又」、「女」、「田」、「言」、「止」、「立」、「火」、「心」、「金」、

「王」、「戈」、「禾」、「隹」、「寸」、「山」、「士」、「刀」、「月」、「工」、「白」、「尸」、「竹」、「夕」、「力」、「車」、「皿」、「米」、「子」、「石」、「巾」等都是。相對於「整字部件」，也有許多「非整字部件」，例如「乚」、「宀」、「广」、「夂」、「忄」、「扌」、「疒」、「羊」、「西」、「阝」、「勹」、「匸」、「厂」、「夕」、「匚」、「乂」、「几」、「丰」、「厶」、「屮」、「儿」、「丷」、「彐」、「屮」、「少」、「龶」、「屮」、「耂」、「衤」、「聿」、「尹」、「尸」、「夫」、「丰」、「臣」、「冊」、「卌」、「业」、「兜」、「弟」、「其」、「囜」、「甲」、「癶」、「帛」、「百」、「直」等。我們也可以根據「部件」的常用程度作為釐分字級之標準，也就是說，包含組字能力較強「部件」的字，應考慮優先編入課文之中，以期增加整體教學的效果。

然而，從學習的立場來說，我們不應單從部件出現的頻次來評定其重要程度。事實上有許多一體成形的常用字，它們使用的頻率甚高，但是由於在分析時難以分割，所以部件出現的頻率反而很低。以下舉出 4808 個常用字字中，出現頻率少於 10 次的 20 個字：

七、久、己、片、牙、世、史、本、民、永、肉、西、更、身、事、東、為、重、面、飛。

因為這些都是「整字部件」，學習以後可以直接用來構詞，而且由於它們不太可能由其他的字間接學到，所以也應列為優先學習的部件。

因此，在利用部件分析來輔助教學的同時，我們不應單從部件的頻度來看問題，也應該另外考慮「整字部件」的特殊意義。

五・部件與漢字教學

　　漢字教學的重點，是訓練學生認字、寫字及用字，部件教學在學習過程中可以發揮重要的功能。個人試從學習漢字的立場，找出應該優先學習的漢字以及學習的方法，發現可循兩大途徑入手：

1・從「構字」著眼，就上文所列出最常用的 78 個部件中，剔除其中「非整字部件」，共選出常用的「整字部件」40 個：

（01）口（02）一（03）人（04）日（05）土

（06）木（07）十（08）目（09）大（10）又

（11）糸（12）女（13）田（14）言（15）虫

（16）止（17）立（18）火（19）心（20）金

（21）王（22）戈（23）禾（24）隹（25）寸

（26）山（27）士（28）刀（29）月（30）工

（31）白（32）竹（33）夕（34）力（35）車

（36）皿（37）米（38）子（39）石（40）巾

2・兼從「認字」、「寫字」等方面著眼，可選出 40 個最重要的「部首字」[10]：

（01）人　（02）刀　（03）力　（04）口　（05）土

---

[10] 詳見黃沛榮：〈最具優先學習價值的字／部首／部件〉，《漢字教學的理論與實踐》（臺北：樂學書局，2003 年 3 月），頁 190。

（06）大　（07）女　（08）子　（09）山　（10）巾

（11）心　（12）戶　（13）手　（14）日　（15）月

（16）木　（17）水　（18）火　（19）玉　（20）田

（21）目　（22）石　（23）示　（24）竹　（25）米

（26）耳　（27）肉　（28）衣　（29）見　（30）言

（31）走　（32）足　（33）車　（34）金　（35）門

（36）雨　（37）食　（38）馬　（39）魚　（40）鳥

另有 40 個次要的「部首字」：

（01）一　（02）八　（03）又　（04）口　（05）宀

（06）寸　（07）小　（08）工　（09）广　（10）弓

（11）戈　（12）攴　（13）斤　（14）方　（15）欠

（16）止　（17）牛　（18）犬　（19）瓜　（20）疒

（21）白　（22）皿　（23）禾　（24）穴　（25）立

（26）糸　（27）羊　（28）羽　（29）舟　（30）艸

（31）虫　（32）行　（33）角　（34）貝　（35）辵

（36）邑　（37）非　（38）阜　（39）隹　（40）頁

上述部首，絕大多數是整字，也是重要的部件。學過以後，可以透過其「部首」的身分去了解字義，可以利用其「部件」的身分去組字，也可以根據它「整字」的身分去構詞，可謂一舉數得，因此最具有優先學習的價值。

　　整合上述兩種不同的方式，可選出下列 72 個最具學習價值的「整字部件」，同時也是「部首」的字：

　　　　一人（亻）八刀（刂）力十又口土士夕大女子寸小山工巾
　　　　弓心（忄）戈戶手（扌）斤方日月木欠止水（氵）火（灬）
　　　　牛（牜）犬（犭）玉（王）瓜田白皿目石示（礻）禾穴立
　　　　竹米羊羽耳肉（月）舟行衣（衤）見角言貝走足車金門隹
　　　　雨非頁食（飠）馬魚鳥

至於在現代漢字中不成字的的部首，則有 11 個：

　　　　口宀广攴疒糸（糹）艸（艹）虫辵（辶）邑（阝）阜（阝）

從事漢字教學之時，爲增強學生認字、寫字的效果，編纂教材時應嚴格區分字級，將最重要、最有用、最活躍的字及部件優先編入教材。學生學會這些字以後，在構詞、構字方面，就能運用自如，可收事半功倍之效。舊有語文教材的編纂流程，是先約略選出一些字，例如 500 字、1000 字或 2000 字，然後按照字形筆畫的多寡、難易，以及單字的重要性、實用性等原則，大致區分先後，才分別撰寫課文。所以學生學習的過程是：

　　　　課文——詞語——生字——讀（字形—字音—字義）
　　　　　　　　　　　　　　　　寫（字形）

這種方式最大的缺點，就是隨著課文內容來決定所要學習的字，「常用部件」與「罕用部件」也不作區別，難免會影響學習的效果。若要提高學習效果，學生所學的單字，必須要有高的「構詞率」；組成這些單字的部件，也應該具有高的「構字率」，效果才

會加倍。[11]

　　因此，同樣都是「常用字」，但是「學習價值」並不相同。
若從構字、構詞的靈活度著眼，「間」、「裡」、「照」、「相」、「時」、
「常」、「近」、「結」等都是具有「優先學習價值」的字。因為：

　　1‧它們是常用字，而且具有一定的構詞率，可以即學即用。

　　2‧它們的結構成份大多是「部首」，有助於認識其他的字。

　　3‧以部件的身分來說，具有高度的構字率。

發掘此類的字並優先安排在課文中，在漢字教學上必可收事半功
倍之效。基於此種原理，教材編纂及字形教學的流程應該如下：

---

[11] 單字的重要性與其「構詞率」、「構字率」未必成正比。例如：「快」字
筆畫不多，「構詞率」也高，常用詞中「快」字居前的有「快速」、「快捷」、
「快樂」、「快慢」、「快艇」、「快感」等，居後的有「愉快」、「爽快」、「痛
快」、「輕快」、「明快」等；若從部件來看，右邊的「夬」僅用於「決」、「訣」、
「缺」、「筷」少數常用字中。又如「齒」、「鼻」二字，在生活上很實用，
但是「齒」字僅可構出「牙齒」、「齒輪」兩個教學上常用的詞彙，其他如
「齒冷」、「不齒」等都不常用；在部件方面，「齒」用在「齡」字中較為
常見，其他像「齣」、「齟」、「齬」、「齲」等字很少出現在基本教材之中。
「鼻」字在構詞上有「鼻子」、「鼻孔」、「鼻祖」、「鼻涕」、「口鼻」、「耳鼻」、
「刺鼻」等常用詞彙，在構字上則用處不大。又如「匆」是常用字，但從
構詞來說，常用的詞僅有「匆匆」、「匆忙」、「匆促」。從構字上說，部件
「匆」並不出現在標準字中。反觀「她」字，就構詞來說似乎並不好，但
是「女」字卻可用於「好」、「姐」、「妹」、「妙」、「奶」、「姑」、「媽」、「婦」、
「始」、「安」、「姿」、「嬰」等字上，「也」字可用於「他」、「地」、「池」、
「牠」、「馳」、「拖」、「施」等字之上。又如「吧」字，在構詞方面也不好，
但是「口」字可用於「兄」、「只」、「足」、「叫」、「呼」、「吸」、「吹」、「唱」、
「味」、「吃」、「嗎」、「問」等字上，「巴」字也可用於「疤」、「笆」、「靶」、
「把」、「爸」、「爬」、「琶」、「杷」等字上，所以先學「她」、「吧」二字，
對於學生的識字與寫字，絕對有利。

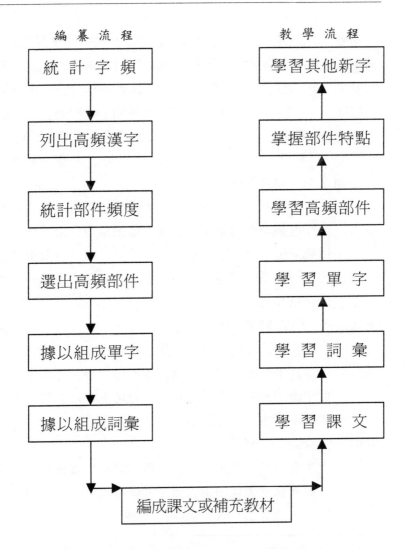

以目前的情況而言，既有的教材雖不可能全面重編，卻可採取「補充教材」的方式以改善現有的情況，也可以在低年級先教

一些獨立的詞語。由於這些生字、詞語都是先經過挑選設計的，構字率與構詞率都很強，老師略為引導，學生在學新的單字時就能事半功倍，更可以增加學習的信心。以下舉出「姓名」、「空氣」、「這裡」、「恰好」、「房屋」、「位置」、「斧頭」、「軟硬」、「煮飯」、「奮勇」、「時常」、「海鮮」、「針線」、「能夠」、「稀奇」、「理想」、「算盤」、「堅強」、「貧困」、「綠葉」、「提防」42 個字為例。這42 個單字中，包含下列 101 個部件[12]：

> 女生夕口穴工气米言辶衤里忄合女子戶方尸至彳立罒直
> 父斤豆頁車欠石更者灬食反大隹田甬力日士寸尚巾氵宀
> 母魚羊金十糸白水厶月匕夕句禾乂ナ巾大可王里木目心
> 竹目艹舟几又皿臣又土弓厶虫八刀貝口木糸彖艹世木扌
> 日一止阝方

淘汰重複，仍有 88 個部件：

> 女生夕口穴工气米言辶衤里忄合子戶方尸至彳立罒直父
> 斤豆頁車欠石更者灬食反大隹田甬力日士寸尚巾氵宀母
> 魚羊金十糸白水厶月匕句禾乂ナ可王木目心竹艹舟几又
> 皿臣土弓虫八刀貝口彖艹世扌一止阝

其中，整字部件有 65 個[13]：

> 女生夕口穴工气米言里合子戶方尸至立直父斤豆頁車欠
> 石更者食反大隹田甬力日士寸尚巾母魚羊金十白水句禾

---

[12] 部分部件仍可拆開，如「尚」、「句」、「可」、「者」、「彖」等。
[13] 其中「尸」、「聿」、「隹」、「甬」、「糸」、「虫」、「匕」、「夊」、「彖」等字，都不常用。

　　可王木目心竹舟皿臣又土弓八刀貝世一

利用上述 88 個部件，至少又可以組合出下列 507 個單字來：

　　二、三、云、仁、什、公、分、化、午、友、天、支、付、

仔、仕、加、功、卉、去、古、右、召、叨、只、台、叭、

奴、左、布、弘、且、汁、仿、休、份、吉、吊、吐、名、

因、回、多、好、如、寺、扣、早、旨、有、朵、汝、汗、

江、汐、百、艾、何、估、佐、但、伯、佈、努、呆、吹、

吱、困、坊、坎、坐、妒、妨、妓、孝、弄、志、折、扮、

投、旱、李、杏、村、杜、每、沁、汪、沐、汽、男、私、

走、佯、侍、佳、侈、協、呵、咖、咕、咒、咐、和、固、

坷、坦、委、妮、姑、姆、始、姓、孟、季、居、帕、帛、

忿、怯、怕、怡、性、所、拉、招、拓、拇、拍、拚、抬、

旺、杳、枝、林、杰、板、枉、松、析、杵、欣、氛、泌、

泥、河、沽、沼、法、泄、治、泊、穹、芳、芙、芹、花、

芬、初、返、近、阿、信、便、保、促、侮、哎、哇、咽、

咪、品、哈、垣、娃、姪、姻、宣、宦、室、宥、封、怒、

思、怠、恃、按、持、指、拾、昭、是、星、架、枯、柯、

柏、泉、洋、洽、皇、盆、相、盼、砍、竿、紅、美、苛、

苦、茄、若、苗、苔、苟、虹、計、迫、音、香、枷、倍、

值、倚、個、倘、准、哥、哲、員、哽、埋、埃、娟、宴、

徒、恕、恩、悍、悔、捉、捐、時、晉、案、桂、桔、桑、

氧、海、真、粉、紡、紛、般、草、茵、茹、茗、蚣、討、

訌、貢、軒、迷、迴、陡、隻、飢、啪、啦、啊、唱、唯、

售、堆、堂、堵、培、奢、婪、寄、崔、彬、從、惟、控、

推、斬、晦、桶、梗、梅、淋、淚、盒、移、窣、符、笙、
筥、粒、紹、細、累、舵、舶、莫、莓、荷、蛇、蚵、祖、
訪、許、設、訟、訛、鼓、販、貨、貧、通、逗、連、逝、
都、陪、章、荳、堤、堡、富、幅、惺、惰、描、晶、暑、
森、植、椎、棉、氯、湘、湖、焦、甥、甦、盜、眮、等、
答、結、絮、絲、給、著、菌、蛙、蛤、詁、詔、貽、賀、
買、軻、進、量、隋、隄、雄、集、雇、項、須、飲、傾、
嗓、嗯、圓、意、惹、暗、準、照、當、畸、睹、碌、稚、
絹、署、葫、詳、詩、賄、逼、鈎、鉑、頒、頌、飾、皙、
墓、奪、幕、態、慢、慚、槓、漠、漸、漫、漁、熊、瞄、
碟、碧、碩、窪、箔、緊、綴、綺、綿、維、緒、蝕、誦、
誌、誓、誨、銘、憔、暫、模、潮、箱、糊、罷、蓮、蔓、
蝴、蝶、褓、諸、誰、豎、賠、賭、賢、賣、質、魯、噪、
憶、樵、澡、穎、穌、篡、蕉、諜、諧、諾、謂、錄、錐、
錦、隨、嬰、幫、檔、瞧、臨、薑、蟑、螺、謎、錨、雛、
鮪、鮭、襬、壘、蟲、鎮、雙、題、鯉、疆、穡、羅、顛、
藻、蘇、囂、懼、櫻、灌、護、顧、權、讀、戀、灣、蠻

65 個整字部件再加上這 507 個單字,共 572 個字。換句話說,學會了上述「姓」、「名」……等 42 字以後,透過分析及組合,又可再學習至少 572 字的字形,合共 614 字。這些單字的音、義,對於沒有學過的人而言當然都是新的,但是由於已掌握了其中的部件,因此在識字及寫字時,就顯得簡單多了。這樣的教學方式,比起傳統的教學法,絕對是一大突破。

六‧部件教學的局限性

　　上文所述，是部件教學之優勢，但是這種教學法，在實際施行時也有其難處，茲說明如下：

（一）把文字分解，顯得支離破碎

　　部件教學法的特色，是要化整為零，但是在分析部件的過程中，難免會讓人產生「支離破碎」之感，尤其是對於一些罕見的部件。像從「兔」字析出「兇」，從「弟」字析出「弚」，從「畢」字析出「茻」，從「其」字析出「甘」，從「曾」字析出「囙」，從「單」字析出「甲」，從「龍」字析出「𩚬」，從「叟」字析出「𦥑」，從「牽」字析出「玄」，從「捷」字析出「聿」，從「眾」字析出「乑」，從「髮」字析出「镸」，從「倫」字析出「冊」，從「帶」字析出「卌」，從「殷」字析出「𠂤」，從「卸」字析出「𠂤」，從「囊」字析出「㱾」，從「寡」字析出「頁」，從「醫」字析出「医」，從「鼠」字析出「𦥑」，從「華」字析出「華」，從「麗」字析出「丽」，從「敢」字析出「頁」，從「憂」字析出「頁」，從「婁」字析出「串」，從「鑿」字析出「丵」。這「兇」、「弚」、「茻」、「甘」、「囙」、「甲」、「𩚬」、「𦥑」、「玄」、「聿」、「乑」、「镸」、「冊」、「卌」、「𠂤」、「㱾」、「頁」、「医」、「𦥑」、「華」、「丽」、「頁」、「頁」、「串」、「丵」等部件用到別的字的機會很小，反而把完整的字都拆散了，不如直接學習整字。

二、某些字的部件，可能有不同的拆法

　　例如「主」字，可以拆成「丶」、「王」，也可拆成「亠」、「土」，當然也可以維持整字而不拆。又如「一」、「二」皆爲部件，「三」字應拆成「一」、「一」、「一」或是「一」、「二」，就會見仁見智。這種情況，有時也會影響分析部件的策略，例如「家」字分析爲「宀」、「豕」，不會有人反對；但是「毅」字則要考慮分作「亠」、「豕」、「几」、「又」，或是「立」、「豕」、「几」、「又」，或是「亠」、「一」、「豕」、「几」、「又」。因爲「亠」、「豕」都是有用的部件，「亠」可用於「旁」、「傍」、「榜」、「磅」等字，「豕」可用於「象」、「像」等字，究竟應如何拆，就涉及分析部件的原則。

三、部件多無名稱，教學困難

　　利用部件從事漢字教學時，在言語中免不了要常常提到某些部件的名字。這種情況在部首中沒有問題，例如「提手旁」、「寶蓋頭」、「三點水」、「走之旁」、「女字邊」、「草字頭」、「竹字頭」、「單人旁」（立人旁）、「雙人旁」、「耳朵邊」等，都是大家耳熟能詳的說法，但是許多部件就沒有合適或通俗的稱呼，勢必造成教學上的不便。

四、部分文字，違反筆順

　　有時分析某一個字的部件，其筆順會與實際書寫時的筆順不合。例如「四」、「囚」、「回」、「因」、「困」、「固」、「圉」、「圓」、

「圖」、「園」、「國」、「圈」、「團」等字，都有「囗」部件，但是「囗」部件的最後一筆，要等到裡面寫完以後才寫。又如「戍」、「戌」、「成」、「戒」等字的筆順，是「戈」字先寫一筆，再寫左邊的部件，最後才將「戈」字剩餘的部分完成。換句話說，部件間的筆順是交錯的，並非寫完一個部件，再寫下一個部件。

五、部分部件會造成混淆

例如左「阜」右「邑」，部件都是「阝」；又如「匕」與「ヒ」，「ㄕ」與「小」等，都是由於字樣太過形似，對初學者會產生困擾，在教學時須作區別。

七·結語

經由以上說明，可知部件分析對於字形教學可提供新的途徑。本文嘗試提出一種有利於字形教學的方法，以供華語文教學作參考。總的來說，部件教學法能夠去除正體字難學的印象，提高學生學習的興趣，並可增強學生認字、寫字的效果。編撰教材時，若能區分字級，將最重要、最有用、部件最活躍的單字優先編入教材之中，必可增強學生在認字、寫字、用字方面的能力。

本文並不諱言部件教學法的局限性。其實利用字源、字根從事識字教學，也會遇到一些瓶頸。因此，漢字教學應朝多元化的方向發展，如能將不同的教學法相互配合，因時制宜，靈活運用，今後的華語文教學，當可蓬勃發展。

說　　一

季旭昇*

　　「一」是很簡單的一個字，它的初形本義大致上沒有太多的疑義，但是做為偏旁用時，它到底是不是文字，它所起的作用到底如何，學者的看法出入很大。造成這種現象的原因是：小篆所从的「一」字（有時不能稱「字」，只能說「一」形）有很複雜的來源，如果不從古文字的源頭來探討，那麼它眞正的形體結構、及在文字偏旁中所起的作用就無法說清楚。

　　「一」作為偏旁，到底起的是什麼作用？《說文解字》本身就已經有很多不同的說法，但是這些說法有一部分不太能令人信服。因此，本文一方面希望透過歷史考證法探討「一」字在文字結構中所起的作用，一方面希望藉著「一」字凸顯古文字學在文字學研究中的重要性。以下，本文把《說文》帶「一」形的字及其解說分類列舉如下，並且把正確的形義及其在字形結構中的作用列在後面。每個字先列出小篆，其後是它的楷字。

* 季旭昇：國立臺灣師範大學國文系教授。

一・指事類

㈠純粹表抽象意義的指事符號

1. **一**　一：惟初大極，道立於一，造分天地，化成萬物。凡一之屬皆从一。弌，古文一。

　　案：《說文》沒有說「一」的六書是什麼，學者的看法頗爲分歧。大別有象形、指事兩派，茲舉近代學者中較有名的兩家爲代表：郭沫若《甲骨文字研究・釋五十》云：「數生乎古文，一、二、三、四字作一 二 三 三，此手指之象形也。手指何以橫書？曰：請以手作數，於無心之間必先出右掌，倒其拇指爲一，次指爲二，中指爲三，無名指爲四，一拳爲五，六則伸其拇指，輪次至小指。即以一掌爲十，一、二、三、四均倒指，故橫書也。」于省吾《甲骨文字釋林・釋一至十之紀數字》則以爲是指事字：「六書次序以指事象形首，但原始指事字一與二三三積畫之出現，自當先於象形字，以其簡便易爲也。」[1] 于說目前接受的人比較多，我們姑且接受「一」是指事字的說法。

2. **二**　二：地之數也。从耦一。弍、古文二。

　　案：「地之數」是比較玄學的說法，今之學者多以爲「二」是「一」積畫而成。因此它所从的「一」是文字，「二」的六書可以看成是會意字。

---

[1] 說見《殷契駢枝》三編，後收在《甲骨文字釋林》中

3. ☰　三：數名，天地人之道也。於文、一耦二爲三，成數也。凡
　　三之屬皆从三。弎、古文三。

　案：「三」和「二」一樣，也是由「一」積畫而成，它所从的
　　　「一」是文字，因此「三」也可以看成是會意字。

(二)指示部位的符號

4. ニ　上：高也，此古文上，指事也。上、篆文上。

　案：「上」字甲骨文作「ニ」，以一長橫畫爲中介，而以一短橫
　　　畫指示所要表達的部位。因此段注本的「ニ」字，無論是一
　　　長畫或一短畫，都不是文字，而只能是指示部位的指事符
　　　號。又，此字大徐本原爲「⊥：高也。此古文上。指事也。
　　　上：篆文上。」段玉裁把字頭的古文改成「ニ」，重文的小
　　　篆成「⊥」，羅振玉對這樣的改動極爲贊賞：「段先生注
　　　《說文解字》，改正古文之⊥丅二字爲二ニ，段君未嘗肆力
　　　於古金文，而冥與古合，其精思至可驚矣。」(《增訂殷虛書
　　　契考釋》中頁 13)事實上，段玉裁的更動是有問題的，因爲
　　　到目前爲止出土資料「上」字很多，我們看不到作「⊥」
　　　的，到晉代才看到〈朱曼妻薛買地券〉作「⊥」（參《秦漢
　　　魏晉篆隸字形表》3 頁），這個形體和自甲骨到隸書所有的
　　　「上」字都不合，因此，小篆「上」的形體仍以大徐本爲
　　　是，段玉裁所改不可信；同樣的，我們也看不到出土東周這
　　　個階段的「古文」資料有把「上」字寫作「ニ」的，但是一
　　　則因爲《說文》的「古文」的含義很複雜，我們並不排除甲
　　　骨文以來的寫法到漢代仍然一直被保存著，再則是段玉裁所
　　　改的「ニ」形合乎《說文》的內部規律，所以這一個形體我

們可以暫時保留。綜上所論，《說文》「上」字參酌段注只能改為：「二：高也，此古文上，指事也。丄、篆文上。」而這個古文「二」字所从的短「一」只能是個指事符號。

5. 二　下：底也，指事。丅、篆文下。

案：「下」字是「上」字的倒文，此字的古文和小篆字形，段玉裁也做了動，大徐本原文是：「丅：底也，指事。丅、篆文下。」和「上」字同例，段玉裁此字的校改也只能改成：「二：底也，指事。丅、篆文下。」而這個古文「二」字所从的短「一」只能是個指事符號。

6. 寸　寸：十分也。人手卻一寸動衇謂之寸口。从又一。

案：「寸」字古文字未見，目前最早見睡虎地秦簡。《說文》的釋形可從，它所從的「一」不是數名的「一」字，而是個指示部位的指事符號。

7. 本　本：木下曰本。从木、一在其下。本：古文。

案：大徐注：「『一』記其處也。本、末、朱皆同義。」是「一」形為指示部位的指事符號，不是文字。此字最早見金文《本鼎》，字作「本」（《攈》1.3.5），从「木」而以圓點和肥筆標示出樹本的部位（《說文》古文即從此形變來）。後來圓點拉長為一短橫，戰國時代的錢幣文字作「本」(《古幣文編》67 頁)。段玉裁注本把《說文》此篆改為「本：木下曰本。從木從下。」從古文字的演變來看，段玉裁的校改是毫無根據的。因此「本」字所从的「一」形本來就不是數名的「一」，而是個指示部位的指事符號。

8. 朱　朱：赤心木、松柏屬。从木、一在其中。

案：「朱」字說者多家，劉心源以為「窠（同朱）」即纏之古

文」（《奇觚》卷四頁十八彔伯威簋）；商承祚以爲「珠」
之本字（《集刊》一本一分一七頁〈釋朱〉）；郭沫若以爲
「株」之初文，「株之言柱也，言木之幹…，金文於木中作
圓點以示其處，乃指事之一佳例，其作一橫者乃圓點之演
變」（《金文叢攷》二二二頁〈釋朱〉。案：此說承自戴
侗、兪樾）；聞一多以「朱」爲「有刺之木」（《聞一多全
集》二第五三〇至五三三頁〈釋朱〉）[2]；魯師實先釋爲「从
木　聲，故爲赤心之木」（《文字析義》六八一頁）。以上
諸說，究以何者爲是，目前尚無定論，然學者多從郭說，以
爲「株」之初文。如果依據此一說法，「朱」字从木，中間
一點或一橫爲指示株幹的指事符號。[3]

9. 朿　末：木上曰末。从木、一在其上。

案：「末」字較早的字形，目前只能看到戰國時代的兵器，《蔡
　　侯龘紐鐘八》（《總集》7132）作「朿」，《距末》（《總
　　集》7822)作「朿」，很明顯地，它是和「本」字構形原理相
　　同的一個指事字。段玉裁把此字校改爲「朿[4]：木上曰末，
　　從木從上。」

(三)指示方向的符號

10 十　十：數之具也。一爲東西，｜爲南北，則四方中央備矣。

2　以上各家之說，參《金文詁林》752 號「朱」字條下。
3　案：我在《甲骨文發現一百周年學術研討會論文集》（台北：文史哲出版
　　社，1998）中發表的〈說朱〉，已經把「朱」字釋爲「束」的分化字，所以
　　「朱」字中間的一橫筆不能再看成指示株幹的指事符號了。
4　藝文本段注《說文》此篆作朿，和大徐本相同，應該是板刻之誤。

案：甲骨文的十字作「｜」（《甲骨文編》0272 號）；金文《舲尊》作初「　」，中間作肥筆，後來演變爲《虢季子白盤》的中間加圓點作「　」（《金文編》0321 號）；戰國文字字形較標準的作「　」（《鄂君啓舟節》，《金文總集》7900），後來圓點演變成短橫作「　」（《者汈鐘》，《金文總集》7969）。小篆繼承此形，《說文》遂以爲「一爲東西，｜爲南北」，但是還不以爲「一」爲「一」字。因此從最初的字形來看，篆形「十」字的「一」形不過是個沒有實質意義的「符號」而已。

㈣表制止的符號

11. 　　　馬一歲也。从馬，一絆其足。讀若絃。一曰：若環。

案：古文字雖然未見「馬」字，但是《說文》所釋合理，可從。「一」是個指事符號。

12. 　　　正：是也，从一、一旦止。凡正之屬皆从正。　：古文正。从二、二古文上字。　：古文正。从一足，足亦止也。（段注：「江沅曰：一所旦止之也。如乍之止亡，毋之止姦，皆以一止之也。」）

案：《說文》以爲「正」所从的「一」是表示制止的符號，是《說文》本身已不以爲這是「一」這個文字了。從古文字來看，甲骨文「正」字作「　」，王國維以爲其本義爲「征行」（《甲骨文字集釋》498 頁引），其字從囗（圍）從止。後世「囗」訛變成「一」形。因此它既不是文字的「一」，也不是表示制止之義的「一」。它本來是一個「文」，但是訛變之後已經不成文了，因此它只能看成是一個符號。

13. 干　屰：犯也。从一、从反入。

案：「干」字從「一」的意義，《說文》沒有說得很清楚，《說文》在「干」下的「屰」字下說：「入一爲干，入二爲屰。」但是意義還是很不清楚。徐鍇《說文繫傳》說：「一者，守一也。」清沈濤《說文古本考》說：「《一切經音義》卷十三云：『干，犯也、觸也。从一、止也；倒入爲干字意也。』雖不明引《說文》，而實本《說文》。」「守一」和「止也」意義相近，我們姑且把這個字列在本類。從古文字來看，甲骨文干字作「屰」（《合集》28059），金文作「屰」（《盠簋》，《金文總集》2694 號）。一般以爲是象干盾之形 5。據此，「干」字本來不從「一」，小篆所從的「一」形是本象「干盾」部分訛變，因此，「干」字所從的「一」只能是一個由象形部件訛變而成的符號。

14. 丂　丂：气欲舒出，勹上礙於一也。丂，古文以爲兮字，又以爲巧字。

案：甲骨文「丂」字作「丂」，李孝定先生以爲象枝柯之形（《甲骨文字集釋》1623 頁）。據此，「丂」字所從的「一」是個由象形部件訛變而成的符號。

15. 㞢　㞢：止也，從屮盛而一橫止之也。

案：「㞢」字的甲骨文作「㞢」（《甲骨文字詁林》2921 號），初義不明，但是它不從數名的「一」是很明白的。據此，小篆「㞢」字所從的「一」是一個訛變的部件，只能視爲符號。

16. 溼　溼：幽溼也。从一，覆也。覆土而有水，故溼也。从㬎省

---

5 見《甲骨文字集釋》683 頁，《金文常用字典》228 頁，《甲骨文字詁林》3087 頁。

聲。

案：「溼」字金文作「𤂖」，其右上从「絲」，「絲」字象「兩
　　糸相聯」[6]，其上是表相聯的指事符號，本不是表覆土。小篆
　　訛爲一短橫，許說遂誤。

17.𭕄　𭕄：害也。从一雝川。《春秋傳》曰：「川雝爲澤凶。」

案：「𭕄」字甲骨文作「≋」，象大水橫流、泛瀾成災；晚期卜
　　辭作「𣱅」，从川才聲（《甲骨文編》1349 號），後世稍訛
　　則作「𭕄」[7]。《說文》遂誤以爲「从一雝川」。據此，小篆
　　「𭕄」字所从的「一」形只是「才」字的部分訛變，並不是
　　數名的「一」字，也不是個表示阻止雝塞的指事符號。

18.毋　毋：止之也。从女有奸之者。

案：甲骨文「毋」字假借「母」字爲之作「𤦡」（《甲骨文字集
　　釋》3713 頁）；詛楚文作「毋」，把「母」字象乳形的兩點
　　變成一橫畫，於是「毋」和「母」字就區別開了。據此，
　　「毋」字所从的「一」是個由象形部件訛變而成的區別符
　　號。

19.乍　乍：止也。一曰：亡也。从亡从一。（段注：「乍者、有人
　　逃亡而一止之。」）

案：「乍」字甲骨文作「𠂤」、「𠂤」，其初義還有待討論（參
　　《甲骨文字詁林》3227 號），但它不是「从亡从一」（甲骨
　　文的「亡」字作「𠃛」，和「乍」字毫無關係），因此它不

6　參裘錫圭先生〈釋絲及从絲諸字〉，《古文字論集》473 頁。
7　甲骨文中有與此形相近的，見《前》4.5.6，《甲骨文字集釋》三四0四頁以
　　爲从川从一。其實這種字形仍然是从川才聲，只是中間的才聲寫得比較小，
　　容易誤認。

从數名的「一」是很明白的。據此，小篆「乍」字所从的「一」是一個訛變的部件，只能視爲符號。[8]

20.匚 匚：衺徯有所夾臧也。从乚上有一覆之。

案：此字古文字未見，但《說文》以爲从「匚」的「區」字金文字作「𠥶」，「匽」字作「𨽍」，「匹」字作「𠥏」，都不从「匚」，上部也不从「一」。據此，小篆「匚」字所从的「一」是一個訛變的部件，只能視爲符號。

21.酉 酉：就也。八月黍成，可爲酎酒。象古文酉之形。丣：古文酉，从丣，丣爲春門，萬物已出酉爲秋門；萬物已入，一閉門象也。

案：古文字未見「丣」形，其來源不明，所以也無從分析起，只能存疑。

(五)其他

22.兀 兀：高而上平也。从一在人上。讀若夐。茂陵有兀桑里。（段注：「儿各本作人，今正。一在儿上，高而平之意也。」）

案：古文字「兀」、「元」同字，古金文本作「𠘧」，象人首之形，其後圓點變橫作「𠀎」（參《金文詁林》1160號）。據此，小篆「兀」字所从的「一」形只是由象形字「兀」的部件訛變而成的符號，不能單獨成文。

---

8 乍，本从刀从木，會斬木闢土之義。吳其昌、裘錫圭說。

二‧象形類

(一)象天

23.冊　雨：水从雲下也。一象天，冂象雲，水霝間也。

案：甲骨文「雨」字最象形的作「𝍤」（《乙》9067，參《甲骨文編》1356 號），象雨水從天下降。是「一」形並非數名的「一」字，而是抽象式地象天。

24.不　不：鳥飛上翔不下來也。从一，一、猶天也，象形。

案：甲骨文「不」字做「𣎵」，學者多以爲象花柎之形（參《甲骨文字集釋》3495 頁），是獨體象形字，因此「不」字所從的「一」形是一個由象形部件訛變而成的符號，而不是《說文》所說的「一猶天也」。

(二)象地

25.屮　屮：出也。象艸過屮，枝莖益大，有所之。一者，地也。

案：「屮」字的甲骨文作「𡳐」（《甲骨文編》769 號），象「止」踏在地上之形。因此《說文》所釋「屮」字的形義雖然不正確，但是「一者，地也」一句倒還是正確的。

26.韭　韭：韭菜也。一種而久生者也，故謂之韭。象形，在一之上。一、地也，此與耑同意。

案：「韭」字古文字未見，姑依《說文》所釋。

27.丠　丘：土之高也。非人所也。从北从一，一、地也。人居在丘南，故从北；中邦之居在崑崙東南。一曰：四方高，中央下爲

丘。象形。坐：古文从土。

案：「丘」字甲骨文作「凶」，象山丘之形，其下方一橫線當然是地面的象形，《說文》所釋可從。

28.夼　立：住也。从大立一之上。

案：「立」字甲骨文作「夼」（《甲骨文編》1263 號），从大立於一之上，《說文》所釋可從。

29.坐　至：鳥飛从高下至地也。从一，一猶地也。象形。不，上去；而至，下來也。

案：「至」字甲骨文作「𝌀」（《甲骨文編》1385 號），象箭射至目標之形。下橫可以象地。《說文》釋形雖不可從，但釋「从一，一猶地也」卻是正確的。

30.坕　氐：至也。从氏下箸一，一、地也。

案：「氐」字金文作「𝌀」（《金文編》2028 號）、與小篆同結構；西漢初作「坙」（《馬王堆·老子乙前 125 上》），从氏从土；漢簡作「坙」（《西陲簡 54.8》），从民（與氏形近相訛）从土 [9]，可以證明《說文》「下箸一，一、地也」之說可信。

31.屯　屯：難也，屯、象出木之初生，屯然而難，从屮貫一、曲之也；一、地也。易曰：剛柔始交而難生。

案：「屯」字甲骨文作「屯」，金文作「屯」，初義還有一些爭議（參《甲骨文字詁林》3275 號，《金文詁林》0053 號）。如果依《說文》所釋，小篆「屯」字所從的「一」形是個抽象的象物符號。

9　馬王堆和漢簡的兩個字，參《秦漢魏晉篆隸字形表》896 頁。

32.才　才：艸木之初也。从丨上貫一，一，地也。

案：「才」字的甲骨文作「丫丬」，金文作「丫丬」，初義還有一
　　些爭議（參《甲骨文字詁林》3332 號，《金文詁林》790
　　號）。如果依《說文》所釋，小篆「才」字所從的「一」形
　　是個抽象的象物符號。

33.旦　旦：明也。从日見一上。一，地也。

案：「旦」字的甲骨文作「旦」，金文作「旦」，象太陽初離地
　　面之形（參《甲骨文字詁林》1140 號、《金文常用字典》677
　　頁）。小篆下部訛變爲一橫畫，但是《說文》仍然知道這是
　　象地。據此，「旦」字所從的「一」形是個由象形部件訛變
　　而成的抽象象物符號。

34.帀　帀：周也。从反之而帀也。凡帀之屬皆从帀，周盛說。

案：「帀」字甲骨文作「帀」，金文作「帀」，初義還不是很明
　　瞭，但在金文中都作「工師」義用（參《甲骨文字集釋》
　　2067 頁，《金文詁林》794 號）。因此它所從的「一」形的
　　意義還有待考查。

35.乇　乇：艸葉也。从垂穗上貫一，下有根，象形。

案：「乇」字甲骨文作「乇」（參《甲骨文字詁林》3271 號），
　　初義待考。因此它所從的「一」形的意義還有待考查。

36.宜　宜：所安也。从宀之下，一之上，多省聲。

案：「宜」字甲骨文作「宜」，象肉在俎中之形（參《甲骨文字
　　詁林》3279 號），其下橫象俎的下緣,本不象地。《說文》所
　　釋不可從。

37.或　或：邦也。从口，戈　守其一，一、地也。域，或或从土。

案：「或」即「域」之本字，金文作「或」(保卣，《金文總集》

5495 號)，从必、从口，外四小筆是表示口的區域的指事符
號 10。其後四小筆省爲一筆，《說文》遂誤以爲「一、地
也」。

38.且　且：薦也。从几足有二橫，一其下地也。

案：「且」字甲骨文作「且」（《甲骨文編》1618 號），象神主
之形（參《甲骨文字集釋》71 頁），其下不象地，《說文》
之說不可信。

39.七　七：陽之正也。从一，微陰从中衺出也。

案：「七」字甲骨文作「十」，爲「切」的初文，以抽象的筆畫
表示切的動作（參《甲骨文字詁林》3680 號），其橫筆不象
地，《說文》之說不可信。

(三)象其他

41.血　血：所薦牲血也。从皿、一象血形。

案：「血」字甲骨文作「血」，从皿，中象血形。小篆訛爲一小
橫，但「一象血形」是對的。

42.葬　葬：藏也。从死在茻中，一、其中所以荐之。易曰：「古者
葬，厚衣之以薪。」茻亦聲。

案：「葬」字古代大別有三種寫法，甲骨文作「葬」，从歹、丬
聲（王國維釋，參《甲骨文字集釋》243 頁）11，金文作
「葬」（參《金文編》98 號）；秦文字作「葬」（參《秦文
字類編》322 頁），从茻、从死、从二；漢簡或作「塋」

---

10 參龍宇純先生《中國文字學》五版 168 號。
11 此字或以爲「死」之異體，參《甲骨文字詁林》2871 號。但以《中山（56）王
兆域圖》「葬」字作「葬」來看，仍以釋「葬」爲是。

（《武威簡・服傳》四八）[12]，从死从土。《說文》小篆字形顯然繼承的是秦文字的系統，但是少了一橫畫。小篆「死」形下方的橫畫只得依《說文》釋爲「一、其中所以荐之」。

43.丂　亐：於也。象气之舒亐。从丂、从一。一者、其气平之也。

案：「亐」字甲骨文作「舟」，象竽形；或簡化作「亐」、「于」[13]。據此，「亐」的上橫筆不是什麼「一者、其气平之也」，《說文》之說不可信。

44.毌　毌：穿物持之也。从一橫貫，象寶貨之形[14]。

案：「毌」字甲骨文作「中」，象盾形（參《甲骨文字詁林》2406,2407,2409 號）。《說文》之說不可信。

45.戈　戈：平頭戟也。从弋、一橫之，象形。

案：「戈」在族氏文字中最象形的寫法是「十」（《金文編》2029 號），是個獨體象形字，因此《說文》的「从弋、一橫之」是沒有必要的講法。

46.冃　冒：覆也。从冂下冃。

案：古文字未見「冒」字。《說文》以爲「从冂下冃」，度其意，「冂」應該是象巾類的東西，覆蓋時四邊自然會下垂，不得釋爲數名的「一」，也不能單獨成文。魯師實先云：「冖冃冂三形，乃一文之異體。……未可因一畫之增損，而勦爲二文，……冖當以頭衣爲本義，……《說文》乃析冖與冃冂爲三字，而以覆訓冖，以重覆訓冃，是誤以引伸爲本

---

[12] 參《秦漢魏晉篆隸字形表》68 頁。
[13] 參裘錫圭先生《古文字論集・甲骨文中的幾種樂器名稱》，頁 203。
[14] 段注改爲「从一橫毌，毌象寶貨之形」。

義，其云『从一下乑』，則又誤以獨體象形爲合體象形矣。」（《文字析義》165 頁）

47.冃　冃：重覆也。从冂一。凡冃之屬皆从冃，讀若艸苺之苺。（段注：「下一覆也，上加冖，是爲重覆。」）

案：古文字未見單用的「冃」字，但是在偏旁中可以找到。金文「胄」字作「胄」，从「由」从「冃」从「目」（《金文編》1278 號）。「冃」即「帽」的象形，魯師實先云：「冟鼏之古文或从冃，因知冂冃爲一文。」（《文字析義》165 頁）據此，小篆「冃」字本是獨體象形文，所从的「一」形只是由象形的部件訛變而成的符號，不能單獨成文。

48.甘　甘：美也。从口含一。一，道也。

案：「甘」的甲骨文作「甘」，从口，「一」是個指事符號，表示口中有物耳，于省吾先生叫做附畫因聲指事字（參《甲骨文字釋林》718 號）。是「甘」字所从的「一」並非是象所含之物，更不是「道也」。

49.夫　夫：丈夫也。从大一，以象簪也。周制以八寸爲尺，十尺爲丈，人長八尺，故曰丈夫。

案：「夫」字甲骨文作「夫」，从大，「一」是指事符號。因爲甲骨文「大」字象成年男子正面站立之形，既可以用爲「大小」之「大」，也可以用爲「丈夫」之「夫」，後來爲了要區別，所以把「大」字加上一横畫，這就分化出「夫」字了（參《甲骨文字詁林》202 號）。甲骨文象簪形的字有「𡚁」（《粹》417）字上部的「妟」，郭沫若云：「妟即先（簪）字。」其簪形作「⊢」、「⊣」等形，不作「一」。

50.音　音：聲生於心有節於外謂之音。宮商角徵羽、聲也；絲竹金

石匏土革木、音也。从言含一。

案：「音」字金文作「🔔」（參《金文編》390 號），从言，
「一」是個區別性的指事符號，于省吾先生叫做「附畫因聲
指事字」（參《甲骨文字釋林·釋古文中附畫因聲指事字的
一例》458 頁），不是簪的象形。

51.🔆 日：實也，太易之精不虧。从〇一象形。

案：「日」甲骨文作「⊙」，象日形，中有短橫，係用以別於其
它方形或圓形（參《甲骨文字詁林》1136 號），應是有區別
作用的指事符號，並非是象形的部件。

52.丙 丙：位南方萬物成炳然，陰氣初起，陽氣將虧。从一入冂，
一者陽也。丙承乙，象人肩。

案：「丙」字甲骨文作「丙」，大約是象物之底座（參《甲骨文
字詁林》2131 號），字為獨體象形，並不「从一入冂」，
《說文》之說不可從。

戊 戊：滅也。九月陽气微，萬物畢成，陽下入地也。五行土生
於戊，盛於戊。从戊含一。

案：「戊」字甲骨文作「十」，象斧鉞類之兵器（參《甲骨文字
詁林》2439 號），字為獨體象形，並不「从戊含一」，《說
文》之說不可從。

三·形聲字的形符

53.元 元：始也，从一兀聲。

案：「元」字古金文作「𝄞」，「元」、「兀」同字，象人首之
形，其後圓點變橫作「𝄞」，再加飾筆則作「𝄞」（參《金

文詁林》002 號）。是「元」字之上橫畫本為飾筆，是一個
無意義的贅筆飾符，不能單獨成文。

54. 丕　丕：大也，从一、不聲。

案：「丕」字在古文字中都只寫「不」作「不」，到鄦侯簋
（《金文總集》2681 號）作「不」，上加短橫飾筆，下豎畫
中間加飾點。東漢靈帝時的魯峻碑作「不」，把飾點變橫
筆。終漢之世，未見有从不从一的「丕」字。是「丕」所从
的「一」形是由飾筆或區別符號變成的符號，不能單獨成
文。

55. 聿　聿：所㠯書也。楚謂之聿，吳謂之不律，燕謂之弗。从聿一
聲（段注改作从聿一）。

案：「聿」字甲骨文作「聿」，象手持筆形（參《甲骨文字詁
林》3095 號），古文字學者大多以為「聿」、「聿」一字，
《說文》誤分為二，實屬不必，而把「聿」分析成「从聿一
聲」，也就無法成立了。「聿」字所从的「一」形是由象形
的部件所訛變而成的符號。

四・會意字的形符

55. 再　再：一舉而二也。从一冓省。

案：「再」字甲骨文作「再」，唐蘭以為象覆甾之形，郭沫若象
籌之座，李孝定先生以為皆不可信 [15]，高鴻縉先生以為「象
動力已過一關又遇一關」[16]，亦無確據。其初形本義不可考，

姑依《說文》。

56.夭　天：顛也，至高無上，从一大。案：「天」字古金文作
「夭」，象大人正面站立而特壙其首，本義爲顛首，其後圓點變
橫作「天」（參《金文詁林》003 號）。所以「天」字的上橫筆
是由象形的部件變成的不象形的符號，不能單獨成文。

57.叓　吏：治人者也。从一、从史，史亦聲。
　　案：甲骨文史、吏、事、使同字，本作「叓」，後來漸漸分化，
　　　　把「史」字的上部分作兩叉形作「叓」（參《甲骨文字詁
　　　　林》2933 號），金文又變作「叓」（《金文編》005 號），
　　　　但仍不是从「一」。到漢隸才見到从「一」作「叓」的（天
　　　　文雜占一・三，參《秦漢魏晉篆隸字形表》頁 3）。據此，
　　　　「吏」字所从的「一」形本來是個具有區別作用的指事符
　　　　號，不能單獨成文。

58.士　士：事也。數始於一，終於十，孔子曰：「推十合一爲
　　士。」
　　案：甲骨文「王」、「士」同形作「士」，象斧鉞形 [17]，金文較
　　　　古的「士」字作「士」（敔士卿尊，《金文總集》4861），
　　　　是個獨體象形字，小篆「士」字的下橫本是斧鉞的刃部，不
　　　　是數名的「一」字。

59.百　百：十十也。从一白。十百爲一貫，相章也。
　　案：甲骨文假借「白」字爲之，但是爲了和「白」字區別，於是
　　　　在「白」字的中橫畫上加一折筆的區別符號作「百」，或於

17 參林澐〈王士二字同形分化說〉、季旭昇〈增訂甲骨文字根總表〉，二文同
　在一九九四年八月二十一日・東莞「紀念容庚先生百年誕辰暨第十屆中國古
　文字學學術研討會」上發表。

其上再加一橫畫作「」（參《甲骨文字詁林》1097 號），小篆「白」字由此而來。是「百」字之上橫本爲區別性之指事符號，不能單獨成文。

60.　寽：五指持也[18]。从受一，讀若律。

案：「寽」字的金文作「」，象手取物，後中點變爲短橫作「」。中即所取之物。小篆訛爲从受从一，而《說文》又沒有說所从的「一」形取何義。

61.　亼：三合也。从入一，象三合之形。

案：古文字未見單獨出現的「亼」字[19]，但是在偏旁中多見，如「食」、「畬」等，「亼」字皆爲倒「口」之象形，本當作「」，爲了書寫契刻的方便，於是作「亼」[20]，其下橫本是象形部件，不能單獨成文。

62.　兩：二十四銖爲一兩，从一㒳，㒳，平分也，㒳亦聲。

案：「兩」字金文作「」，後來加繁作「」，二者實爲一字（參《金文編》1280,1281 號,《文字析義》166 頁）。據此，小篆「兩」字的上部本來是文字演變中所附加的贅筆飾符，不能單獨成文。

63.　后：繼體君也。象人之形，施令以告四方。故厂之，从一口，發號者君后也。

案：甲骨文「后」、「毓」同字作「」，从「女」，象產子之形。後來「女」形變成「厂」，倒子形變成「一」和「口」（王國維說，參《甲骨文字詁林》0461 號）。據此，小篆

---

[18] 段注改爲「五指寽也」。

[19] 甲骨文編 666 號有一個「亼」字，那是「 」字的誤摹。

[20] 此說由林義光發之，參季旭昇博士論文《甲骨文字根研究》。

「后」字所从的「一」形原來只是個由子形部分訛變的部件，不能單獨成文。

64.司　司：臣司事於外者，从反后。

案：「司」字甲骨文作「ᡱ」，羅振玉以爲「祠」字（參《甲骨文字詁林》2254 號）。字从ᡱ从口，ᡱ之初義不詳，但「司」字不是「从反后」，因此也不从「一」。

65.昜　易：開也。从日一勿。一曰：飛揚。一曰：長也。一曰：彊者衆兒。

案：「易」字甲骨文作「ᢥ」，李孝定先生以爲从日在「ᒥ（柯之初文）」上，象日初昇之形（參《甲骨文字集釋》2973頁）。金文作「ᢤ」（《金文編》1579 號），增加「彡」，或陽光之象。所从的「一」形只是「ᒥ」字的上筆，不可單獨分割成文。

66.与　与：賜予也，一勺爲与，此與予同意。

案：古文字未見「与」字，金文「與」字中所从的「与」作「ᢧ」，學者都以爲就是「牙」字，因此認爲「与」字是由「牙」字假借而來的[21]，其說可信。目前所能看到的西漢文字材料，「與」字中所从的都是「牙」字，和周金文一樣，只有《相馬經》五〇五下的「與」字所从作「ᢨ」，形體已逐漸變化，和「牙」字就漸漸有了區別，而和小篆「与」的寫法相近了。據此，「与」字所从的「一」形只是由象形字「牙」的部件訛變而成的符號，不能單獨成文。

67. 辛：秋時萬物成熟，金剛味辛，辛痛即泣出，從一從幸，辛、辠

---

21 參《金文詁林》一四七二頁引朱芳圃說、康殷《文字源流淺說》第八十九頁、劉釗《古文字構形研究》第二一七頁。

也。辛承庚，象人股。（段注：「一者，陽也。陽入於辛，謂之愆陽。」）

案：「辛」字甲骨文作「￼」、「￼」，象鑿具（參《甲骨文字詁林》2511 號詹鄞鑫說）。字或作「￼」，其上所加的一短橫是贅筆飾符。

五・其他

(一)或體

68.￼　帝：諦也，王天下之號。从二、朿聲。￼、古文帝。古文諸上字皆从一，篆文皆从二，二、古文上字。辛、示、辰、龍、童、音、章皆从古文上。

案：「帝」字甲骨文作「￼」，論者多以爲象花蒂形（參《甲骨文字詁林》1132 號）。其上本不从「一」。古文也不从「一」。

69.￼　雛：祝鳩也。从鳥，隹聲。￼：雛或从隹一。一曰：鶉字。

案：隹「字」古文字未見，《馬王堆・帛書老子》甲63 作「￼」[22]，以音理而言，當爲从「隹」之「附畫因聲指事字」。「一」形只是具有區別作用的指事符號，不是數名的「一」字。

---

[22] 參《秦漢魏晉篆隸字形表》248 頁。

(二)實非从一

70.王　王：天下所歸往也。董仲舒曰：「古之造文者三畫而連其中
謂之王，三者、天地人也，而參通之者王也。」（昇案：春秋繁
露原文作「古之造文者三畫而連其中謂之王，三畫者、天地與人
也，而連其中者、通其道也。取天地與人之中以爲貫而參通之，
非王者孰能當是。」）孔子曰：「一貫三爲王。」凡王之屬皆从
王，玉、古文王。

案：「王」字甲骨文作「太」，取「戉」字轉九十度（參《甲骨
文字詁林》3246號）。其中畫本不作「｜」，更不必說是从
「一」了。

71.甲　甲：東方之孟，陽气萌動，从木戴孚甲之象。一曰：「人頭
空爲甲。」甲象人頭。帝，古文甲，始於十，見於千，成於木之
象。

案：此字《說文》的解釋非常奇怪，字形上完全說不通。段注本
改爲「甲　甲：東方之孟，易气萌動，从木戴孚甲之象。
《大一經》曰：『人頭空爲甲。』甲，古文甲，始於一，見
於十，歲成於木之象。」並注云：「宋本作始於十，見於
千，或疑當作始於下，見於上。」但是，即使這麼改，我們
仍然看不到古文甲字有那一部分是從「一」的。段玉裁雖然
也看出了這一點，但是他的校改沒有任何證據，因此並未能
眞正解決問題。先秦的「甲」字作「十」、「田」二形[23]；
秦文字則作「甲」、「甲」，和《說文》的字形都不全同。

23 參《古文字類編》428頁。

目前所能見到的文字史料看不到「始於一見於十」的甲字，
因此《說文》古文的字形我們只能存疑待考。

以上是《說文》從「一」的字，其中可以看到很多《說文》本
身左支右絀，無法自圓其說的地方。如果從古文字分析，那麼這些
左支右絀全部都可以得到解決。綜合以上的論證，我們可以知道，
《說文》諸字所從的「一」形，實際上共有以下幾類：

一・指事類

（一）純粹表抽象意義的指事符號，如：一。

（二）指示部位的符號，如：本、末。

（三）表制止的符號，如：馬。

（四）由其它部件演變而成的符號，如：十、正。

（五）具有區別作用的指事符號，如：吏、百。

二・象形類

（一）象天，如：雨。

（二）象地，如：屮、丘。

（三）象其他，如：血、葬。

三・會意字的形符，如：二、三。

四・贅筆飾符，如：元、兩。

《說文》所從的「一」形，有許多本來不是「一」字，也非
「一」形的訛筆，這一部分的訛筆，把歷代的文字學家難倒了不
少。我們從古文字的源頭探起，用歷史考證法把每一個字的演變弄
清楚，那麼這些紛紛擾擾的訛筆就都可以解決了。

後記：古文字學家早已指出古文字中很多「一」形是指事符
號，今擴大以說《說文》從「一」諸字，以探明「一」形之來歷與
作用。

參考書目（古文字典籍簡稱依學界慣例）

1. 于省吾　　　　　1979　甲骨文字釋林（釋林）　中華書局

2. 于省吾主編　　　1996　甲骨文字詁林　北京・中華書局

3. 李孝定　　　　　1965　甲骨文字集釋（集釋）　中央研究院專刊

4. 周法高　　　　　1981　金文詁林　京都中文出版社

5. 孫海波　　　　　1965　甲骨文編(增訂本)（文編）　中華書局

6. 容庚　　　　　　1984　金文編（修訂四版）　北京中華書局

7. 徐中舒　　　　　1985　秦漢魏晉篆隸字形表（篆隸表）　四川辭書出版社

8. 徐鍇　　　　　　　　　說文繫傳　北京中華書局

9. 袁仲一、劉鈺　　1993　秦文字類編　陝西人民教育出版社

10. 張頷　　　　　　1986　古幣文編　北京中華書局

11. 郭沫若　　　　　1952　甲骨文字研究　人民出版社

12. 郭沫若主編　　　1982-　甲骨文合集　北京中華書局

13. 陳初生　　　　　1987　金文常用字典　陝西人民出版社

14. 魯師實先　　　　1993　文字析義　魯實先全集編輯委員會

15. 羅振玉　　　　　1927　殷虛書契考釋　增訂本，東方學會，一九二七　台北藝文印書館一九八一年影印本

16. 嚴一萍　　　　　1983　金文總集　藝文印書館

《說文》小篆字庫的設計與應用

宋　建　華

壹、緣　起

　　隨著資訊科技的進步，古籍數位化整理的技術，逐漸步入成熟階段，方便個人在研究上的應用。加以 Office 家族之 word 普遍被使用在文字編輯上，使得個人電腦對於字形品質與字形多樣化的需求逐漸提高，開發字形的廠商，也因應使用者之需求，提供各類用途的字形。然而對於從事文字領域研究的學者而言，資料數位化與字形多樣化的實踐，似乎還停留在思考階段，這對於學術研究發展而言，將是無法估計的阻力。筆者多年來一直從事《說文》的研究，也關心文字學資料數位化的問題，以當前最為迫切需要的古文字字形，並未見有關之學術研究機構從事研究開發，並開放給學界使用。因此，從八十六年底，筆者開始思索自行造字的可能性，起初的構想，只求能在 PC 上編輯與列印即可，對於字形品質的要求不高。其間，又因執行其他專案計畫，對於造字的問題，雖試作過幾次，情況並不樂觀。及至八十七年七月初，在掃瞄篆文圖檔與造字方式上，有了初步的構想。才於八月底完成第一階段篆文圖檔之掃瞄，就看到當期《漢學研究通訊》羅鳳珠、周曉文所報導的〈古籍數位化的重要里程——大陸北京師範大學完成小篆字型字庫的建立〉一文，讓我有推諉之藉口，以放棄自行

造字的念頭（以個人力量造字，實在是一件吃力不討好的事）。經由一番思索，秉持著自我處事的執著，九月初仍依既定的計畫如期進行。隔年四月，在「第十屆中國文字學全國學術研討會」中，先行發表一篇〈論小篆字樣之建構原則——以《段注》本爲例〉之論文，以廣徵學界意見，並於同年六月底完成第一套小篆字形「說文標篆體」。其後又在逢甲大學「建構資訊與通訊整合之資訊化校園」專案中獲得支持，於八十九年七月完成第二套小篆「說文段注體」，同時完成「說文標篆體」之修訂二版。筆者於八十九年四月發表〈論小篆字樣之建構原則---以《段注》本爲例〉一文時，由台大黃沛榮教授擔任論文講評，提供頗多之實作經驗，其後友人又寄來黃教授之大作〈小篆字形資料庫的研發與應用〉一文，內容頗值得借鏡。古文字之製作，對中文學界而言，尚屬啓蒙階段，需要改進之處尚多，因此，筆者亦就個人製作小篆之經驗，提供參考，將所以就教於學者專家。

貳、字模的製作

小篆字形製作的成功與否，首要關鍵在於「字模」的製作，其處理過程不外「字模圖檔的選用」、「底稿的製作」兩部分。茲分述如下：

一、字模圖檔的選用

在字模選用部分，黃沛榮教授認爲選用小篆字模標準，應兼顧「字形應有依據」、「字形力求正確」、「字形應求美觀」三部分[1]，而我在選

---

[1] 黃沛榮〈小篆字形資料庫的研發與運用〉分爲四類（7至8頁），然第四類爲「字形須方便使用」屬於輸入法的問題，本文在下一節中再談。

字模上，大抵也秉持著這種原則。在小篆字庫的製作過程中，首先需建構字模圖庫，以供造字之用，其取得方法有二：其一，邀請專家書寫，字模能兼顧風格、品質與整體性；其二，從典籍中掃瞄，字模必須受限於既有的材料，品質比較不穩定，後續的「修字」工作相當費事。而北京師範大學漢字研究所基於經費的考量[2]，黃沛榮教授基於「字形應有依據」之理由[3]，皆採用第二種方法來建構字模圖庫。而筆者在未申請任何經費下[4]，首先放棄「邀請專家書寫」的方式，而從古籍取得字模，成爲唯一的途徑。從古籍中取得篆文，不外以下幾種途徑：

（一）《說文》傳本

　　從《說文》傳本中尋找適合的版本，是建構小篆字模圖檔之首要，而傳世之《說文》版本，可分爲兩大體系：

　　1.徐鍇《說文解字繫傳》：小徐本以道光十九年祁雋藻的刻本最爲嚴謹，流通亦廣，其他還有汪氏、馬氏及鈔本殘卷。

　　2.徐鉉《說文解字》：大徐本以孫星衍平津館本與額勒布刻鮑惜分所藏宋本（即藤花榭本）流通最廣，而以宋本靜嘉堂本最爲古老。

此外尚有徐鍇《說文解字篆韻譜》與莫友芝整理與摹寫之唐代木部殘卷本。

[2] 羅鳳珠、周曉文〈古籍數位化的重要里程---大陸北京師範大學完成小篆字型字庫的建立〉說：「要描述一個篆文，首先要得到它的字模。獲取字模的方式有兩種方法。其一是請字模專家書寫，這樣可以得到高質量的字模，使得以後的處理更爲方便，其缺點是費用高。其二是直接利用現有古籍中的字體作爲字模，缺點是得到的字模質量很差，爲以後的處理增加難度。由於經費上的問題，北京師大採用第二種方法獲取字模。」《漢學研究通訊》第十七卷第三期 1998 年 8 月。

[3] 黃沛榮〈小篆字形資料庫的研發與運用〉說：「文字學界的同行中，有人認爲：與其請人另寫一套篆文字形，其意義與權威性遠不如採用古本之字形，而且難免有錯。在自行試驗的過程中，筆者本來已經訓練助手寫成四千餘字，接近全部篆字的一半，但由於學者對此抱持保留態度，本計畫乃毅然放棄。」1999 年 6 月頁 6

[4] 筆者製作小篆字形，並無申請經費補助，無法邀請專家撰寫篆文。

（二）石刻篆文

有關石刻篆文部分，主要可以參考：

1.石刻篆文編：由商承祚編輯，收錄商、周、春秋、戰國、秦、漢、魏、吳、晉以來之碑刻、碑額、題字之篆文，凡九十五種[5]。

2.唐代石刻篆文：由施安昌所編輯，收入十五件唐篆作品。

3.墓誌：散落在各種墓誌銘中之篆文，資料尙待整理。

　　綜合以上資料，爲考量其實用性與通行性，初期字模選定之對象，以流通最廣，使用最爲普及的《說文解字注》作爲參考底本。以今所流通之「經韻樓」本及《皇清經解》本而言，篆文字形相近，凡篆文形體訛誤者，兩本皆同，如「𩔖」字上半從「𦥑」不從「臼」；「𢢝」字上半從「𦫳」不從「𦫰」；「𧑅」字下半從「帀」，不從下象其根之「糸」。唯「𣥂」字「經韻樓」本反文作「𣥂」，《皇清經解》本作「𣥂」。因此，就取定篆文字模而言，二者可視同本。若從篆文字體印刷品質考量，則「經韻樓」本優於《皇清經解》本。唯二者篆文字體皆縮印爲 0.5 ㎝×0.8 ㎝左右，經製成圖檔底稿後，後續的修字工作相當費時。加以「經韻樓」本之篆文雖較清晰，而書寫篆文者非一人，使字體出現風格不一，寬窄不等的現象，如：

[5] 商承祚：《石刻篆文編・自序》（北京：中華書局，1996 年），頁 2。

其次二本篆文形構訛誤之處頗多[6]，使得從「經韻樓」本或從《皇清經解》本取得高品質掃瞄圖檔，進而建構小篆字模圖庫的方式，就現階段之技術而言，有其窒礙難行之處，這也是筆者在實驗階段幾乎要放棄造字之原因所在。及至取得沙青巖《說文大字典》後[7]，書中篆文整齊畫一，大小適中，經由幾次掃瞄比較後，效果也相當不錯，決定取用為字模初稿[8]，並依照《段注》經韻樓本之篆文結構加以修改。

二、《說文大字典》之來歷

既然字模底稿不是直接採至於《說文解字注》，對於《說文大字典》篆文的來歷，就有推敲的必要。而今本《說文大字典》是經由汪仁壽、吳鼎重編過，據《說文大字典・例言》所說[9]：

> 本書為求體例畫一及地位經濟起見，不得不將沙氏原注刪繁就簡，以去蕪存菁。例如「雎」字下原注引《詩經》云：「《詩經》曰：『關關雎鳩，在河之洲。』」十一字，今則祇「《詩》：關關雎鳩」五字而已。他若引《尚書》祇稱《書》，《左傳》祇稱《傳》，《史記》祇稱《史》，及徐鍇注則稱「鍇曰」，沙氏補注則稱「沙曰」之類皆是。

由此可見，《說文大字典》雖非沙氏舊本，而改動的部分，僅止於釋義

---

[6] 宋建華：〈論小篆字樣之建構原則---以《段注》本為例〉，《第十屆中國文字學全國學術研討會論文集》（1999 年 4 月），頁 23—36 頁。

[7] 今所見之《說文大字典》已經由汪仁壽、吳錯重編過。

[8] 據黃沛榮教授所述，北京師範大學也採用《說文大字典》為掃瞄底稿，與筆者小篆字樣之取材不謀而合。〈小篆字形資料庫的研發與應用〉5 頁

[9] 沙青巖：《說文大字典》（台北：大學書局，1993 年），頁 4。

註解部分而已，篆文仍保有沙氏摹寫原樣，從取用篆文而言，與沙氏原本無異。至於書中所收錄之篆文來源，據《說文大字典・例言》所說[10]：

> 本書編製大綱，以許書九千四百三十一字及重文及大徐新附字，原著者沙氏補字等，都萬一千餘字。

則本書當以大徐本爲架構，並包含大徐新附字及沙氏新補字。而沙氏所補之篆文，如丁字作「ㄓ」，丕字作「ㄨ」，乎字作「ㄓ」，其來源爲何，有待詳考。由於與本文無直接關係，暫時缺略不論。

　　至於《說文大字典》所據以刊刻之大徐本，書中並未明言所據何本。筆者試以孫星衍所刊刻之平津館本[11]、額勒布重刊鮑惜分宋藏本（即藤花樹本）[12]，並參以王筠《說文解字繫傳校錄》[13]之校語，推測《說文大字典》取篆之現象。

（一）從篆文整體形構觀察

1.《說文大字典》「共」之古文作「𢶆」，以示四手相連之狀，鮑刻本同，孫刻本作「𢶆」，形近於「𦫳」字之上半。王筠《說文繫傳校錄》說[14]：「𢶆、孫本作𢶆，非也。𢶆從四手，兩人之手也，四手相交，是同之義也。」，則《說文大字典》之「𢶆」字，非取自於孫刻本。

---

[10] 沙青巖：《說文大字典》（台北：大孚書局，1993 年），頁 2。
[11] 許慎：《說文解字》孫星衍平津館本（台北：世界書局，1970 年）。許慎：《說文解字》孫星衍平津館本，陳昌治改刻爲一篆一行本（北京：中華書局，1998 年）。
[12] 許慎：《說文解字》額勒布重刊鮑惜分所藏宋本（北京：中國書店，1989 年）。
[13] 王筠：《說文繫傳校錄》（台北：廣文書局，1972 年）。
[14] 王筠：《說文繫傳校錄》（台北：廣文書局，1972 年）頁 60。

2.《說文大字典》舃字作「舃」[15]，篆文上體從「ㅌㅋ」，鮑刻本同，孫刻本作「舃」，篆文上體從「ㅌㅋ」。王筠《說文繫傳校錄》說：「舃孫本作舃，蓋顧千里所校改者，從舃之寫鵲二字皆作舃。」[16]（華按：鮑刻本、孫刻本寫鵲二字俱從舃），則《說文大字典》「舃」字，非從孫刻本可知。

3.《說文大字典》歙之古文作「歙」、「歙」，鮑刻本同，孫刻本作「歙」、「歙」二形，王筠《說文繫傳校錄》說[17]：「歙、歙鮑本同此，初印本作歙、歙，孫本同。」，則《說文大字典》「歙」、「歙」二字非取至孫刻本可知。

4.《說文大字典》卨字古文作「卨」，鮑刻本同，孫刻本作「卨」，王筠《說文繫傳校錄》說[18]：「卨、鮑本及《玉篇》並同，孫本作卨，《五音韻譜》同。」，則《說文大字典》「卨」字非取至孫刻本可知。

　　從以上的字例觀察，《說文大字典》並未收入孫刻本所特有的字形，而與鮑刻本收字相同。

（二）從篆文部件觀察

　　今本《說文》所刊刻之篆文，普遍受到以隸楷入篆的影響，使篆文所從偏旁，產生參差不等的現象，筆者曾就《段注》本以隸楷入篆之現象，提出部分歸納[19]。而這種偏旁參差不等的現象，在不同的版本中，會呈現出不同的規律性來。例如：

---

[15] 沙青巖：《說文大字典》（台北：大孚書局，1993 年），卷八・六十八。
[16] 王筠：《說文繫傳校錄》（台北：廣文書局，1972 年）頁 88。
[17] 王筠：《說文繫傳校錄》（台北：廣文書局，1972 年）頁 229。
[18] 王筠：《說文繫傳校錄》（台北：廣文書局，1972 年）頁 59。
[19] 宋建華：〈論小篆字樣之建構原則---以《段注》本為例〉，《第十屆中國文字學全國學術研討會論文集》（1999 年 4 月），頁 23—36 頁。

1.篆文偏旁從「參」之字

《說文‧參》[20]:「㐱，商星也。从晶、今聲。㐱或省」

參字爲星宿名，其形體上半從「ᨀ」、「ᨀ」二形，爲獨體象形之星字，王筠《說文繫傳校錄‧槮》下說[21]:「凡從參者皆從ᨀ，星形也。」，考各本從參之偏旁，形體不一，有從「ᨀ」、「ᨀ」、「ᨀ」、「ᨀ」等形，茲將《說文大字典》偏旁從參之字與鮑刻本、孫刻本相較如下:

（1）《說文大字典》偏旁參字從「ᨀ」者，計參、驂、滲、慘、傪、嫸、槮、猭、篸、緂、謲、黪十二字，孫刻本、鮑刻本並同。

（2）《說文大字典》偏旁參字從「ᨀ」者，計槮一字，鮑刻本同，孫刻本槮字從「ᨀ」。

（3）《說文大字典》偏旁參字從「ᨀ」者，計糝一字，鮑刻本同，孫刻本糝從「ᨀ」。

以部件從「參」分析，《說文大字典》與鮑刻本相近，而孫刻本有「槮」、「糝」二字例外。

2.篆文偏旁從「耑」之字

《說文‧耑》[22]:「耑，物初生之題也。上象生形，下象根也。」

依《說文》釋形，則「耑」字爲獨體象形，而楷書耑字下半改從「而」，後人以楷入篆，改「耑」作「耑」，而偏旁從耑之篆文，遂分「耑」、「耑」二形，茲比較如下:

（1）《說文大字典》偏旁從耑之字作「耑」者:計端、瑞、喘、椯、歂、諯、觲、湍、褍九字，孫刻本同，鮑刻本唯「褍」從「耑」例外。

---

[20] 許慎、段玉裁:《說文解字注》（台北:漢京文化事業有限公司，1980 年）頁 315。

[21]王筠:《說文繫傳校錄》（台北:廣文書局，1972 年）頁 134。

[22] 許慎、段玉裁:《說文解字注》（台北:漢京文化事業有限公司，1980 年）頁 340。

（2）《說文大字典》偏旁從耑之字作「帛」者：計樁、惴、貒、顓四字，鮑刻本同，孫刻本皆從「帛」。

從部件「耑」字分析，《說文大字典》與鮑刻本僅「扁」字有別，而孫刻本有「樁」、「惴」、「貒」、「顓」四字例外。

從以上二例觀察，《說文大字典》與鮑刻本相近，僅一字例外。

（三）從說解釋義、釋形觀察

1.《說文大字典·脛》：「牛郄下骨也。」

「郄」字從邑，鮑刻本同，孫刻本從「卩」作「郤」。

2.《說文大字典·屰》：「不順也。从干下屮，屰之也。」

「从干下屮」，鮑刻本同，孫刻本作「下屮」。

3.《說文大字典·炗》：「小爇也。」

鮑刻同，孫本作「小熱也。」王筠《說文繫傳校錄》說[23]：「炗，小爇也。鮑本同，孫本小熱也。」。

由以上三條字例看來，《說文大字典》與鮑刻本較爲相近。

從以上三個方向觀察，《說文大字典》所收篆文，基本上是較接近鮑刻本，而有別於孫刻本，至於全面性的考釋，則有待來日。除此之外，《說文大字典》也有它特有的寫法，以子字及其從屬字而言，孫刻本、鮑刻本、段皆作「𠙻」，字形上方表頭部的圓形有缺口，而《說文大字典》皆作「𠙻」，字形上半圓形完整無缺。至於《說文大字典》改動多少篆文，仍有待進一步統計。而北京中國書店所刊行之影鮑刻本，書中部分已修改過，如今鮑刻本《說文·籛》：「臣徐鉉等曰：《說文》無佐字，此字當从佹，傳寫之誤。」而王筠《說文繫傳校錄》說[24]：「籛，此字

[23] 王筠：《說文繫傳校錄》（台北：廣文書局，1972 年）頁 263。
[24] 王筠：《說文繫傳校錄》（台北：廣文書局，1972 年）頁 50。

當从㫃，孫刻㫃作㫃，是也。鮑本作施，不成字。」今本鮑刻刓改之跡，從版面上即可明顯看出來。至於其改動部分，也有待進一步觀察。

二、底稿的製作

由於字模底稿來至於書籍的掃瞄，後續的「修字」工作，攸關造字完稿後字形之美觀與否，在處理過程上宜小心謹慎。黃沛榮教授認爲「修字」的程序[25]：

> 一般的做法是：
>
> 　　　選定文本—電腦掃瞄—電腦修字—剪字存檔—產生字形
> 季旭昇教授即是如此，不過需要耗費人力，影響進行的速度。
> 筆者在衡量得失以後，決定：
> 選定文本—紙本修字—電腦掃瞄—電腦修字—剪字存檔—產生字形。

以我個人的實作經驗而言，兩種流程所耗費的時間，基本上都差不多，而修字的快慢，須視修稿者熟悉篆文形構的程度而定。由於掃圖時並非使用專業高階之掃描器，所擷取的圖檔，經放大觀察後，大都呈現大小不等的鋸齒。關於小篆圖庫的建立，我採取以下幾個程序：

（一）建立小篆掃瞄圖庫

1.掃圖

先將《說文大字典》的篆文逐一掃成圖檔。起初爲方便掃描器的操作，先將整本書影印後，再逐一掃瞄成圖檔，不過圖檔經放大 800 倍觀

---

[25] 黃沛榮：〈小篆字形資料庫的研發與運用〉（1999 年 6 月）頁 7。

察，發現失真稍大，不利於後續的「修字」工作，最後改採原書掃瞄。
經實驗後，圖檔理想的規格為：

影像類型：黑白
解析度：2400dpi
比例：縮小為 25%
檔案大小：37K
檔案格式：存為.bmp。

以「乖」字來說，下左圖外觀大抵還算平滑，而下右圖為放大 600
倍之後，所呈現不規則的鋸齒狀，必須由人工修補至圓滑後才算完成。

 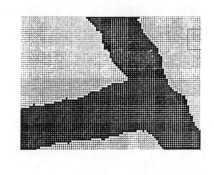

（二）修稿

修稿工作在「小畫家」中進行，其程序為：

（1）先將掃瞄圖修訂為以下規格：

外框比例：512×512 像素（使造字程式可以接受）
篆文比例： 452×312 像素（長・寬，比例約為 1：1.5），使篆
文外觀成長條形。

（2）將字形的線條，修整爲圓潤平滑。

篆文字形主要是曲線組成，爲求在列印 12 號字時，能淸晰的將線條表現出來，底稿上的線條，除特別要求外，粗細以 27 像素爲原則。而部件與部件之間格，以 20 像素以上爲原則。而修字工作是在放大 800 之下進行。完稿後的小篆圖檔，品質上相當理想，經由造字程式造字後，實際在 word 中輸入，無論如何放大，均無鋸齒現象。然而每張底稿的修稿時間，快則 15 分鐘，慢則 30 分鐘，有些比較複雜的圖檔，耗費的時間更久。因此，整個造字進度相當緩慢，即使每天工作七、八小時，一套字形也要三年左右才能完成，就學界的需求而言，這樣的進度，恐怕緩不濟急。後來在羅鳳珠、周曉文的文章中看到「附圖二：小篆字樣拆分與組合」的圖樣[26]，讓我對於修稿的方式，有了新的思考方向。

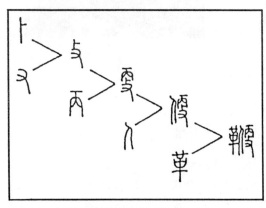

附圖二：小篆字樣拆分與組合

以一張張的圖檔修稿造字，雖然較能保存原作風貌，但須耗費大量人力，影響造字進度。而以部件組合方式進行，僅需原有五分之二的人力，成品也與原貌相去不遠，應該是比較實際的作法。經過幾次實作後，效果也相當理想，於是除了不適合組合的篆文外，大都配合與實際造字所需，逐漸建立約計二千件左右的部件圖檔，這也是「說文標篆體」能夠在一年之後完成的原因。

（四）建立小篆字形

在處理小篆部件後，參考《說文解字注》篆文，以進行組合篆文的造字工作，才發現《段注》本的篆文並不全然可信。從字族偏旁歸納中，以偏旁從「參」、從「婁」之字而言，《段注本》的部件呈現參差不等的現象：

其主要因素是受到以隸入篆的影響。因此，小篆字形的製作，講求部件一致的「說文標篆體」完成在先，其後才依《段注本》的字形，另造一套「說文段注體」。以下圖「說文標篆體」的字例相對照，就可以看出此中的區別所在：

26　羅鳳珠、周曉文：〈古籍數位化的重要里程---大陸北京師範大學完成小篆字型字庫的建立〉《漢學研究通訊》17：3　頁304。

（四）增補字模

由於文字學的研究，經常使用到字形結構分析法解說形義的關係，因此，在實際應用中，發現小篆字庫仍未能完全滿足這方面的需求，其原因可以歸類爲以下幾項：

1.缺篆文

　有些篆文，今本《說文》並未收入，卻出現在孳乳字的部件中，如「犐」、「稦」、「犠」、「晞」、「睎」等字皆從「希」，而《說文》不收「希」，依例當增補「希」字以供使用。

2.缺孳乳字部件

　（1）　缺古文部件：《說文》「疊」之古文作「畕」，「夢」之或體作「夢」，而《說文》「晶」字下不收古文「晶」字。哲之古文作「嚞」，君之古文作「𩑋」，唐之古文作「啺」，各之古文作「𤇢」，「谷」之古文作「㕑」，「睯」之古文作「𣋘」，嚴之古文作「嚴」，而《說文》不收古文「丫」字。「信」之古文作「𣤆」、「訊」之古文作「𤲟」、「誥」之古文作「𠷂」、「訟」之古文作「䛬」，而《說文》不收古文「𢀖」字。依古文形構增補「丫」、「𢀖」二字

　（2）　缺籀文部件者
　　　「誕」之籀文作「𨑭」、「譻」之籀文作「𧥓」，而《說文》不收籀文「𠃚」字。依籀文形構增補「𠃚」字。

3.缺不成文圖像與不成文符號

　目前修訂中之「說文標篆體」第三版與「說文段注體」第二版，已經加入一些不成文的圖像與符號，其目的在於提供學者分析字形結

構之用，以徹底解決在 PC 視窗上的排版問題，避免列印後又必須以
人工填入不成文圖像與符號。以《說文》所出現的篆文而言，不成
文圖像與不成文符號的處理方式，可分爲以下以下幾種：

（1）可以直接以現有的篆文代替，而不影響其辨識功能者

　　例如《說文》[27]：「番，獸足謂之番。从釆，田、象其掌。」番字不
成文圖像「田」，可以使用田字代替，而不影響文意。《說文》[28]：「合，
口上阿也。从口、上象其理。」其不成文圖像，可以使用篆文「亼」
可代，而不影響文意。

（2）需另造新字以供使用者

　　例如《說文》[29]：「旁，溥也。从二、闕、方聲。」段玉裁說：「闕，
謂从冂之說未聞也。李陽冰曰：『冂象旁達之形也。』。」引文中兩引
不成文符號「冂」，無相近之篆文可代用，必須另造新字。《說文》[30]：
「牟，牛鳴也。从牛，𠯑象其聲气從口出。」其不成文符號「𠯑」，
若以厶之篆文「𠯑」代之，雖形體相近，易生誤解，宜另造新字。《說
文》[31]：「凼、山閒陷泥地。从口、从水敗皃。」其不成文圖像「八」，
若以篆文「川」取代，雖形體相近，而易生誤解，宜另造新字。《說
文》[32]：「𡆗，糞也。从艸、胃省。」從胃省的不成文圖像「⊠」，
宜另造新字。

以上三種情形，經全面造字後，無論是輸入不成文圖像與不成文符號，
或是《說文》所漏收支篆文，皆能夠獲得解決。

---

[27] 許慎、段玉裁：《說文解字注》（台北：漢京文化事業有限公司，1980 年）頁 50。
[28] 許慎、段玉裁：《說文解字注》（台北：漢京文化事業有限公司，1980 年）頁 87。
[29] 許慎、段玉裁：《說文解字注》（台北：漢京文化事業有限公司，1980 年）頁 2。
[30] 許慎、段玉裁：《說文解字注》（台北：漢京文化事業有限公司，1980 年）頁 52。
[31] 許慎、段玉裁：《說文解字注》（台北：漢京文化事業有限公司，1980 年）頁 62。
[32] 許慎、段玉裁：《說文解字注》（台北：漢京文化事業有限公司，1980 年）頁 45。

參、篆文檢索

為方便使用者的輸入，篆文的內碼編排主要分為三部分：

一、內字集----完全與 Big-5 的 13053 字內碼相對應，以方便使用者用各種輸入法尋找篆文，也可以輕易的在各種字形中互換。

二、外字集----凡不屬於 Big-5 的 13053 字範圍內的篆文，則編入外字集，另外設計專用之介面尋找。該介面之初步規劃構想如下：

　在檢索過程上，需分為兩個階段，先在左上角的下拉視窗中選擇字型，目前排入的字形有：

　　（1）說文標篆體（已經完成）

　　（2）說文段注體（已經完成）

　　（3）說文孫刻體

　　（4）說文鮑刻體

　　（5）說文祁刻體

　　（6）木部殘卷體（已經完成）

　　（7）顯示所有字型

其次再依筆畫、部件、形構、注音、倉頡，採單一條件或多重條件查詢，以檢索放在外字集的篆文與不成文圖像與不成文符號。

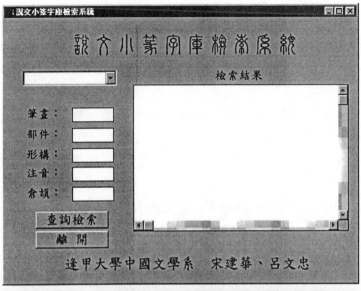

關於檢索方式的說明：

（1）筆畫：有些字不容易以其他方式尋找時，可依筆畫多寡檢索。例如「￼」、「￼」、「￼」、「￼」等字。

（2）部件：如果字形的部件相當明確，且爲你所熟悉的部件，可以採用部件檢索法。例如：「￼」字可以輸入部件「川」字檢索；「￼」字可以輸入部件「平」字或「丁」字檢索；「￼」字可以輸入「奮」字或「巾」字檢索。也就是說，部件檢索法，可以在右邊的視窗中同時出現同偏旁的字，以供使用者選擇。

（3）形構：形構輸入法可以檢索兩種類型的篆文：其一，將篆文依字形分解的方式輸入，如檢索「￼」字，可以輸入「人」「然」二字；檢索「￼」字，可以輸入「韭」「番」二字；檢索「￼」字，可以輸入「員」、「云」二字。其二，檢索「重文」時，可以輸入該字「正文」後，從右邊的視窗中選擇所需字形，例如輸入「日」字以檢索重文「￼」；輸入「州」字以檢索重文「￼」；輸入「殺」字以檢索重文「￼ ￼ ￼ ￼ ￼」等字。

（4）注音：此處所謂「注音」輸入，與你所熟悉之注音輸入法不同，如「￼」字需直接輸入「ㄌㄧˊ」；「￼」字需輸入「ㄌㄟˇ」；「￼」字需輸入「ㄊㄨˊ」，方能取得所需篆文。

（5）倉頡：此處所謂「倉頡」輸入，與你所熟悉之倉頡輸入法不同，如「￼」字需直接輸入「人一山日」四字；「￼」字需直接輸入「戈一一田木」五字；「￼」字需直接輸入「口人土水」四字，方能取得所需篆文。

三、至於部分篆文牽涉到篆隸之變，或後代產生俗體字，使篆文形構與楷體形體無法直接對應者，其處理方式如下：

（一）同化字：

1.楷書「暴」字，在篆文中分屬兩種字形，一為「日出廾米」的「🔲」，一為「日出廾夲」的「🔲」，在內碼的編排上，「bcc9 暴」的位置由「暴」佔用，而「暴」字則編入外字集中，改由專屬檢索介面搜尋。而從「暴」為部件之篆文，如瀑、爆、襮、躄等字，皆從楷書部件「暴」字檢索。

2.楷書「塞」字，在篆文中分屬三種字形，一為「从𡎚从廾窒宀中」的「𡫳」字；一為「从心，塞省聲」的「㥮」字；一為「从土从𡫳」的「塞」字，在內碼的編排上，「b6eb 塞」的位置由「塞」字佔用，而「𡫳」、「㥮」二字編入外字集，改由專屬檢索介面搜尋。

3.異體字

（1）屬於偏旁上下左右異位者

篆文與楷書有左右異位、上下異位，然字義完全相同者，以通行的楷書檢索篆文。例如：「秋」篆文作「🔲」，「攀」篆文作「🔲」，「鵝」篆文作「🔲」，「翅」篆文作「🔲」之類。

（2）篆文部件有從古文、籀文、篆文之別，而楷書改為同從單一部件者

如「癸」之篆文作「🔲」，籀文作「🔲」，而楷書皆改為從「癸」，故篆文「🔲」字，以楷書「葵」與之對應。「巫」之篆文作「🔲」，古文作「🔲」。而「𥌮」字從「巫」，「𧮪」字從「舝」，以楷書現、噬檢索。

4.篆文形構完整，而楷書有所減損者

如篆文「禔」、「禔」二字從「㥙」省聲，而楷書作「禔」、「禔」；篆文「𤰔」字從「雔」，楷書從「隹」作「𤰔」，從楷書檢索；篆文從「彡」為部件者，如「彣」、「𩑺」、「𢁚」、「𩘿」、「彬」、「𢒅」等字，

皆從三畫以示雲層層疊之狀，楷書第分「气」爲「气」、「乞」二形，
而各有所從，如「芞」字從「气」，「齕」、「杚」、「仡」、「刉」諸字從
「乞」，皆以楷書字形檢索。

5.楷書字形訛變者

如「延」字篆文作「延」，從止以表「安步延延也」之義。而隸變作
「辿」，從隸變「辿」字檢索；篆文「冀」字从弟眾會意，隸變作「舅」，
從隸變字檢索；篆文「匋」字從勹豕聲，隸定當作「匊」，而隸變「冢」
字，從隸變字檢索。

肆、結語

《說文》小篆字庫的研發完成，首先解決學者能在 PC 視窗上撰
寫論文或編輯書籍時，能擁有一套合於學術規範的篆文。此套篆文字
形有別於市面上所銷售之商業軟體，如：

說文解字	說文段注體
說文解字	華康新篆體
說文解字	中國龍瑩篆體
說文解字	金梅印篆體
說文解字	富漢通細方篆

也就是說「華康新篆體」、「中國龍瑩篆體」、「金梅印篆體」、「富漢通
細方篆」等字形是針對一般使用對象設計，只適合一般美工用途，不

適合學術用字規範；其次，藉由小篆字庫的使用，可以逐步推展文字學文獻資料走入數位化的可能性[33]，唯有文獻資料庫建立完成，小篆字庫才能發揮它最大的功效，大陸學者于亭對於數位技術帶來學術研究方式的改變時說[34]：

> 計算機技術不能代替人文研究，但它可以彌補人腦之不足，可以提供多樣、快速的檢索和資料的比照，提供窮盡性研究的數據基礎，縮短研究的週期，提高學術的精度，這對改變傳統的『手工作坊』式的學術研究模式的意義是巨大的，所謂『工欲善其事，必先利其器』。

就是強調完備的工具，對學術研究的提升，有絕對的助力；又其次，小篆字庫所提供之小篆字數，除包括《說文》所收入之一萬出頭之字外，實際提供字數約爲一萬五千多字[35]，一般常用字，也可以由此套字形提供，以供其他用途使用。

---

[33] 逢甲大學中文系於 2001 年起，已經嘗試進行中。
[34] 于亭：〈計算機與古籍整理研究手段現代化〉，《古漢語研究》2000 年第三期，頁 70。
[35] 「說文標篆體」修訂三版完成後，將達到一萬七千多字。

參考書目

說文解字	許慎、徐鉉	中國書店	1994.06
說文解字	許慎、徐鉉	中華書局	1998.10
說文解字	許慎、徐鉉	世界書局	
說文解字注	段玉裁	漢京文化事業股份有限公司	1980.03
說文解字注（皇清經解本）	段玉裁	漢京文化事業股份有限公司	
說文大字典	沙青巖	大孚書局	1993.06
說文解字繫傳	徐鍇	中華書局	1998.12
說文繫傳校錄	王筠	廣文書局	1972.11
說文解字新編	馮思禹	文海出版社	1978.07
石刻篆文編	商承祚	中華書局	1996.10
唐代石刻篆文	施安昌	紫禁城出版社	1987.04

論小篆字樣之建構原則---以《段注》本爲例　宋建華　《第十屆文字學全國學術研討會論文集》　　1999.04.24

小篆字型資料庫的研發與應用　黃沛榮　　1999.06

古籍數位化的重要里程碑---大陸北京師範大學完成小篆字型字庫的建立　羅鳳珠、周曉文　　《漢學研究通訊》17：3
1998.08

計算機與古籍整理研究手段現代化　于亭　《古漢語研究》2000 年第 3 期